KB185081

기초행정법

조문·이론·판례·사례

이광윤 · 김철우

法 文 社

머 리 말

본서는 2024년 2월에 출간된 『일반행정법』(제3판 전정증보, 법문사)의 자매서로서, 대학에서 법학을 전공하지 않고 행정법을 처음 공부하는 비법학과 학생이나 공무원시험 준비 등의 목적으로 행정법을 빠른 시간 내에 효율적으로 정리하고자 하는 독자를 위해 저술한 것이다. 이러한 집필목적을 감안하여 본서에서는 저자의 사견이나 외국법 소개는 최대한 배제하고 통설과 판례에 따라 일반행정법의 핵심 내용만을 간추렸으며, 독자들의 이해를 돕기 위해 법조문, 도표 및 사례를 적절히 삽입하였다. 본서에서 설명이 부족한 부분은 『일반행정법』 해당 부분을 참고하기 바란다.

어떤 일이든지 첫술에 배부를 수는 없다. 특히 행정법을 정확히 이해하고 내 것으로 만들기 위해서는 제대로 된 교과서를 여러 번 읽고, 그 뜻을 음미하며 스스로 되새기는 작업이 필요하다. 그러나 대학에서 행정법을 강의하면서, 많은 학생들이 처음에는 의욕에 앞선 나머지 어렵고 두꺼운 책으로 공부를 시작하였다가 이 지난한 과정을 참지 못하고 쉽게 포기해 버리는 것을 수없이 보았다.

초심자라면 먼저 가벼운 마음으로 본서를 통해 행정법의 기본 이론과 판례를 반복해서 숙지하기를 권한다.

끝으로, 이 책이 세상의 빛을 볼 수 있도록 물심양면으로 애써주신 법문사 배효선 사장님, 편집부 김제원 이사님, 기획영업부 김성주 과장님께 깊은 감사를 드린다.

2024년 12월
희망찬 을사년 새해를 기다리며
이광윤 · 김철우

차   례

제 1 편   행정법 서설

제 2 편　행정의 행위형식

제 1 장　행정입법

제 6 장 비정형적 행정의 행위형식 (161~167)

제4편   행정의 실효성 확보수단

제 5 편   행정상 손해전보

제 6 편   행정쟁송

제 3 장　행정소송 (307~378)

참고문헌

김남진/김연태, 行政法 I, 법문사, 2024.
김도창, 일반행정법론(상), 청운사, 1992.
김동희/최계영, 行政法 I, 박영사, 2023.
김중권, 김중권의 행정법, 법문사, 2021.
김철용, 행정법, 고시계사, 2022.
류지태/박종수, 행정법신론, 박영사, 2021.
박균성, 행정법론(상), 박영사, 2024.
배병호, 일반행정법강의, 동방문화사, 2019.
석종현/송동수, 일반행정법총론, 박영사, 2020.
이광윤/김철우, 일반행정법, 법문사, 2024.
이일세, 행정법총론, 법문사, 2022.
정남철, 한국행정법론, 법문사, 2024.
정하중/김광수, 행정법개론, 법문사, 2024.
정형근, 행정법, 피앤씨미디어, 2022.
하명호, 행정법, 박영사, 2023.
홍정선, 행정법원론(상), 박영사, 2022.
홍준형, 행정법, 법문사, 2017.
법원실무제요 행정, 법원행정처, 2016.

행정법 서설

※ 학습 주안점

제1편에서는 행정법의 고찰대상인 행정의 관념을 살펴보고, 사법(私法)과 구별되는 공법으로서 행정법의 특성과 기본원리 및 법률관계에 대해 학습한다.

행정법은 민법이나 형법과 달리 단행법전의 형태로 존재하는 것이 아니라 개별 법률의 형태(행정기본법, 행정절차법, 행정대집행법, 공공기관의 정보공개에 관한 법률, 국가배상법, 행정소송법, 경찰관 직무집행법, 식품위생법 등)로 흩어져 있기 때문에 초심자들은 행정법의 학습범위가 지나치게 방대하고 어렵다고 느끼기도 한다. 또한 개별법마저도 복잡하고 유동적인 현대 행정을 규율하는데 그 내용이 불충분한 경우가 많기 때문에 다른 법에 비하여 판례의 법리나 행정법의 일반원칙의 중요성이 크다.

행정법의 존재의의는 위법한 행정작용에 대한 적법성 통제를 통해 법치행정의 원리를 실현하는데 있다. 따라서 행정작용의 위법성을 판단하기 위한 척도로서 행정법의 법원(法源, 인식근거)을 공부하는 것 역시 본 편의 중요한 학습목표이다.

[행정상 법률관계의 구도]

제 1 장   행정과 행정법

제 1 절   행정의 의의 및 분류

Ⅰ. 행정의 의의

행정법이란 국내에서는 '행정에 관한 국내 공법'으로 정의되고 있다. 행정법을 탐구하기 위해서는 행정법의 대상으로서의 행정에 대한 규명이 선행되어야 한다. 행정의 관념은 권력분립에 따른 국가권력의 분화현상으로 탄생되었으며, 입법(立法)과 사법(司法)에 대칭하는 개념이다. 행정은 다른 말로는 행정권의 작용과 조직을 의미한다. 여기서 '행정권'이란 제1차적으로는 권력분립에 따른 형식적 의미에 있어서의 행정권을 의미한다. 그러나 한국의 행정법은 이러한 권력분립의 원칙에 그다지 철저하지 못하여 행정법원도 사법조직(司法組織)의 일부분을 이루고 있다. 따라서 행정법의 대상으로서의 행정이 무엇을 의미하는가에 대해서 종래부터 다양한 견해가 논의되어 왔다.

1. 형식적 의미의 행정

행정의 관념을 제도적인 입장에서 국가기관의 권한을 표준으로 정립하려는 견해로서, 행정권을 담당하는 국가기관이 행하는 모든 작용을 행정으로 이해한다.

2. 실질적 의미의 행정

행정의 관념을 입법 · 사법과의 성질상 구별에서 발견하려는 입장으로, 그 성질상의 구별기준에 대하여는 ① 입법 · 사법을 제외한 나머지 국가작용을 행정이라고 하는 소극설(공제설), ② 행정을 "국가목적의 실현 내지는 공익의 실현을 목적으로 하는 국가작용"이라고 정의하는 목적실현설($\substack{\text{Otto} \\ \text{Mayer}}$), ③ 행정을 "법의 테두리 내에서 법에 의하여 행하여지는 장래에 대한 계속적인 사회형성활동"이라고 설명하는 결과실현설($\substack{\text{E.} \\ \text{Forsthoff}}$)이 있다.

3. 소 결

행정법의 대상으로서의 행정에 관하여 우리나라 학계의 다수는 실질적 의미의 행정의 개념을 따르고 있는 것으로 보인다. 그러나 역사적으로 볼 때 권력분립이론이란 전제적 독점권력을 분산시켜 권력기관 사이의 균형을 유지하려는 의도에서 출발한 것이지 결코 처음부터 권한의 성질이 특질화되었던 것은 아니다. 따라서 분화된 기관의 관점에서 권력을 나누는 형식적 기준이 우선적으로 고려되어야 할 것이다.

그러나 행정을 이처럼 형식적으로만 개념화할 경우, ① 행정에 관한 민사법과 형사법적 관계, ② 행정권한을 특허받은 공무수탁사인에 의한 행정을 설명하기 곤란하므로 행정의 개념을 단계적으로 구체화시킬 필요성이 있다. 즉, 첫째, 형식적 기준을 적용하여 입법부와 사법부의 권한 사항을 배제한다. 둘째, 실질적 기준을 적용하여 행정부의 활동 중 통치행위와 헌법상의 다른 기관들과의 관계를 제외하고, 다만 공무수탁사인의 행위는 행정법의 대상이 되는 행정의 개념에 포함시킨다. 셋째, 법적 기준을 적용시켜 사법(私法)의 적용분야를 행정의 개념에서 제외시킨다. 넷째, 편의적 적용으로 아직 미발달된 의회권이나 사법권의 작용 중 공법적 집행작용은 행정의 개념에 포함시킨다(우리나라의 경우).

이상을 종합하면 행정법의 대상으로서의 '행정'은 국가운영의 행위(행정권이 가지고 있는 행정·입법·사법작용)로서 통치행위와 헌법기관 사이의 관계를 제외한 행정부의 행위와 행정부의 권한을 특허받은 공무수탁사인의 행위로서, 공법적 행위(공권력 행위+공적 관리행위) 및 입법부나 사법부의 행위 중 공법적 집행행위라고 정의할 수 있다. 즉, 행정법의 대상인 행정은 '행정청이 담당하는 공행정'을 말한다(행정소송법 제2조 제2항).

> **행정소송법** 제2조(정의) ② 이 법을 적용함에 있어서 행정청에는 법령에 의하여 행정권한의 위임 또는 위탁을 받은 행정기관, 공공단체 및 그 기관 또는 사인이 포함된다.

Ⅱ. 행정의 분류

1. 행정의 주체에 따른 분류

이는 ① 행정의 담당자가 국가인 '국가행정', ② 지방자치단체·공재단(公財團) 등과 같은 공공단체의 사무를 공공단체의 기관이 담당하는 '자치행정', ③ 국가 또는 자치단체의 사무를 각각 자치단체나 다른 자치단체에, 또는 사인에게 위임하여 이를 자치단체 또는 사인이 담당하는 '위임행정'으로 구분할 수 있다.

2. 행정의 수단에 따른 분류

이는 ① 국가 또는 공행정주체가 자신의 고유한 권력, 즉 공권력을 기초로 하여 개인에게 일방적·구속적으로 명령·강제하는 '권력행정'(경찰처분, 조세부과, 각종 인·허가, 토지수용 등), ② 행정주체가 공물·공기업 등의 경영·관리주체로서 국민과 대등한 지위[1]에서 행하는 '관리행정'(독일에서는 '단순고권행정' 또는 '단순공행정'이라고 함), ③ 행정주체가 사법상 재산권의 주체인 사인의 지위, 즉 국고의 지위에서 행하는 '국고행정'으로 구분할 수 있다.

독일에서 유래한 국고행정(國庫行政; Fiskus)의 개념은 조달계약이나 정부공사계약 등을 사법상의 계약으로 취급하는 폐단을 가져왔고, 이 이론에 의하여 공·사법관계의 구분이 모호하게 되었다.

3. 행정의 효과에 따른 분류

이는 ① 행정의 상대방에게 제한된 자유를 회복시켜 주거나, 새로운 권리·이익을 부여하거나, 기존의 의무를 해제하여 주는 '수익적 행정', ② 행정의 상대방에게 새로운 의무를 부과하거나, 기존의 권리·이익을 박탈 또는 제한하는 '침익적 행정', ③ 수익적 요소와 침익적 요소를 모두 포함하는 '이중효과적 행정'으로 나눌 수 있다.

이중효과적 행정에는 행정작용으로 인하여 동일 당사자에게 수익적 효과와 침익적 효과가 동시에 발생하는 '복효적 행정'과 상대방에게는 수익적이지만 제3자에게는 침익적 효과가 발생하거나 그 반대의 경우가 발생하는 '제3자효적 행정'이 있다.

---

1) 공법관계란 공익을 목적으로 하는 불평등한 법관계이므로 '국민과 대등한 지위' 등의 설명(다수설)은 문제가 있다.

제2절 통치행위

[사례 1]
대통령은 금융실명제도의 개선을 위하여 '금융실명거래에관한긴급재정경제명령'을 발하였다. 이로 인하여 甲 소유 주식의 시가가 폭락하게 되었다. 이에 甲은 위 긴급재정경제명령을 행정소송 또는 헌법소원으로 다투고자 하는데, 법원 또는 헌법재판소가 이를 심사·판단할 수 있는가?
(제36회 외무고등고시)

Ⅰ. 통치행위의 의의

법치국가의 원리상 국가의 행위도 당연히 사법심사의 대상이 된다. 그런데 국가의 행위 중에서 행정소송 및 민·형사소송의 대상이 되지 않는 행위가 있는데, 이를 통치행위($\substack{\text{acte de gouverne-}\\\text{ment; Regierung}}$)라고 한다. 일반적으로 통치행위란 국가기관의 행위로서 국민의 권익 침해 등과 관련하여 논리적으로 보면 당연히 재판통제 또는 사법심사의 대상이 되어야 함에도 불구하고 고도의 정치성과 국가적 이익으로 말미암아 행정소송 및 민·형사소송의 대상으로부터 제외되는 행위를 말한다.

오늘날 대부분의 국가는 판례를 통하여 통치행위를 인정하고 있으나, 각국의 권력구조와 재판제도가 상이한 까닭에 통치행위의 근거와 범위에 있어 약간의 차이가 있다. 통치행위의 유형은 크게 두 가지로 나눌 수 있는데, ① 일반적으로 헌법재판을 포함하는 일체의 사법심사, 즉 위헌심사가 배제되는 미국형과 ② 행정에 대한 행정소송 및 민·형사소송만이 배제되는 프랑스형[2]으로 대별된다. 프랑스형에서는 통치행위가 헌법재판의 대상이 된다.

---

2) 프랑스에서는 통치행위에 해당하는 것을 '정부행위'(Acte de Gouvernement)라 한다. 정부행위란 행정소송과 민·형사소송이 면제되는 행정권의 행위를 가리킨다. 초기에는 정치적 동기에 의한 정부행위를 통치행위로 이해하여 통치행위의 범위를 상당히 넓게 인정하였으나, 통치행위의 초기 이론이었던 '정치적 동기(mobile politique)이론'의 포기와 최근에는 '분리될 수 있는 행위이론' 등을 통하여 통치행위의 범위를 점차 좁혀가고 있다.

Ⅱ. 통치행위의 인정 여부

1. 견해의 대립

학설은 통치행위 관념 자체를 인정하지 않는 부정설과 통치행위 개념을 인정하는 긍정설이 존재한다. 긍정설에는 ① 사법소극주의의 발로로서 사법부가 정치적 소용돌이에 휩싸이지 않도록 하기 위해 고도의 정치적 행위에 대한 판단을 자제한다는 '사법자제설', ② 권력분립의 원칙에 따라 사법부가 판단할 수 없는 내재적 한계, 이른바 정치적 책임이 없는 법원이 판단할 수 없는 영역이 존재하는바, 이를 통치행위라고 하는 '권력분립설(내재적 한계설)', ③ 통치행위는 헌법에 근거하는 국가 최고기관의 정치적 재량으로서, 이는 합목적성의 통제를 받을 뿐이지 합법성의 문제는 발생하지 않기 때문에 사법심사가 배제된다는 '재량행위설', ④ 통치를 최고 통치권자의 국가지도작용(제4의 국가작용)으로 보는 '독자성설' 등이 주장되고 있다.

2. 판례의 태도

(1) 대법원의 입장

대법원은 "대통령의 계엄선포행위는 고도의 정치적, 군사적 성격을 띠는 행위라고 할 것이어서, 사법기관인 법원이 계엄선포의 요건 구비여부나, 선포의 당, 부당을 심사하는 것은 사법권의 내재적인 본질적 한계를 넘어서는 것"이라고 판시하여 내재적 한계설의 입장에서 통치행위를 인정하였다(대법원 1979. 12. 7.자 79초70 재정).

그러나 1980년 5월 17일 비상계엄 전국 확대조치와 관련하여서는 "대통령의 비상계엄의 선포나 확대 행위는 고도의 정치적·군사적 성격을 지니고 있는 행위라 할 것이므로, 그것이 누구에게도 일견하여 헌법이나 법률에 위반되는 것으로서 명백하게 인정될 수 있는 등 특별한 사정이 있는 경우라면 몰라도, 그러하지 아니한 이상 그 계엄선포의 요건 구비 여부나 선포의 당·부당을 판단할 권한이 사법부에는 없다고 할 것이나, 비상계엄의 선포나 확대가 국헌문란의 목적을 달성하기 위하여 행하여진 경우에는 법원은 그 자체가 범죄행위에 해당하는지의 여부에 관하여 심사할 수 있다."고 판시하여, 그 일부에 대해서 사법심사를 인정하였다(대법원 1997. 4. 17. 선고 96도3376 전원합의체 판결).[3]

---

3) 같은 취지로 대법원 2004. 3. 26. 선고 2003도7878 판결이 있다(남북정상회담의 개최는 고도의 정치적 성격을 지니고 있는 행위라 할 것이므로 특별한 사정이 없는 한 그 당부를 심판하는 것은 사법권의 내재적·본질적 한계를 넘어서는 것이 되어 적절하지 못하지만, 남북정상회담의 개최과정에서

한편, 대통령긴급조치위반사건에서는 "고도의 정치성을 띤 국가행위에 대하여는 이른바 통치행위라 하여 법원 스스로 사법심사권의 행사를 억제하여 그 심사대상에서 제외하는 영역이 있을 수 있으나, 이와 같이 통치행위의 개념을 인정하더라도 과도한 사법심사의 자제가 기본권을 보장하고 법치주의 이념을 구현하여야 할 법원의 책무를 태만히 하거나 포기하는 것이 되지 않도록 그 인정을 지극히 신중하게 하여야 한다."고 판시하여 사법자제설의 태도를 보이고 있다(대법원 2010. 12. 16. 선고/2010도5986 전원합의체 판결).

(2) 헌법재판소의 입장

헌법재판소는 김영삼 대통령이 금융실명제를 실시하기 위해 발한 긴급재정경제명령과 관련하여, "대통령의 긴급재정경제명령은 국가긴급권의 일종으로서 고도의 정치적 결단에 의하여 발동되는 행위이고 그 결단을 존중하여야 할 필요성이 있는 행위라는 의미에서 이른바 통치행위에 속한다고 할 수 있으나, 통치행위를 포함하여 모든 국가작용은 국민의 기본권적 가치를 실현하기 위한 수단이라는 한계를 반드시 지켜야 하는 것이고, 헌법재판소는 헌법의 수호와 국민의 기본권 보장을 사명으로 하는 국가기관이므로 비록 고도의 정치적 결단에 의하여 행해지는 국가작용이라고 할지라도 그것이 국민의 기본권 침해와 직접 관련되는 경우에는 당연히 헌법재판소의 심판대상이 된다."고 보아 본안판단을 하였다(헌법재판소 1996. 2. 29./자 93헌마186 결정).

그러나 노무현 대통령의 이라크 파병결정에 대해서는 "이 사건 파견결정은 그 성격상 국방 및 외교에 관련된 고도의 정치적 결단을 요하는 문제로서, 헌법과 법률이 정한 절차를 지켜 이루어진 것임이 명백하므로, 대통령과 국회의 판단은 존중되어야 하고 헌법재판소가 사법적 기준만으로 이를 심판하는 것은 자제되어야 한다."고 판시하여 사법자제설의 입장에서 헌법소원심판청구를 각하하였다(헌법재판소 2004. 4./29.자 2003헌마814 결정).

3. 소 결

오늘날 법치국가에서 사법심사가 절대적으로 배제되는 통치행위 관념은 인정되기 어렵다. 대법원과 헌법재판소는 통치행위 개념을 인정하면서도 일정한 요건하에 제한적으로 사법심사 가능성을 인정하고 있다. 우리나라에서 통치행위의 문제는 대

재정경제부장관에게 신고하지 아니하거나 통일부장관의 협력사업 승인을 얻지 아니한 채 북한 측에 사업권의 대가 명목으로 송금한 행위 자체는 헌법상 법치국가의 원리와 법 앞에 평등원칙 등에 비추어 볼 때 사법심사의 대상이 된다고 판단한 원심판결을 수긍한 사례).

체로 미국의 '정치문제'$^{(\text{political}_{\text{question}})}$와 성격을 같이 하는 것으로, 통치행위의 영역이 따로 존재하는 것이 아니라 사법적 판단 선언의 소극주의와 적극주의의 문제이다.[4]

Ⅲ. 통치행위와 국가배상청구소송

헌법재판을 제외한 일체의 사법심사가 배제된다는 통치행위의 개념을 철저히 관철한다면 통치행위에 대하여 국가배상청구소송도 제기할 수 없다는 견해가 논리적이다. 그러나 국가배상청구소송에서는 적극적으로 통치행위의 효력 자체를 부인하는 것이 아니라 소극적으로 그 위법성을 평가하는데 불과하므로 누구에게도 일견하여 헌법이나 법률에 위반되는 것으로서 명백하게 인정될 수 있는 등 특별한 사정이 있는 경우 또는 국민의 기본권 침해와 직접 관련되는 경우에는 국가배상청구소송을 인정하여야 할 것이다.

최근 대법원도 대통령긴급조치 제9호 위반 혐의로 수사 및 유죄판결을 받은 사람들 또는 그 유족들이 대통령과 수사기관, 법원의 불법행위를 이유로 국가배상을 청구한 사안에서, 긴급조치의 발령·적용·집행으로 강제수사를 받거나 유죄판결을 선고받고 복역함으로써 개별 국민이 입은 손해에 대하여 국가배상책임을 인정하였다($\binom{\text{대법원 2022. 8. 30. 선고 2018}}{\text{다212610 전원합의체 판결}}$).

제 3 절   행정법

Ⅰ. 행정법의 의의 및 성립

행정법은 '행정에 관한 국내 공법'이다. 다시 말해서 행정법이란 첫째, 행정에 관한 법이고, 둘째, 공법이며, 셋째, 국내법이다.

행정의 관념에 대해서는 이미 전술한 바 있다. 행정법은 행정에 관한 고유한 법으로서 공법[5]을 그 연구대상으로 한다. 이는 일반 사인(私人) 간의 법률관계에 적용

---

4) 미국의 '정치문제'란 법적 문제가 아닌 정치적 문제로 간주되는 것으로, 이를 결정하는 것은 전적으로 연방대법원의 결단에 달려있으며, 이 역시 사법적 결정의 하나이다. 즉, 정치문제란 심사를 하지 않는 것이 아니라 심사 후 인용판결을 회피하는 사법적 소극주의의 한 표현일 뿐이다.

5) 헌법과 행정법은 공통적으로 공법의 영역에 해당한다. 베르너(F. Werner)는 행정법을 '헌법의 구

되는 사법(私法)과 구별되어 행정주체와 행정객체는 불평등한 법률관계의 지위에 서게 된다. 이때 불평등하다는 것은 행정주체에게 특권을 부여하고 있다는 것을 의미한다. 아울러 행정법은 국내법을 그 대상으로 한다. 외교행위도 널리 행정에 포함되지만 여기에는 국제법이 적용되는 까닭에 행정법의 탐구대상에서 제외되는 것이다. 물론 헌법 제6조 제1항이 "헌법에 의하여 체결·공포된 조약과 일반적으로 승인된 국제법규는 국내법과 같은 효력을 가진다."라고 규정하고 있기 때문에, 이 요건을 충족한 국제조약과 국제법규의 경우에는 행정법의 영역에 포함된다.

권력분립에 의해 행정의 관념이 분화되었다고 해서 곧바로 행정법이 성립된 것은 아니다. 행정법의 성립은 '법치주의 사상'과 '행정제도'($^{\text{Régime}}_{\text{administratif}}$)의 발달에 힘입은 것이다. '법치주의'란 국가권력의 행사는 반드시 법에 의거하여 법과 법관의 구속을 받아야 한다는 사상인바, 일반 국민과는 다른 행정을 규율하는 법의 정립이 필요하게 되었다. '행정제도'($^{\text{Régime}}_{\text{administratif}}$)란 행정권의 지위를 보장하는 제도로서 행정에 고유한 법의 형성과 행정재판제도의 확립을 의미한다.

Ⅱ. 공법으로서 행정법의 특색

1. 공·사법 구별의 의의

법질서를 공법과 사법으로 구별하는 것은 역사적으로 로마법 시대로 거슬러 올라갈 수 있으며, 이러한 공·사법 구별론은 프랑스의 혁명 이후에 형성된 행정법의 성립과 민법전($^{\text{Code}}_{\text{civil}}$)의 제정에 큰 영향을 미쳤다.

오늘날 공법과 사법을 구별하는 실익은 법률관계를 공법관계와 사법관계로 나누어 공법관계에는 공법상의 규정 및 공법상의 법원칙이 적용되는 반면, 사법관계에는 사법의 규정 및 사법상의 법원칙이 적용되는 데에 있다. 이를 구체적으로 살펴보면, ① 공법관계에는 사법관계에서 인정되지 않는 공정력·불가쟁력·불가변력·강제력 등의 효과가 발생하고, 권리·의무의 포기·이전이 제한 또는 금지되는 등 공법관계에만 인정되는 실체법상의 특수성이 존재하는 점, ② 민사관계와는 다르게 행정작용에는 그 절차에 있어서 행정절차법이 적용된다는 점, ③ 행정주체

체화법'이라고 하였는데, 이는 기본적으로 헌법이 행정법의 근거규범으로서의 성격을 지닌다는 것이다. 즉, 헌법이 그 내용에 있어서 추상적인 규범성을 갖기 때문에 행정법에 의하여 구체화되고 보충되는 것이다.

는 행정상 강제집행을 통해서 행정객체에 대한 직접적인 강제가 가능하다는 점, ④ 행정사건과 민사사건의 소송절차가 상이하여 공법의 영역에 해당하는 행정사건은 행정소송으로 관할이 결정된다는 점, ⑤ 국민이 공무원의 직무상 불법행위로 손해를 입은 경우에 국가배상법상의 규정을 통해서 국가 또는 지방자치단체에 손해배상을 청구할 수 있다는 점 등에서 공법과 사법을 구별하는 실익이 있다.

2. 공·사법 구별기준에 관한 학설

행정법이 형성되기 시작한 약 200년 전의 경우에는 경찰작용과 같은 권력적 행위가 행정법 영역의 주를 이루었고, 이와 같이 공권력을 기반으로 하는 권력적 작용은 쉽게 공법의 영역으로 간주할 수 있었다. 따라서 종래에는 공법과 사법을 구별하기가 용이하였으나, 자본주의가 발달함에 따라 행정작용의 수단이 다양해지고, 비권력적 수단이 도입되면서 공법과 사법의 구별이 어려워졌다. 특히, 행정계약의 경우에는 공법적 요소와 사법적 요소를 모두 지니고 있어 더욱 그러하다.

공·사법 구별기준에 관한 학설로는 ① 법이 실현하고자 하는 이익에 따라서 공익을 실현하는 법이 공법이 되고, 사익을 실현하는 법이 사법이 된다고 보는 '이익설', ② 법률관계가 상하관계인가 대등관계인가에 따라서 공법과 사법을 구별하려는 '종속설(성질설)', ③ 법률관계의 주체, 즉 법의 귀속주체에 따라서 공법은 일방 또는 쌍방의 당사자가 행정주체에 해당하는 경우를 규율하는 법이며, 사법은 사인 상호 간의 관계를 규율하는 법이라고 보는 '주체설',[6] ④ 앞서 본 다양한 기준들을 혼합하여 공법과 사법을 구별하려는 '개별결정설(복수기준설)' 등이 있다.

3. 판례의 태도

(1) 공법관계로 본 경우

대법원은 ① 행정재산의 사용·수익에 대한 허가(대법원 1998. 2. 27. 선고 97누1105 판결), ② 국유재산의 무단점유자에 대한 변상금부과처분(대법원 1988. 2. 23. 선고 87누1046, 1047 판결), ③ 중앙관서의 장이나 지방자치단체의 장의 입찰참가자격 제한조치(대법원 2018. 5. 15. 선고 2016두57984 판결), ④ 손실보상청구(대법원 2012. 10. 11. 선고 2010다23210 판결), ⑤

---

6) 주체설에 대해서는 행위주체의 형식적 측면만을 고려하여 법률관계의 실질적인 측면을 간과하였다는 비판이 제기되어 이를 보완하기 위해서 '수정된 주체설'이 등장하였다. 이 이론에 따르면 공법은 행정주체에게만 권리나 의무를 부여하는 법이며, 사법은 모든 당사자에게 권리와 의무가 귀속되는 법이다.

전문직 공무원 채용계약(^{대법원 1995. 12. 22.}_{선고 95누4636 판결})에 대해서는 공법관계로 보고 있다.

(2) 사법관계로 본 경우

대법원은 ① 일반재산의 대부행위(^{대법원 2000. 2. 11.}_{선고 99다61675 판결}), ② 예산회계법에 의한 입찰보증금의 국고귀속조치(^{대법원 1983. 12. 27.}_{선고 81누366 판결}), ③ 국가를 당사자로 하는 계약에 관한 법률에 따른 공공계약(^{대법원 2020. 5. 14. 선}_{고 2018다298409 판결}), ④ 공익사업을 위한 토지 등의 취득 및 보상에 관한 법령에 의한 협의취득(^{대법원 2012. 2. 23. 선}_{고 2010다91206 판결}), ⑤ 국가배상청구(^{대법원 1972. 10. 10.}_{선고 69다701 판결}), ⑥ 공법상 부당이득반환청구(^{대법원 1995. 12. 22.}_{선고 94다51253 판결}), ⑦ 환매권 행사(^{대법원 2013. 2. 28. 선}_{고 2010두22368 판결})에 대하여는 민사관계로 본다.

제 2 장 법치행정의 원리

헌법 제37조 ② 국민의 모든 자유와 권리는 국가안전보장·질서유지 또는 공공복리를 위하여 필요한 경우에 한하여 법률로써 제한할 수 있으며, 제한하는 경우에도 자유와 권리의 본질적인 내용을 침해할 수 없다.

행정기본법 제8조(법치행정의 원칙) 행정작용은 법률에 위반되어서는 아니 되며, 국민의 권리를 제한하거나 의무를 부과하는 경우와 그 밖에 국민생활에 중요한 영향을 미치는 경우에는 법률에 근거하여야 한다.

제 1 절 행정법의 기본원리

행정법의 기본원리로는 헌법의 기본이념에 해당하는 권력분립원리, 민주국가원리, 법치국가원리, 사회국가원리 등을 들 수 있다. 여기서 법치국가원리를 행정에 반영하게 되면 '법치행정의 원리'가 되는데, 행정법의 성립은 권력분립에 의해 분화된 행정의 관념에 법치행정의 원리가 확립되었기 때문에 가능하였다.

제 2 절 법치행정의 의의

근대국가는 사람에 의한 사람의 지배를 법에 의한 사람의 지배로 바꾸어 놓는 한편 사람뿐만이 아니라 국가도 법에 의한 지배를 받도록 하였다는 점에서 과거와는 다른 국가사회를 수립하였는데, 이를 가리켜 법치국가원리라고 한다. 법치국가원리는 입법·행정·사법의 모든 영역에 적용되어 이들 권력이 법에 의한 지배를 받아야 한다는 것이지만, 법치주의가 행정에 반영된 것을 법치행정의 원리라고 한다.

제3절 법치행정의 내용

Ⅰ. 오토마이어의 법률의 지배이론

행정권에게 우월적 특권을 인정은 하되, 행정권이 그 특권을 행사하기 위해서는 반드시 국민의 대표기관인 의회가 제정한 법률에 그 근거가 있어야 하고, 그 법률에서 정하는 권한의 범위 내에서 권한을 행사하여야 한다는 것이 법치주의(법치행정)의 가장 일반적인 설명이다.[1] 결국 의회가 제정한 법률이 가지는 의미는 바로 국민의 의사에 의해 행정권이 통제된다는 것이다.

오토 마이어는 법치행정에 있어서 집행권을 구속하는 법률의 범위와 관련하여서 법률의 지배이론을 창시하였다. 오토 마이어의 법률의 지배는 법률조직으로부터 정치구조를 유리시키는 것이 핵심인데, 이러한 태도는 법실증주의, 형식적 법치주의,[2] 순수법학으로 발전하게 된다.

오토 마이어는 법치주의가 실현되기 위해서는 가장 기본적으로 ① 법률의 법규창조력, ② 법률의 우위, ③ 법률의 유보라는 3가지의 기본요소를 갖추어야 한다고 주장하였다.

Ⅱ. 법률의 법규창조력

국민의 권리·의무에 관한 새로운 규율을 정할 때에는 반드시 국민의 대표기관인 의회가 제정한 법률의 형식으로 정하여야 한다. 다시 말해서 의회가 제정한 법률만이 법규로서 구속력을 가진다는 의미이다. 즉, 행정부가 발하는 법규명령은 파생입법으로 간주될 뿐인데 오늘날 집행명령, 법규성이 인정되는 행정규칙, 독립명

---

1) 행정이 법률의 범위 내에서 이루어져야 한다는 것은 행정이 법률에 적합하여야 한다는 것을 의미하며, 이를 '행정의 법률적합성원칙'이라고 한다.

2) 오토 마이어의 법치주의를 형식적이라 하는 까닭은 법률의 목적이나 내용은 전혀 문제삼지 않고 의회가 제정한 법률의 형식만 갖추면 법규성을 인정하고 있기 때문이다. 그러나 법규창조력·우월적 의사력·유보력을 가지는 법률은 의회가 제정하였다는 형식만으로는 인정될 수 없고, 합법적·민주적 절차에 따라 제정되고, 그 목적과 내용이 헌법이념에 합치되는 합헌적 법률이어야 한다. 독일에서도 2차 세계대전 후 기본법이 제정되고 민주주의가 정착됨에 따라 헌법과 법의 일반원칙에 대한 적합성이 강조되고, 헌법재판소에 의한 위헌법률심사가 활발해짐에 따라 법률에 의한 지배라고 하는 형식적 법치주의로부터 벗어나 실질적 법치국가(Rechtsstaat)를 이룩하게 되었다.

령, 조례, 규칙의 존재로 인하여 더 이상 설득력이 없다.

Ⅲ. 법률의 우위

　법률우위의 원칙은 법률 등을 포함하여 모든 법규는 행정보다 우위에 있고, 행정은 그 법규에 반할 수 없다는 원칙을 말한다. 법률우위의 원칙이 소극적으로 법률에 위반하는 행정작용을 금지하는 것인데 반하여, 후술하는 법률유보의 원칙은 적극적으로 행정권의 발동에 법적 근거를 필요로 하는 것이다.

　법률의 우위는 오늘날 프랑스에서처럼 무너진 나라도 있고, 한국과 같이 대체로 이를 수용하면서도 헌법 제76조의 긴급명령권과 같이 법률의 효력을 가지는 명령을 부분적으로 인정하는 경우도 있다. 그러나 오늘날에는 활발한 헌법재판을 통하여 헌법도 직접적으로 국민의 권리의무관계에 효력을 미치고 있고, 또 법률은 헌법 아래에 위치한다는 점에서 그 의의는 약화되었다.

Ⅳ. 법률의 유보

　법률의 유보란 행정권의 발동에는 반드시 개별적인 법률의 수권을 필요로 한다는 것이다. 모든 행정활동에는 조직법적 근거가 필요하지만, 특히 법률유보의 원칙에서 문제가 되는 것은 행정의 작용법적 근거이다.

　법률유보의 원칙에 의해서 행정권의 발동에는 법률의 근거가 필요하지만, 모든 행정권의 발동은 반드시 법률적 근거가 있어야 하는가. 즉, 법률적 근거가 없이는 어떠한 행정권의 발동도 있을 수 없는가라는 문제(법률유보의 한계)와 관련하여, 학설은 ① 국민의 자유와 권리를 침해 또는 제한하거나 의무를 부과하는 불이익적·권력적 작용을 하는 경우에는 법률의 수권이 필요하다고 보는 '침해유보설', ② 국민의 권리·의무와 관계되는 모든 권력행정은 법률적 근거를 요한다는 '권력행정유보설', ③ 모든 공행정작용은 법률적 근거가 있어야 된다고 보는 '전부유보설', ④ 사회국가 이념의 확대로 행정에 대한 의존도가 높아짐에 따라 급부행정의 경우에도 법률적 근거가 있어야 한다고 보는 '급부행정유보설(사회유보설)', ⑤ 행정의 기능과 내용 그리고 국민의 권익 등을 고려하여 행정권을 발동하는데 있어서 본질적이고 중요한 사항에 대하여는 반드시 법률의 근거가 필요하다는 '중요사항유보설(본질성설)' 등이 주장되고 있다.

헌법재판소는 한국방송공사 수신료결정사건에서 중요사항유보설의 입장에서 법률유보의 원칙을 적용하였다.

헌법재판소 1999. 5. 27.자 98헌바70 결정

　　오늘날 법률유보원칙은 단순히 행정작용이 법률에 근거를 두기만 하면 충분한 것이 아니라, 국가공동체와 그 구성원에게 기본적이고도 중요한 의미를 갖는 영역, 특히 국민의 기본권 실현과 관련된 영역에 있어서는 국민의 대표자인 입법자가 그 본질적 사항에 대해서 스스로 결정하여야 한다는 요구까지 내포하고 있다(의회유보원칙). 그런데 텔레비전방송 수신료는 대다수 국민의 재산권 보장의 측면이나 한국방송공사에게 보장된 방송자유의 측면에서 국민의 기본권 실현에 관련된 영역에 속하고, 수신료 금액의 결정은 납부의무자의 범위 등과 함께 수신료에 관한 본질적인 중요한 사항이므로 국회가 스스로 행하여야 하는 사항에 속하는 것임에도 불구하고 한국방송공사법 제36조 제1항에서 국회의 결정이나 관여를 배제한 채 한국방송공사로 하여금 수신료 금액을 결정해서 문화관광부장관의 승인을 얻도록 한 것은 법률유보원칙에 위반된다.

　오늘날 법률유보원칙은 단순히 행정작용이 법률에 근거를 두기만 하면 충분한 것이 아니라, 국가 공동체와 그 구성원에게 기본적이고도 중요한 의미를 갖는 영역, 특히 국민의 기본권 실현과 관련된 영역에 있어서는 국민의 대표자인 입법자가 그 본질적 사항에 대해서 스스로 결정하여야 한다는 요구까지 내포하고 있다. 이처럼 특정사안에 대해서는 의회의 전속적 규율사항으로 유보되어 있다는 것을 이른바 '의회유보'라 한다. 오늘날에 있어서 법률의 유보원칙은 의회의 비중 높은 정치적 대표성으로 인하여 중요사항에 대한 의회유보를 중심으로 받아들여지고 있다.

Ⅴ. 한국에서의 중요사항유보설

　대한민국 헌법 ① 제2조 제1항의 대한민국의 국민이 되는 요건, ② 제13조 제1항의 죄형법정주의, ③ 제21조 제3항의 통신·방송의 시설기준, ④ 제23조 제3항의 재산권의 수용·사용·제한 및 그에 대한 보상, ⑤ 제38조와 제59조의 조세법률주의, ⑥ 제41조 제2항과 제3항의 국회의원의 수와 선거구, ⑦ 제74조 제2항의 국군의 조직과 편성, ⑧ 제96조의 행정조직법정주의, ⑨ 제101조 제3항의 법관의 자격, ⑩ 제117조 제2항의 지방자치단체의 종류 등은 법률로 정하도록 하고 있다.

　국내 다수설은 헌법에서 정하고 있는 국회전속적 입법사항의 경우에도 그 본질적 내용을 법률로 정하는 것으로 해석하고, 구체적으로 범위를 정하여 위임에 의해 명령을 제정하는 것이 가능하다고 보고 있다. 대법원과 헌법재판소도 다수설과 마찬가지로 요건과 범위를 보다 엄격하게 요구하면서 포괄적 위임만을 금지할 뿐, 위임입법을 허용하고 있는 입장이다. 따라서 우리나라에서는 국회에서 세부사항까지도 모두 정해야 하는 의회전속적 법률사항은 사실상 존재하지 않는다. 즉 대한민국에서는 아직 의회전속적인 중요사항유보설이 정착되지 않았다고 평가할 수 있다.

대법원 2000. 10. 27. 선고 2000도1007 판결

사회현상의 복잡다기화와 국회의 전문적·기술적 능력의 한계 및 시간적 적응능력의 한계로 인하여 형사처벌에 관련된 모든 법규를 예외 없이 형식적 의미의 법률에 의하여 규정한다는 것은 사실상 불가능할 뿐만 아니라 실제에 적합하지도 아니하기 때문에, 특히 긴급한 필요가 있거나 미리 법률로써 자세히 정할 수 없는 부득이한 사정이 있는 경우에 한하여 수권법률(위임법률)이 구성요건의 점에서는 처벌대상인 행위가 어떠한 것인지 이를 예측할 수 있을 정도로 구체적으로 정하고, 형벌의 점에서는 형벌의 종류 및 그 상한과 폭을 명확히 규정하는 것을 전제로 위임입법이 허용된다.

다만, 대법원은 지방자치법 제28조 제1항 단서[3]에 따른 주민의 권리제한·의무부과에 관한 조례나 공법적 단체의 정관에 대하여는 자치법(自治法)의 영역에 속하기 때문에 포괄적 위임이 허용된다는 입장이다.

① 대법원 1991. 8. 27. 선고 90누6613 판결

법률이 주민의 권리의무에 관한 사항에 관하여 구체적으로 아무런 범위도 정하지 아니한 채 조례로 정하도록 포괄적으로 위임하였다고 하더라도, 행정관청의 명령과는 달라, 조례도 주민의 대표기관인 지방의회의 의결로 제정되는 지방자치단체의 자주법인 만큼, 지방자치단체가 법령에 위반되지 않는 범위 내에서 주민의 권리의무에 관한 사항을 조례로 제정할 수 있는 것이다.

② 대법원 2007. 10. 12. 선고 2006두14476 판결

법률이 공법적 단체 등의 정관에 자치법적 사항을 위임한 경우에는 헌법 제75조가 정하는 포괄적인 위임입법의 금지는 원칙적으로 적용되지 않는다고 봄이 상당하고, 그렇다 하더라도 그 사항이 국민의 권리·의무에 관련되는 것일 경우에는 적어도 국민의 권리·의무에 관한 기본적이고 본질적인 사항은 국회가 정하여야 한다.

---

3) 지방자치법 제28조(조례) ① 지방자치단체는 법령의 범위에서 그 사무에 관하여 조례를 제정할 수 있다. 다만, 주민의 권리 제한 또는 의무 부과에 관한 사항이나 벌칙을 정할 때에는 법률의 위임이 있어야 한다.

제 3 장 행정법의 법원(法源)

제 1 절 의 의

행정법의 법원(法源)은 '행정법의 인식근거 내지 존재형태'라고 할 수 있다. 이와 같은 행정법의 법원은 행정작용의 근거가 되기도 하고, 행정상으로 발생하는 분쟁을 해결하는 기준이 되기도 한다. 또한 행정조직, 즉 행정의 내부관계를 규율하기도 한다. 행정법의 법원은 성문법원과 불문법원으로 나눌 수 있다.

제 2 절 성문법원

I. 종 류

성문법원에는 ① 대한민국의 기본법이자 최고 규범으로서 국가의 조직과 작용에 관한 사항을 규율하고 있는 '헌법', ② '조약 및 국제법규',[1] ③ 헌법 제40조에 의하여 국회가 제정하는 일반적·추상적 법규인 '법률', ④ 행정주체가 법조(法條)의 형식으로 제정하는 일반적·추상적 법규인 '명령', ⑤ 국가의 권한을 지역적으로 분권받아 행정의 작용을 담당하는 지방자치단체가 제정한 명령인 '자치법규'가 있다. 자치법규에는 지방자치법 제28조에 따라 지방자치단체가 정하는 조례, 제29조에 따라 지방자치단체의 장이 정하는 규칙, 지방교육자치에 관한 법률 제25조 제1항에 따라 교육감이 정하는 교육규칙이 있다.

II. 행정규칙의 법원성 여부

행정규칙은 행정주체에 의해서 법조의 형식으로 제정되는 일반적·추상적 규율

---

1) 헌법 제6조 제1항에서는 "헌법에 의하여 체결·공포된 조약과 일반적으로 승인된 국제법규는 국내법과 같은 효력을 가진다."라고 규정하고 있다.

이라는 점에서는 명령과 공통점을 갖지만, 대외적 구속력이 없으며, 행정조직의 내부관계를 규율하기 위해서 제정되므로 제정권자와 발령형식의 여하를 불문하고 행정법관계에서의 법원성을 인정하기 어렵다.

Ⅲ. 상호 간의 관계

행정법의 법원은 원칙적으로 성문법이어야 하는데, 성문법원 상호 간에는 헌법을 최고 규범으로 하여 하위 법령이 존재하게 된다. 즉, 상위법우위의 원칙이 적용된다. 같은 효력을 가지는 성문법원 간에는 특별법우선의 원칙이 우선적으로 적용되며, 다음으로는 신법우선의 원칙이 적용된다.

제 3 절 불문법원

행정에 있어서 예측가능성을 제시하고 법적 안정성을 확보할 필요성이 있기 때문에 행정법은 성문법주의가 원칙이다. 그러나 행정법은 그 범위가 매우 방대하기 때문에 통일적인 법전이 존재하지 않고 수많은 개별 법령이 존재하고 있으며, 또한 현대 사회의 급속한 변화로 인하여 법령이 지속적으로 제정·개정·폐지되는 등 행정에 관한 성문법은 불완전할 수 있다. 따라서 행정법의 흠결을 보완하고 국민에 대한 통일적인 행정작용을 달성하기 위해서는 불문법에 의한 보충이 필요하다.

불문법원의 종류에는 ① 행정에 관하여 국민의 전부 또는 일부 사이에 동일한 사실이 다년간 계속하여 관행으로 반복되고, 이러한 관행이 일반 국민의 법적 확신을 통하여 성립된 법규범인 '관습법',[2] ② 법원의 판결이 일반적·추상적인 성격을 갖는 행정법규의 내용을 구체화하고 해석의 기준을 제시하는 등 사실상 행정사건에 대한 해결기준으로 작용하는 '판례법', ③ 명문상의 규정으로 성문화되어 있는 것이 아니고 법관이 판례에 의하여 도출하여 행정청을 구속시키는 원칙인 '행정법의 일반원칙'이 있다.

---

2) 대법원 2005. 7. 21. 선고 2002다1178 전원합의체 판결(사회의 거듭된 관행으로 생성한 어떤 사회생활규범이 법적 규범으로 승인되기에 이르렀다고 하기 위하여는 헌법을 최상위 규범으로 하는 전체 법질서에 반하지 아니하는 것으로서 정당성과 합리성이 있다고 인정될 수 있는 것이어야 한다).

제 4 절   행정법의 일반원칙

행정법의 일반원칙은 법관이 창설하는 법이라고 할 수 있다. 우리나라의 대법원과 헌법재판소도 행정법의 일반원칙을 선언하여 왔다. 이러한 일반원칙은 성문법이나 관습법 등이 존재하지 않거나 불명확한 경우에 보충적으로만 적용되는 것이 아니라, 성문법의 해석·적용에도 적용되어 왔다.[3] 최근에는 불문법원으로 확립되었던 행정법의 일반원칙이 입법을 통해 성문화되고 있다. 2021. 3. 23. 제정·시행된 행정기본법은 제2장(행정의 법원칙)에서 법치행정의 원칙($\frac{제8}{조}$)·평등의 원칙($\frac{제9}{조}$)·비례의 원칙($\frac{제10}{조}$)·성실의무 및 권한남용금지의 원칙($\frac{제11}{조}$)·신뢰보호의 원칙($\frac{제12}{조}$)·부당결부금지의 원칙($\frac{제13}{조}$)을 규정하고 있는바, 이들 성문법화된 원칙들은 성문법원이지, 불문법원이 아니다.[4]

Ⅰ. 비례의 원칙

> **행정기본법** 제10조(비례의 원칙) 행정작용은 다음 각 호의 원칙에 따라야 한다.
> 1. 행정목적을 달성하는 데 유효하고 적절할 것
> 2. 행정목적을 달성하는 데 필요한 최소한도에 그칠 것
> 3. 행정작용으로 인한 국민의 이익 침해가 그 행정작용이 의도하는 공익보다 크지 아니할 것

1. 의   의

비례의 원칙이란 행정권이 행정상의 목적을 실현하는 데에 있어서 그 목적의 실현과 구체적인 수단 사이에는 합리적인 비례관계가 유지되어야 한다는 것을 말한다. 초기에는 비례의 원칙이 경찰권 발동의 한계를 설정하기 위해서 발전되었으나, 이후에는 경찰법과 같은 침익적 행정의 영역에서만이 아니라 수익적 행정의 영역까지 발전하게 되었다. 즉, 자금지원행정과 같은 부분에서 과잉금지의 원칙으로 적용되기도 한다. 나아가 행정작용을 포함한 모든 국가작용에 적용된다.[5]

비례의 원칙은 법치국가원리에서 당연히 파생되는 헌법상의 기본원리로서, 비례의 원칙에 대한 헌법적 근거로는 헌법 제37조 제2항을 들 수 있다.

---

3) 홍정선(65면).
4) 김철용(91면).
5) 헌법재판소 1992. 12. 24.자 92헌가8 결정.

2. 내 용

비례의 원칙은 ① 적합성의 원칙, ② 필요성의 원칙, ③ 상당성의 원칙(협의의 비례원칙)이란 세 가지의 세부원칙을 그 내용으로 한다. 이 중에서 '적합성의 원칙'이란 행정상의 목적을 달성하기 위하여 행하는 행정작용은 그 달성하고자 하는 목적에 적합하게 행사되어야 한다는 원칙을 말하며, '필요성의 원칙'은 최소침해의 원칙이라고도 하는데, 행정상의 목적을 달성하기 위해서 선택할 수 있는 적합한 수단이 다수일 경우에는 개인이나 공중에 필요 최소한의 침해를 가져오는 수단을 선택하여야 한다는 것을 말한다. '상당성의 원칙'은 협의의 비례원칙이라고도 하는데, 달성하고자 하는 행정상의 목적과 개인에 대한 침해의 정도, 즉 실현하고자 하는 공익과 침해되는 사익 사이에 합리적 비례관계가 있어야 한다는 원칙을 말한다.

3. 위반의 효과

비례의 원칙에 반하는 행정작용은 위법한 것이 된다. 구체적으로, 행정입법의 경우에는 무효가 된다. 행정행위의 경우는 원칙적으로 취소사유에 해당하며, 위법의 정도가 중대하고 명백한 경우에는 무효가 된다. 비례의 원칙을 위반한 공무원의 행위로 인해 손해를 입은 사인은 국가배상을 청구할 수 있다.

대법원 2006. 12. 21. 선고 2006두16274 판결

[1] 공무원인 피징계자에게 징계사유가 있어서 징계처분을 하는 경우 어떠한 처분을 할 것인가는 징계권자의 재량에 맡겨진 것이므로, 그 징계처분이 위법하다고 하기 위해서는 징계권자가 재량권의 행사로서 한 징계처분이 사회통념상 현저하게 타당성을 잃어 징계권자에게 맡겨진 재량권을 남용한 것이라고 인정되는 경우에 한한다. 그리고 공무원에 대한 징계처분이 사회통념상 현저하게 타당성을 잃었는지 여부는 구체적인 사례에 따라 직무의 특성, 징계의 원인이 된 비위사실의 내용과 성질, 징계에 의하여 달성하려고 하는 행정목적, 징계 양정의 기준 등 여러 요소를 종합하여 판단하여야 하고, 특히 금품수수의 경우는 수수액수, 수수경위, 수수시기, 수수 이후 직무에 영향을 미쳤는지 여부 등이 고려되어야 한다.

[2] 경찰공무원이 그 단속의 대상이 되는 신호위반자에게 먼저 적극적으로 돈을 요구하고 다른 사람이 볼 수 없도록 돈을 접어 건네주도록 전달방법을 구체적으로 알려주었으며 동승자에게 신고시 범칙금 처분을 받게 된다는 등 비위신고를 막기 위한 말까지 하고 금품을 수수한 경우, 비록 그 받은 돈이 1만 원에 불과하더라도 위 금품수수행위를 징계사유로 하여 당해 경찰공무원을 해임처분한 것은 징계재량권의 일탈·남용이

아니라고 한 사례.

Ⅱ. 평등의 원칙

헌법 제11조 제1항에서는 "모든 국민은 법 앞에 평등하다. 누구든지 성별·종교 또는 사회적 신분에 의하여 정치적·경제적·사회적·문화적 생활의 모든 영역에 있어서 차별을 받지 아니한다."라고 규정하여 평등의 원칙을 천명하고 있다. 이를 행정의 측면에 적용할 경우, 행정권을 발동함에 있어 특별히 합리적인 사유가 없는 한 상대방인 국민을 공평하게 대우하여야 한다는 원리가 도출될 수 있다. 이것이 이른바 행정법의 일반원칙으로서 '평등의 원칙'이다.

따라서 행정청이 국민에게 합리적인 이유 없이 자의에 의해서 차별적인 처분을 하게 되면 해당 처분은 위법한 처분이 된다. 그러나 평등의 원칙에서 언급하고 있는 평등은 '상대적 평등'에 해당하기 때문에 모든 차별이 금지되는 것이 아니라 본질적으로 동일한 것을 자의적으로 불평등하게 취급하거나, 본질적으로 동일하지 않는 것을 자의적으로 평등하게 취급하는 것을 금지하는 원칙이다. 헌법상의 평등의 원칙으로부터 파생되는 헌법의 구체화로서의 원칙들이 다수 존재한다.

대법원 1972. 12. 26. 선고 72누194 판결

원고가 원판시와 같이 부산시 영도구청의 당직 근무 대기 중 약 25분간 같은 근무조원 3명과 함께 시민 과장실에서 심심풀이로 돈을 걸지 않고 점수 따기 화투놀이를 한 사실을 확정한 다음 이것이 국가공무원법 제78조 1, 3호 규정의 징계사유에 해당한다 할지라도 당직 근무시간이 아닌 그 대기 중에 불과 약 25분간 심심풀이로 한 것이고 또 돈을 걸지 아니하고 점수 따기를 한데 불과하며 원고와 함께 화투놀이를 한 3명(지방공무원)은 부산시 소청심사위원회에서 견책에 처하기로 의결된 사실이 인정되는 점 등 제반 사정을 고려하면 피고가 원고에 대한 징계처분으로 파면을 택한 것은 당직근무 대기자의 실정이나 공평의 원칙상 그 재량의 범위를 벗어난 위법한 것이라고 하였던바, 이를 기록에 대조하여 검토하여 보면 정당하고 징계종류의 선택에 관한 법리를 오해한 위법 있다는 논지는 맞지 아니하여 이유 없다.

Ⅲ. 행정의 자기구속의 원칙

1. 의 의

행정의 자기구속의 원칙이란 행정기관이 스스로 정한 결정기준에 구속되는 것 또는 행정결정을 함에 있어서 동종의 사안에서 이전에 제3자에게 행한 결정과 동일한 결정을 상대방에게 행하도록 스스로 구속되는 것을 말한다. 행정의 자기구속의 근거를 신뢰보호의 원칙에서 구하는 견해도 있지만, 평등의 원칙에서 파생되었다고 보는 것이 통설적인 견해이다. 이는 주로 재량영역에서 행정이 스스로 정하여 시행하고 있는 기준인 재량준칙과 관련하여 문제된다.

2. 적용요건

자기구속의 원칙이 적용되기 위해서는 ① 행정의 재량이 인정되는 영역에서 법적으로 동일한 사실관계, 즉 동종의 사안일 것, ② 동일한 행정기관일 것, ③ 종래 동종의 사안에서 행한 행정결정이 적법할 것,[6] ④ 동종 사안에 대해 1회 이상의 행정선례가 존재할 것을 요한다. 그러나 이 원칙은 기존의 선례가 있다고 하더라도 절대적인 것이 아니므로, 객관적으로 납득할 만한 이유가 있는 경우에는 과거 동종 사안에서 행한 행정결정과 다른 새로운 결정을 하는 것이 가능하다.

대법원 1993. 6. 29. 선고 93누5635 판결

[1] 식품위생법 시행규칙 제53조에서 별표 15로 같은 법 제58조에 따른 행정처분의 기준을 정하였다 하더라도, 이는 형식은 부령으로 되어 있으나 성질은 행정기관 내부의 사무처리준칙을 규정한 것에 불과한 것으로서 보건사회부장관이 관계행정기관 및 직원에 대하여 직무권한행사의 지침을 정하여 주기 위하여 발한 행정명령의 성질을 가지는 것이지 같은 법 제58조 제1항의 규정에 의하여 보장된 재량권을 기속하는 것이라고 할 수 없고, 대외적으로 국민이나 법원을 기속하는 힘이 있는 것은 아니다.

[2] 행정청이 수익적 행정처분을 취소하거나 중지시키는 경우에는 이미 부여된 국민의 기득권을 침해하는 것이 되므로 비록 취소 등의 사유가 있더라도 취소권 등의 행사는 기득권의 침해를 정당화할 만한 중대한 공익상 필요 또는 제3자의 이익보호의 필요가 있는 때에 한하여 상대방이 받는 불이익과 비교교량하여 결정하여야 하고 그 처분으로 인하여 공익상 필요보다 상대방이 받게 되는 불이익 등이 막대한 경우에는 재량권의

---

6) 대법원 2009. 6. 25. 선고 2008두13132 판결.

한계를 일탈한 것으로서 그 자체가 위법임을 면치 못한다.

　　[3] 같은 법 시행규칙 제53조에 따른 별표 15의 행정처분기준은 행정기관 내부의 사무처리준칙을 규정한 것에 불과하기는 하지만 규칙 제53조 단서의 식품 등의 수급정책 및 국민보건에 중대한 영향을 미치는 특별한 사유가 없는 한 행정청은 당해 위반사항에 대하여 위 처분기준에 따라 행정처분을 함이 보통이라 할 것이므로, 행정청이 이러한 처분기준을 따르지 아니하고 특정한 개인에 대하여만 위 처분기준을 과도하게 초과하는 처분을 한 경우에는 재량권의 한계를 일탈하였다고 볼 만한 여지가 충분하다.

　　[4] 영업허가 이전 1개월 이상 무허가 영업을 하였고 영업시간 위반이 2시간 이상이라 하더라도 위 행정처분기준에 의하면 1월의 영업정지사유에 해당하는데도 2월 15일의 영업정지처분을 한 것은 재량권 일탈 또는 남용에 해당한다고 한 사례.

Ⅳ. 성실의무 및 권한남용금지의 원칙

> **행정기본법** 제11조(성실의무 및 권한남용금지의 원칙) ① 행정청은 법령등에 따른 의무를 성실히 수행하여야 한다.
> ② 행정청은 행정권한을 남용하거나 그 권한의 범위를 넘어서는 아니 된다.

　　신의성실의 원칙은 법률관계의 당사자는 상대방의 이익을 배려하여 형평에 어긋나거나 신뢰를 저버리는 내용 또는 방법으로 권리를 행사하거나 의무를 이행하여서는 아니 된다는 원칙을 말한다. 이 원칙은 민사법의 법원칙으로서 로마법 시대부터 인정되어 왔으며, 근래에는 공법의 영역에서도 적용되는 법원리가 되었다. 신의성실의 원칙은 법적 안정성과 함께 신뢰보호의 원칙에 이론적 영향을 미쳤다. 행정절차법 제4조 제1항은 "행정청은 직무를 수행할 때 신의에 따라 성실히 하여야 한다."라고 하여 이를 명문으로 인정하고 있다. 최근 제정된 행정기본법 제11조에서는 공법관계의 성질을 고려하여 신의성실 대신 '성실의무'라는 용어를 사용하고 있다.

대법원 1988. 4. 27. 선고 87누915 판결

　　실권 또는 실효의 법리는 법의 일반원리인 신의성실의 원칙에 바탕을 둔 파생원칙인 것이므로 공법관계 가운데 관리관계는 물론이고 권력관계에도 적용되어야 함을 배제할 수는 없다 하겠으나 그것은 본래 권리행사의 기회가 있음에도 불구하고 권리자가 장기간에 걸쳐 그의 권리를 행사하지 아니하였기 때문에 의무자인 상대방은 이미 그의 권리를 행사하지 아니할 것으로 믿을 만한 정당한 사유가 있게 되거나 행사하지 아니할 것으로 추인케 할 경우에 새삼스럽게 그 권리를 행사하는 것이 신의성실의 원칙에 반하는 결과가 될 때 그 권리행사를 허용하지 않는 것을 의미한다.

행정법상 권한남용금지의 원칙은 법치국가원리에 이념적 기초를 두고 있다. 법치국가원리는 국가권력의 행사가 법의 지배원칙에 따라 법적으로 구속을 받는 것을 뜻한다. 법치주의는 원래 국가권력의 자의적 행사를 막기 위한 데서 출발한 것이다. 국가권력의 행사가 공동선의 실현을 위하여서가 아니라 특정 개인이나 집단의 이익 또는 정파적 이해관계에 의하여 좌우된다면 권력의 남용과 오용이 발생하고 국민의 자유와 권리는 쉽사리 침해되어 힘에 의한 지배가 되고 만다. 법치주의는 국가권력의 중립성과 공공성 및 윤리성을 확보하기 위한 것이므로, 모든 국가기관과 공무원은 헌법과 법률에 위배되는 행위를 하여서는 아니 됨은 물론 헌법과 법률에 의하여 부여된 권한을 행사할 때에도 그 권한을 남용하여서는 아니 된다(^{대법원 2016. 12. 15. 선고} _{2016두47659 판결}).

V. 신뢰보호의 원칙

> **[사례 2]**
> 택시기사인 甲은 음주운전을 하다가 적발되어 형사처벌은 받았으나 아무런 행정조치가 없어 계속 운전업무를 하였다. 이후 3년이 지난 시점에 이르러 행정청은 甲에게 운전면허취소처분을 하였는데, 이러한 처분은 적법한가?

> **행정기본법 제12조(신뢰보호의 원칙)** ① 행정청은 공익 또는 제3자의 이익을 현저히 해칠 우려가 있는 경우를 제외하고는 행정에 대한 국민의 정당하고 합리적인 신뢰를 보호하여야 한다. ② 행정청은 권한 행사의 기회가 있음에도 불구하고 장기간 권한을 행사하지 아니하여 국민이 그 권한이 행사되지 아니할 것으로 믿을 만한 정당한 사유가 있는 경우에는 그 권한을 행사해서는 아니 된다. 다만, 공익 또는 제3자의 이익을 현저히 해칠 우려가 있는 경우는 예외로 한다.

1. 의　의

신뢰보호의 원칙은 사인이 행정청의 어떠한 행위(언동)의 존속이나 정당성을 신뢰하고 행위를 한 경우, 그 신뢰가 보호가치 있는 경우에는 그 신뢰를 보호해 주어야 한다는 원칙을 말한다. 동 원칙의 이론적 근거로는 ① 신의성실의 원칙을 구체화한 것으로 보는 신의칙설과 ② 법치국가의 구성요소인 법적 안정성에서 도출하는 법적 안정성설(통설, 판례)[7]이 있다.

---

7) 대법원 2013. 4. 26. 선고 2011다14428 판결; 헌법재판소 2016. 6. 30.자 2014헌바365 결정.

2. 적용요건

대법원 2002. 11. 8. 선고 2001두1512 판결[8]

　　일반적으로 행정상의 법률관계에 있어서 행정청의 행위에 대하여 신뢰보호의 원칙이 적용되기 위하여는, 첫째 행정청이 개인에 대하여 신뢰의 대상이 되는 공적인 견해표명을 하여야 하고, 둘째 행정청의 견해표명이 정당하다고 신뢰한 데에 대하여 그 개인에게 귀책사유가 없어야 하며, 셋째 그 개인이 그 견해표명을 신뢰하고 이에 상응하는 어떠한 행위를 하였어야 하고, 넷째 행정청이 그 견해표명에 반하는 처분을 함으로써 그 견해표명을 신뢰한 개인의 이익이 침해되는 결과가 초래되어야 하며, 마지막으로 위 견해표명에 따른 행정처분을 할 경우 이로 인하여 공익 또는 제3자의 정당한 이익을 현저히 해할 우려가 있는 경우가 아니어야 하는바, 둘째 요건에서 말하는 귀책사유라 함은 행정청의 견해표명의 하자가 상대방 등 관계자의 사실은폐나 기타 사위의 방법에 의한 신청행위 등 부정행위에 기인한 것이거나 그러한 부정행위가 없다고 하더라도 하자가 있음을 알았거나 중대한 과실로 알지 못한 경우 등을 의미한다고 해석함이 상당하고, 귀책사유의 유무는 상대방과 그로부터 신청행위를 위임받은 수임인 등 관계자 모두를 기준으로 판단하여야 한다.

　　신뢰보호의 원칙이 적용되기 위해서는 ① 우선 권한 있는 행정청에 의한 선행조치(공적인 견해표명)가 있어야 하는데, 그 형식으로는 법령·행정규칙 등의 규정, 행정행위, 행정계획의 공고, 확약, 행정지도, 민원질의에 대한 답변 등의 일체의 조치를 말한다. 이러한 선행조치는 작위·부작위, 명시적·묵시적 의사표시를 불문한다. 이를 판단하는 데 있어 반드시 행정조직상의 형식적인 권한분장에 구애될 것은 아니고 담당자의 조직상의 지위와 임무, 당해 언동을 하게 된 구체적인 경위 및 그에 대한 상대방의 신뢰가능성에 비추어 실질에 의하여 판단하여야 한다(대법원 1997. 9. 12. 선고 96누18380 판결).[9]
　　또한, ② 행정기관에 의한 선행조치의 존속성·정당성에 대한 상대방의 신뢰가 보호할 가치가 있어야 하고(귀책사유가 없을 것), ③ 이에 기초하여 상대방의 구체적인 후속조치(자본투자 등)가 있어야 하며, ④ 행정기관의 선행조치에 대한 신뢰와 상대방의 후속조치 사이에는 인과관계가 존재하여야 한다.

---

8) 건축주와 그로부터 건축설계를 위임받은 건축사가 상세계획지침에 의한 건축한계선의 제한이 있다는 사실을 간과한 채 건축설계를 하고 이를 토대로 건축물의 신축 및 증축허가를 받은 경우, 그 신축 및 증축허가가 정당하다고 신뢰한 데에 귀책사유가 있다고 한 사례.

9) 병무청 담당부서의 담당공무원에게 공적 견해의 표명을 구하는 정식의 서면질의 등을 하지 아니한 채 총무과 민원팀장에 불과한 공무원이 민원봉사 차원에서 상담에 응하여 안내한 것을 신뢰한 경우, 신뢰보호원칙이 적용되지 아니한다(대법원 2003. 12. 26. 선고 2003두1875 판결).

대법원 2005. 4. 28. 선고 2004두8828 판결

폐기물관리법령에 의한 폐기물처리업 사업계획에 대한 적정통보와 국토이용관리법령에 의한 국토이용계획변경은 각기 그 제도적 취지와 결정단계에서 고려해야 할 사항들이 다르므로, 피고가 위와 같이 폐기물처리업 사업계획에 대하여 적정통보를 한 것만으로 그 사업부지 토지에 대한 국토이용계획변경신청을 승인하여 주겠다는 취지의 공적인 견해표명을 한 것으로 볼 수 없고, 그럼에도 불구하고 원고가 그 승인을 받을 것으로 신뢰하였다면 원고에게 귀책사유가 있다 할 것이므로, 이 사건 처분이 신뢰보호의 원칙에 위배된다고 할 수 없다.

3. 한 계

(1) 사정변경

행정청이 어떤 처분을 하겠다고 확약 또는 공적인 의사표명을 하였더라도, 그 자체에서 정한 유효기간 내에 상대방의 신청이 없었다거나 확약 또는 공적인 의사표명이 있은 후에 사실적·법률적 상태가 변경되었다면, 그와 같은 확약 또는 공적인 의사표명은 행정청의 별다른 의사표시를 기다리지 않고 실효된다.[10]

(2) 법률적합성과의 관계

신뢰보호의 원칙을 적용하는 데에 있어서 법률적합성과의 관계가 그 한계로 논의가 된다. 즉, 신뢰보호의 원칙을 적용하게 되면 위법한 행정작용의 효력을 인정하게 되는 경우가 있는데, 이 경우에 신뢰보호의 원칙을 우선시킬 것인지 법률적합성의 원칙을 우선시킬 것인지의 문제이다. 이 문제에 대해서 학설은 ① 법률적합성의 원칙은 법치주의의 기본원리이기 때문에 법률적합성이 신뢰보호의 원칙보다 우위에 있다는 '법률적합성우위설'과 ② 신뢰보호의 원칙과 법률적합성의 원칙은 동가치적인 것이라고 하는 '동위설'(통설, 판례)이 있다. 동위설에 따르면, 신뢰보호의 원칙은 개별적·구체적인 경우에 적법상태의 실현이라는 공익과 신뢰보호라는 사익을 비교형량하여 제한적으로 적용된다.

(3) 무효인 행정행위

행정행위의 흠이 중대하고 명백하여 무효인 경우, 행정행위의 상대방은 신뢰보호의 원칙을 주장할 수 없다.

---

10) 대법원 1996. 8. 20. 선고 95누10877 판결.

대법원 1987. 4. 14. 선고 86누459 판결

국가가 공무원 임용결격사유가 있는 자에 대하여 결격사유가 있는 것을 알지 못하고 공무원으로 임용하였다가 사후에 결격사유가 있는 자임을 발견하고 공무원 임용행위를 취소하는 것은 당사자에게 원래의 임용행위가 당초부터 당연무효이었음을 통지하여 확인시켜 주는 행위에 지나지 아니하는 것이므로, 그러한 의미에서 당초의 임용처분을 취소함에 있어서는 신의칙 내지 신뢰의 원칙을 적용할 수 없고 또 그러한 의미의 취소권은 시효로 소멸하는 것도 아니다.

4. 적용영역

신뢰보호의 원칙이 적용되는 영역으로는 ① 행정법규의 소급적용, ② 위법한 수익적 행정행위의 취소, ③ 적법한 수익적 행정행위의 철회, ④ 행정계획의 변경, ⑤ 실권(失權), ⑥ 확약, ⑦ 처분사유의 추가·변경 등이 있다.

행정기관이 위법한 행정행위에 대해서 취소를 하는 등의 조치를 취하지 않고 위법상태를 장기간 묵인하거나 방치하여 상대방이 당해 행위의 존속을 신뢰하게 되었다면 특별한 사정이 없는 한 신뢰보호의 원칙에 입각하여 행정기관이 당해 행정행위를 취소할 수 없게 되는데, 이를 '실권의 법리'라고 부른다. 행정기본법 제12조 제2항은 이를 명시적으로 인정하고 있으며, 대법원은 "신의성실의 원칙에 바탕을 둔 파생원칙"으로 보고 있다.[11]

대법원 1987. 9. 8. 선고 87누373 판결

택시운전사가 1983. 4. 5. 운전면허정지기간 중의 운전행위를 하다가 적발되어 형사처벌을 받았으나 행정청으로부터 아무런 행정조치가 없어 안심하고 계속 운전업무에 종사하고 있던 중 행정청이 위 위반행위가 있은 이후에 장기간에 걸쳐 아무런 행정조치를 취하지 않은 채 방치하고 있다가 3년여가 지난 1986. 7. 7.에 와서 이를 이유로 행정제재를 하면서 가장 무거운 운전면허를 취소하는 행정처분을 하였다면 이는 행정청이 그간 별다른 행정조치가 없을 것이라고 믿은 신뢰의 이익과 그 법적 안정성을 빼앗는 것이 되어 매우 가혹할 뿐만 아니라 비록 그 위반행위가 운전면허취소사유에 해당한다 할지라도 그와 같은 공익상의 목적만으로는 위 운전사가 입게 될 불이익에 견줄 바 못된다 할 것이다.

---

11) 대법원 1988. 4. 27. 선고 87누915 판결.

VI. 부당결부금지의 원칙

행정기본법 제13조(부당결부금지의 원칙) 행정청은 행정작용을 할 때 상대방에게 해당 행정작용과 실질적인 관련이 없는 의무를 부과해서는 아니 된다.

부당결부금지의 원칙이란 행정권이 행정작용을 함에 있어 그것과 실질적인 관련이 없는 반대급부와 부당하게 결부시켜서는 안 된다는 원칙을 말한다. 다시 말해서 행정작용의 원인이 되는 사실관계와 행정청의 행정작용 사이에 합리적인 인과관계가 있어야 적법한 행정작용이 된다는 점에서 부당결부금지의 원칙을 '관련성의 명령'이라고도 한다. 만일 행정작용과 반대급부 사이에 직접적인 인과관계가 없거나 (원인적 관련성 결여) 서로 다른 행정목적을 추구하고 있다면(목적적 관련성 결여), 이는 실체적인 관련이 없는 경우에 해당하여 부당결부금지의 원칙에 위반된다.

그러나 복수의 행정행위가 상호 관련성이 있어서 전부를 철회하여야만 행정목적을 달성할 수 있는 경우에는 전부를 철회할 수 있다.

부당결부금지의 원칙은 법치행정의 원리와 자의금지의 원칙에 의해서 도출할 수 있으며, 오늘날에는 행정행위의 부관, 행정계획, 행정계약, 행정의 실효성 확보 수단 등과 관련하여 문제가 제기되고 있다.

① **대법원 1994. 11. 25. 선고 94누9672 판결**

한 사람이 여러 종류의 자동차운전면허를 취득하는 경우뿐 아니라 이를 취소 또는 정지하는 경우에 있어서도 서로 별개의 것으로 취급하는 것이 원칙이기는 하나, 자동차운전면허는 그 성질이 대인적 면허일뿐만 아니라 도로교통법 시행규칙 제26조 별표 14에 의하면, 제1종 대형면허 소지자는 제1종 보통면허로 운전할 수 있는 자동차와 원동기장치자전거를, 제1종 보통면허 소지자는 원동기장치자전거까지 운전할 수 있도록 규정하고 있어서 제1종 보통면허로 운전할 수 있는 차량의 음주운전은 당해 운전면허뿐만 아니라 제1종 대형면허로도 가능하고, 또한 제1종 대형면허나 제1종 보통면허의 취소에는 당연히 원동기장치자전거의 운전까지 금지하는 취지가 포함된 것이어서 이들 세 종류의 운전면허는 서로 관련된 것이라고 할 것이므로 제1종 보통면허로 운전할 수 있는 차량을 음주운전한 경우에 이와 관련된 면허인 제1종 대형면허와 원동기장치자전거면허까지 취소할 수 있는 것으로 보아야 한다.

② **대법원 1997. 3. 11. 선고 96다49650 판결**

지방자치단체장이 사업자에게 주택사업계획승인을 하면서 그 주택사업과는 아무런 관련이 없는 토지를 기부채납하도록 하는 부관을 주택사업계획승인에 붙인 경우, 그 부관은 부당결부금지의 원칙에 위반되어 위법하지만, 지방자치단체장이 승인한 사업자의 주택사업계획은 상당히 큰 규모의 사업임에 반하여, 사업자가 기부채납한 토지 가액은 그 100분의 1 상당의 금액에 불과한 데다가, 사업자가 그 동안 그 부관에 대하여 아무런 이의를 제기하지 아니하다가 지방자치단체장이 업무착오로 기부채납한 토지에 대하여 보상협조요청서를 보내자 그 때서야 비로소 부관의 하자를 들고 나온 사정에 비추어 볼 때 부관의 하자가 중대하고 명백하여 당연무효라고는 볼 수 없다고 한 사례.

제 5 절   법원의 효력

Ⅰ. 시간적 효력범위

1. 효력발생시기

> **행정기본법 제7조(법령등 시행일의 기간 계산)** 법령등(훈령・예규・고시・지침 등을 포함한다. 이하 이 조에서 같다)의 시행일을 정하거나 계산할 때에는 다음 각 호의 기준에 따른다.
> 1. 법령등을 공포한 날부터 시행하는 경우에는 공포한 날을 시행일로 한다.
> 2. 법령등을 공포한 날부터 일정 기간이 경과한 날부터 시행하는 경우 법령등을 공포한 날을 첫날에 산입하지 아니한다.
> 3. 법령등을 공포한 날부터 일정 기간이 경과한 날부터 시행하는 경우 그 기간의 말일이 토요일 또는 공휴일인 때에는 그 말일로 기간이 만료한다.

행정기본법 제7조는 법령등 시행일의 기간 계산에 관한 특례를 규정하고 있다. 행정기본법상 "법령등"의 범위는 '법령'과 '자치법규'($^{지방자치단체의}_{조례\ 및\ 규칙}$)를 말하며, 여기서 법령이란 ① 법률 및 대통령령・총리령・부령, ② 국회규칙・대법원규칙・헌법재판소규칙・중앙선거관리위원회규칙 및 감사원규칙, ③ 위 ① 또는 ②의 위임을 받아 중앙행정기관($^{'정부조직법_』\ 및\ 그\ 밖의\ 법률에}_{따라\ 설치된\ 중앙행정기관을\ 말함}$)의 장이 정한 훈령・예규 및 고시 등 행정규칙을 말한다($^{행정기본법}_{제2조\ 제1호}$).

법률, 대통령령・총리령・부령 및 조례・규칙은 그 시행일에 관하여 특별한 규정이 없으면 공포한 날로부터 20일이 경과한 날로부터 효력이 발생한다($^{헌법\ 제53조\ 제7항,}_{법령\ 등\ 공포에\ 관한}$ $^{법률\ 제13조,\ 지방자}_{치법\ 제32조\ 제8항}$). 다만, 국민의 권리 제한 또는 의무 부과와 직접 관련되는 법률, 대통령령, 총리령 및 부령은 긴급히 시행하여야 할 특별한 사유가 있는 경우를 제외하고는 공포일부터 적어도 30일이 경과한 날부터 시행되도록 하여야 한다($^{법령\ 등\ 공포에\ 관}_{한\ 법률\ 제13조의2}$).

2. 불소급원칙

> **행정기본법** 제14조(법 적용의 기준) ① 새로운 법령등은 법령등에 특별한 규정이 있는 경우를 제외하고는 그 법령등의 효력 발생 전에 완성되거나 종결된 사실관계 또는 법률관계에 대해서는 적용되지 아니한다.

법령이 제정 또는 개정된 경우, 신법은 그 효력발생일(시행일) 이후의 사안에 대해서만 적용되는 것이 원칙이다(소급금지의 원칙).[12] 그러나 신법이 과거 사안에 대하여 소급하여 적용되는 경우도 있는데, 여기에는 ① 진정소급과 ② 부진정소급이 있다. 먼저 '진정소급'은 법의 효력발생일 이전에 이미 완성되거나 종결된 사안에 신법을 소급하여 적용하는 것을 의미하며, 이는 원칙적으로 금지되고 예외적으로 허용된다. 그러나 '부진정소급'은 신법의 시행 이전에 시작하였지만 신법의 효력발생일까지 종결되지 않고 여전히 진행 중인 사안에 대하여 신법이 적용되는 것을 의미하며, 이는 원칙적으로 허용되고 예외적으로 금지된다.

헌법재판소 1999. 7. 22.자 97헌바76 등 결정

소급입법은 새로운 입법으로 이미 종료된 사실관계 또는 법률관계에 작용케 하는 진정소급입법과 현재 진행 중인 사실관계 또는 법률관계에 작용케 하는 부진정소급입법으로 나눌 수 있는바, 부진정소급입법은 원칙적으로 허용되지만 소급효를 요구하는 공익상의 사유와 신뢰보호의 요청 사이의 교량과정에서 신뢰보호의 관점이 입법자의 형성권에 제한을 가하게 되는데 반하여, 기존의 법에 의하여 형성되어 이미 굳어진 개인의 법적 지위를 사후입법을 통하여 박탈하는 것 등을 내용으로 하는 진정소급입법은 개인의 신뢰보호와 법적 안정성을 내용으로 하는 법치국가원리에 의하여 특단의 사정이 없는 한 헌법적으로 허용되지 아니하는 것이 원칙이고, 다만 일반적으로 국민이 소급입법을 예상할 수 있었거나 법적 상태가 불확실하고 혼란스러워 보호할 만한 신뢰이익이 적은 경우와 소급입법에 의한 당사자의 손실이 없거나 아주 경미한 경우 그리고 신뢰보호의 요청에 우선하는 심히 중대한 공익상의 사유가 소급입법을 정당화하는 경우 등에는 예외적으로 진정소급입법이 허용된다.

Ⅱ. 지역적 효력범위

행정법규는 당해 법규를 제정한 기관의 권한이 미치는 지역적 범위(영토 : 영해ㆍ 영공을 포함) 내

---

12) 물론 이 경우에도 당사자에게 이익을 주는 소급적용은 허용된다. 헌법 제13조 제1항은 형벌불소급원칙을, 제2항은 소급입법에 의한 참정권 제한과 재산권 박탈을 금지하고 있다.

에서만 효력을 갖는 것이 원칙이다. 가령, 법률 및 대통령령·총리령·부령은 전국
에 걸쳐 효력을 가지며,[13] 지방자치단체의 조례·규칙은 당해 지방자치단체의 관할
구역 내에서만 효력을 가진다. 다만 국제법상 치외법권을 가지는 외교사절 등이 사
용하는 토지·시설이나 외국 군대가 사용하는 시설·구역 등에는 조약이나 협정
등에 따라 행정법규의 효력이 미치지 않는 경우가 있다.

Ⅲ. 인적 효력범위

행정법규는 원칙적으로 속지주의에 따라 지역적 효력이 미치는 영토 또는 구역
내에 있는 모든 사람에 대하여 적용되며, 자연인·법인, 내국인·외국인을 불문한
다. 또한 행정법규는 대한민국 영역 밖에 있는 대한민국 국민에게 적용되는 경우도
있으며(질서위반행위규제법 제4조 제2항), 대한민국 영토 내의 일부 국민에게만 적용되는 경우도 있다
(5·18민주화운동 관련자 보상 등에 관한 법률).

그러나 국제법상 치외법권을 향유하는 외교사절 등에게는 우리나라 행정법규가
적용되지 않으며, 미합중국군대의 구성원에 대해서는 한·미상호방위조약 제4조에
의한 한미행정협정에 따라 우리나라 행정법규의 적용이 제한된다. 그 외에도 외국
인에 대하여 상호주의에 입각하여 특별한 제한 규정을 두고 있는 경우가 있다
(부동산 거래신고 등에 관한 법률 제7조, 국가배상법 제7조 등).

---

13) 제주특별자치도 설치 및 국제자유도시조성을 위한 특별법 또는 자유무역지역의 지정 및 운영에
관한 법률과 같이 법령 자체가 특정 지역 내에서만 적용되는 경우도 있다.

제 4 장   행정상 법률관계

제 1 절   개   설

I. 의   의

　　일반적으로 법률관계란 권리주체 상호 간의 권리·의무관계를 말한다. 이러한 법률관계의 개념을 전제로 할 때 행정상 법률관계란 국가 또는 공공단체와 같은 행정주체와 그 상대방인 국민, 즉 행정객체 간의 권리·의무관계를 말한다(행정작용법관계). 그러나 행정상 법률관계를 넓은 의미로 이해할 경우에는 이러한 행정주체와 행정객체의 법률관계가 아닌 행정조직법적 관계도 이에 포함하는 것으로 정의한다.

　　그러나 행정조직법관계 중에서 행정주체 상호 간의 관계는 행정주체와 국민 간의 관계와 같은 행정작용법의 관계로는 볼 수 없으며,[1] 행정조직 내부관계는 권리·의무관계가 아니라 직무권한·감독의 관계로서 내부관계이므로 원칙적으로 소송의 대상이 되지 않는 행정적 관계이다. 물론 이 내부관계인 행정조직법관계에도 조금씩 소송이 허용되고 있고, 따라서 점차 완전한 법률관계로 부를 수 있는 영역이 확대되고 있는 것은 사실이다. 그러나 이것은 아직 걸음마 단계에 있으므로, 여기서는 행정상 법률관계를 행정작용법관계에 한정하기로 한다.

II. 공법관계와 사법관계

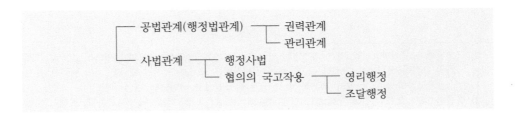

---

1) 김남진/김연태(94면).

한국에서는 전통적으로 행정상 법률관계를 독일의 영향을 받은 일본의 예에 따라 권력관계, 관리관계, 국고관계로 나누어 설명한다. 여기서 ① 권력관계라 함은 행정주체가 공권력의 주체로서 우월적인 지위에서 국민에 대하여 일방적으로 명령·강제하는 관계를 말하며, ② 관리관계란 행정주체가 비권력적인 관리자의 지위에서 공공복리를 위하여 공기업을 경영하거나 공적 재산을 관리하는 법률관계로 원칙적으로는 민사소송의 대상이 되는 사법관계이나, 실정법상 명문의 규정이 있거나 그 법률관계의 해석상 사법관계와 구별되는 공공성이 실증되는 한도 내에서 공법관계로 된다고 한다. ③ 국고관계란 행정주체가 국고, 즉 재산권의 주체로서 사인과 대등한 지위에서 경제적 활동(국고행정)을 하면서 맺는 법률관계를 말하며, 이 경우에는 사법관계로 본다는 것이다.[2]

그러나 행정상 법률관계는 행정소송의 대상이 되는 '행정법관계'와 민사소송의 대상이 되는 '사법관계'로 명확히 나누어질 수밖에 없는 것이기 때문에 관리관계에 대한 위와 같은 설명은 논리상 문제가 있다. 대법원은 공공서비스 제공이라고 하는 관리관계라고 하더라도 수도료의 납부관계는 공법관계로, 전화가입계약은 사법관계로 보았다.[3]

독일에서는 제2차 세계대전 이후 1950년대에 와서 국고행위를 ① 전통적 국고행위와 ② 행정사법($^{Verwaltungs-}_{privatrect}$)으로 구분하여, 전자는 종래와 같이 국가를 사법상 재산권의 주체, 즉 사법관계의 당사자로 이해하며, 후자는 공적 임무를 사법형식으로 수행하는 행정이라고 설명하고 있다.[4] 따라서 '행정사법'은 공적 목적의 수행에 필요한 범위 내에서는 공법규정에 의해 보충·수정된다는 것이다.[5] 그러나 국고관계라고 해서 도식적으로 사법관계로 볼 것이 아니라 '공익을 목적으로 하는 불평등한 법관계인가'의 여부에 따라 공법관계인지 사법관계인지를 구분하여야 한다. 아직도 18세기 이전의 독일 유습에 사로잡혀 국가의 물품구매계약이나 정부공사 도급계약을 계속해서 사법관계로 보는 것은 비논리적이다.

---

2) 국고관계가 사법관계라는 것은 행정법이 탄생하기 이전에 관습법으로서의 민법만이 존재하던 시절에 국가의 행위라 하더라도 최소한 국고관계에 있어서만은 국가도 법적인 책임을 져야 한다는 것으로, 근대 법치국가의 탄생 이전의 부분적 법치 시절에 독일에서 나타났던 관념이다.

3) 대법원 1977. 2. 22. 선고 76다2517 판결; 대법원 1982. 12. 28. 선고 82누441 판결. 프랑스 공법학자인 모리스 오류(M. Hauriou)는 관리관계를 공법관계인 공적 관리관계와 사법관계인 사적 관리관계로 명확히 구분하고 있다.

4) 홍정선(20면).

5) 상게서(582면).

제 2 절 행정법관계의 당사자

행정법관계도 법률관계이므로 권리·의무의 귀속주체로서 대립하는 당사자가 있어야 한다. 행정법관계의 당사자는 행정권의 담당자인 '행정주체'와 행정권 발동의 대상이 되는 '행정객체'이다.

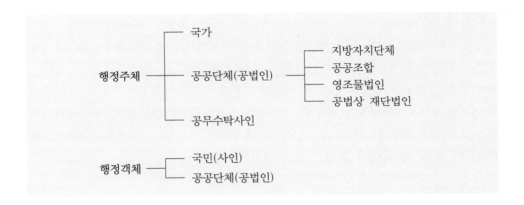

Ⅰ. 행정주체

행정주체는 법인격을 가지고 자기의 이름과 책임으로 행정을 담당한다. 행정주체는 크게 ① 국가, ② 공공단체, ③ 공무수탁사인으로 나눌 수 있다.

1. 국 가

국가는 시원적 권력의 주체이며, 국가에 의한 행정작용은 행정기관을 통해서 실현되는 것이고, 행정기관의 행위에 대한 법적 효과는 국가로 귀속된다. 국가는 자신의 권한을 공공단체에 분권하거나 사인에게 위임하기도 한다.

2. 공공단체

공공단체에는 ① 특별시·광역시·특별자치시·도·특별자치도, 시·군·구와 같은 '지방자치단체', ② 특수한 사업을 수행하기 위하여 일정한 자격을 가진 사람

(조합원)에 의해 구성된 '공공조합' 내지 '공법상 사단법인'(^{농지개량조합, 토지구획정리조합, 주택재개발정비}),
③ 영조물(營造物)[6] 중에서 독립적 법인격을 가지는 '영조물법인'(^{한국은행, 한국발}),
④ 국가나 지방자치단체가 출연한 재산을 관리하기 위하여 설립된 '공법상 재단법인'(^{한국연구재단,})이 있다.

3. 공무수탁사인(公務受託私人)

(1) 의 의

공무수탁사인은 국가 등의 행정주체로부터 행정업무를 위임받거나 특허받아 행정청의 지위에서 행정활동을 하는 사인을 가리키는 것으로, 자신의 명의로 공법상의 권한을 행사하여 행정주체의 지위에 서게 된다. 이는 행정권한의 일부가 사인에게 이전(위탁)되는 예외적인 제도이므로 법률상 근거를 필요로 한다. 이에 관한 일반적 근거로는 정부조직법 제6조 제3항, 지방자치법 제117조 제3항, 대통령령인 행정권한의 위임 및 위탁에 관한 규정이 있다.

(2) 구별개념

공무수탁사인은 ① 행정주체의 도구로서 행정주체를 위하여 비독립적으로 활동하는 '행정의 보조인'이나 ② 계약을 통해 경영위탁을 받은 '단순업무수탁자', ③ 법률에 의하여 공적 의무를 부담하고 있으나 행정권한이 부여되지 않은 '공의무부담사인'과는 개념상 구별된다.

(3) 공무수탁사인의 예

개별 법률에서 규정하고 있는 공무수탁사인의 예로는, ① 공익사업을 위한 토지 등의 취득 및 보상에 관한 법률 제19조 제1항의 사업시행자, ② 민영교도소 등의 설치·운영에 관한 법률 제3조 제1항에 따라 교정업무를 위탁받은 수탁자, ③ 고등교육법 제35조에 따라 학위를 수여하는 사립대학의 장, ④ 별정우체국법 제3조 제1항에 따른 별정우체국의 피지정인, ⑤ 항공보안법 제22조 제1항에 따라 경찰권을 행사하는 항공기의 기장 등이 있다.

그러나 소득세 원천징수의무자는 법률에 의하여 공적 의무를 부담하고 있으나 행정권한이 부여되지 않은 '공의무부담사인'에 불과하다.

---

6) 공물(公物)이라는 물(物)과 이를 관리·운영하는 인(人)의 결합체.

대법원 1990. 3. 23. 선고 89누4789 판결

원천징수하는 소득세에 있어서는 납세의무자의 신고나 과세관청의 부과결정이 없이 법령이 정하는 바에 따라 그 세액이 자동적으로 확정되고, 원천징수의무자는 소득세법 제142조 및 제143조의 규정에 의하여 이와 같이 자동적으로 확정되는 세액을 수급자로 부터 징수하여 과세관청에 납부하여야 할 의무를 부담하고 있으므로, 원천징수의무자가 비록 과세관청과 같은 행정청이더라도 그의 원천징수행위는 법령에서 규정된 징수 및 납부의무를 이행하기 위한 것에 불과한 것이지, 공권력의 행사로서의 행정처분을 한 경우에 해당되지 아니한다.

(4) 법률관계

위탁자인 국가 또는 지방자치단체와 공무수탁사인 사이에는 공법상 위임관계가 성립하므로 공무수탁사인은 위탁자의 지휘·감독을 받으며, 위탁받은 행정사무를 수행할 의무를 진다. 이 과정에서 발생한 비용은 위탁자에게 청구할 수 있다.

공무수탁사인은 수탁받은 권한의 범위 안에서 국민에 대하여 행정처분을 발령할 수 있고, 자력으로 수수료 등을 징수할 수 있다. 따라서 공무수탁사인은 국민과의 관계에서 독립된 행정주체임과 동시에 행정청으로서의 지위를 가진다(행정기본법 제2조 제2호).

공무수탁사인이 행한 위법한 행정처분에 대하여 법률상 이익이 있는 자는 공무수탁사인을 상대방으로 하여 행정쟁송을 제기할 수 있고(행정심판법 제2조 제4호, 행정소송법 제2조 제2항), 공무수탁사인의 직무상 불법행위로 손해를 입은 경우에는 국가나 지방자치단체가 국가배상책임을 진다(국가배상법 제2조 제1항).

Ⅱ. 행정객체

행정객체는 행정법관계에서 행정주체의 상대방이 되는 당사자이며, 행정주체가 행정권을 발동하는 데에 있어서 그 대상이 되는 당사자이다. 자연인·법인·법인격 없는 단체는 사인으로서 행정객체의 지위를 가진다. 공공단체는 사인(주민·조합원·이용자 등)에 대해서는 행정주체의 지위에 서지만, 국가나 다른 공공단체에 대해서는 행정객체의 지위에 선다.

한편, 행정기본법은 자격이나 신분 등을 취득 또는 부여할 수 없거나 인허가를 필요로 하는 영업 또는 사업 등을 할 수 없는 사유인 결격사유에 관한 규정을 두고 있으며, 결격사유의 기준에 관한 입법지침을 제시하고 있다.

행정기본법 제16조(결격사유) ① 자격이나 신분 등을 취득 또는 부여할 수 없거나 인가, 허가, 지정, 승인, 영업등록, 신고 수리 등(이하 "인허가"라 한다)을 필요로 하는 영업 또는 사업 등을 할 수 없는 사유(이하 이 조에서 "결격사유"라 한다)는 법률로 정한다.
② 결격사유를 규정할 때에는 다음 각 호의 기준에 따른다.
    1. 규정의 필요성이 분명할 것
    2. 필요한 항목만 최소한으로 규정할 것
    3. 대상이 되는 자격, 신분, 영업 또는 사업 등과 실질적인 관련이 있을 것
    4. 유사한 다른 제도와 균형을 이룰 것

제 3 절 행정법관계의 내용

Ⅰ. 공권의 의의

  공권이란 공법관계인 행정법관계에서 권리주체가 '직접 자신을 위하여 일정한 이익을 주장할 수 있는 법적인 힘'을 말한다. 개인이 공권력의 통치대상으로만 여겨지던 시대에는 국가적 공권의 관념만이 존재하였으나, 국민이 공권력의 정당화 근거가 되는 민주주의 이념에서는 국민이 단순히 통치의 객체가 되는 것이 아니라 권리의 주체도 된다고 인식하였고, 뿐만 아니라 공권력 작용을 법률관계로 이해함으로써 이른바 '개인적 공권'의 관념이 등장하게 된다.[7] 주관적 공권론은 옐리네크(G. Jellinek)와 뷜러(O. Bühler)에 의하여 정립된 이론이 오늘날까지 독일의 정설로 이어져 오고 있다.

Ⅱ. 공권의 성립요소

  과거 독일에서는 ① 강행법규성, ② 사익보호성, ③ 청구(소구)가능성을 개인적

---

  7) 독일에서 특히 주관적(개인적) 공권론을 중요시하였던 이유는 독일 특유의 행정법 성립배경에서 찾을 수 있다. 행정법질서를 기존의 사법질서와 구별되는 새로운 법질서로 이해하였던 프랑스와는 달리, 독일에서는 기존의 법질서(사법질서)의 틀 속에서 행정법질서를 설명하려다 보니, 사법(私法)이론의 핵심요소인 권리·의무 개념을 불가피하게 도입할 수밖에 없었다. 따라서 사권·사의무와 구별되는 공권·공의무의 개념을 설정하였던 것이다. 특히 행정쟁송을 민사소송처럼 '권리의 구제'로 이해하였기 때문에(주관주의적 소송관), 개인이 공권력 작용에 대하여 쟁송을 제기하기 위해서는 공권력 작용에 의하여 '주관적 권리'가 침해당해야 하는 것으로 인식하였다. 다시 말해서 '주관적 권리'를 매개로 하여 행정쟁송을 이해하였기 때문에 개인이 국가에 대하여 가지는 권리, 즉 주관적 공권이라는 개념에 대한 이론적 정립이 불가피하였다.

공권의 성립요소로서 설명하였다.

1. 강행법규성

강행법규성이란 행정주체로 하여금 국민의 권익을 위하여 특정의 행위(작용)를 하도록 하는 강행법규가 존재하여야 한다는 것이다. 다시 말해서 행정주체에게 특정의 행위(작용)를 하여야 하는 의무가 존재하여야 한다는 것이다. 이러한 행정주체의 행위의무는 헌법이나 법률에 의해서도 성립할 수 있으며, 행정입법·행정행위·행정계약 등과 같은 행정주체의 집행행위에 의해서도 성립될 수 있다.

2. 사익보호성

사익보호성이란 행정주체에게 행위의무를 지우는 강행법규의 입법취지가 공익의 추구뿐만 아니라 개인의 특정한 이익도 보호하는 것을 목적으로 하여야 한다는 것을 말한다. 물론 오늘날에는 강행법규의 범위를 당해 행위의 근거 법규만으로 한정하지 아니하고 절차 법규 내지는 관련 법규 등을 포함하는 개념으로 확대하려는 경향이 점차 확산되고 있다. 사익보호성의 판단은 이른바 반사적 이익과의 구별요소로서 중요시되고 있다.

3. 청구가능성

청구가능성이란 자신의 권리구제를 위한 소송을 제기할 수 있어야 한다는 것이다. 그러나 오늘날처럼 재판을 받을 권리가 헌법상 보장되고 행정소송제도 역시 개괄주의를 취하고 있는 현실에서는 더 이상 의미가 없다고 할 것이다.

Ⅲ. 반사적 이익과의 관계

반사적 이익이란 법령의 존재 자체로 인하여 개인이 간접적으로 얻게 되는 이익을 말한다. 다시 말해서 법령이 특정의 개인적 이익의 보호를 목적으로 하지 아니하고 일반적 공익의 실현을 목적으로 제정된 경우, 이러한 법규를 집행하는 과정에서 개인이 얻게 되는 이익을 의미한다.

반사적 이익을 침해당한 자는 개인적 공권을 침해당한 것이 아니므로 행정쟁송을 통한 구제를 받을 수가 없다는 견해가 일반적이다. 그러나 법규가 명문으로 특정한 사익을 보호하고 있지는 않으나, 그러한 법규의 존재 자체로 특정한 사익을 보호하고자 하는 목적이 법규에 내포되어 있는 경우에, 이를 반사적 이익으로 분류해버릴 수는 없다는 비판이 제기되었다. 이러한 비판은 이른바 '보호규범론'을 통하여 이론적으로 구체화되었다.

대법원 1990. 8. 14. 선고 89누7900 판결
  이 사건 건물의 4, 5층 일부에 객실을 설비할 수 있도록 숙박업구조변경허가를 함으로써 그곳으로부터 50미터 내지 700미터 정도의 거리에서 여관을 경영하는 원고들이 받게 될 불이익은 간접적이거나 사실적, 경제적인 불이익에 지나지 아니하므로 그것만으로는 원고들에게 위 숙박업구조변경허가처분의 무효확인 또는 취소를 구할 소익이 있다고 할 수 없다.

Ⅳ. 공권의 확대이론

1. 보호규범론과 제3자의 이익

  행정쟁송의 원고가 될 수 있는 자격을 원고적격이라 하고, 이에 대해 행정소송법 제12조는 '법률상 이익이 있는 자'라고 규정하고 있다. 법률상의 이익이란 공권뿐만 아니라 법률상 보호이익도 포함된다. 그러나 반사적 이익에 대해서는 여전히 원고적격이 부인된다.

  독일에서도 반사적 이익의 범위를 축소하고 '권리'의 범위를 확대하기 위해, 사익보호성에 대한 판단을 '근거 법규 또는 관련 법규가 일반적 공익만을 위하여 규정된 것이 아니라 특정한 개인의 고유이익을 동시에 보호하기 위하여 규정되었다면, 그러한 개인의 고유이익이 일반적 공익보다 우월적인 것으로 평가될 때 사익보호성이 있는 것'으로 이해하는 견해를 이른바 '보호규범론'이라 한다.

  이러한 보호규범론은 특히 제3자효적 행정행위에서 이론적 강점이 있다. 제3자의 사익보호와 관련한 소송에는 ① 다수의 신청 또는 요구에 대하여 행정청이 한 사람 또는 소수에게만 행정권을 발동할 수 있는 경우에 신청을 하였으나 탈락한 자가 제기하는 소송인 '경원자소송', ② 거리제한규정 또는 지역제한규정에 의하여 독점적 이익을 향유하고 있던 기존의 영업자가 신규업자의 시장진입으로 이익이 침해당하였음을 주장하여 제기하는 소송인 '경업자소송', ③ 특정한 행정행위로 인하여 이웃의 주민들이 화재위험·소음·분진 등 특정의 피해를 입었다고 주장하며 제기하는 소송인 '이웃소송(隣人訴訟)'이 있다.

대법원 1969. 12. 30. 선고 69누106 판결

행정소송에서 소송의 원고는 행정처분에 의하여 직접 권리를 침해당한 자임을 보통으로 하나 직접 권리의 침해를 받은 자가 아닐지라도 소송을 제기할 법률상의 이익을 가진 자는 그 행정처분의 효력을 다툴 수 있다고 해석되는바, 해상운송사업법 제4조 제1호에서 당해 사업의 개시로 인하여 당해 항로에서 전공급수송력이 전 수송수요량에 대하여 현저하게 공급 과잉이 되지 아니하도록 규정하여 허가의 요건으로 하고 있는 것은 주로 해상운송의 질서를 유지하고 해상운송사업의 건전한 발전을 도모하여 공공의 복리를 증진함을 목적으로 하고 있으며 동시에 한편으로는 업자간의 경쟁으로 인하여 경영의 불합리를 방지하는 것이 공공의 복리를 위하여 필요하므로 허가조건을 제한하여 기존업자의 경영의 합리화를 보호하자는 데도 목적이 있다. 이러한 기존업자의 이익은 단순한 사실상의 이익이 아니고 법에 의하여 보호되는 이익이라고 해석된다.

우리나라는 취소소송의 원고적격을 '권리 침해'라고 하지 않고 '법률상의 이익'이라고 규정하고 있으므로, 보호규범론을 비롯한 권리의 확대이론을 적용하지 않더라도 '권리'보다 넓은 원고적격을 인정할 수 있는데도 불구하고 판례는 마치 우리나라도 '권리 침해'를 전제로 하고 있는 듯한 태도를 보이고 있다.

대법원 1995. 9. 26. 선고 94누14544 판결

[1] 행정처분의 직접 상대방이 아닌 제3자라도 당해 행정처분의 취소를 구할 법률상의 이익이 있는 경우에는 원고적격이 인정되는데, 여기서 말하는 법률상의 이익은 당해 처분의 근거 법률에 의하여 보호되는 직접적이고 구체적인 이익이 있는 경우를 말하고, 다만 공익보호의 결과로 국민 일반이 공통적으로 가지는 추상적, 평균적, 일반적인 이익과 같이 간접적이나 사실적, 경제적, 이해관계를 가지는데 불과한 경우는 여기에 포함되지 않는다.

[2] 상수원보호구역 설정의 근거가 되는 수도법 제5조 제1항 및 동 시행령 제7조 제1항이 보호하고자 하는 것은 상수원의 확보와 수질보전일 뿐이고, 그 상수원에서 급수를 받고 있는 지역주민들이 가지는 상수원의 오염을 막아 양질의 급수를 받을 이익은 직접적이고 구체적으로는 보호하고 있지 않음이 명백하여 위 지역주민들이 가지는 이익은 상수원의 확보와 수질보호라는 공공의 이익이 달성됨에 따라 반사적으로 얻게 되는 이익에 불과하므로 지역주민들에 불과한 원고들에게는 위 상수원보호구역변경처분의 취소를 구할 법률상의 이익이 없다.

[3] 도시계획법 제12조 제3항의 위임에 따라 제정된 도시계획시설기준에관한규칙

제125조 제1항이 화장장의 구조 및 설치에 관하여는 매장및묘지등에관한법률이 정하는 바에 의한다고 규정하고 있어, 도시계획의 내용이 화장장의 설치에 관한 것일 때에는 도시계획법 제12조 뿐만 아니라 매장및묘지등에관한법률 및 같은 법 시행령 역시 그 근거 법률이 된다고 보아야 할 것이므로, 같은 법 시행령 제4조 제2호가 공설화장장은 20호 이상의 인가가 밀집한 지역, 학교 또는 공중이 수시 집합하는 시설 또는 장소로부터 1,000m 이상 떨어진 곳에 설치하도록 제한을 가하고, 같은 법 시행령 제9조가 국민보건상 위해를 끼칠 우려가 있는 지역, 도시계획법 제17조의 규정에 의한 주거지역, 상업지역, 공업지역 및 녹지지역 안의 풍치지구 등에의 공설화장장 설치를 금지함에 의하여 보호되는 부근 주민들의 이익은 위 도시계획결정처분의 근거 법률에 의하여 보호되는 법률상 이익이다.

　판례에 따르면, ① 행정처분에 의하여 직접 권리를 침해받은 자뿐만 아니라 ② 직접 권리의 침해를 받은 자가 아니라도 소송을 제기할 법률상의 이익을 가진 자는 원고적격이 인정된다고 본다. 여기서 말하는 법률상의 이익이란 당해 처분의 근거 법규 및 관련 법규(절차법 등)에 의하여 보호되는 개별적·직접적·구체적 이익이 있는 경우를 말하고(부수적 권리로서의 확대된 공권), 이때 근거 법규에는 처분의 직접적인 근거 법령뿐만 아니라 이를 통해 원용되는 법령까지 포함시킴으로써 그 범위를 확대하고 있다.

　최근에는 ③ 절차법에 의하여 보호되지 않는다 하더라도 절차법에 의하여 보호되는 주민과 마찬가지로 처분 등으로 인하여 그 처분 전과 비교하여 수인한도를 넘는 환경피해를 받거나 받을 우려가 있는 경우에는, 처분 등으로 인하여 환경상 이익에 대한 침해 또는 침해우려가 있다는 것을 입증함으로써 그 처분 등의 무효확인을 구할 원고적격을 인정받을 수 있다고 한다(대법원 2006. 3. 16. 선고 2006두330 전원합의체 판결). 한편, 대법원은 헌법상 환경권에 관한 규정만으로는 항고소송의 원고적격을 인정하지 않지만, 헌법재판소는 법률상 이익을 판단함에 있어 헌법상 기본권(경쟁의 자유)도 고려하고 있다(헌법재판소 1998. 4. 30. 자 97헌마141 결정).

대법원 2006. 3. 16. 선고 2006두330 전원합의체 판결

　[1] 행정처분의 직접 상대방이 아닌 제3자라 하더라도 당해 행정처분으로 인하여 법률상 보호되는 이익을 침해당한 경우에는 그 처분의 무효확인을 구하는 행정소송을 제기하여 그 당부의 판단을 받을 자격이 있다 할 것이며, 여기에서 말하는 법률상 보호되는 이익이라 함은 당해 처분의 근거 법규 및 관련 법규에 의하여 보호되는 개별적·직접적·구체적 이익이 있는 경우를 말하고, 공익보호의 결과로 국민 일반이 공통적으로

가지는 일반적·간접적·추상적 이익이 생기는 경우에는 법률상 보호되는 이익이 있다고 할 수 없다.

[2] 공유수면매립면허처분과 농지개량사업 시행인가처분의 근거 법규 또는 관련 법규가 되는 구 공유수면매립법^(1997. 4. 10. 법률 제5337호로 개정되기 전의 것), 구 농촌근대화촉진법^(1994. 12. 22. 법률 제4823호로 개정되기 전의 것), 구 환경보전법^(1990. 8. 1. 법률 제4257호로 폐지), 구 환경보전법 시행령^(1991. 2. 2. 대통령령 제13303호로 폐지), 구 환경정책기본법^(1993. 6. 11. 법률 제4567호로 개정되기 전의 것), 구 환경정책기본법 시행령^(1992. 8. 22. 대통령령 제13715호로 개정되기 전의 것)의 각 관련 규정의 취지는, 공유수면매립과 농지개량사업시행으로 인하여 직접적이고 중대한 환경피해를 입으리라고 예상되는 환경영향평가 대상지역 안의 주민들이 전과 비교하여 수인한도를 넘는 환경침해를 받지 아니하고 쾌적한 환경에서 생활할 수 있는 개별적 이익까지도 이를 보호하려는 데에 있다고 할 것이므로, 위 주민들이 공유수면매립면허처분 등과 관련하여 갖고있는 위와 같은 환경상의 이익은 주민 개개인에 대하여 개별적으로 보호되는 직접적·구체적 이익으로서 그들에 대하여는 특단의 사정이 없는 한 환경상의 이익에 대한 침해또는 침해우려가 있는 것으로 사실상 추정되어 공유수면매립면허처분 등의 무효확인을구할 원고적격이 인정된다. 한편, 환경영향평가 대상지역 밖의 주민이라 할지라도 공유수면매립면허처분 등으로 인하여 그 처분 전과 비교하여 수인한도를 넘는 환경피해를받거나 받을 우려가 있는 경우에는, 공유수면매립면허처분 등으로 인하여 환경상 이익에 대한 침해 또는 침해우려가 있다는 것을 입증함으로써 그 처분 등의 무효확인을 구할 원고적격을 인정받을 수 있다.

[3] 헌법 제35조 제1항에서 정하고 있는 환경권에 관한 규정만으로는 그 권리의 주체·대상·내용·행사방법 등이 구체적으로 정립되어 있다고 볼 수 없고, 환경정책기본법 제6조도 그 규정 내용 등에 비추어 국민에게 구체적인 권리를 부여한 것으로 볼수 없다는 이유로, 환경영향평가 대상지역 밖에 거주하는 주민에게 헌법상의 환경권 또는 환경정책기본법에 근거하여 공유수면매립면허처분과 농지개량사업 시행인가처분의무효확인을 구할 원고적격이 없다고 한 사례.

2. 행정처분발급청구권과 행정개입청구권

(1) 의 의

행정처분발급청구권이란 개인이 자신의 이익을 위하여 자신에 대한 행정청의 처분(허가·인가 등)을 요구할 수 있는 권리를 말하며, 행정개입청구권은 개인이 자신의 이익을 위하여 제3자에 대한 행정권의 발동(규제·감독·단속 등)을 요구할 수 있는 권리를 말한다. 이는 형식적 권리인 무하자재량행사청구권과는 달리 특정행위의발급을 요구하는 실체적 권리이다.

(2) 성립요건

이들 청구권이 성립되기 위해서는 ① 행정법규가 행정청에게 일정한 행정권을 발동하여 개입할 의무를 기속적으로 부과하여야 한다. 만일 당해 행정개입의무가 기속적이지 않고 행정청의 재량적 판단이 허용되는 의무라 한다면 이들 청구권을 인정하기가 어렵게 된다. 이러한 문제를 해결하기 위해 이른바 '재량권의 영으로의 수축이론'이 등장한다. 이는 일정한 요건이 갖추어진 경우에 재량권 행사의 범위가 영(0)으로 수축되어 기속적 의무로 전환된다는 이론이다. 나아가 ② 근거 법규가 공익뿐만 아니라 사익보호를 목적으로 하는 것이어야 한다.

(3) 실현방법

첫째, 이들 청구권의 행사에 대해 행정청이 거부처분을 한 경우에는 당해 거부처분에 대한 취소심판이나 취소소송을 제기할 수 있을 것이다. 둘째, 이들 청구권을 행사하였으나 행정청이 어떠한 행위도 하지 않은 채 이를 방치하는 경우에는 이러한 행정청의 부작위에 대한 의무이행심판 또는 부작위위법확인소송을 제기할 수 있을 것이며, 이로 인하여 손해가 발생하였다면 국가배상청구소송도 가능할 것이다.

3. 무하자재량행사청구권

(1) 의 의

무하자재량행사청구권이란 개인이 행정청에 대하여 하자 없는 재량처분을 요구할 수 있는 권리이며, 행정처분발급청구권이나 행정개입청구권처럼 행정청에게 구체적 처분을 요구하는 실체적 권리가 아니라, 재량행위일지라도 종국처분의 형성과정상 행정청에 대하여 재량권의 법적 한계를 준수할 것을 요구하는 제한적 · 형식적 공권이라는 것이 일반적 설명이다.

(2) 무하자재량행사청구권의 독자적 권리 인정 여부

재량권의 법적 한계를 벗어난 행위는 위법하므로 이로 인한 권리 침해는 당연히 구제받을 수 있는바, 즉 실체적 권리의 구제가 가능함에도 불구하고 절차적 · 형식적 권리를 별도로 인정해야 할 실익이 없고, 또한 이처럼 형식적 권리의 침해만으로도 소익을 인정할 경우 지나치게 원고적격이 확대된다는 비판을 제기하면서 무하자재량행사청구권의 유용성을 부인하는 견해가 있으나, 국내 다수의 학자들은 무하

자재량행사청구권의 유용성을 긍정하면서, 아래 판례에서 대법원이 무하자재량행사
청구권의 법리를 인정하였다고 평가하고 있다.

대법원 1991. 2. 12. 선고 90누5825 판결

　　검사의 임용에 있어서 임용권자가 임용여부에 관하여 어떠한 내용의 응답을 할 것인
지는 임용권자의 자유재량에 속하므로 일단 임용거부라는 응답을 한 이상 설사 그 응답
내용이 부당하다고 하여도 사법심사의 대상으로 삼을 수 없는 것이 원칙이나, 적어도
재량권의 한계 일탈이나 남용이 없는 위법하지 않은 응답을 할 의무가 임용권자에게 있
고 이에 대응하여 임용신청자로서도 재량권의 한계 일탈이나 남용이 없는 적법한 응답
을 요구할 권리가 있다고 할 것이며, 이러한 응답신청권에 기하여 재량권 남용의 위법
한 거부처분에 대하여는 항고소송으로서 그 취소를 구할 수 있다고 보아야 하므로 임용
신청자가 임용거부처분이 재량권을 남용한 위법한 처분이라고 주장하면서 그 취소를
구하는 경우에는 법원은 재량권남용 여부를 심리하여 본안에 관한 판단으로서 청구의
인용 여부를 가려야 한다.

(3) 사　견

　　행정소송법 제12조는 취소소송의 원고적격에 관하여 권리 침해가 아닌 '법률상
이익'이라고 규정하고 있으므로 이를 주관적 권리로 해석하지 않는 한 재량에 대한
통제에 있어서는 재량권의 일탈·남용 여부만 살펴보면 되고, 재량권의 일탈·남용
이 없는 행정작용을 요구할 권리는 성립하지 않으며 성립시킬 필요가 없다.

V. 공의무

1. 의　의

　　공의무는 공권에 대응하는 개념으로서, 공익을 위하여 의무자에게 가해지는 공
법상의 구속을 말한다. 공의무는 주체에 따라 국가적 공의무와 개인적 공의무로, 내
용에 따라 작위의무·부작위의무·급부의무·수인의무 등으로 구분할 수 있다. 공
의무는 법령이나 법령에 근거한 행정행위, 공법상 계약에 의하여 발생한다. 특히 개
인적 공의무는 이전과 포기가 제한되거나, 사권과의 상계가 금지되는 경우가 많다.
의무의 불이행이 있는 경우에는 행정강제가 가해지기도 하며, 의무의 위반시에는
행정벌의 대상이 되기도 한다.

2. 공의무의 승계가능성

종래에는 공의무가 일신전속적인 성질을 갖고 있기 때문에 상속(포괄승계)과 이전(특정승계)의 대상이 될 수 없다고 보았으나, 오늘날 학설과 판례는 절차경제적 관점과 제재처분의 실효성 확보를 위하여 공의무의 승계가능성을 인정하고 있다. 공의무가 승계되기 위해서는 다음의 요건을 충족해야 한다. 첫째, 성질상 일신전속적인 의무가 아니어야 한다(대체가능성).[8] 둘째, 법률유보의 원칙에 따라 법률의 근거가 필요하다.

Ⅵ. 영업자의 공법상 지위승계

> **[사례 3]**
> 甲은 주유소를 운영하던 중 「석유 및 석유대체연료 사업법」을 위반하여 가짜석유제품을 제조하여 판매하다가 적발되었다. 이에 甲은 사업정지처분을 받게 될 것이 두려워 이러한 사실을 모르는 乙에게 자신이 운영하던 주유소 영업을 양도하였다. 이 경우 행정청은 乙에게 사업정지처분을 할 수 있는가? (이에 관한 명문의 규정이 없다고 가정할 것)

1. 의 의

새로운 영업을 하려는 자는 개별 법률에 따라 새로운 인허가를 받아야 하는 것이 원칙이다. 그러나 일정한 사유로 기존 영업자의 지위를 승계하는 경우에는 새로운 인허가를 받아야 하는 시간과 비용을 절약하기 위해 개별 법률에서 새로운 인허가보다 간소화된 절차(사후 신고 등)로 승계인이 인허가 영업을 영위할 수 있도록 하는 규정을 마련하고 있는바, 이를 '영업자 지위승계'라고 한다.

2. 제재처분의 승계 및 제재사유의 승계

(1) 문제의 소재

개별 법률에서 영업자 지위승계에 관한 일반적인 규정은 있으나, 피승계인인 종

---

8) 판례에 따르면, 건축법상 이행강제금 납부의무는 상속인 기타의 사람에게 승계될 수 없는 일신전속적인 성질의 것이지만(대법원 2006. 12. 8.자 2006마470 결정), 산림법상 원상회복명령에 따른 복구의무는 타인이 대신하여 행할 수 있는 의무이다(대법원 2005. 8. 19. 선고 2003두9817, 9824 판결).

전 영업자가 받은 제재처분의 효과가 승계인에게 승계되는지에 대하여는 명문의 규정이 없는 경우, 이를 인정할 수 있을지를 둘러싸고 논란이 있다. 또한, 종전 영업자에게 행정법규 위반이라는 제재사유가 발생하였으나 제재처분이 내려지기 전에 지위승계가 이루어진 경우에도 이와 동일한 문제가 발생한다. 이는 영업자 지위승계에 따른 '공법상 의무의 승계'에 관한 문제로, 첫 번째 경우를 '제재처분의 (효과) 승계'라 하고, 두 번째 경우를 '제재사유의 승계'라고 한다.[9]

(2) 학설 및 판례

이에 대해 학설은 ① 법률의 근거 없이 일반적인 지위승계에 관한 규정만으로는 공의무 승계를 인정할 수 없다고 보는 부정설과 ② 종전 영업자가 영업을 제3자에게 양도하는 등의 방법으로 제재처분을 면탈하는 것을 방지하기 위하여 일신전속적 의무가 아닌 대체가능한 의무는 승계될 수 있다고 보는 긍정설 등으로 대립한다.

판례는 대부분 제재사유의 승계에 관한 사안으로, 승계대상이 된 영업과 제재처분의 성격이 대물적(對物的)이면 승계를 긍정한다.

대법원 2003. 10. 23. 선고 2003두8005 판결

석유사업법 제9조 제3항 및 그 시행령이 규정하는 석유판매업의 적극적 등록요건과 제9조 제4항, 제5조가 규정하는 소극적 결격사유 및 제9조 제4항, 제7조가 석유판매업자의 영업양도, 사망, 합병의 경우뿐만 아니라 경매 등의 절차에 따라 단순히 석유판매시설만의 인수가 이루어진 경우에도 석유판매업자의 지위승계를 인정하고 있는 점을 종합하여 보면, 석유판매업 등록은 원칙적으로 대물적 허가의 성격을 갖고, 또 석유판매업자가 같은 법 제26조의 유사석유제품 판매금지를 위반함으로써 같은 법 제13조 제3항 제6호, 제1항 제11호에 따라 받게 되는 사업정지 등의 제재처분은 사업자 개인의 자격에 대한 제재가 아니라 사업의 전부나 일부에 대한 것으로서 대물적 처분의 성격을 갖고 있으므로, 위와 같은 지위승계에는 종전 석유판매업자가 유사석유제품을 판매함으로써 받게 되는 사업정지 등 제재처분의 승계가 포함되어 그 지위를 승계한 자에 대하여 사업정지 등의 제재처분을 취할 수 있다고 보아야 하고, 같은 법 제14조 제1항 소정의 과징금은 해당 사업자에게 경제적 부담을 주어 행정상의 제재 및 감독의 효과를 달성함과 동시에 그 사업자와 거래관계에 있는 일반 국민의 불편을 해소시켜 준다는 취지에서 사업정지처분에 갈음하여 부과되는 것일 뿐이므로, 지위승계의 효과에 있어서 과징금부과처분을 사업정지처분과 달리 볼 이유가 없다.

---

9) 그러나 '제재사유의 승계'에 대해서는 구체적인 공의무가 발생하지 않았기 때문에 공의무 승계가 문제되지 않는다고 보는 견해도 있다. 정하중/김광수(80면).

현재 입법 실무에서는 개별 법률에서 대부분 지위승계에 관한 규정뿐만 아니라 제재처분의 승계 등에 관하여도 명문의 규정을 두면서, 거래 안전을 도모하기 위하여 선의의 승계인에 대한 보호규정을 함께 두고 있는 경우가 많다.

제 4 절 행정법관계의 특수성

행정법관계는 일반적인 민사법관계와는 달리 당사자 간의 불평등한 관계가 전제되는데, 이와 같은 불평등한 관계는 공익적 요청에 의한 것이다. 따라서 행정법관계에는 민사법관계와는 다른 특수성이 인정된다.

Ⅰ. 법률적합성

사법관계에서는 사적자치가 주요한 법원리 중 하나이기 때문에 사법상 계약이 중심이 되지만, 행정법관계에서는 공익실현이라는 행정목적과 법치행정의 이념이 있기 때문에 행정작용은 엄격한 법적 기속을 받아 법집행으로서의 공권력 행사 및 사법상 계약에 비해 보다 엄격한 통제를 받는 공법상 계약이 법형식의 중심이 된다.

Ⅱ. 공정력

행정행위는 비록 그 성립요건에 흠(하자)이 존재하여도 그 흠이 중대·명백하여 당연무효가 되지 않는 이상, 권한 있는 기관에 의해 취소될 때까지는 유효한 것으로 추정되는바, 이를 공정력이라 한다.

Ⅲ. 불가쟁력

행정행위는 비록 흠이 있을지라도 쟁송제기 기간이 경과하거나 쟁송절차가 종료된 경우에는 더 이상 그 효력을 다툴 수 없는바, 이를 불가쟁력이라고 한다.

Ⅳ. 불가변력

일정한 행정행위는 그 성질상 행정청이라 하여도 취소 또는 변경을 임의로 할 수 없는 경우가 있는바, 이를 불가변력이라고 한다(재결·확인
행위 등).

오늘날에는 행정행위의 성질상 행정청이 이를 취소 또는 철회함에 있어 일정한 제한이 따르는 경우가 있는바, 이를 광의의 불가변력이라 하는 견해도 있다(허가·특허
인가 등과 같은
수익적
행정행위).

Ⅴ. 강제력

사법관계에서는 의무자가 의무를 이행하지 않을 경우에 민사소송의 절차에 따라 그 의무이행의 확보를 구하여야 하지만, 공법관계에서는 대집행·직접강제·강제징수 등과 같이 직접 자력으로 의무의 이행을 확보하거나, 행정벌을 통해 일정한 제재를 가하여 간접적으로 의무의 이행을 강제할 수 있다.

Ⅵ. 권리·의무의 특수성

공법관계에서 발생하는 권리 또는 의무는 ① 공익실현과 밀접한 관련이 있거나, ② 권리인 동시에 의무인 상대적 성질을 가지거나, ③ 일신전속적인 경우가 많기 때문에 이를 임의로 포기 또는 양도하는 것이 제한되거나 금지되는 것이 일반적이다.

Ⅶ. 권리구제의 특수성

행정법관계에 있어서, 국민의 권리·이익이 침해당한 경우에는 사법관계에서의 권리구제와는 달리 ① 행정쟁송제도, ② 행정상 손해배상제도에 의해 구제받는다.

행정쟁송제도에는 ① 행정청 스스로가 행정행위의 위법성을 심판하는 행정심판, ② 정식 소송절차에 따라 행정행위의 적법성 여부를 심리하는 행정소송이 있다. 행정소송은 집행부정지원칙, 재판관할, 소송의 종류, 제소기간의 제한, 사정판결 등에서 민사소송과는 다른 특수성이 있다.

행정상 손해배상제도로는 행정작용으로 국민에게 법이 허용하지 아니하는 손해를 입힌 경우에 그 손해를 배상하는 국가배상제도가 있다(단만 우리나라에서는 실무상 국가배상청).

제 5 절   특별권력관계

[사례 4]
甲은 서울구치소에 수감 중인 수용자이다. 평소 甲이 구치소 내에서 다른 수용자와 다투거나 교도관에게 행패를 부려 자주 소란을 일으키자 서울구치소장 乙은 「형의 집행 및 수용자의 처우에 관한 법률」에 따라 甲을 청송교도소로 이송하기로 하였다. 이 경우 甲은 서울구치소장 乙의 이송처분에 대해 행정소송을 제기할 수 있는가?

Ⅰ. 특별권력관계의 의의

관례적으로 우리나라에서는 독일의 영향을 받은 일본의 예를 따라 행정법관계를 권력관계와 관리관계로, 권력관계는 또다시 일반권력관계와 특별권력관계로 나누어 왔는바, 일반권력관계란 국가 또는 공공단체의 일반통치권(법률의 지배)에 국민 또는 주민이 복종하는 관계를 말한다. 특별권력관계란 특별한 공법상의 원인에 의하여 성립되는데, 특정한 행정목적상 필요한 범위 내에서 특별권력주체에게 포괄적 지배권(법률의 지배 밖)이 부여되고, 그 상대방은 이에 복종함을 내용으로 하는 법률관계를 말한다.

Ⅱ. 특별권력관계의 특색

종래의 논의에 따르면 특별권력관계에서는 일반권력관계와는 달리 행정목적 달성에 필요한 범위 내에서 법률유보 및 사법심사가 배제되고, 기본권 보장이 제한된다고 한다.

Ⅲ. 특별권력관계의 성립과 소멸

특별권력관계는 ① 법률의 규정(징집대상자의 입대, 죄수의 수감, 전염병 환자의 입원 등), ② 상대방의 동의(공무원의 임용·국·공립 학교 입학, 국·공립도서 관 이용)에 의해서 성립된다.

특별권력관계의 소멸원인으로는 ① 만기 전역, 졸업 등과 같이 목적을 달성한 경우, ② 자퇴, 사직 등과 같은 임의적 탈퇴, ③ 파면, 퇴학 등과 같은 일방적 배제 가 있다.

Ⅳ. 특별권력관계의 종류

특별권력관계에는 ① 공무원, 군인 등이 국가 등에 대해 포괄적 근무의무를 지 는 '근무관계', ② 국·공립학교 학생, 국립병원 환자, 국립도서관 이용자 등이 영조 물관리자에 대해 이용규칙을 준수해야 하는 '영조물관계', ③ 공공조합, 특허기업, 공무수탁사인 등이 국가 등으로부터 특별한 감독을 받는 '특별감독관계', ④ 조합원 이 공공조합에 대해 조합원으로서의 규칙을 준수하고 의무를 이행해야 하는 '공사 단관계'가 있다.

Ⅴ. 특별권력관계의 재검토

독일에서는 제2차 세계대전 이후 실질적 법치주의가 도입되면서 전통적인 특별 권력관계에 대해서 이론적인 비판이 가해지기 시작하였고, 1972년 연방헌법재판소 가 '수형자 판결'(BVerfGE 33, 1 ff.)에서 수형자의 기본권을 제한하는 경우에도 법률에 근거하에 서만 제한할 수 있도록 판시하면서 치명적인 타격을 입게 되었다. 특별권력관계는 법치국가의 원리상 전면적으로 부정되어야 한다. 모든 국민의 기본권은 보장되어야 하며, 법률로써 제한할 때도 본질적인 내용은 침해할 수 없기 때문이다. 물론 기본 권 제한의 법률 내용에 따라 제한의 정도는 달라질 수 있다. 군인이나 경찰이나 공 무원이나 모두 기본권이 보장되어야 하며, 병역법, 경찰공무원법, 국가공무원법 등 에 의한 기본권 제한의 내용에는 차이가 있을 수 있으나, 법치행정의 원리가 전적 으로 배제되어 사법적 심사도 할 수 없는 특수한 영역으로서의 특별권력관계는 현 대 법치국가에서 인정될 수 없다.

대법원 2018. 8. 30. 선고 2016두60591 판결

[1] 사관생도는 군 장교를 배출하기 위하여 국가가 모든 재정을 부담하는 특수교육기관인 육군3사관학교의 구성원으로서, 학교에 입학한 날에 육군 사관생도의 병적에 편입하고 준사관에 준하는 대우를 받는 특수한 신분관계에 있다(육군3사관학교 설치법 시행령 제3조). 따라서 그 존립 목적을 달성하기 위하여 필요한 한도 내에서 일반 국민보다 상대적으로 기본권이 더 제한될 수 있으나, 그러한 경우에도 법률유보원칙, 과잉금지원칙 등 기본권 제한의 헌법상 원칙들을 지켜야 한다.

[2] 육군3사관학교 설치법 및 시행령, 그 위임에 따른 육군3사관학교 학칙 및 사관생도 행정예규 등에서 육군3사관학교의 설치 목적과 교육 목표를 달성하기 위하여 사관생도가 준수하여야 할 사항을 정하고 이를 위반한 행위에 대하여는 징계를 규정할 수 있고 이러한 규율은 가능한 한 존중되어야 한다.

[3] 육군3사관학교 사관생도인 갑이 4회에 걸쳐 학교 밖에서 음주를 하여 '사관생도 행정예규'(이하 2015. 5. 19. 개정되기 전의 것을 '구 예규', 2016. 3. 3. 개정되기 전의 것을 '예규'라 한다) 제12조(이하 '금주조항'이라 한다)에서 정한 품위유지의무를 위반하였다는 이유로 육군3사관학교장이 교육운영위원회의 의결에 따라 갑에게 퇴학처분을 한 사안에서, 첫째 사관학교의 설치 목적과 교육 목표를 달성하기 위하여 사관학교는 사관생도에게 교내 음주 행위, 교육·훈련 및 공무 수행 중의 음주 행위, 사적 활동이더라도 신분을 나타내는 생도 복장을 착용한 상태에서 음주하는 행위, 생도 복장을 착용하지 않은 상태에서 사적 활동을 하는 때에도 이로 인하여 사회적 물의를 일으킴으로써 품위를 손상한 경우 등에는 이러한 행위들을 금지하거나 제한할 필요가 있으나 여기에 그치지 않고 나아가 사관생도의 모든 사적 생활에서까지 예외 없이 금주의무를 이행할 것을 요구하는 것은 사관생도의 일반적 행동자유권은 물론 사생활의 비밀과 자유를 지나치게 제한하는 것이고, 둘째 구 예규 및 예규 제12조에서 사관생도의 모든 사적 생활에서까지 예외 없이 금주의무를 이행할 것을 요구하면서 제61조에서 사관생도의 음주가 교육 및 훈련 중에 이루어졌는지 여부나 음주량, 음주 장소, 음주 행위에 이르게 된 경위 등을 묻지 않고 일률적으로 2회 위반 시 원칙으로 퇴학 조치하도록 정한 것은 사관학교가 금주제도를 시행하는 취지에 비추어 보더라도 사관생도의 기본권을 지나치게 침해하는 것이므로, 위 금주조항은 사관생도의 일반적 행동자유권, 사생활의 비밀과 자유 등 기본권을 과도하게 제한하는 것으로서 무효인데도 위 금주조항을 적용하여 내린 퇴학처분이 적법하다고 본 원심판결에 법리를 오해한 잘못이 있다고 한 사례.

제 6 절 행정법상의 법률요건과 법률사실

I. 개 설

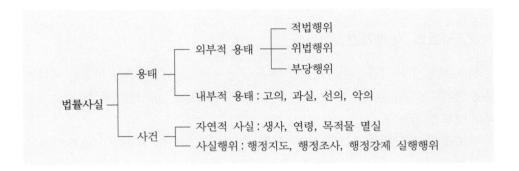

행정법상 법률요건이란 행정법관계의 발생·변경·소멸이라는 법적 효과를 발생하게 하는 사실의 총체를 말하며, 이들 법률요건을 구성하는 개개의 사실을 법률사실이라 한다.

법률사실에는 사람의 정신작용을 요하는 '용태'와 이를 요하지 않는 '사건'이 있으며, 다시 용태는 정신작용이 외부로 표시되는 외부적 용태(행위)[10]와 고의·과실·선의·악의 등과 같이 정신작용이 외부로 표시되지 아니하는 내부적 용태(내심적 의사)로 나누어진다.

외부적 용태에는 적법행위와 법령을 위반하거나 재량권을 남용·일탈한 위법행위, 그리고 위법에까지는 이르지 아니하였으나 공익에 가장 합치되었다고는 할 수 없는 부당행위가 있다.

Ⅱ. 공법상의 사건

1. 기 간

기간이란 한 시점에서 다른 시점까지 이르는 시간적 간격을 말한다.

---

10) 외부적 용태는 대부분 공법상 행위이지만, 사법(私法)상 행위도 있다(사법상 증여로 인한 증여세 납부의무 발생).

행정기본법 제6조(행정에 관한 기간의 계산) ① 행정에 관한 기간의 계산에 관하여는 이 법 또는 다른 법령등에 특별한 규정이 있는 경우를 제외하고는 「민법」을 준용한다.
② 법령등 또는 처분에서 국민의 권익을 제한하거나 의무를 부과하는 경우 권익이 제한되거나 의무가 지속되는 기간의 계산은 다음 각 호의 기준에 따른다. 다만, 다음 각 호의 기준에 따르는 것이 국민에게 불리한 경우에는 그러하지 아니하다.
  1. 기간을 일, 주, 월 또는 연으로 정한 경우에는 기간의 첫날을 산입한다.
  2. 기간의 말일이 토요일 또는 공휴일인 경우에도 기간은 그 날로 만료한다.

2. 시효와 제척기간

시효란 일정한 사실상태가 장기간 계속된 경우에 그 사실상태가 진정한 법률관계에 합치되는지와 관계없이 그 사실상태를 존중함으로써 법적 생활의 안정을 기하려는 제도를 말한다.

반면에 제척기간이란 법률관계의 불안정한 상태를 조속히 확정하여 법적 안정성을 확보하려는 제도로서, 일정한 권리에 대하여 법률이 정하는 존속기간을 말한다.

소멸시효와 제척기간은 모두 일정기간이 경과하면 권리가 소멸된다는 공통점이 있으나, 제척기간은 ① 그 제도적 취지상 소멸시효에 비해 단기간인 경우가 대부분이고, ② 시효의 중단이나 정지와 같은 제도가 없으며, ③ 소송절차상 당사자의 원용이 없어도 법원이 이를 직권으로 조사해야 한다는 점에서 차이가 있다.

Ⅲ. 공법상의 사무관리와 부당이득

1. 사무관리

사무관리란 법률상 의무 없이 타인을 위하여 그 사무를 관리하는 것을 말한다(민법 제734조). 원래 사무관리는 민법상 제도이지만, 공법영역에서도 인정된다. 이에는 국가의 감독하에 있는 공기업이나 사립학교를 강제적으로 관리하는 강제관리와 위해방지영역에서 재해구호·행려병자관리 등과 같이 행정주체가 상대방의 보호를 위하여 관리하는 보호관리가 있다.

대법원 2014. 12. 11. 선고 2012다15602 판결[11]
  [1] 사무관리가 성립하기 위하여는 우선 사무가 타인의 사무이고 타인을 위하여 사

---

11) 이 사건에서 법원은 2007년 태안 앞바다 기름유출사고 당시 해양경찰의 지시에 따라 유류방제 작업에 참여한 회사에게 사무관리의 법리에 따라 방제비용청구권을 인정하였다.

무를 처리하는 의사, 즉 관리의 사실상 이익을 타인에게 귀속시키려는 의사가 있어야 하며, 나아가 사무의 처리가 본인에게 불리하거나 본인의 의사에 반한다는 것이 명백하지 아니할 것을 요한다. 다만 타인의 사무가 국가의 사무인 경우, 원칙적으로 사인이 법령상 근거 없이 국가의 사무를 수행할 수 없다는 점을 고려하면, 사인이 처리한 국가의 사무가 사인이 국가를 대신하여 처리할 수 있는 성질의 것으로서, 사무 처리의 긴급성 등 국가의 사무에 대한 사인의 개입이 정당화되는 경우에 한하여 사무관리가 성립하고, 사인은 그 범위 내에서 국가에 대하여 국가의 사무를 처리하면서 지출된 필요비 내지 유익비의 상환을 청구할 수 있다.

[2] 갑 주식회사 소유의 유조선에서 원유가 유출되는 사고가 발생하자 해상 방제업등을 영위하는 을 주식회사가 피해 방지를 위해 해양경찰의 직접적인 지휘를 받아 방제작업을 보조한 사안에서, 갑 회사의 조치만으로는 원유 유출사고에 따른 해양오염을 방지하기 곤란할 정도로 긴급방제조치가 필요한 상황이었고, 위 방제작업은 을 회사가 국가를 위해 처리할 수 있는 국가의 의무 영역과 이익 영역에 속하는 사무이며, 을 회사가 방제작업을 하면서 해양경찰의 지시·통제를 받았던 점 등에 비추어 을 회사는 국가의 사무를 처리한다는 의사로 방제작업을 한 것으로 볼 수 있으므로, 을 회사는 사무관리에 근거하여 국가에 방제비용을 청구할 수 있다고 본 원심판단을 수긍한 사례.

2. 부당이득

(1) 의 의

부당이득이란 법률상 원인 없이 타인의 재산 또는 노무로 인하여 이익을 얻고 이로 인하여 타인에게 손해를 가하는 것을 말하는바(민법 제741조), 공법분야에서도 부당이득이 인정된다. 예컨대, 조세과오납·봉급과소수령·착오로 인한 사유지의 국·공유지 편입 등이 이에 해당한다. 공법상 부당이득은 행정행위뿐만 아니라 사실행위에 의해서도 발생할 수 있다.

(2) 성 질

이러한 부당이득에 대한 반환청구권의 성질에 관하여 ① 공권설과 ② 사권설의 견해대립이 있다. 판례는 기본적으로 사권으로 보아 민사소송절차에 따라야 한다는 입장이지만, 국가에 대한 납세의무자의 부가가치세 환급세액 지급청구는 민사소송이 아니라 행정소송법 제3조 제2호에 규정된 당사자소송의 절차에 따라야 한다고 판시하였다(대법원 2013. 3. 21. 선고 2011다95564 전원합의체 판결).

대법원 1995. 4. 28. 선고 94다55019 판결

조세부과처분이 당연무효임을 전제로 하여 이미 납부한 세금의 반환을 청구하는 것은 민사상의 부당이득반환청구로서 민사소송절차에 따라야 한다.

(3) 성립요건

공법상 부당이득이 성립되기 위해서는 ① 공법관계에서 일방이 타인의 재화 또는 노무로부터 이익을 취득하고, ② 이로 인해 상대방은 손실이 발생할 것과 ③ 이익발생에 법률상 원인이 없을 것을 요한다. 하자 있는 행정행위에 근거하여 급부가 이루어진 경우, 그 하자가 단지 취소사유에 불과하다면 권한 있는 기관에 의해 취소되기 전까지는 부당이득이 성립되지 않는다(대법원 1994. 11. 11. 선고 94다28000 판결).

(4) 효 과

공법상 부당이득의 반환범위에 관하여 특별한 규정이 있으면 그에 따르고, 그 외에는 민법에 의한다. 공법상 부당이득반환청구권의 소멸시효기간은 다른 법률에 규정이 없는 한 5년이다(국가재정법 제96조, 지방재정법 제82조).

제 7 절 행정법관계와 사인(私人)

I. 행정법관계에서 사인의 지위

행정법관계에서 사인의 법적 지위는 ① 행정객체, ② 사인의 공법행위(공권력 주체에 대한 협력의 대상으로서의 지위), ③ 공권의 주체(청구자로서의 지위), ④ 행정계약의 당사자(파트너로서의 지위), ⑤ 행정쟁송의 당사자(쟁송주체로서의 지위), ⑥ 행정절차의 당사자(행정에 대한 주권 실현), ⑦ 행정주체로 구분할 수 있다.

II. 사인의 공법행위

1. 의 의

사인의 공법행위란 공법관계에 있어서 사인의 법적 행위로서 공법적 효과발생을

목적으로 하는 행위를 말한다. 사인의 공법행위는 행위의 법적 효과를 기준으로 ①
각종 신고 등과 같이 그 행위 자체만으로 법률효과를 완성하는 자기완결적(자체완성
적) 행위와 ② 각종 신청 등과 같이 행정행위의 전제요건이 될 뿐 그 자체만으로
법률효과를 완결시키지 못하는 행정요건적 행위로 구분할 수 있다. 사인의 공법행
위에는 행정행위가 가지는 공정력·불가쟁력·불가변력·집행력 등의 효력은 인정
되지 않는다.

2. 민법의 적용범위

사인의 공법행위는 특별한 규정이 없는 한 민법규정이 적용되나, 다음과 같은
특수성이 인정된다.

(1) 의사능력 · 행위능력

사인의 공법행위는 특별한 규정이 없는 한 민법규정이 적용되나, 행정목적의 달
성을 위해 법령에 의하여 행위능력이 완화되기도 한다(^{우편법}_{제10조}). 의사능력이 없는 자의
행위는 무효이다.

(2) 대 리

사인의 공법행위 중에는 법률에서 대리를 금지하는 경우가 있다(^{병역법 제87}_{조 제1항}).

(3) 행위형식

사인의 공법행위는 사법행위에 비하여 객관성·공공성·형식성을 띠고 있으며,
개별 법률에서 일정한 형식을 요구하기도 한다(^{행정심판법}_{제28조}).

(4) 효력발생

민법상 도달주의가 적용됨이 원칙이나, 개별 법률에서 발신주의를 규정하는 경
우도 있다(^{국세기본법 제}_{5조의2 제1항}).

(5) 부 관

사인의 공법행위는 명확성과 신속한 확정이 요구되므로 부관을 붙일 수 없음이
원칙이다.

(6) 보정·철회

사인의 공법행위는 그에 근거한 행정행위가 행하여지거나 법적 효과가 완성되기 전까지는 자유롭게 보정하거나 철회할 수 있음이 원칙이다. 다만 법률에 특별한 규정이 있거나 행위의 성질상 허용될 수 없는 경우에는 그러하지 아니하다($\binom{행정절차법}{제17조 제8항}$).

서울고등법원 2002. 12. 23. 선고 2002누4022 판결(확정)

[1] 공무원이 한 사직의 의사표시는 그에 터잡은 의원면직처분이 있을 때까지는 원칙적으로 이를 철회할 수 있다.

[2] 공무원에 대한 의원면직처분이 있기 전이라도 사직의 의사표시를 철회하는 것이 신의칙에 반한다고 인정되는 특별한 사정이 있는 경우에는 그 철회는 허용되지 아니한다고 할 것인데, 이와 같은 특별한 사정이 있는지의 여부는 사직원을 제출한 때로부터 철회하기까지의 기간, 사직원을 제출하게 된 경위, 사직의 의사를 형성한 동기, 사직의사를 철회하게 된 이유, 사직의사 철회 당시의 상황, 의원면직처분을 하기까지의 절차, 과정 등을 종합하여 판단하여야 한다.

[3] 수뢰사건으로 조사를 받게 된 공무원이 불기소되는 것을 전제로 사직의 의사표시를 하였다가 그 다음날 수뢰 혐의로 기소되자 즉시 사직의 의사표시를 철회한 경우, 사직의 의사표시를 철회한 것이 신의칙에 반하는 특별한 사정이 있는 경우에 해당하지 않는다고 판단한 사례.

(7) 의사의 흠결·하자 있는 의사표시

민법상 비진의 의사표시의 무효에 관한 규정($\binom{제107조 제}{1항 단서}$)은 사직의 의사표시와 같은 사인의 공법행위에 적용되지 않으며,[12] 투표와 같은 합성행위는 단체적 성질이 강하므로 민법상 착오($\binom{제109조}{제1항}$)를 주장할 수 없다.

3. 사인의 공법행위의 흠과 행정행위의 효력

행정행위의 필요적 전제요건인 사인의 공법행위(신청·동의 등)에 흠이 있는 경우, 그에 기초하여 행하여진 행정행위의 효력에 어떠한 영향을 주는지 문제된다. 이 경우 행정행위는 '취소할 수 있는 것'이 원칙이며(취소성의 원칙), ① 법이 개별적으로 상대방의 동의를 행정행위의 효력발생요건으로 정하고 있는 경우(공무원 임용 등)에 그에 동의하지 않는 경우나 ② 신청을 요하는 행정행위에 있어 신청의 결여가

---

12) 대법원 2001. 8. 24. 선고 99두9971 판결.

명백한 경우 등에는 무효로 보는 것이 타당하다.[13]

대법원 2018. 6. 12. 선고 2018두33593 판결

　　장기요양기관의 폐업신고와 노인의료복지시설의 폐지신고는, 행정청이 관계 법령이 규정한 요건에 맞는지를 심사한 후 수리하는 이른바 '수리를 필요로 하는 신고'에 해당한다. 그러나 행정청이 그 신고를 수리하였다고 하더라도, 신고서 위조 등의 사유가 있어 신고행위 자체가 효력이 없다면, 그 수리행위는 유효한 대상이 없는 것으로서, 수리행위 자체에 중대·명백한 하자가 있는지를 따질 것도 없이 당연히 무효이다.

Ⅲ. 사인의 공법행위로서의 신고(申告)

1. 개 설

　　사인의 공법행위로서 신고란 사인이 공법적 효과의 발생을 목적으로 행정주체에 대하여 일정한 사실을 알리는 행위를 말한다. 신고에는 정보제공적(사실파악형) 신고[14]와 질서유지를 위하여 개인의 사적 활동을 규제하고 신고를 통해 예방적 금지를 해제시켜서 적법한 행위를 할 수 있도록 하는 금지해제적(규제적) 신고가 있다. 금지해제적 신고는 ① 자기완결적 신고와 ② 행정요건적 신고로 구분할 수 있다.

　　신고제의 근본 취지는 허가제보다 규제를 완화하여 헌법상 기본권인 국민의 자유권을 보다 넓게 보장하는 한편, 행정청이 그 행정목적상의 필요에 따라 정보를 파악·관리하기 위하여 국민으로 하여금 행정청에 미리 일정한 사항을 알리도록 하는 최소한의 규제를 가하고자 하는 것이다.[15]

2. 자기완결적 신고

　　행정절차법 제40조(신고) ① 법령등에서 행정청에 일정한 사항을 통지함으로써 의무가 끝나는 신고를 규정하고 있는 경우 신고를 관장하는 행정청은 신고에 필요한 구비서류, 접수기관, 그 밖에 법령등에 따른 신고에 필요한 사항을 게시(인터넷 등을 통한 게시를 포함한다)하거나 이에 대한 편람을 갖추어 두고 누구나 열람할 수 있도록 하여야 한다.

---

　　13) 김남진/김연태(157면). 이와 달리, 사인의 행위에 단순한 위법사유가 있는 때에는 행정행위는 원칙적으로 유효하고, 무효사유에 해당하는 하자가 있는 때에는 당해 행정행위도 무효라고 보는 견해도 있다. 김동희/최계영(133면); 류지태/박종수(138면).

　　14) 이는 공법적 효과의 발생과 무관한 사실행위이므로 사인의 공법행위에 해당하지 않는다(도로교통법 제54조 제2항에 의한 교통사고의 신고, 소방기본법 제19조에 의한 화재신고 등).

　　15) 대법원 2011. 1. 20. 선고 2010두14954 전원합의체 판결(대법관 박시환, 이홍훈의 반대 의견).

② 제1항에 따른 신고가 다음 각 호의 요건을 갖춘 경우에는 신고서가 접수기관에 도달된 때에 신고 의무가 이행된 것으로 본다.
　1. 신고서의 기재사항에 흠이 없을 것
　2. 필요한 구비서류가 첨부되어 있을 것
　3. 그 밖에 법령등에 규정된 형식상의 요건에 적합할 것
③ 행정청은 제2항 각 호의 요건을 갖추지 못한 신고서가 제출된 경우에는 지체 없이 상당한 기간을 정하여 신고인에게 보완을 요구하여야 한다.
④ 행정청은 신고인이 제3항에 따른 기간 내에 보완을 하지 아니하였을 때에는 그 이유를 구체적으로 밝혀 해당 신고서를 되돌려 보내야 한다.

(1) 의 의

행정청에게 일정한 사항을 통지함으로써 의무가 끝나는 신고로서, 수리를 요하지 않으며, 신고 그 자체로서 법적 효과를 발생시킨다. '자체완성적 신고' 또는 '수리를 요하지 않는 신고'라고도 하며, 본래적 의미의 신고이다.

대법원은 ① 일반적인 건축신고(건축법 제14조 제1항), ② 체육시설업(당구장업) 개설신고, ③ 부가가치세법상 사업자등록, ④ 신고납세방식의 조세에서 납세자의 신고 등을 자기완결적 신고로 보고 있다.[16]

(2) 요 건

신고서의 기재사항에 흠이 없고, 필요한 구비서류가 첨부되어 있으며, 그 밖에 법령등에 규정된 형식상의 요건에 적합한 때에는 신고서가 접수기관에 도달된 때에 신고의무가 이행된 것으로 본다(행정절차법 제40조 제2항).

(3) 효 과

적법한 신고가 있는 경우에는 신고서가 접수기관에 도달된 때에 효력이 발생한다. 그러나 요건미비의 부적법한 신고를 한 경우에는 행정청이 이를 수리(접수)하였다고 하더라도 신고의 효과가 발생하지 않는다.

(4) 권리구제

자기완결적 신고는 수리를 요하지 않기 때문에 행정청이 신고를 수리하거나 신고필증을 교부하였다고 하더라도 이는 신고사실을 확인하는 의미의 사실행위에 불과하다. 그것의 말소행위도 동일하다.[17]

---

16) 대법원 1999. 10. 22. 선고 98두18435 판결; 대법원 1998. 4. 24. 선고 97도3121 판결; 대법원 2000. 12. 22. 선고 99두6903 판결; 대법원 1990. 2. 27. 선고 88누1837 판결 등.

(5) 신고반려행위의 처분성

대법원은 2010년 전원합의체 판결을 통해, 건축주 등은 신고제하에서도 건축신고가 반려될 경우 당해 건축물의 건축을 개시하면 시정명령, 이행강제금, 벌금의 대상이 되는 등 불안정한 지위에 놓이게 되므로 미리 반려행위의 적법성을 다투어 그 법적 불안을 해소한 다음 건축행위에 나아가도록 하고, 위법 건축물의 양산과 그 철거를 둘러싼 분쟁을 조기에 근본적으로 해결할 수 있게 하는 것이 법치행정의 원리에 부합한다는 이유로 건축신고 반려행위가 항고소송의 대상이 된다고 판시하였음을 주의하여야 한다.

대법원 2010. 11. 18. 선고 2008두167 전원합의체 판결

구 건축법(2008. 3. 21. 법률 제8974호로 전부 개정되기 전의 것) 관련 규정의 내용 및 취지에 의하면, 행정청은 건축신고로써 건축허가가 의제되는 건축물의 경우에도 그 신고 없이 건축이 개시될 경우 건축주 등에 대하여 공사 중지·철거·사용금지 등의 시정명령을 할 수 있고(제69조 제1항), 그 시정명령을 받고 이행하지 않은 건축물에 대하여는 당해 건축물을 사용하여 행할 다른 법령에 의한 영업 기타 행위의 허가를 하지 않도록 요청할 수 있으며(제69조 제2항), 그 요청을 받은 자는 특별한 이유가 없는 한 이에 응하여야 하고(제69조 제3항), 나아가 행정청은 그 시정명령의 이행을 하지 아니한 건축주 등에 대하여는 이행강제금을 부과할 수 있으며(제69조의2 제1항 제1호), 또한 건축신고를 하지 않은 자는 200만 원 이하의 벌금에 처해질 수 있다(제80조 제1호, 제9조). 이와 같이 건축주 등은 신고제하에서도 건축신고가 반려될 경우 당해 건축물의 건축을 개시하면 시정명령, 이행강제금, 벌금의 대상이 되거나 당해 건축물을 사용하여 행할 행위의 허가가 거부될 우려가 있어 불안정한 지위에 놓이게 된다. 따라서 건축신고 반려행위가 이루어진 단계에서 당사자로 하여금 반려행위의 적법성을 다투어 그 법적 불안을 해소한 다음 건축행위에 나아가도록 함으로써 장차 있을지도 모르는 위험에서 미리 벗어날 수 있도록 길을 열어 주고, 위법한 건축물의 양산과 그 철거를 둘러싼 분쟁을 조기에 근본적으로 해결할 수 있게 하는 것이 법치행정의 원리에 부합한다. 그러므로 건축신고 반려행위는 항고소송의 대상이 된다고 보는 것이 옳다.

3. 행정요건적 신고

행정기본법 제34조(수리 여부에 따른 신고의 효력) 법령등으로 정하는 바에 따라 행정청에 일정한 사항을 통지하여야 하는 신고로서 법률에 신고의 수리가 필요하다고 명시되어 있는 경우(행정기관의 내부 업무 처리 절차로서 수리를 규정한 경우는 제외한다)에는 행정청이 수리하여

---

17) 대법원 2000. 12. 22. 선고 99두6903 판결.

야 효력이 발생한다.

(1) 의 의

사인이 행정청에 일정한 사항을 통지하고 행정청이 이를 수리함으로써 법적 효과가 발생하는 신고를 말한다. '수리를 요하는 신고'라고도 하며, 개별법에서는 '등록'으로 표현되기도 한다.

대법원 판례에 따르면, ① 다른 법령상 인·허가의제 효과를 수반하는 건축신고 (건축법 제14조 제2항), ② 영업양도·양수에 따른 지위승계신고, ③ 구 수산업법 제44조에 의한 어업신고, ④ 체육시설의 회원모집계획서 제출, ⑤ 납골당(봉안시설)설치신고, ⑥ 주민등록신고, ⑦ 노동조합설립신고, ⑧ 건축주명의변경신고, ⑨ 의원개설신고, ⑩ 악취방지법상 악취배출시설 설치·운영신고 등은 행정요건적 신고에 해당한다.[18]

대법원 2011. 1. 20. 선고 2010두14954 전원합의체 판결

[1] [다수의견] 건축법에서 인·허가의제 제도를 둔 취지는, 인·허가의제사항과 관련하여 건축허가 또는 건축신고의 관할 행정청으로 그 창구를 단일화하고 절차를 간소화하며 비용과 시간을 절감함으로써 국민의 권익을 보호하려는 것이지, 인·허가의제사항 관련 법률에 따른 각각의 인·허가 요건에 관한 일체의 심사를 배제하려는 것으로 보기는 어렵다. 왜냐하면, 건축법과 인·허가의제사항 관련 법률은 각기 고유한 목적이 있고, 건축신고와 인·허가의제사항도 각각 별개의 제도적 취지가 있으며 그 요건 또한 달리하기 때문이다. 나아가 인·허가의제사항 관련 법률에 규정된 요건 중 상당수는 공익에 관한 것으로서 행정청의 전문적이고 종합적인 심사가 요구되는데, 만약 건축신고만으로 인·허가의제사항에 관한 일체의 요건 심사가 배제된다고 한다면, 중대한 공익상의 침해나 이해관계인의 피해를 야기하고 관련 법률에서 인·허가 제도를 통하여 사인의 행위를 사전에 감독하고자 하는 규율체계 전반을 무너뜨릴 우려가 있다. 또한 무엇보다도 건축신고를 하려는 자는 인·허가의제사항 관련 법령에서 제출하도록 의무화하고 있는 신청서와 구비서류를 제출하여야 하는데, 이는 건축신고를 수리하는 행정청으로 하여금 인·허가의제사항 관련 법률에 규정된 요건에 관하여도 심사를 하도록 하기 위한 것으로 볼 수밖에 없다. 따라서 인·허가의제 효과를 수반하는 건축신고는 일반적인 건축신고와는 달리, 특별한 사정이 없는 한 행정청이 그 실체적 요건에

---

18) 대법원 2011. 1. 20. 선고 2010두14954 전원합의체 판결; 대법원 2020. 3. 26. 선고 2019두38830 판결; 대법원 2000. 5. 26. 선고 99다37382 판결; 대법원 2009. 2. 26. 선고 2006두16243 판결; 대법원 2011. 9. 8. 선고 2009두6766 판결; 대법원 2009. 6. 18. 선고 2008두10997 전원합의체 판결; 대법원 2014. 4. 10. 선고 2011두6998 판결; 대법원 2014. 10. 15. 선고 2014두37658 판결; 대법원 2018. 10. 25. 선고 2018두44302 판결; 대법원 2022. 9. 7. 선고 2020두40327 판결 등.

관한 심사를 한 후 수리하여야 하는 이른바 '수리를 요하는 신고'로 보는 것이 옳다.

[2] [다수의견] 일정한 건축물에 관한 건축신고는 건축법 제14조 제2항, 제11조 제5항 제3호에 의하여 국토의 계획 및 이용에 관한 법률 제56조에 따른 개발행위허가를 받은 것으로 의제되는데, 국토의 계획 및 이용에 관한 법률 제58조 제1항 제4호에서는 개발행위허가의 기준으로 주변 지역의 토지이용실태 또는 토지이용계획, 건축물의 높이, 토지의 경사도, 수목의 상태, 물의 배수, 하천·호소·습지의 배수 등 주변 환경이나 경관과 조화를 이룰 것을 규정하고 있으므로, 국토의 계획 및 이용에 관한 법률상의 개발행위허가로 의제되는 건축신고가 위와 같은 기준을 갖추지 못한 경우 행정청으로서는 이를 이유로 그 수리를 거부할 수 있다고 보아야 한다.

(2) 요 건

행정요건적 신고는 관계 법령에서 형식적 요건뿐만 아니라 실질적 요건을 규정하고 있는 경우가 있는데, 이 경우에는 사실상 허가제와 큰 차이가 없게 된다(완화된 허가제). 한편, 판례에 따르면, 신고가 해당 법령의 요건을 모두 구비하였음에도 행정청이 입법목적을 달리하는 다른 법령의 요건을 충족하지 못하였음을 이유로 수리를 거부할 수 없는 것이 원칙이지만, 중대한 공익상 필요가 있는 경우에는 그 수리를 거부할 수 있다.

대법원 2010. 9. 9. 선고 2008두22631 판결[19]

[2] 입법 목적 등을 달리하는 법률들이 일정한 행위에 관한 요건을 각기 정하고 있는 경우, 어느 법률이 다른 법률에 우선하여 배타적으로 적용된다고 풀이되지 아니하는 한 그 행위에 관하여 각 법률의 규정에 따른 인허가를 받아야 한다. 다만, 이러한 경우 그중 하나의 인허가에 관한 관계 법령 등에서 다른 법령상의 인허가에 관한 규정을 원용하고 있는 경우나 그 행위가 다른 법령에 의하여 절대적으로 금지되고 있어 그것이 객관적으로 불가능한 것이 명백한 경우 등에는 그러한 요건을 고려하여 인허가 여부를 결정할 수 있다.

[3] 구 '장사 등에 관한 법률'(2007. 5. 25. 법률 제8489호로 전부 개정되기 전의 것)의 관계 규정들에 비추어 보면, 같은 법 제14조 제1항에 의한 사설납골시설의 설치신고는, 같은 법 제15조 각 호에 정한 사

---

19) 이 사건에서 법원은 장사법 제14조 제1항에 의한 사설납골시설 설치신고의 수리와 '국토의 계획 및 이용에 관한 법률' 제56조 제1항 제2호에 의한 토지형질변경의 개발행위허가는 그 입법목적, 수리권자 또는 허가권자, 요건 등을 서로 달리하고 있어 어느 법률이 다른 법률에 우선하여 배타적으로 적용된다고 풀이되지 아니하므로, 납골당 설치신고에 관하여 장사 등에 관한 법률에 규정된 신고요건을 심사함으로써 그 수리 여부를 결정하여야 하고, 이 사건 신청지의 개발행위허가가 국토의 계획 및 이용에 관한 법률 등 관계 법률에 의하여 가능한지 여부에 따라 그 수리 여부를 결정하는 것은 허용되지 아니한다고 하였다.

설납골시설설치 금지지역에 해당하지 않고 같은 법 제14조 제3항 및 같은 법 시행령 (2008. 5. 26. 대통령령 제20791 호로 전부 개정되기 전의 것) 제13조 제1항의 [별표 3]에 정한 설치기준에 부합하는 한, 수리하여야 하나, 보건위생상의 위해를 방지하거나 국토의 효율적 이용 및 공공복리의 증진 등 중대한 공익상 필요가 있는 경우에는 그 수리를 거부할 수 있다고 보는 것이 타당하다.

(3) 효 과

행정요건적 신고에서 수리행위(준법률행위적 행정행위)는 창설적 의미를 갖는다. 따라서 적법한 신고라도 행정청이 수리를 거부한 경우에는 신고의 효력이 발생하지 않으며, 반대로 부적법한 신고에 대하여 행정청이 이를 간과하고 수리한 경우 그 수리행위가 당연무효가 아닌 한 일단 신고의 효력이 발생하며, 그 효력을 부인하기 위해서는 권한 있는 기관에 의해 수리행위가 취소되어야 한다.

한편, 수리란 신고를 유효한 것으로 판단하고 법령에 의하여 처리할 의사로 이를 수령하는 수동적 행위이므로 수리행위에 신고필증 교부 등 행위가 꼭 필요한 것은 아니다. 이는 관계 법령에서 수리시에 신고필증을 교부하도록 되어 있는 경우에도 마찬가지이다(이때 신고필증의 교부는 신고사실의 확인행위에 불과함).

(4) 권리구제

행정요건적 신고에서 수리 또는 수리거부는 항고소송의 대상이 되는 행정처분에 해당한다.

제 2 편

행정의 행위형식

※ 학습 주안점

제2편에서는 행정상 법률관계에서 행정청이 행정의 상대방에게 행하는 다양한 행정작용의 형식과 각각의 고유한 특성을 학습한다. 이처럼 행정작용을 그 성격에 따라 분류하는 것은 행정작용 그 자체를 이해하는데 도움이 될 뿐만 아니라, 위법한 행정작용에 대해 제기할 수 있는 행정쟁송(행정심판·행정소송)의 종류를 올바르게 선택하기 위해서도 반드시 필요하다.

따라서 본 편에서는 먼저 개별적인 행정작용의 속성과 행정작용이 적법하게 행하여지기 위한 요건을 공부하고, 만일 위법하게 행정작용이 이루어진 경우 이를 사후적으로 시정하기 위하여 공법상 어떠한 구제수단을 활용할 수 있는지 탐색해 보는 것이 중요한 학습목표이다.

[행정작용의 성질에 따른 분류]

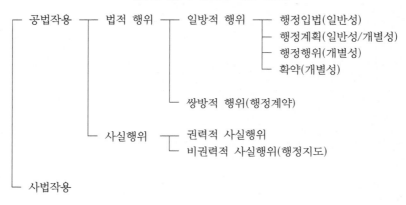

제 1 장   행정입법

제 1 절   개   설

Ⅰ. 행정입법의 의의

행정입법이란 행정기관이 법조(法條)의 형식으로 일반적·추상적인 규범을 정립하는 작용 또는 그에 따라 제정된 규범으로서의 명령을 말한다. 그중에서 법규성이 있는 것을 '법규명령'이라 하고, 법규성이 없는 것을 '행정규칙'이라고 한다. 행정행위(최협의)와 비교하여 가장 구별되는 행정입법의 특징은 일반적·추상적 성격이다. 행정입법에 있어서 '일반적'이란 불특정 다수인에게 적용된다는 것이고, '추상적'이란 불특정 다수의 사례에 적용된다는 것을 의미한다.

행정입법의 필요성은 ① 전문적·기술적 사항은 행정권이 규율하는 것이 더욱 적절할 수 있고, ② 행정현상의 급속한 변화에 기민하게 대응할 수 있으며, ③ 특정의 사항(예컨대 선거법 등)은 정치적 중립성을 가진 행정권이 규율하는 것이 더욱 객관적일 수 있고, ④ 전국적인 일반적 규정은 지방적 특수사정에 대응하기가 곤란하다는 것 등이다.

Ⅱ. 행정입법의 종류

1. 헌법에 규정된 것과 규정되지 아니한 것

헌법에서 규정하고 있는 행정입법으로는 ① 대통령령($^{제75}_{조}$), ② 총리령($^{제95}_{조}$), ③ 부령($^{제95}_{조}$)이 있고,[1] 대통령령은 '시행령', 총리령과 부령은 '시행규칙'의 형식으로 발하여진다. 그리고 헌법에서 정한 행정부가 아닌 기관에 의한 행정입법으로서 ① 국회규칙($^{제64조}_{제1항}$), ② 대법원규칙($^{제108}_{조}$), ③ 헌법재판소규칙($^{제113조}_{제2항}$), ④ 중앙선거관리위원회규

---

1) 법률의 효력을 가지고 있는 것으로는 대통령의 긴급재정·경제명령과 긴급명령이 있다(헌법 제 76조 제1항, 제2항).

칙(^{제114조}_{제6항})이 있다. 또한 헌법 제117조 제1항에 근거한 지방자치법에 의한 행정입법으로 ① 조례, ② 규칙이 있다.

헌법에서 규정하지 않는 행정입법으로는 감사원규칙·공정거래위원회규칙·금융위원회규칙·중앙노동위원회규칙·국가인권위원회규칙 등이 있다.

2. 법규명령과 행정규칙

행정입법을 실질적 기준²⁾에 의해서 분류해보면, 법규명령과 행정규칙으로 분류할 수 있다. 이러한 분류는 바로 법규성, 즉 대외적 구속력을 가지느냐에 따른 것이다. 법규명령은 대외적 구속력을 가지는 행정입법에 해당하고, 행정규칙은 대외적 구속력을 가지지 않는 행정입법에 해당한다.

제 2 절 법규명령

Ⅰ. 법규명령의 의의

법규명령이란 행정권이 정립하는 일반적·추상적 규정으로서 법규성을 가지는 행정입법을 말한다. 넓은 의미로는 국회의 의결을 거치지 아니하고 제정된 일반적·추상적 규율로서 법규성을 가진 모든 법규범을 의미하며, 이에 따르면 대법원규칙, 헌법재판소규칙 등도 이에 포함된다. 법규성이란 국민과 행정권을 모두 구속하고, 나아가 재판규범이 되는 성질을 말한다. 따라서 이를 위반한 행정행위는 위법행위로서 행정쟁송 또는 행정상 손해배상(국가배상)의 대상이 될 수 있다.

Ⅱ. 법규명령의 종류

1. 법적 효력에 의한 분류

법규명령은 법적 효력을 기준으로, ① 헌법적 효력을 가지는 '비상명령'(^{유신헌법 제53조}_{긴급조치, 제5공}

---

2) 한편, 형식적 기준설에 따라 행정입법을 분류하는 견해는 법규명령과 행정규칙이 고유한 형식(행정업무의 운영 및 혁신에 관한 규정)을 지니기 때문에 법규명령의 형식을 갖추면 국민을 구속하게 되고, 행정규칙의 형식을 갖추면 내부적 효과에 그친다고 본다.

_{한국 헌법 제}
_{51조 비상조치}), ② 법률적 효력을 가지는 '법률대위명령'(_{헌법 제76조 제1항의 긴급재정·}
_{경제명령과 제2항의 긴급명령}), ③ 법률의 하위명령인 '법률종속명령'으로 구분할 수 있다.

법률종속명령은 법률 또는 상위명령의 위임에 의해 제정되는 '위임명령'과 법률의 범위 내에서 그 실시에 관한 구체적·기술적 사항을 세부적으로 추가 규율하기 위하여 발하는 '집행명령'으로 다시 나누어진다. 위임명령은 위임된 범위 내에서는 새로운 입법사항을 규율할 수 있는 '법률의 효력을 보충하기 위한 명령'으로서 기능하지만, 집행명령은 상위법령의 명시적인 수권이 없는 경우에도 발할 수 있으나, 새로운 입법사항에 관하여는 규율할 수 없다.

2. 헌법에서 정한 것과 정하지 아니한 것

법규명령은 헌법에 규정된 법규명령과 헌법에 규정되지 않은 법규명령으로 분류할 수 있다. 그러나 어떠한 법형식을 취하더라도 법규성을 가지지 않는 경우에는 법규명령으로 볼 수 없다.

(1) 헌법상의 법규명령

헌법상 법규명령에는 ① 긴급재정·경제명령과 긴급명령(_{제76조 제}
_{1항, 제2항}), ② 대통령령(_{제75}
_조), ③ 총리령·부령(_{제95}
_조), ④ 국회규칙(_{제64조}
_{제1항}), ⑤ 대법원규칙(_{제108}
_조), ⑥ 헌법재판소규칙(_{제113조}
_{제2항}), ⑦ 중앙선거관리위원회규칙(_{제114조}
_{제6항})이 있다.

> **헌법 제75조** 대통령은 법률에서 구체적으로 범위를 정하여 위임받은 사항과 법률을 집행하기 위하여 필요한 사항에 관하여 대통령령을 발할 수 있다.
> **제95조** 국무총리 또는 행정각부의 장은 소관사무에 관하여 법률이나 대통령령의 위임 또는 직권으로 총리령 또는 부령을 발할 수 있다.

(2) 헌법상 규정이 없는 법규명령

1) 감사원규칙

감사원법 제52조[3]에 근거한 감사원규칙에 대해 법규명령으로 볼 수 있을지에 관하여 학설상 논란이 있으나, 감사원규칙 역시 법규의 성질을 가지고 있는 이상 법규명령으로 봄이 타당하다. 공정거래위원회규칙·금융위원회규칙·중앙노동위원회규칙 등도 마찬가지이다.

---

3) 감사원법 제52조(감사원규칙) 감사원은 감사에 관한 절차, 감사원의 내부 규율과 감사사무 처리에 관한 규칙을 제정할 수 있다.

2) 고시 · 훈령 · 예규 · 지침

법령의 직접적인 위임에 따라 행정기관이 법령을 시행하는데 필요한 구체적인 사항을 정할 수 있는데, 이러한 경우에 그 제정형식이 고시 · 훈령 · 예규 · 지침 등이라도 그것이 상위법령의 위임한계를 벗어난 것이 아니라면 상위법령과 결합하여 대외적 구속력을 갖는 법규명령으로 보아야 한다는 것이 판례의 입장이다(실질적 기준). 행정규제기본법 제4조 제2항[4]에서도 법령의 수권에 근거한 고시 등의 대외적 구속력을 명문으로 규정하고 있다. 그러나 상위법령에서 세부사항 등을 시행규칙으로 정하도록 위임하였음에도 이를 고시 등으로 정하였다면 대외적 구속력을 가지는 법규명령으로서 효력이 인정될 수 없다.[5]

대법원 1994. 3. 8. 선고 92누1728 판결

식품제조영업허가기준이라는 고시는 공익상의 이유로 허가를 할 수 없는 영업의 종류를 지정할 권한을 부여한 구 식품위생법 제23조의3 제4호에 따라 보건사회부장관이 발한 것으로서, 실질적으로 법의 규정내용을 보충하는 기능을 지니면서 그것과 결합하여 대외적으로 구속력이 있는 법규명령의 성질을 가진 것이다.

Ⅲ. 법규명령의 한계

1. 긴급재정 · 경제명령과 긴급명령의 한계

긴급재정 · 경제명령과 긴급명령은 헌법 제76조에서 규정하고 있는 요건, 목적, 절차에 의해서만 발할 수 있고, 국회의 사후승인을 받아야 한다(제76조 제3항).

2. 위임명령의 한계

(1) 포괄위임금지의 원칙

위임명령은 헌법, 법률, 상위명령의 근거를 요한다. 즉, 모법에서 수권되지 않은

---

4) 행정규제기본법 제4조(규제 법정주의) ② 규제는 법률에 직접 규정하되, 규제의 세부적인 내용은 법률 또는 상위법령에서 구체적으로 범위를 정하여 위임한 바에 따라 대통령령 · 총리령 · 부령 또는 조례 · 규칙으로 정할 수 있다. 다만, 법령에서 전문적 · 기술적 사항이나 경미한 사항으로서 업무의 성질상 위임이 불가피한 사항에 관하여 구체적으로 범위를 정하여 위임한 경우에는 고시 등으로 정할 수 있다.

5) 대법원 2012. 7. 5. 선고 2010다72076 판결.

입법사항을 규정한 위임명령은 무효이다. 위임의 경우에는 구체적 범위를 정하여 위임하여야 하며, 포괄적이고 일반적인 수권은 금지된다. 또한 법률이나 상위명령에서 위임될 내용이나 범위에 대한 사항은 명확하게 규정되어 있어야 한다. 그러나 지방자치단체의 조례와 주택재개발조합의 정관은 자치법의 영역에 속하기 때문에 포괄위임입법금지의 원칙이 적용되지 않는다.[6)]

대법원 1996. 4. 12. 선고 95누7727 판결

[1] 보건사회부장관이 정한 1994년도 노인복지사업지침은 노령수당의 지급대상자의 선정기준 및 지급수준 등에 관한 권한을 부여한 노인복지법 제13조 제2항, 같은 법 시행령 제17조, 제20조 제1항에 따라 보건사회부장관이 발한 것으로서 실질적으로 법령의 규정내용을 보충하는 기능을 지니면서 그것과 결합하여 대외적으로 구속력이 있는 법규명령의 성질을 가지는 것으로 보인다.

[2] 법령보충적인 행정규칙, 규정은 당해 법령의 위임한계를 벗어나지 아니하는 범위 내에서만 그것들과 결합하여 법규적 효력을 가지고, 노인복지법 제13조 제2항의 규정에 따른 노인복지법 시행령 제17조, 제20조 제1항은 노령수당의 지급대상자의 연령범위에 관하여 위 법 조항과 동일하게 '65세 이상의 자'로 반복하여 규정한 다음 소득수준 등을 참작한 일정소득 이하의 자라고 하는 지급대상자의 선정기준과 그 지급대상자에 대한 구체적인 지급수준(지급액) 등의 결정을 보건사회부장관에게 위임하고 있으므로, 보건사회부장관이 노령수당의 지급대상자에 관하여 정할 수 있는 것은 65세 이상의 노령자 중에서 그 선정기준이 될 소득수준 등을 참작한 일정소득 이하의 자인 지급대상자의 범위와 그 지급대상자에 대하여 매년 예산확보상황 등을 고려한 구체적인 지급수준과 지급시기, 지급방법 등일 뿐이지, 나아가 지급대상자의 최저연령을 법령상의 규정보다 높게 정하는 등 노령수당의 지급대상자의 범위를 법령의 규정보다 축소·조정하여 정할 수는 없다고 할 것임에도, 보건사회부장관이 정한 1994년도 노인복지사업지침은 노령수당의 지급대상자를 '70세 이상'의 생활보호대상자로 규정함으로써 당초 법령이 예정한 노령수당의 지급대상자를 부당하게 축소·조정하였고, 따라서 위 지침 가운데 노령수당의 지급대상자를 '70세 이상'으로 규정한 부분은 법령의 위임한계를 벗어난 것이어서 그 효력이 없다.

(2) 재위임의 문제

법률에 의하여 위임된 입법사항의 전부 또는 일부를 하위명령에 다시 위임하는 것이 재위임이다. 이에 대해 모법에 명시적 규정이 없는 경우, 법률에서 위임받은

---

6) 헌법재판소 1995. 4. 20.자 92헌마264, 279(병합) 결정; 대법원 2007. 10. 12. 선고 2006두14476 판결.

사항을 전혀 규정하지 아니하고 그대로 재위임하는 것은 허용되지 않으며(복위임금지의 법리), 위임받은 사항에 관하여 대강을 정하고 그중의 특정사항을 범위를 정하여 하위법령에 다시 위임하는 경우에만 재위임이 허용된다.[7]

(3) 사후위임의 문제

일반적으로 법률의 위임에 따라 효력을 갖는 법규명령의 경우에 위임의 근거가 없어 무효였더라도 나중에 법개정으로 위임의 근거가 부여되면 그때부터는 유효한 법규명령으로 볼 수 있다. 그러나 법규명령이 개정된 법률에 규정된 내용을 함부로 유추·확장하는 내용의 해석규정이어서 위임의 한계를 벗어난 것으로 인정될 경우에는 법규명령은 여전히 무효이다.[8]

3. 집행명령의 한계

행정의 본질이 법령을 집행하는 것이므로 집행명령은 법률 또는 상위명령의 명시적 수권이 없이도 행정권이 얼마든지 제정할 수 있다. 그러나 헌법, 법률, 상위명령의 범위 내에서만 집행명령의 제정이 가능하고, 집행에 필요한 절차, 형식, 세부적 사항을 넘어서 국민의 권리·의무에 관한 새로운 사항을 규정하는 것은 인정되지 않는다.

Ⅳ. 법규명령의 성립·발효요건

1. 법규명령의 성립요건

법규명령은 ① 대통령, 국무총리, 행정각부의 장 등 헌법이나 법률에 근거하여 정당한 권한을 가진 자가 제정하여야 하고, ② 헌법, 법률, 상위명령에 저촉되어서는 안 되며, 객관적으로 명확하고 실현가능하여야 하며, ③ 법조의 형식으로 제정되어야 하며, ④ 법정절차를 거쳐야 한다(일법예고, 대통령령은 법제처 심사와 국무회의 심의, 총리령·부령은 법제처 심사). 법규명령은 관보에 게재하는 방법으로 공포되며, 관보가 발행된 날인 공포일에 유효하게 성립한다.

---

7) 헌법재판소 1996. 2. 29.자 94헌마213 결정.
8) 대법원 2017. 4. 20. 선고 2015두45700 전원합의체 판결.

2. 법규명령의 효력발생

대통령령, 총리령 및 부령은 특별한 규정이 없으면 공포한 날부터 20일이 경과함으로써 효력을 발생한다. 다만 국민의 권리 제한 또는 의무 부과와 직접 관련되는 법률, 대통령령, 총리령 및 부령은 긴급히 시행하여야 할 특별한 사유가 있는 경우를 제외하고는 공포일부터 적어도 30일이 경과한 날부터 시행되도록 하여야 한다.

V. 법규명령의 흠

법규명령이 성립요건과 발효요건을 갖추지 못한 경우에는 흠 있는 법규명령이 되며, 흠의 정도에 관계없이 무효라고 보는 것이 통설과 판례이다.[9] 그러나 처분적 성질을 가지는 법규명령에 대해서는 취소쟁송을 제기할 수 있다.

한편, 흠 있는 법규명령에 근거한 행정행위 역시 흠이 인정되는데, 이 경우 중대명백설에 따라 취소사유에 해당하는 것이 원칙이다.

대법원 2007. 6. 14. 선고 2004두619 판결

하자 있는 행정처분이 당연무효로 되려면 그 하자가 법규의 중요한 부분을 위반한 중대한 것이어야 할 뿐 아니라 객관적으로 명백한 것이어야 하고, 행정청이 위헌이거나 위법하여 무효인 시행령을 적용하여 한 행정처분이 당연무효로 되려면 그 규정이 행정처분의 중요한 부분에 관한 것이어서 결과적으로 그에 따른 행정처분의 중요한 부분에 하자가 있는 것으로 귀착되고, 또한 그 규정의 위헌성 또는 위법성이 객관적으로 명백하여 그에 따른 행정처분의 하자가 객관적으로 명백한 것으로 귀착되어야 하는바, 일반적으로 시행령이 헌법이나 법률에 위반된다는 사정은 그 시행령의 규정을 위헌 또는 위법하여 무효라고 선언한 대법원의 판결이 선고되지 아니한 상태에서는 그 시행령 규정의 위헌 내지 위법 여부가 해석상 다툼의 여지가 없을 정도로 명백하였다고 인정되지 아니하는 이상 객관적으로 명백한 것이라 할 수 없으므로, 이러한 시행령에 근거한 행정처분의 하자는 취소사유에 해당할 뿐 무효사유가 되지 아니한다.

VI. 법규명령의 소멸

법규명령의 소멸원인으로는 ① 동위 또는 상위의 법령에 의해 법규명령의 효력

---

9) 대법원 2008. 11. 20. 선고 2007두8287 전원합의체 판결.

을 장래에 향해 소멸시키는 폐지, ② 해제조건의 완성이나 종기의 도래와 같은 법정부관의 성취, ③ 상위법령의 소멸 등이 있다.

대법원 1989. 9. 12. 선고 88누6962 판결
상위법령의 시행에 필요한 세부적 사항을 정하기 위하여 행정관청이 일반적 직권에 의하여 제정하는 이른바 집행명령은 근거 법령인 상위법령이 폐지되면 특별한 규정이 없는 이상 실효되는 것이나, 상위법령이 개정됨에 그친 경우에는 개정법령과 성질상 모순, 저촉되지 아니하고 개정된 상위법령의 시행에 필요한 사항을 규정하고 있는 이상 그 집행명령은 상위법령의 개정에도 불구하고 당연히 실효되지 아니하고 개정법령의 시행을 위한 집행명령이 제정, 발효될 때까지는 여전히 그 효력을 유지한다.

Ⅶ. 법규명령의 통제

1. 입법적 통제

헌법상 의회에 의한 입법적 통제로는 당해 법규명령을 제정한 국무위원의 해임건의 또는 탄핵소추, 관계부처의 예산삭감 등과 같은 간접적인 방법밖에 없다. 이외에도 법규명령의 제정에 관한 법률의 수권을 철회하거나 법규명령의 내용과 상충되는 법률을 제정함으로써 법규명령의 효력을 상실시킬 수 있다. 참고로 국회법 제98조의2[10]에서 행정입법의 국회제출을 규정하고 있으나, 이는 심사권이 없는 단순한 제출만을 하도록 하고 있다.

2. 행정적 통제

행정적 통제에는 ① 상급행정청의 감독권에 의한 통제, ② 법제처 또는 국무회의 등에 의한 절차적 통제, ③ 중앙행정심판위원회에 의한 통제(행정심판법 제59조)가 있다.

---

10) 국회법 제98조의2(대통령령 등의 제출 등) ① 중앙행정기관의 장은 법률에서 위임한 사항이나 법률을 집행하기 위하여 필요한 사항을 규정한 대통령령·총리령·부령·훈령·예규·고시 등이 제정·개정 또는 폐지되었을 때에는 10일 이내에 이를 국회 소관 상임위원회에 제출하여야 한다. 다만, 대통령령의 경우에는 입법예고를 할 때(입법예고를 생략하는 경우에는 법제처장에게 심사를 요청할 때를 말한다)에도 그 입법예고안을 10일 이내에 제출하여야 한다.

3. 사법적 통제

(1) 법원에 의한 통제

헌법 제107조 ② 명령·규칙 또는 처분이 헌법이나 법률에 위반되는 여부가 재판의 전제가 된 경우에는 대법원은 이를 최종적으로 심사할 권한을 가진다.

사법적 통제에는 구체적 사건성이 없어도 법규명령의 위헌 또는 위법을 심리할 수 있는 추상적 규범통제와 법규명령의 위헌 또는 위법이 재판의 전제가 된 경우에만 당해 법규명령의 위법성을 심사할 수 있는 구체적 규범통제가 있다. 한국에서는 구체적 규범통제만이 인정된다. 따라서 법률과 법규명령을 적용하여 행정행위(처분)가 발하여지면, 원칙적으로 처분을 대상으로 항고소송을 제기하여야 하고, 그 재판의 전제로서 법률 또는 법규명령의 위헌·위법성을 다투어야 한다. 그러나 예외적으로 법규명령이 국민 개개인의 법적 지위에 직접 영향을 미치는 경우에는 '처분성'을 인정할 수 있으므로(가령, 두밀분교 폐지에 관한 경기도교육조례), 이 경우 법규명령이 항고소송의 대상이 될 수 있다(처분적 법규명령).

대법원 1996. 9. 20. 선고 95누8003 판결

[1] 조례가 집행행위의 개입 없이도 그 자체로서 직접 국민의 구체적인 권리의무나 법적 이익에 영향을 미치는 등의 법률상 효과를 발생하는 경우 그 조례는 항고소송의 대상이 되는 행정처분에 해당하고, 이러한 조례에 대한 무효확인소송을 제기함에 있어서 행정소송법 제38조 제1항, 제13조에 의하여 피고적격이 있는 처분 등을 행한 행정청은, 행정주체인 지방자치단체 또는 지방자치단체의 내부적 의결기관으로서 지방자치단체의 의사를 외부에 표시한 권한이 없는 지방의회가 아니라, 구 지방자치법(1994. 3. 16. 법률 제4741 호로 개정되기 전의 것) 제19조 제2항, 제92조에 의하여 지방자치단체의 집행기관으로서 조례로서의 효력을 발생시키는 공포권이 있는 지방자치단체의 장이다.

[2] 구 지방교육자치에관한법률(1995. 7. 26. 법률 제4951 호로 개정되기 전의 것) 제14조 제5항, 제25조에 의하면 시·도의 교육·학예에 관한 사무의 집행기관은 시·도 교육감이고 시·도 교육감에게 지방교육에 관한 조례안의 공포권이 있다고 규정되어 있으므로, 교육에 관한 조례의 무효확인소송을 제기함에 있어서는 그 집행기관인 시·도 교육감을 피고로 하여야 한다.

(2) 헌법재판소에 의한 통제

헌법재판소법 제68조(청구 사유) ① 공권력의 행사 또는 불행사로 인하여 헌법상 보장된 기본권을 침해받은 자는 법원의 재판을 제외하고는 헌법재판소에 헌법소원심판을 청구할 수 있다. 다만, 다른 법률에 구제절차가 있는 경우에는 그 절차를 모두 거친 후에 청구할 수 있다.

법규명령의 위법성에 대한 최종 심사권은 원칙적으로 대법원에 있다. 그러나 헌법재판소가 1990년 법무사법 시행규칙 제3조 제1항(법원행정처장은 법무사를 보충할 필요가 있다고 인정되는 경우에는 대법원장의 승인을 얻어 법무사시험을 실시할 수 있다)의 위헌성을 심사하면서, 법규명령이 집행행위를 매개하지 않고 그 자체로 직접 국민의 기본권을 침해하는 경우에는 헌법소원의 대상이 될 수 있다고 결정한 바 있다.

한편, 행정청에게 법규명령을 제정할 법적 의무가 존재함에도 정당한 사유 없이 상당한 기간 동안 법규명령을 제정하지 않음으로써 헌법상 기본권이 침해된 경우에도 헌법소원의 대상이 된다. 이때 헌법소원의 대상이 되는 입법부작위는 입법자가 헌법상 입법의무가 있는 어떤 사항에 관하여 전혀 입법을 하지 아니함으로써 입법행위의 흠결이 있는 경우인 이른바 '진정입법부작위'에 한정된다.[11]

헌법재판소 1990. 10. 15.자 89헌마178 결정

헌법 제107조 제2항이 규정한 명령·규칙에 대한 대법원의 최종심사권이란 구체적인 소송사건에서 명령·규칙의 위헌 여부가 재판의 전제가 되었을 경우 법률의 경우와는 달리 헌법재판소에 제청할 것 없이 대법원이 최종적으로 심사할 수 있다는 의미이며, 명령·규칙 그 자체에 의하여 직접 기본권이 침해되었음을 이유로 하여 헌법소원심판을 청구하는 것은 위 헌법규정과는 아무런 상관이 없는 문제이다. 따라서 입법부·행정부·사법부에서 제정한 규칙이 별도의 집행행위를 기다리지 않고 직접 기본권을 침해하는 것일 때에는 모두 헌법소원심판의 대상이 될 수 있는 것이다. (중략) 법령자체에 의한 직접적인 기본권침해 여부가 문제되었을 경우 그 법령의 효력을 직접 다투는 것을 소송물로 하여 일반 법원에 구제를 구할 수 있는 절차는 존재하지 아니하므로 이 사건에서는 다른 구제절차를 거칠 것 없이 바로 헌법소원심판을 청구할 수 있는 것이다.

〈법규범과 행정처분에 대한 소송형식〉

헌 법	→	법 률	→	법규명령	→	행정처분

구체적 규범통제	직접적 통제	헌법소원 (헌법재판소)	헌법소원(헌법재판소)	
			항고소송(법원)	
	간접적 통제 (부수적 통제)	위헌법률심판 (헌법재판소)	명령·규칙심사(법원)	항고소송(법원)

* 직접적 통제란 규범 자체가 직접 소송의 대상이 되어 위법한 경우 그 효력을 상실시키는 것으로서, 구체적 사건성을 전제로 한다는 점에서 추상적 규범통제와 다르다.

---

11) 헌법재판소 1998. 7. 16.자 96헌마246 결정.

제 3 절 행정규칙

I. 행정규칙의 의의

행정규칙이란 행정조직 내부관계에서 조직·업무처리절차·활동기준 등에 관하여 규율하는 일반적·추상적 규정으로서 법규성이 없는, 즉 대외적 구속력이 없는 행정입법을 말한다. 행정규칙은 대외적 구속력이 없기 때문에 행정조직 내부관계만을 규율할 뿐이고, 재판규범이 되지 못한다. 즉, 행정법의 법원에 해당하지 않는다.

넓은 의미의 행정규칙에는 이러한 협의의 행정규칙뿐만 아니라 특별권력관계 내부에서 특별권력주체와 그 구성원과의 관계를 규율하는 특별명령[12]도 포함된다.

II. 행정규칙의 종류

1. 형식에 따른 분류

일반적으로 행정규칙을 그 형식에 따라 ① 상급기관이 하급기관에 대하여 장기간에 걸쳐 그 권한의 행사를 일반적으로 지휘·감독하기 위하여 발하는 명령인 '훈령', ② 상급기관이 직권 또는 하급기관의 문의에 의하여 하급기관에 개별적·구체적으로 발하는 명령인 '지시', ③ 행정사무의 통일을 기하기 위하여 반복적 행정사무의 처리기준을 제시하는 법규문서 외의 문서인 '예규', ④ 당직·출장·시간외근무·휴가 등 일일업무에 관한 명령인 '일일명령'으로 분류하고 있다.[13]

그러나 법규명령과 행정규칙의 구별은 그 형식이 아니라 실질적 기능에 따라 구별되는 것이다. 뿐만 아니라 행정규칙이란 강학상의 개념에 해당하기 때문에 고유한 형식이 존재하는 것이 아니므로 이를 형식상 분류하는 것은 무의미하다.

---

12) 특별명령은 법규명령과는 달리 법률의 수권이 없어도 행정권에 의하여 정립될 수 있으며, 행정규칙과는 달리 법적 구속성·법원성·재판기준성이 인정된다고 보았으나, 최근 독일에서 특별명령론은 그 기반을 상실하고 있다.

13) 훈령·지시·예규·일일명령의 개념은 과거 행정안전부령인 사무관리규정 시행규칙에 따른 것이다. 현재 행정업무의 운영 및 혁신에 관한 규정 시행규칙에서는 이에 관해 정의하고 있지 않다.

2. 내용에 따른 분류

(1) 조직규칙과 근무규칙

조직규칙이란 행정기관이 그 보조기관이나 소속관서의 설치, 조직, 내부권한분배, 사무처리절차 등을 정하기 위해 발하는 행정규칙을 말한다(사무분장규정, 위임전결규정, 직제규정 등). 근무규칙이란 상급기관이 하급기관이나 소속 공무원의 근무에 관한 사항을 규율하기 위하여 발하는 행정규칙을 말한다(훈령, 지침, 예규, 일일명령 등).

(2) 법률대위규칙과 법률보충규칙

법률대위규칙이란 법률 등 규범이 없는 경우에 행정활동의 기준을 정하기 위하여 발하는 행정규칙을 말하며, 법률보충규칙은 법령의 내용이 지나치게 추상적이어서 이를 구체화하는 행정규칙을 말한다. 이들 역시 성질상 대외적 구속력이 없는, 즉 비법규적 성질을 가질 경우에만 행정규칙이라 할 것이다(법령의 수권에 근거한 고시 등, 법률보충규칙은 법규명령임).[14)]

(3) 규범해석규칙과 재량준칙

규범해석규칙이란 법령집행의 통일성을 기하고자 불확정개념의 해석 또는 적용 방향을 정하기 위하여 발하는 명령을 말하며, 재량준칙(裁量準則)이란 법령이 행정기관에게 재량권을 부여하고 있는 경우에 재량권 행사의 일반적 기준을 설정하기 위하여 발하는 명령을 의미한다.[15)] 예컨대 법령에 법규위반자에 대해서는 사업을 취소하거나 정지할 수 있다고 규정되어 있을 때, 사업취소나 정지의 구체적 기준을 정하는 경우가 이에 해당한다.

Ⅲ. 행정규칙의 법규성 문제

1. 개   설

행정규칙의 법규성에 대해 문제가 되는 것은 독일에서 주장된 행정규칙에 대한

---

14) 법률대위규칙과 법률보충규칙이라는 용어는 법규성을 전제로 한다. 그러므로 법률대위규칙과 법률보충규칙이라는 용어 자체가 잘못된 것으로 볼 수 있다.

15) 우리나라에서는 일반적으로 재량준칙을 행정규칙의 하나로 설명하면서 법규성이 있는 행정규칙의 대표적인 경우로 설명하고 있다. 그러나 재량준칙은 법규명령과 같은 강행규범이 아니며, 국민에 대하여 직접적인 법률효과를 발생시키지도 않는다. 그렇다고 행정의 내부관계에 불과한 행정규칙과도 같지 않다. 따라서 재량준칙은 법규명령 및 행정규칙과 구별하는 것이 타당하다(私見).

'간접적 효력설'과 '직접적 효력설' 등의 이론에 영향을 받았기 때문이다.[16] 간접적 효력설은 행정규칙에 따른 관행으로 인하여 행정 스스로가 구속되기 때문에 간접적으로 사실상의 대외적 효력이 발생한다는 것이고, 이에 반해 직접적 효력설은 일정한 범위에 대해서는 행정규칙이 직접적으로 대외적 효력을 가진다는 이론이다.

행정규칙은 행정권의 내부를 규율하기 위해서 제정된 행정입법으로, (형식설에 따르면) 그 입법형식도 법규명령과는 다르다고 보았는데, 이와 같은 목적으로 제정된 행정규칙이 국민의 권리와 의무에 영향을 미치는 경우가 발생되었기 때문에 행정규칙의 법규성이 문제가 되는 것이다. 다만 행정규칙의 외부적 효력에 대해서는 이론적인 다툼을 넘어서 다음 행정입법의 유형을 통해서 행정규칙의 법규성 문제를 구체적으로 살펴볼 필요성이 있겠다.

2. 규범구체화 행정규칙

(1) 연혁 및 논의

규범구체화 행정규칙이란 고도의 기술성이 요구되는 행정영역에 있어서 입법기관이 종국적 규율을 포기하고 규범을 구체화하는 기능을 행정권에 할당한 경우, 그 할당된 범위 내에서 당해 규범을 구체화한 행정규칙을 말한다.

규범구체화 행정규칙은 1985년 독일 연방행정재판소의 뷜(^{Wyhl}) 판결[17]에서 처음 인정되었다. 1985년 12월 19일 독일 연방행정재판소는 "배출되는 가스나 물을 통해 유출되는 방사능의 노출산정기준에 대한 연방내무성지침은 규범구체화적 지침($^{normkonkretisierende}_{Richtlinie}$)으로서 행정법원을 구속한다."라고 판시하였다. 이는 전술하였던 규범해석규칙과는 달리 규범에 의해 설정된 한계 내에서 행정법원을 직접 구속하는 이른바 법규성이 있다고 설명했다. 독일의 규범구체화 행정규칙은 법률에 의한 명시적 수권이 있고(다만 구체적이지는 않음), 법적 절차를 통해 제정된 것이다.

(2) 한국에서의 상황

한국에서는 국세청훈령 제980호 「재산제세조사사무처리규정」 제72조 제3항에 관한 일관된 대법원 판례를 중심으로 전개되었다.

---

16) 김철용(192면).
17) BVerwGE 72, 300, 301.

대법원 1987. 9. 29. 선고 86누484 판결

소득세법($\frac{1982.\ 12.\ 21.\ 법률\ 제}{3576호로\ 개정된\ 것}$) 제23조 제4항, 제45조 제1항 제1호에서 양도소득세의 양도차익을 계산함에 있어 실지거래가액이 적용될 경우를 대통령령에 위임함으로써 동법시행령($\frac{1982.\ 12.\ 31.\ 대통령령}{제10977호로\ 개정된\ 것}$) 제170조 제4항 제2호가 위 위임규정에 따라 양도소득세의 실지거래가액이 적용될 경우의 하나로서 국세청장으로 하여금 양도소득세의 실지거래가액이 적용될 부동산투기억제를 위하여 필요하다고 인정되는 거래를 지정하게 하면서 그 지정의 절차나 방법에 관하여 아무런 제한을 두고 있지 아니하고 있어 이에 따라 국세청장이 재산제세사무처리규정 제72조 제3항에서 양도소득세의 실지거래가액이 적용될 부동산투기억제를 위하여 필요하다고 인정되는 거래의 유형을 열거하고 있으므로, 이는 비록 위 재산제세사무처리규정이 국세청장의 훈령형식으로 되어 있다 하더라도 이에 의한 거래지정은 소득세법시행령의 위임에 따라 그 규정의 내용을 보충하는 기능을 가지면서 그와 결합하여 대외적 효력을 발생하게 된다 할 것이므로 그 보충규정의 내용이 위 법령의 위임한계를 벗어났다는 등 특별한 사정이 없는 한 양도소득세의 실지거래가액에 의한 과세의 법령상의 근거가 된다.

규범구체화 행정규칙은 법률보충규칙의 일종으로, 법령의 해석에 의해 규범을 구체화한 것이므로 기능상 법규명령으로 보아야 할 것이다. 우리나라에서의 문제는 구체적이지 않은 법령의 위임에 의하여 시행령이나 시행규칙 형식이 아닌 고시나 훈령 등의 형식을 취하는 법규명령을 인정할 것인가의 여부에 달려있다.

3. 법규명령형식의 행정규칙과 행정규칙형식의 법규명령

> **[사례 5]**
> A행정청은 법위반 행위에 대한 제재처분기준과 관련하여 '제재금산정방법 및 부과기준'을 부령(部令)으로 작성하여 이를 관보 및 인터넷상에 공표하였다. 그 후에 당해 행정청은 위 기준에 의거하여 甲에게 500만원의 제재금을 부과하였다. 그런데 당해 행정청은 동일하게 법위반을 한 乙에 대해서는 위 제재금산정 기준에도 불구하고 근거법률에서 정한 범위에서 800만원의 제재금을 부과하였다. 이런 사정을 알게 된 乙이 자신에 대한 제재금 부과처분의 위법성을 주장하고자 한다. (제49회 행정고시)
> (1) 乙의 주장에 대해서 법원이 어떤 판단을 내릴 것이라 예상하는가?
> (2) 만약 위의 '제재금산정방법 및 부과기준'을 대통령령으로 정하였다면 어떻게 되겠는가?

(1) 의 의

종래의 논의에 따르면, 대통령령과 총리령·부령의 형식의 행정입법을 법규명령으로, 고시·훈령·예규·지침 등의 형식의 행정입법을 행정규칙으로 구별하고 있다(행정업무의 운영 및 혁신에 관한 규정). 따라서 내용상으로는 행정규칙의 성질을 가지는 것이 법규명령의 형식(대통령령·부령 총)으로 제정된 경우를 '법규명령형식의 행정규칙'이라 하고, 그 형식은 행정규칙(고시·훈령 등 예규)으로 제정되었으나 실질적 내용은 대국민적 구속력을 가지는 법규명령인 경우를 '행정규칙형식의 법규명령'이라 한다.

흔히 법규명령형식의 행정규칙의 예로 재량준칙이, 행정규칙형식의 법규명령의 예로는 법령보충규칙이 논의되고 있다. 이들의 성격을 어떻게 보아야 할 것인가에 대해 견해가 대립하고 있다.

<형식과 실질의 불일치>

실질설 형식설	법규성 ○ (=대외적 구속력 ○)	법규성 × (=행정조직 내부사항)
대통령령, 총리령, 부령 등	A (법규명령)	C (법규명령 형식의 행정규칙)
훈령, 예규, 고시 등	B (행정규칙 형식의 법규명령)	D (행정규칙)

(2) 견해의 대립

먼저 ① 형식설은 법규명령과 행정규칙이 각각 고유한 법형식을 가지고 있다는 것을 전제로 하여, 형식이 법규명령으로 규정된 이상 그것이 국민의 자유·재산에 관계없는 사항일지라도 국민을 사실상 구속하게 되고 따라서 당연히 법규성을 인정하여야 하며, 반대로 법규명령의 형식은 헌법에 명시되어 있는바 이러한 형식을 취하지 않은 행정규칙을 법규명령으로 볼 만한 정당한 이유가 없다는 주장이다.

이에 비해 ② 실질설은 법규명령과 행정규칙의 구별은 그 성질과 기능에 따라 구별된다는 것을 전제로, 형식이 비록 법규명령이라 할지라도 행정규칙의 성질이 변하는 것은 아니므로 법규성을 부인하는 것이 타당하며, 반대로 형식이 행정규칙이라 할지라도 그 실질적 내용이 법률보충적 성격을 가지면 법규성을 인정해야 한다는 주장이다.

이외에도 헌법 또는 법령의 수권을 기준으로 법규명령과 행정규칙으로 구분하는 ③ 수권여부 기준설도 주장된다.[18] 이에 따르면, 법규명령이란 헌법을 포함한 법령상의 수권에 근거하여 행정권이 정립하는 규범이며(법규성은 통상적으로 요구되는 요소일 뿐 필수요소는 아님), 행정규칙은

---

18) 홍정선(240면).

행정권이 헌법제정권자로부터 부여받은 고유한 권능인 사무집행권에 근거하여 정하는 입법을 말한다.

(3) 판례의 태도

'법규명령형식의 행정규칙'에 대한 대법원의 태도는 자동차운수사업법, 공중위생법, 풍속영업의규제에관한법률 등의 제재적 처분의 기준을 규정한 부령들에 대하여 법규성을 인정하지 아니하였으나, 1997년 주택건설촉진법 시행령 제10조의3 제1항 [별표 1]의 법규성을 인정하는 판결을 하였는바, 대통령령과 부령을 달리 취급하고 있다.

① 대법원 1991. 11. 8. 선고 91누4973 판결

자동차운수사업법 제31조 제2항의 규정에 따라 제정된 자동차운수사업법제31조등의규정에의한사업면허의취소등의처분에관한규칙은 형식은 부령으로 되어 있으나 그 규정의 성질과 내용은 자동차운수사업면허의 취소처분 등에 관한 사무처리기준과 처분절차 등 행정청 내의 사무처리준칙을 규정한 것에 불과하여 행정조직 내부에 있어서의 행정명령의 성질을 가지는 것이어서 행정조직 내부에서 관계 행정기관이나 직원을 구속함에 그치고 대외적으로 국민이나 법원을 구속하는 것은 아니므로, 자동차운송사업면허취소 등의 처분이 이 규칙에서 정한 기준에 따른 것이라 하여 당연히 적법한 처분이 된다 할 수 없고, 그 처분의 적법 여부는 자동차운수사업법의 규정 및 그 취지에 적합한 것인가의 여부에 따라서 판단하여야 한다.

② 대법원 1997. 12. 26. 선고 97누15418 판결

당해 처분의 기준이 된 주택건설촉진법 시행령 제10조의3 제1항 [별표 1]은 주택건설촉진법 제7조 제2항[19]의 위임규정에 터잡은 규정형식상 대통령령이므로 그 성질이 부령인 시행규칙이나 또는 지방자치단체의 규칙과 같이 통상적으로 행정조직 내부에 있어서의 행정명령에 지나지 않는 것이 아니라 대외적으로 국민이나 법원을 구속하는 힘이 있는 법규명령에 해당한다.

다만, 대법원은 청소년보호법상 과징금 처분기준을 대통령령으로 정한 경우 법규

---

19) 주택건설촉진법 제7조(등록의 말소 등) ① 건설부장관은 등록업자가 다음 각 호의 1에 해당하는 때에는 그 등록을 말소하거나 1년 이내의 기간을 정하여 영업의 정지를 명할 수 있다. 다만, 제1호 및 제7호에 해당하는 경우에는 그 등록을 말소하여야 한다. (각 호 생략)
② 제1항의 규정에 의한 등록의 말소 및 영업의 정지처분에 관한 기준은 대통령령으로 정한다.
주택건설촉진법 시행령 제10조의3(등록업자의 등록말소 및 영업정지처분기준) ① 법 제7조 제2항의 규정에 의한 등록의 말소 및 영업의 정지처분에 관한 기준은 별표 1과 같다.

명령으로 보면서도 과징금 금액은 정액(定額)이 아니라 최고한도액으로 보고 있으며, 재량처분의 기준을 총리령으로 정한 경우 행정규칙으로 보면서도 처분기준에서 정한 범위를 벗어나는 처분을 하기 위해서는 특별한 사정이 있어야 한다는 입장이다.

① **대법원 2001. 3. 9. 선고 99두5207 판결**

구 청소년보호법(1999. 2. 5. 법률 제5817호로 개정되기 전의 것) 제49조 제1항, 제2항에 따른 같은 법 시행령(1999. 6. 30. 대통령령 제16461호로 개정되기 전의 것) 제40조 [별표 6]의 위반행위의 종별에 따른 과징금 처분기준은 법규명령이기는 하나 모법의 위임규정의 내용과 취지 및 헌법상의 과잉금지의 원칙과 평등의 원칙 등에 비추어 같은 유형의 위반행위라 하더라도 그 규모나 기간·사회적 비난 정도·위반행위로 인하여 다른 법률에 의하여 처벌받은 다른 사정·행위자의 개인적 사정 및 위반행위로 얻은 불법이익의 규모 등 여러 요소를 종합적으로 고려하여 사안에 따라 적정한 과징금의 액수를 정하여야 할 것이므로 그 수액은 정액이 아니라 최고한도액이다.

② **대법원 2010. 4. 8. 선고 2009두22997 판결**

구 법 시행규칙 제53조 [별표 15] 행정처분기준이 비록 행정청 내부의 사무처리 준칙을 정한 것에 지나지 아니하여 대외적으로 법원이나 국민을 기속하는 효력은 없지만, 위 행정처분기준이 수입업자들 및 행정청 사이에 처분의 수위를 가늠할 수 있는 유력한 잣대로 인식되고 있는 현실에 수입식품으로 인하여 생기는 위생상의 위해를 방지하기 위한 단속의 필요성과 그 일관성 제고라는 측면까지 아울러 참작하면, 위 행정처분기준에서 정하고 있는 범위를 벗어나는 처분을 하기 위해서는 그 기준을 준수한 행정처분을 할 경우 공익상 필요와 상대방이 받게 되는 불이익 등과 사이에 현저한 불균형이 발생한다는 등의 특별한 사정이 있어야 한다.

한편, '행정규칙형식의 법규명령'에 대해서는 재산제세사무처리규정(국세청장 훈령), 식품제조영업허가기준(보건복지부장관 고시) 등의 법규성을 인정하여, 일단 실질적 견해에 따르고 있는 것으로 평가된다.

대법원 1987. 9. 29. 선고 86누484 판결

상급행정기관이 하급행정기관에 대하여 업무처리지침이나 법령의 해석적용에 관한 기준을 정하여서 발하는 이른바 행정규칙은 일반적으로 행정조직 내부에서만 효력을 가질 뿐 대외적인 구속력을 갖는 것은 아니지만, 법령의 규정이 특정행정기관에게 그 법령내용의 구체적 사항을 정할 수 있는 권한을 부여하면서 그 권한행사의 절차나 방법을 특정하고 있지 아니한 관계로 수임행정기관이 행정규칙의 형식으로 그 법령의 내용이 될 사항을 구체적으로 정하고 있다면 그와 같은 행정규칙, 규정은 행정규칙이 갖는 일반적 효력으로서가 아니라, 행정기관에 법령의 구체적 내용을 보충할 권한을 부여한 법령규정의 효력에 의하여 그 내용을 보충하는 기능을 갖게 된다 할 것이므로 이와 같은 행정규칙, 규정은 당해 법령의 위임한계를 벗어나지 아니하는 한 그것들과 결합하여 대외적인 구속력이 있는 법규명령으로서의 효력을 갖게 된다.

IV. 행정규칙의 근거와 한계

행정규칙은 내부적 효과만을 가지기 때문에 상위법령에 의한 수권을 필요로 하지 않는다. 물론 법령상의 권한을 벗어나는 행정규칙은 위법하다. 따라서 행정규칙은 ① 특정한 행정목적 달성을 위해서 필요한 경우, ② 법령과 상급행정청의 행정규칙의 범위 내에서 제정되어야 하며, ③ 국민의 권리와 의무를 직접적으로 변동시키지 않아야 한다.

V. 행정규칙의 성립·발효요건

행정규칙은 ① 이를 발할 수 있는 정당한 권한 있는 기관이 그 권한의 범위 내에서 발하여야 하고, ② 법령의 수권을 요하지는 않지만, 법령이나 상급행정기관의 행정규칙에 반하는 내용을 규정하여서는 안 된다. ③ 행정규칙은 행정조직의 내부관계를 구속하는 데 그치기 때문에 절차에 관한 일반 규정이 존재하지는 않는다. 다만 대통령훈령과 국무총리훈령의 제정은 법제처의 사전심사를 받아야 한다. ④ 행정규칙은 고시·훈령·예규·지침 등의 형식에 따라 제정되는 것이 보통이나 고유한 형식이 있는 것은 아니며, 일반적으로 법조(法條)의 형식으로 문서로써 발하여지나 구술로 발하여질 수도 있다.

행정규칙은 대외적으로 국민에게 표시되어야 하는 것은 아니고, 수범자인 하급행정기관에 적당한 방법으로 도달되면 그 효력이 발생한다. 그러나 고시나 훈령의 형식으로 정하여진 행정규칙은 관보에 의하여 공표되고 있는 경우가 많다.

대법원 1997. 1. 21. 선고 95누12941 판결
서울특별시가 정한 개인택시운송사업면허지침은 재량권 행사의 기준으로 설정된 행정청의 내부의 사무처리준칙에 불과하므로, 대외적으로 국민을 기속하는 법규명령의 경우와는 달리 외부에 고지되어야만 효력이 발생하는 것은 아니다.

Ⅵ. 행정규칙의 흠

법규명령과 마찬가지로 행정규칙에 흠이 있으면 무효이다.

Ⅶ. 행정규칙의 소멸

행정규칙은 상위 또는 동위의 법령에 의한 명시적·묵시적 폐지, 종기의 도래, 해제조건의 성취 등에 의하여 효력을 상실한다.

Ⅷ. 행정규칙의 통제

1. 법원에 의한 통제

행정규칙은 국민과 법원을 구속하는 법규가 아니므로 재판의 근거규범이 될 수 없다. 따라서 법원은 행정규칙에 구속되지 않으며, 그에 따른 처분의 적법 여부는 행정규칙의 기준만이 아니라 관계 법령의 규정 내용과 취지에 따라 판단해야 한다. 판례는 행정규칙에 부합한다고 하여 곧바로 당해 처분이 적법한 것이라고는 할 수 없지만, 행정규칙 자체로 헌법 또는 법률에 합치되지 않거나 이를 적용한 결과가 처분사유의 내용 및 관계 법령의 규정과 취지에 비추어 현저히 부당하다고 인정할 만한 합리적인 이유가 없는 한, 섣불리 행정규칙에 따른 처분이 재량권의 범위를 일탈하였거나 재량권을 남용한 것이라고 판단해서는 안 된다고 판시하였다.[20]

한편, 헌법 제107조 제2항에서 말하는 '규칙'은 법규성이 인정되는 규칙이나 조례를 의미하기 때문에 행정규칙은 구체적 규범통제의 대상이 되지 않는다. 그러나 통설과 판례에 따르면, 행정기관이 행정규칙이 정한 기준에 따라 행정관행을 형성한 경우에는 행정 스스로가 구속되기 때문에 평등의 원칙이나 자기구속의 법리를 매개로 하여 행정규칙을 위반한 처분의 위법성을 인정할 수 있게 된다(간접적 대외적 구속력).[21]

다만, 해석규칙의 경우 최종적인 법령해석은 법원의 권한이며, 법령해석을 잘못하여 위법한 관행이 반복된 경우에는 자기구속력을 인정할 수 없으므로 자기구속의

---

20) 대법원 2013. 12. 26. 선고 2012두19571 판결.
21) 김남진/김연태(207면). 이때 위법의 근거는 행정규칙이 아닌 행정법의 일반원칙의 위반이 된다.

법리를 통한 대외적 구속력은 인정될 수 없고, 경우에 따라서는 신뢰보호의 법리가
적용될 수 있다.

2. 헌법재판소에 의한 통제

행정규칙은 행정내부의 행위로서, 대외적 구속력을 가지는 법규가 아니므로 원
칙적으로 헌법소원의 대상이 되는 '공권력의 행사'에 해당하지 않는다. 그러나 헌법
재판소는 ① 법령에서 행정관청에 법령의 구체적 내용을 보충할 권한을 부여한 경
우에는 그것이 상위법령의 위임한계를 벗어나지 아니하는 한, 상위법령과 결합하여
대외적인 구속력을 갖는 법규명령으로 기능하여 헌법소원의 대상이 될 수 있고, ②
재량권 행사의 준칙인 행정규칙이 그 정한 바에 따라 되풀이 시행되어 행정관행이
이룩되게 되면, 평등의 원칙이나 신뢰보호의 원칙에 따라 행정기관은 그 상대방에
대한 관계에서 그 규칙에 따라야 할 자기구속을 당하게 되는 경우에는 대외적 구속
력을 가지게 되므로 헌법소원의 대상이 될 수 있다고 한다.

헌법재판소 2001. 5. 31.자 99헌마413 결정

[1] 행정규칙은 일반적으로 행정조직 내부에서만 효력을 가지는 것이나, 행정규칙이
법령의 규정에 의하여 행정관청에 법령의 구체적 내용을 보충할 권한을 부여한 경우나
재량권 행사의 준칙인 규칙이 그 정한 바에 따라 되풀이 시행되어 행정관행이 이룩되게
되면, 평등의 원칙이나 신뢰보호의 원칙에 따라 행정기관은 그 상대방에 대한 관계에서
그 규칙에 따라야 할 자기구속을 당하게 되는 경우에는 대외적인 구속력을 가지게 되는
바, 이러한 경우에는 헌법소원의 대상이 될 수도 있다.

[2] 경기도교육청의 1999. 6. 2.자 「학교장·교사 초빙제 실시」는 학교장·교사 초
빙제의 실시에 따른 구체적 시행을 위해 제정한 사무처리지침으로서 행정조직 내부에
서만 효력을 가지는 행정상의 운영지침을 정한 것이어서, 국민이나 법원을 구속하는 효
력이 없는 행정규칙에 해당하므로 헌법소원의 대상이 되지 않는다.

제 2 장   행정행위

제 1 절   행정행위의 개념

Ⅰ. 개 설

행정행위는 프랑스($^{acte}_{administratif}$)나 독일($^{verwaltung\text{-}}_{sakt}$)과 같은 행정제도 국가에서 행정재판을 운영하는 데에 있어 적법성에 관한 행정재판의 대상이 되는 영역을 확정하기 위해 만들어 낸 개념이다. 행정행위는 실정법상으로 사용되는 용어가 아니라 강학상의 개념에 해당한다. 실정법상으로는 허가 · 인가 · 면허 · 특허 · 면제 · 금지 등의 다양한 명칭이 사용되고 있으며, 행정쟁송에서는 처분이라는 용어를 사용하기도 한다. 행정행위에는 사법(私法)상의 법률행위나 다른 행정작용에서 찾아볼 수 없는 공정성, 확정성(존속성), 강제성 등과 같은 특수한 효력이 인정된다.

Ⅱ. 실질적 행정행위

1. 개 념

행정행위의 개념은 강학상 개념인 까닭에 학자에 따라 설명이 다를 수 있다. 통설에 따르면, 행정행위란 "① 행정청이 법 아래에서 ② 구체적 사실에 관한 법집행으로 행하는 ③ 권력적 · 단독적 공법행위"를 말한다(최협의설).

2. 개념요소

(1) 행정청

행정청은 반드시 행정조직법상의 개념과 일치하는 것은 아니며, 실질적 · 기능적 의미로 보아야 한다. 따라서 행정부 소속의 기관뿐만 아니라 국회나 법원의 기관, 지방의회, 지방자치단체의 장도 행정청이 될 수 있으며, 공공단체 또는 공무수탁사인도 행정청으로서 행정행위를 발할 수 있다.

(2) 구체적 사실에 관한 행위

1) 법적 규율의 유형

수범자 \ 사안	구체성	추상성
개별성	A(행정행위)	C(≒행정행위)
일반성	B(일반처분)	D(행정입법)

행정행위는 구체적 사실에 관한 법집행작용이므로, 일반적·추상적 규율인 법규명령(D)을 제외하고 개별적·구체적 규율뿐만 아니라 일반적·구체적 규율인 이른바 '일반처분'도 행정행위에 포함될 수 있다(A+B). 나아가 특정인에게 장래 반복되는 사안을 계속적으로 규율하는 개별적·추상적 규율(C)도 장래의 상황에 따라 규율 내용이 구체화된다는 점을 제외하고는 당사자에게는 매우 구체적인 행위 의무가 부과되고 있다는 점[1]에서 개별적·구체적 규율과 실질적인 차이가 없다고 본다.

여기서 '개별적'이란 수범자가 특정인이거나 특정할 수 있는 인적 범위인 경우를 말하고, '구체적'이란 시간적·공간적으로 특정한 사안에 적용되는 경우를 의미한다.

2) 일반처분

일반처분이란 집합금지명령과 같이 규율의 상대방인 수범자는 불특정 다수인이지만, 시간적·공간적으로 특정한 사안에 대해 규율하는 경우, 즉 일반적·구체적 규율을 말한다. 일반처분에는 물건을 직접 규율대상으로 하는 '물적 행정행위'도 포함된다. 여기에는 ① 물건의 공법적 성격이나 지위에 관한 규율(특정 물건의 문화재 지정, 도로의 공용지정, 개발제한구역 지정, 개별공시지가의 결정)과 ② 물건(영조물 기타 공공시설 등)의 이용관계에 관한 규율(교통표지판 설치)이 있다.

독일 연방행정절차법 제35조 제2문에서는 일반처분에 관한 명문의 규정을 두고 있는바, 이처럼 독일에서 일반처분 개념이 등장한 까닭은 취소소송의 대상을 명령의 일부까지 확대하려는 노력에서 나온 것이다. 우리 대법원도 일반처분에 대해 취소소송의 대상이 되는 처분으로 보고 있다.[2]

> **독일 연방행정절차법** 제35조 행정행위는 공법의 영역에서 개별적 사항을 규율하기 위하여 행하게 되는, 외부에 대하여 직접적인 법률효과를 발생시키는 처분, 결정, 기타의 고권적 조치를 말한다. 일반처분은 일반적 기준에 의하여 정하여지거나 정하여질 수 있는 인적 범위에 미치거

---

1) 가령, 특정 상인에게 점포 앞 도로에 빙판이 생길 때마다 제설작업을 하라는 명령이 대표적이다.
2) 대법원 2007. 6. 14. 선고 2004두619 판결(청소년유해매체물 결정 및 고시); 대법원 1994. 2. 8. 선고 93누111 판결(개별토지가격결정); 대법원 2000. 10. 27. 선고 98두8964 판결(횡단보도 설치).

나 물건의 공법적 성질이나 공중에 의한 물건의 이용에 관계되는 행정행위이다.

대법원 2007. 6. 14. 선고 2004두619 판결

구 청소년보호법(2001. 5. 24. 법률 제6479호로 개정되기 전의 것)에 따른 청소년유해매체물 결정 및 고시처분은 당해 유해매체물의 소유자 등 특정인만을 대상으로 한 행정처분이 아니라 일반 불특정 다수인을 상대방으로 하여 일률적으로 표시의무, 포장의무, 청소년에 대한 판매·대여 등의 금지의무 등 각종 의무를 발생시키는 행정처분으로서, 정보통신윤리위원회가 특정 인터넷 웹사이트를 청소년유해매체물로 결정하고 청소년보호위원회가 효력발생시기를 명시하여 고시함으로써 그 명시된 시점에 효력이 발생하였다고 봄이 상당하고, 정보통신윤리위원회와 청소년보호위원회가 위 처분이 있었음을 위 웹사이트 운영자에게 제대로 통지하지 아니하였다고 하여 그 효력 자체가 발생하지 아니한 것으로 볼 수는 없다.

(3) 법적 행위

행정행위는 규율로서 외부적으로 법적 질서를 변동시키거나, 법적 질서에 영향을 주는 행위이다. 따라서 국민의 권리·의무와 무관한 사실행위, 최종적인 결정을 위한 준비행위, 행정조직 내부에서의 행위는 원칙적으로 행정행위로서의 성질을 갖지 않는다.

(4) 권력적·단독적 공법행위

행정행위는 행정청이 우월한 지위에서 행하는 공권력 행사로서 고권적·일방적 공법행위이다. 따라서 상대방과 의사합치에 의해 성립하는 공법상 계약이나 공법상 합동행위는 공권력 행사가 아니므로 행정행위가 아니며, 비권력적 작용도 행정행위에 속하지 않는다. 또한, 공법행위가 아닌 사법(私法)행위도 행정행위가 아니다.

III. 형식적 행정행위

형식적 행정행위란 행정청의 행정작용 중에서 공권력 행사로서의 실체를 갖추고 있지 않으나 그것이 행정목적의 실현을 위하여 계속적으로 국민에게 사실상의 지배력을 행사할 경우에 이를 쟁송법상 '처분'으로 파악하여 항고쟁송의 제기를 가능하게 하려는 의도에서 행정행위의 관념 외에 행정입법·공정력이 인정되지 않는 비구속적 행정계획·비권력적 사실행위 등도 행정행위에 포함시키기 위하여 고안된 개념이다. 이는 행정절차법에서의 행정행위 관념과 행정쟁송법에서의 행정행위(처분)의 관념을 일치시키려는 의도로서, 이 견해에 따르면 쟁송법상의 처분은 실체법상의 처분(행정행위)과 형식적 행정행위를 모두 포함하게 된다. 그러나 우리나라는 '처분'을 행정절차법, 행정심판법, 행정소송법에서 모두 동일하게 정의하고 있으므로 형식적 행정행위 개념이 필요 없다.

제 2 절   행정행위의 종류

I. 법률행위적 행정행위와 준법률행위적 행정행위

행정행위의 구성요소 및 법률효과의 발생 원인에 따라 ① 법집행을 위한 의사표시를 요소로 하고 의사표시의 내용에 따라 법률효과가 발생하는 '법률행위적 행정행위'와 ② 의사표시 이외의 정신작용(판단이나 인식)을 요소로 하고 법규가 정하는 바에 따라 법률효과가 발생하는 '준법률행위적 행정행위'로 나눌 수 있다.

II. 기속행위와 재량행위

법규에 기속되는 정도에 따라 ① 근거 법규에 행위의 요건 및 내용이 엄격하게 규정되어 있는 '기속행위'와 ② 행정청에게 행위의 요건과 효과에 대한 독자적 판단을 인정하는 '재량행위'로 구분할 수 있다. 할 수도 있고, 안 할 수도 있는 선택의 폭이 있을 때 이를 '결정재량'이라고 하고, 하기는 하여야 하나, 이렇게 할 수도 있고, 저렇게 할 수도 있는 선택의 폭이 주어질 때 이를 '선택재량'이라고 한다.

III. 수익적·침익적·이중효과적 행정행위

상대방에 대한 효과에 따라 ① 상대방에게 권익을 부여하거나 의무를 면제하여 주는 '수익적 행정행위', ② 상대방에게 의무를 과하거나 권익을 박탈하는 '침익적 행정행위', ③ 수익적 행정행위와 침익적 행정행위의 효과가 동시에 발생하는 '이중효과적 행정행위'로 나눌 수 있다. 이중효과적 행정행위는 다시 동일 당사자에게 수익적 효과와 침익적 효과가 동시에 나타나는 '복효적 행정행위'와 어느 일방에게는 수익적 효과가 발생하고 타방의 당사자에게는 침익적 효과가 나타나는 '제3자효적 행정행위'로 분류된다.

Ⅳ. 대인적·대물적·혼합적 행정행위

대상에 따라 ① 사람의 학식·기능·경험 등과 같은 주관적 사정을 기준으로 행하여진 '대인적 행정행위', ② 물건의 구조·시설 등과 같은 객관적 사정을 기준으로 행하여진 '대물적 행정행위', ③ 사람의 주관적 사정과 물건의 객관적 사정을 모두 고려하여 행하여진 '혼합적 행정행위'가 있다.

가령, 건축허가와 같은 대물적 행정행위의 효과는 원칙적으로 그 대상이 된 물건과 함께 타인에게 이전 또는 상속이 가능하다는 점에서 대인적 행정행위와 구별된다(대법원 2010. 5. 13. 선고 / 2010두2296 판결 참조).

제 3 절   재량행위

Ⅰ. 개   설

1. 재량행위의 의의

재량행위는 행정청이 행정법규에 따라 행정행위를 발하는 데에 있어서 그 행위의 요건과 효과에 대한 독자적 판단의 여지가 부여된 경우의 행정행위이다. 행정법규는 대개 요건에 관한 규정과 효과에 관한 규정으로 구성되어 있는데, 이와 같은 규정에 재량이 부여된 경우를 두고 각각 요건재량과 효과재량이라고 한다. 그러나 최근에는 행정행위의 요건과 효과 이외에 절차적인 요소에도 재량의 여지가 인정되어 있으면 재량행위의 단계로 보려는 경향이 있다.

2. 기속재량행위와 자유재량행위

과거에는 재량행위는 사법심사의 대상에서 제외된다고 보았기 때문에 재량행위의 폭을 줄임으로써 국민의 권익구제의 기회를 확대하고자 하는 의도에서 재량행위를 다시 기속재량행위와 자유재량행위로 구분하였다.

이에 따르면, 재량행위 중에서도 '무엇이 법인가'에 대한 행정권의 독자적 판단을 허용하는 재량을 기속재량행위라고 하여 그 재량을 위반할 경우에는 기속행위와 마찬가지로 위법행위가 되고 따라서 사법심사의 대상이 된다고 보았다. 이와 달리 자유재량행위란 '무엇이 합목적적인가'(합목적성)에 대한 행정권의 독자적 판단을 허용하는 것으로서 이를 위반할 경우에는 부당행위는 될지언정 위법을 구성하지는 못하므로 사법심사의 대상에서 제외된다고 보았다.

그러나 오늘날에는 자유재량행위라 할지라도 재량권을 일탈·남용할 경우에는 위법을 구성하여 사법심사의 대상이 될 뿐만 아니라 양자를 구별할 수 있는 논리적 근거 역시 불명확하기 때문에 구별실익이 없다.

Ⅱ. 기속행위와 재량행위의 구별

1. 구별의 실익

과거에는 기속행위의 위반은 위법을 구성하여 재판통제의 대상이 되지만, 재량행위의 위반은 부당행위에 그쳐 사법심사의 대상에서 제외되는 까닭에 양자를 구별할 필요가 있다고 보았다. 그러나 재량권의 일탈·남용은 본안심리를 통해서만 판단 가능한 것이며, 행정소송법 제27조가 "행정청의 재량에 속하는 처분이라도 재량권의 한계를 넘거나 그 남용이 있는 때에는 법원은 이를 취소할 수 있다."라고 규정하고 있기 때문에 기속행위와 재량행위를 구별하는 실익을 사법심사의 대상성 여부에서 찾는 것은 곤란하다. 그러나 사법심사의 방식에 있어서 양자의 차이가 있다.

대법원 2001. 2. 9. 선고 98두17593 판결

행정행위가 그 재량성의 유무 및 범위와 관련하여 이른바 기속행위 내지 기속재량행위와 재량행위 내지 자유재량행위로 구분된다고 할 때, 그 구분은 당해 행위의 근거가 된 법규의 체재·형식과 그 문언, 당해 행위가 속하는 행정 분야의 주된 목적과 특성, 당해 행위 자체의 개별적 성질과 유형 등을 모두 고려하여 판단하여야 하고, 이렇게 구분되는 양자에 대한 사법심사는, 전자의 경우 그 법규에 대한 원칙적인 기속성으로 인하여 법원이 사실인정과 관련 법규의 해석·적용을 통하여 일정한 결론을 도출한 후 그 결론에 비추어 행정청이 한 판단의 적법 여부를 독자의 입장에서 판정하는 방식에 의하게 되나, 후자의 경우 행정청의 재량에 기한 공익판단의 여지를 감안하여 법원은 독자의 결론을 도출함이 없이 당해 행위에 재량권의 일탈·남용이 있는지 여부만을 심사하게 되고, 이러한 재량권의 일탈·남용 여부에 대한 심사는 사실오인, 비례·평등의 원칙 위배, 당해 행위의 목적 위반이나 동기의 부정 유무 등을 그 판단 대상으로 한다.

또한, 기속행위는 그 성립요건과 효과가 행정법규에 직접 규정되어 있는 까닭에 행정청이 부관을 부가할 수 없는 반면에, 재량행위는 행정청에게 재량권을 허용하고 있으므로 그 재량의 범위 내에서 부관을 부가할 수 있다는 점에서 여전히 양자를 구별할 실익이 있다.

2. 구별기준

(1) 요건재량설과 효과재량설

행정권 발동의 근거가 되는 법규정은 처분요건을 정하는 요건규정과 처분의 효과를 정하는 효과규정으로 구성되는 것이 일반적이다.

요건재량설은 이러한 법규정의 형식 중 ① 요건규정 없이 단순히 처분권한만 규정된 경우(공백규정), ② 요건으로서 단순한 공익관념만을 규정한 경우(종국목적)를 재량행위로 보는 입장이다. 다시 말해서 '구청장은 전당포 영업허가를 취소할 수 있다'고 규정하여 요건을 공백상태로 두는 경우와 '구청장은 공익상 필요하다고 인정되는 경우 영업허가를 취소할 수 있다'라고 하여 행정의 종국적 목적만을 규정한 경우 등을 재량행위로 보는 것이다.

이에 반해, 효과재량설은 법률효과적 측면에서 행정행위를 발할 것인지의 여부(결정재량)와 다수의 행위 중에서 어떠한 행위를 할 것인가(선택재량)를 재량의 본질로 이해하여 법률효과 발생에 행정청의 자유로운 판단을 허용하는 것을 재량행위로 보는 견해이다. 다시 말해서 ① 국민의 기득권을 제한·박탈하거나 새로운 의무를 명하는 침익적 효과가 발생하는 행위는 기속행위이고, ② 국민을 위하여 새로운 권리·이익을 주는 수익적 효과가 발생하는 행위는 재량행위로 보는 입장이다.

(2) 불확정개념의 포섭·해석을 통한 구별(판단여지설)

불확정개념이라 함은 공공질서, 공익, 밤, 새벽 등과 같이 그 의미와 내용이 일의(一意)적인 것이 아니라 다의(多意)적인 것이어서 진정한 의미와 내용의 확정이 구체적 상황에 따라 판단될 수 있는 개념을 말한다. 원래 이 견해는 기속행위와 재량행위의 구별기준으로 제시된 것이 아니고 불확정개념의 적용에 대한 사법심사 가능성의 문제, 즉 불확정개념의 판단권이 법원과 행정권 중 누구에게 있는가라는 이른바 권한배분에 관한 문제를 해결하기 위해 등장한 이론이다.

이러한 불확정개념에 대한 판단권을 누가 행사하느냐 하는 것이 판단여지설의 핵심이다. 판단여지설에 의하면 판단의 여지와 재량행위가 다른 점은 재량행위의 경우에는 법원의 판단이 미치지 않는다고 하는데 비하여, 판단의 여지의 경우에는 판단권은 법원에 있으나 행정권의 판단으로 하여금 법원의 판단에 대치시킬 뿐이라고 한다. 그러나 이것은 행정의 재량에 대한 통제를 강화하려는 의지에서 나온 이론으로 실제 법원이 판단하지 않는 점에서는 동일하다. 판단의 여지가 인정되는 평가에 관한 분야는 마우러($^{\text{H.}}_{\text{Maurer}}$) 교수에 의하면, ① 시험, ② 시험에 유사한 결정, ③ 공무원의 근무평가, ④ 전문적인 가치평가, ⑤ 환경이나 경제분야의 예측 또는 위험평가, ⑥ 정책에 관련된 불확정개념에 대한 결정 등이라고 한다.

과거 독일에서 판단여지론이 등장하게 된 이유는 사법통제가 허용되지 않는 재량의 범위를 축소하기 위하여 법률요건에 규정된 불확정개념의 해석과 적용에 있어 행정청의 재량을 인정하지 않고 법원의 전면적 심사를 허용하는 대신 제한적으로 행정청의 판단여지를 인정하기 위함이었다. 하지만 법치주의가 자리잡은 오늘날에는 법률요건에 재량을 인정하더라도 재량권의 일탈·남용이 있는 경우 사법심사가 가능하므로 판단여지의 개념을 인정할 실익이 없다.

(3) 판 례

대법원은 기본적으로 기속행위와 재량행위의 구분은 "당해 행위의 근거가 된 법규의 체재·형식과 그 문언, 당해 행위가 속하는 행정 분야의 주된 목적과 특성, 당해 행위 자체의 개별적 성질과 유형 등을 모두 고려하여 판단"하여야 한다는 입장이다($^{\text{대법원 2001. 2. 9. 선}}_{\text{고 98두17593 판결}}$). 다만, 이 판결에서 "건축물의 용도변경에 대한 예외적인 허가는 그 상대방에게 수익적인 것에 틀림이 없으므로, 이는 그 법률적 성질이 재량행위 내지 자유재량행위에 속하는 것"이라고 하여 행정행위의 성질도 고려하고 있다.

한편, 대법원은 법률요건에 불확정개념이 규정된 경우에도 판단여지이론을 도입하지 않고 재량권의 일탈·남용의 법리를 적용하고 있다.[3]

---

3) 대법원 2017. 3. 15. 선고 2016두55490 판결(국토계획법이 정한 용도지역 안에서의 건축허가는 건축법 제11조 제1항에 의한 건축허가와 국토계획법 제56조 제1항의 개발행위허가의 성질을 아울러 갖는데, 개발행위허가는 허가기준 및 금지요건이 불확정개념으로 규정된 부분이 많아 그 요건에 해당하는지 여부는 행정청의 재량판단의 영역에 속한다).

대법원 1992. 4. 24. 선고 91누6634 판결

교과서검정이 고도의 학술상, 교육상의 전문적인 판단을 요한다는 특성에 비추어 보면, 교과용 도서를 검정함에 있어서 법령과 심사기준에 따라서 심사위원회의 심사를 거치고, 또 검정상 판단이 사실적 기초가 없다거나 사회통념상 현저히 부당하다는 등 현저히 재량권의 범위를 일탈한 것이 아닌 이상 그 검정을 위법하다고 할 수 없다.

Ⅲ. 재량권 행사의 한계

> **행정기본법** 제21조(재량행사의 기준) 행정청은 재량이 있는 처분을 할 때에는 관련 이익을 정당하게 형량하여야 하며, 그 재량권의 범위를 넘어서는 아니 된다.

1. 의 의

재량행위의 경우 법이 부여한 재량의 범위 안에서의 과오는 부당행위는 될 수 있으나, 위법은 구성하지 않기 때문에 사법심사의 대상에서 제외된다. 그러나 그 재량권 행사의 한계를 벗어나면 위법한 것이 되어 법원의 재판통제를 받게 된다. 즉, 재량행위라 하더라도 일정한 한계가 있는 것이고 이 한계를 벗어나면 위법하게 되는데, 행정소송법 제27조가 "행정청의 재량에 속하는 처분이라도 재량권의 한계를 넘거나 그 남용이 있는 때에는 법원은 이를 취소할 수 있다."라고 규정하여 이를 뒷받침하고 있다.

2. 재량권의 일탈

법령상 주어진 재량권의 외적 한계를 벗어난 재량하자를 말한다. 예컨대 행정청에게 영업허가의 정지권한만이 있음에도 불구하고 취소권을 행사한 경우, 근거 없는 사실에 기초한 재량행위의 경우 등이 이에 해당한다.

3. 재량권의 남용

법령상 주어진 재량권의 내적 한계를 벗어난, 즉 ① 법목적위반, ② 평등의 원칙·비례의 원칙 등과 같은 행정법의 일반원칙 위반, ③ 사적 감정·보복·부정한 동기, ④ 공무원 임용시 시험성적을 잘못 인식하는 것과 같이 사실의 착오 등을 수반한 재량하자를 말한다. 예컨대 법령이 30일 이하의 영업정지처분을 내릴 수 있게 규정하고 있어 30일의 영업정지처분을 내렸다 할지라도 동일한 경우에 있는(예외적 상황이 아닌) 다른 자에게는 20일의 영업정지처분을 내렸다면 이는 평등의 원칙을 위반한 재량권의 남용으로서 법원의 재판통제 대상이 될 수 있다.

4. 재량권의 불행사

재량권의 불행사란 재량권의 해태와 흠결을 의미하는바, 재량권의 해태란 재량 행위를 기속행위로 오인하여 재량행사에서 선택 가능한 복수의 처분들 간의 형량을 하지 않은 경우를 말하며, 재량의 흠결이란 형량을 함에 있어서 중요사항을 누락하 거나 중요사항에 대한 적절한 조치를 취하지 않은 경우를 말한다.

5. 재량권의 수축이론

재량권의 수축이론은 '재량권의 영으로의 수축이론'이라고도 하며, 독일에서 국 가배상의 청구에 있어서 부작위에 대한 위법(법규범에 대한 위법성을 책임의 요건으로 하는 것은 문제가 있음)을 인정하기 위해 등장한 이론이다. 이 이론에 따르게 되면 법률의 규정에 의해서 행정청에게 재량권 이 부여된 경우에도 개별사안에 따라 다른 행위를 선택하는 것은 위법하고 오직 하 나의 행위만을 선택할 수밖에 없게 되는 상황이 발생하게 되는데 이러한 경우의 재 량행위는 기속행위로 전환된다.

Ⅳ. 재량행위의 통제

1. 입법적 통제

국회에 의한 통제인 입법적 통제에는 우선 법률의 제정·개정·폐지 등의 방법 으로 재량행위를 통제할 수 있다. 또한 헌법은 제61조에서 국정감사·조사를 규정 하고 있으며, 제62조에서 질문을, 제63조에서 해임건의를, 제65조에서 탄핵소추를 규정하고 있어 이와 같은 방법으로 행정청의 재량행위에 대한 통제를 할 수도 있다.

2. 행정적 통제

재량행위에 대한 행정적 통제에는 ① 법규명령에 의한 통제, ② 상급감독청의 감사나 감독에 의한 통제, ③ 행정절차에 의한 통제(처리기간·처분기준의 설정공표, 사전통지, 의견청취, 이유제시 등), ④ 행정심판에 의한 통제가 있다.

3. 사법적 통제

행정소송법 제27조는 "행정청의 재량에 속하는 처분이라도 재량권의 한계를 넘거나 그 남용이 있는 때에는 법원은 이를 취소할 수 있다."라고 규정하여, 재량행위의 일탈·남용에 대해서 법원이 이를 통제할 수 있도록 인정하고 있다. 헌법재판소역시 헌법소원심판을 통해서 재량행위를 통제할 수 있다.

제 4 절   행정행위의 내용

Ⅰ. 법률행위적 행정행위(법적 질서를 변동시키는 행정행위)

1. 명령적 행정행위

명령적 행정행위란 우월적 지위에 있는 행정주체가 상대방에 대하여 특정한 의무를 과하거나 이미 과하여진 의무를 해제하는 행정행위를 말한다.

(1) 하 명

1) 의 의

하명이란 일정한 행정목적을 위하여 우월적 지위에 있는 행정주체가 행정객체에게 작위(철거하명, 위법건
축물철거명령 등), 부작위(영업금지, 통
행금지 등), 수인(受忍)(종두 등)(예방접
종 등), 급부(납세명
령 등)를 명하는 행정행위를 말한다. 이 중에서 부작위의무를 명하는 것을 특히 '금지'라고 한다.

하명은 침익적 행정행위의 일종이므로 법적 근거를 요하며, 법령의 요건에 따라 이루어져야 한다. 이를 위반한 하명은 위법한 행정행위가 된다.

2) 종 류

하명의 종류에는 ① 법령의 규정에 의해 직접 의무를 부과하는 법규하명과 ② 행정행위에 의해 의무를 부과하는 하명처분이 있다.

3) 대　상

하명의 대상은 주로 사실행위이지만, 법률행위도 그 대상이 될 수 있다. 예컨대 불공정거래금지가 이에 해당한다.

4) 상대방

하명은 원칙상 특정인에게 의무를 부과하는 것이지만, 일반처분의 형식으로 불특정 다수인에 대해 부과될 수도 있다.

5) 효　과

하명은 그 내용에 따라 수명자로 하여금 작위·부작위·수인·급부 등의 의무를 발생시킨다. 대인적 하명의 경우에는 그 효과가 당해 수명자에게 발생하는 반면, 대물적 하명의 경우에는 그 효과가 수명자의 지위를 승계하는 행정객체에게도 미치게 된다.

6) 위반의 효과

하명은 수명자에게 하명의 내용이 되는 의무를 발생시키는 것이므로 하명위반은 행정강제 또는 행정벌의 원인은 되지만 당해 행위의 법률상의 효과에는 직접적인 영향을 미치지 않는다.

(2) 허　가

1) 의　의

허가란 법규에 의해 일반적·상대적으로 금지되어 있는 것을 특정한 경우에 해제시켜 주는 행정행위를 말한다. 보통의 허가(건축허가, 운전면허, 의사면허 등)는 공익이 통제를 요구하는 활동에 대한 (예방적) 금지를 해제하는 것이라는 점에서 일반적으로는 공익에 해로운 활동에 대한 금지를 해제하는 '예외적 승인(특별허가)'과 개념상 구별된다.

허가는 허가를 유보한 상대적 금지에 대해서만 가능하고 어떠한 경우에도 해제될 수 없는 절대적 금지(살인 등)의 경우에는 허가가 허용되지 않는다. 허가는 학문상의 용어로서 실정법에서는 면허·인가·특허·승인 등의 다양한 용어로 사용되고 있다.

2) 기속행위성 검토

종래 통설은 허가를 기속행위에 해당한다고 보아 허가의 요건에 해당되면 반드시 허가를 하여야 한다는 입장이다. 그러나 행정행위의 재량성 문제는 당해 행위의 근거 법규의 체재·형식·문언 등에 따라 판단할 것이다. 대체로 허가는 기속행위의 성질을 가지지만, ① 관계 법령에서 행정청에게 재량을 부여한 경우나(건축법 제11조 제4항¹¹), ② 인·허가 의제효과를 수반하는 건축허가에서 의제되는 인·허가가 재량행위인 경우에는 재량행위에 해당한다.

3) 명령적 행위성 검토

종래의 통설은 허가는 인간이 원래부터 가지고 있던 자연적 자유를 '공익상 이유로' 행정목적상 법규에 의하여 금지시키고 특정한 경우에 한하여 그 금지를 해제시켜 줌으로써 인간의 자연적 자유를 회복시켜 주는 명령적 행위라고 보았으나, 최근에는 허가란 단순히 자유회복에 그치는 것이 아니라 헌법상 자유권을 적법하게 행사할 수 있도록 하는, 즉 법적 지위를 설정하여 주는 행위이므로 오히려 형성적 행위로 보아야 한다는 견해[4]가 유력하다.

4) 허가와 신청(출원)

허가의 상대방은 원칙적으로 특정인이지만 경우에 따라서는 불특정 다수인에 대한 허가도 가능하다. 아울러 허가는 허가를 희망하는 자의 신청을 통하여 이루어지나 경우에 따라서는 상대방의 신청 없이도 가능하다.

5) 허가요건에 대한 심사

당사자의 신청에 따른 허가는 법령등에 특별한 규정이 있거나 허가 당시의 법령등을 적용하기 곤란한 특별한 사정이 있는 경우를 제외하고는 허가 당시의 법령등에 따른다(행정기본법 제14조 제2항). 관련 법령에서 허가를 함에 있어 다른 행정청의 동의를 얻거나 협의를 거치도록 규정하고 있음에도 이를 거치지 않고 허가한 경우 절차상 흠이 있는 위법한 처분이다(취소사유).[5]

대법원 2005. 7. 29. 선고 2003두3550 판결

행정행위는 처분 당시에 시행 중인 법령과 허가기준에 의하여 하는 것이 원칙이고, 인·허가신청 후 처분 전에 관계 법령이 개정 시행된 경우 신법령 부칙에 그 시행 전에 이미 허가신청이 있는 때에는 종전의 규정에 의한다는 취지의 경과규정을 두지 아니한 이상 당연히 허가신청 당시의 법령에 의하여 허가 여부를 판단하여야 하는 것은 아니

---

4) 이광윤(신행정법론, 74-75면). 이는 단순히 허가의 성질문제에 그치는 것이 아니라 허가를 통하여 상대방이 얻는 이익의 법적 효과에 직접적인 영향을 주는 매우 중요한 문제이다.
5) 대법원 1995. 3. 10. 선고 94누12739 판결; 대법원 2000. 10. 13. 선고 99두653 판결.

며, 소관 행정청이 허가신청을 수리하고도 정당한 이유 없이 처리를 늦추어 그 사이에 법령 및 허가기준이 변경된 것이 아닌 한 변경된 법령 및 허가기준에 따라서 한 불허가 처분은 위법하다고 할 수 없다.

6) 형 식

허가는 처분의 일종이므로 개별 법령에 특별한 규정이 없는 한, 원칙적으로 문서(포함문서)로 하여야 한다.

7) 효 과

허가를 명령적 행위로 이해할 경우에는 허가를 통하여 상대방이 받는 법적 이익은 반사적 이익에 불과하기 때문에 이를 침해받은 경우에도 항고소송을 제기할 수가 없다.[6] 반면에 허가를 형성적 행위로 이해할 경우에는 허가를 통하여 상대방이 얻는 이익은 일종의 권리로서 이를 침해받은 경우에는 당연히 항고소송의 제기가 가능한 것이다. 그러나 오늘날 여전히 허가의 성질을 모호한 상태로 둔 채 허가로 얻는 상대방의 이익을 보호하기 위하여 ① 관계 법령에서 허가요건으로 거리제한 규정이 있고, ② 당해 법규의 입법취지가 공익뿐만 아니라 사익보호에도 있다면(확대된 공권), 이를 법률상 보호이익으로 보아야 한다는 학설과 판례[7]가 나타나고 있다(반사적 이익의 범위를 점점 축소하고 있음). 이는 기존업자와 신규업자의 관계, 즉 경업자소송의 원고적격에 관한 논의이다(3자간 관계).

이와 달리, 개인이 허가를 받아 향유하는 이익이 법률상 이익으로서 법의 보호를 받는다는 점에 대하여는 이견이 없다(자신에 대한 허가취소나 허가거부처분을 다투는 경우에는 당연히 원고적격이 인정됨).

대법원 2008. 3. 27. 선고 2007두23811 판결

일반적으로 면허나 인·허가 등의 수익적 행정처분의 근거가 되는 법률이 해당 업자들 사이의 과당경쟁으로 인한 경영의 불합리를 방지하는 것도 그 목적으로 하고 있는 경우, 다른 업자에 대한 면허나 인·허가 등의 수익적 행정처분에 대하여 미리 같은 종류의 면허나 인·허가 등의 수익적 행정처분을 받아 영업을 하고 있는 기존의 업자는 경업자에 대하여 이루어진 면허나 인·허가 등 행정처분의 상대방이 아니라 하더라도 당해 행정처분의 취소를 구할 원고적격이 있다. (중략) 위와 같은 규정들을 종합해 보면, 담배 일반소매인의 지정기준으로서 일반소매인의 영업소 간에 일정한 거리제한을 두고 있는 것은 담배유통구조의 확립을 통하여 국민의 건강과 관련되고 국가 등의 주요

---

6) 대법원 1998. 3. 10. 선고 97누4289 판결.
7) 대법원 2006. 7. 28. 선고 2004두6716 판결; 대법원 2008. 3. 27. 선고 2007두23811 판결.

세원이 되는 담배산업 전반의 건전한 발전 도모 및 국민경제에의 이바지라는 공익목적을 달성하고자 함과 동시에 일반소매인 간의 과당경쟁으로 인한 불합리한 경영을 방지함으로써 일반소매인의 경영상 이익을 보호하는 데에도 그 목적이 있다고 보이므로, 일반소매인으로 지정되어 영업을 하고 있는 기존업자의 신규 일반소매인에 대한 이익은 단순한 사실상의 반사적 이익이 아니라 법률상 보호되는 이익이라고 해석함이 상당하다.

8) 위반의 효과

허가는 하명과 마찬가지로 이를 위반할 경우에는 행정강제 또는 행정벌의 원인이 되는 적법요건이 될 뿐이지, 당해 행위의 법률상 효과에 직접 영향을 미치는 유효요건은 아니다. 다만 개별법에서 무효로 규정하기도 한다.

9) 허가의 갱신

기한부 허가는 그 기한이 도래함으로써 별도의 행위를 기다릴 것 없이 당연히 효력을 상실하며, 재차 허가를 받더라도 이는 새로운 허가로서의 효력이 발생한다. 다만 허가사업의 성질상 지나치게 짧은 종기가 부가된 경우에는 이를 허가 자체의 존속기간이 아닌 허가조건의 존속기간으로 보아야 한다는 것이 판례[8]이다.

(3) 면　제

면제란 법령에 의하여 일반적으로 가하여진 작위의무, 급부의무, 수인의무를 특정한 경우에 해제하는 행위를 말한다. 따라서 부작위의무(금지)를 해제시키는 허가와 구별된다. 면제는 허가와 성질이 같으므로 허가의 논의가 거의 그대로 적용된다.

2. 형성적 행정행위

형성적 행정행위란 행정객체에게 일정한 권리·능력·포괄적 법률관계 또는 기타 법률상의 힘을 발생·변경·소멸시키는 행정행위를 말한다.

(1) 특　허

1) 의　의

넓은 의미의 특허란 행정주체가 행정객체에게 권리·능력·포괄적 법률관계를 설정하여 주는 설권행위로서, 특정인을 위해 새로운 법률상의 힘을 부여하는 행정행위를 말한다(개인택시운송사업면허, 자동차운수사업면허, 공유수면매립면허, 하천점용허가, 도로점용허가, 귀화허가, 체류자격변경허가, 재개발·재건축조합설립인가 등). 특히 권리설정행위를 좁

---

8) 대법원 2007. 10. 11. 선고 2005두12404 판결.

은 의미의 특허라 한다.

2) 행정행위성 검토

독일이나 일본에서는 우리나라 다수의 견해와 마찬가지로 특허의 성질을 일방적인 행정행위로 분류하여 왔다. 그러나 프랑스에서는 대체로 상공업적 특허의 경우 공법상 행정계약으로 보고 있으며, 행정적 특허의 경우에도 행정행위의 형식과 행정계약의 형식 모두가 가능하다. 또한, 프랑스에서는 법규에 의한, 즉 일반적 행위에 의한 특허도 가능하다.

대법원 2006. 3. 9. 선고 2004다31074 판결

원고는 피고 산하의 국립의료원 부설주차장에 관한 이 사건 위탁관리용역운영계약에 대하여 관리청이 순전히 사경제주체로서 행한 사법상 계약임을 전제로, 가산금에 관한 별도의 약정이 없는 이상 원고에게 가산금을 지급할 의무가 없다고 주장하여 그 부존재의 확인을 구한다는 것이다. 그러나 기록에 의하면, 위 운영계약의 실질은 행정재산인 위 부설주차장에 대한 국유재산법 제24조 제1항에 의한 사용·수익 허가로서 이루어진 것임을 알 수 있으므로, 이는 위 국립의료원이 원고의 신청에 의하여 공권력을 가진 우월적 지위에서 행한 행정처분으로서 특정인에게 행정재산을 사용할 수 있는 권리를 설정하여 주는 강학상 특허에 해당한다 할 것이고 순전히 사경제주체로서 원고와 대등한 위치에서 행한 사법상의 계약으로 보기 어렵다고 할 것이다.

3) 재량행위성 검토

특허는 공익상의 필요에 의한 행정행위이기 때문에 행정청의 재량적 판단권을 허용하는 재량행위인 경우가 많다.

4) 종   류

특허는 그 성격에 따라 ① 행정적 특허, ② 상공업적 특허, ③ 공물사용 특허, ④ 정부공사 특허로 분류할 수 있는데, 행정적 특허나 정부공사 특허의 경우에는 특허를 부여받은 사인이 공무수탁사인의 지위에 서게 된다(사립대학의 장, 토지수용의 사업시행자 등).

한편, 특허를 부여받은 자연인이나 법인의 주된 사무가 특허사무인지의 여부에 따라 ① 기관특허(사립대학의 장, 대한항공)와 ② 행위특허(자동차 정비소에서 자동차검사증을 발급)로도 구분할 수 있다.

5) 특허와 신청(출원)

특허의 상대방은 특정인만 가능하며, 아울러 행정처분으로서의 특허는 반드시 상대방의 신청(출원)이 있어야만 가능하다.

6) 형 식

우리나라에서는 원칙적으로 특정인에 대한 처분의 형식을 취하지만, 경우에 따라서는 법규의 형식을 취하는 법규특허도 있다(한국토지주택공사법, 한국도로공사법, 한국수자원공사법 등을 통한 공법인 설립 또는 공용수용권 부여 등).

7) 효 과

특허는 상대방에 대하여 일정한 법률상의 힘을 발생하게 한다. 따라서 그 법률상의 힘을 제3자에게 주장할 수 있고, 이에 대한 침해는 권리 침해가 된다.

8) 허가와 특허

특허와 허가의 본질적인 차이는 특허나 허가의 대상이 공공서비스(공익활동)에 해당하는지의 여부에 있다. 즉, 공공서비스를 사인에게 설정하여 줄 때는 특허가 되고, 공공서비스가 아닌 것을 사인에게 허용하는 것은 허가가 된다. 특허의 상대방은 공공서비스를 제공하는 지위에 있기 때문에 공공서비스의 기본원칙, 즉 ① 평등의 원칙, ② 계속성의 원칙, ③ 적응의 원칙에 의한 통제를 받는다.[9]

(2) 인 가(보충행위)

1) 의 의

인가란 제3자의 법률행위를 보충하여 그 법률적 효력을 완성시켜 주는 행위를 말한다. 예컨대 토지거래허가구역 내에 토지를 소유하고 있는 자가 타인에게 토지를 매도하기 위하여 매매계약을 체결하였을 경우, 이들의 매매계약만으로는 소유권 이전의 효과가 완전히 발생하지 않고 관할 행정청의 토지거래허가가 있어야만 완전하게 소유권이 이전된다. 인가의 예로는, 비영리법인설립허가, 재단법인의 정관변경에 대한 주무관청의 허가, 공익법인의 기본재산 처분에 대한 감독관청의 허가, 사립학교 임원의 취임에 대한 관할청의 승인,[10] 공기업운임·요금승인, 지방채기채승인(地方債起債承認), 토지거래허가 등이 있다. 그러나 개인택시 운송사업면허의 양도·양수에 대한 인가는 강학상 인가와 설권적 처분의 성격을 모두 가진다.[11]

---

9) 공공서비스의 개념과 기본원칙에 대해서는 이광윤/김철우(96면) 참조.
10) 대법원 1987. 8. 18. 선고 86누152 판결.
11) 대법원 1994. 8. 23. 선고 94누4882 판결(관할관청의 개인택시 운송사업면허의 양도·양수에 대한 인가에는 양도인과 양수인 간의 양도행위를 보충하여 그 법률효과를 완성시키는 의미에서의 인가처분뿐만 아니라 양수인에 대해 양도인이 가지고 있던 면허와 동일한 내용의 면허를 부여하는 처분이 포함되어 있다고 볼 것이어서, 양수인이 구 자동차운수사업법시행규칙 제15조 제1항 소정의 개인택시 운송사업면허취득의 자격요건인 운전경력에 미달됨이 사후에 밝혀진 경우에는 관할관청은 면허를 받을 자격이 없는 자에 대한 하자 있는 처분으로서 개인택시 운송사업면허 양도·양수인가처분을

인가의 대상이 되는 법률행위에는 공법적 행위뿐만 아니라 사법(私法)적 행위도 포함된다.

2) 성 질

인가는 대체로 공익과 밀접한 관련이 있는 경우에는 재량행위이지만, 개인의 기본권과 같은 사익보호가 중요한 경우에는 기속행위인 경우도 있다.

3) 인가와 신청

인가는 항상 신청에 의하여 행하여진다. 인가는 제3자들 간의 법률행위에 동의함으로써 그 법률적 효력을 완성시켜 주는 행위라는 점에서 행정청은 인가 여부만을 소극적으로 결정할 수 있으며, 법률의 근거 없이는 적극적으로 신청의 내용과 다른 내용의 수정인가를 할 수 없다.

4) 효 과

인가가 행해지면 제3자의 법률행위가 효력을 발생한다. 인가는 법률행위의 유효요건이므로, 무인가의 경우 당해 법률행위가 무효일 뿐이지 행정벌 또는 행정강제의 대상이 되지는 않는다.

5) 인가와 기본적 법률행위의 관계

인가는 제3자의 법률행위(기본행위)의 효력을 완성시켜 주는 보충행위에 불과하며, 결코 그 법률행위의 하자를 치유하는 것은 아니다. 그러므로 인가의 대상이 되는 기본행위가 불성립하거나 무효인 경우에는 인가가 있더라도 유효로 되는 것은 아니며, 취소사유가 있는 경우에는 인가가 있은 후에도 이를 취소할 수 있다. 만일 적법·유효하게 성립된 기본행위가 후에 실효되면 인가도 당연히 효력이 상실된다. 기본행위가 취소된 경우도 마찬가지이다.

6) 권리구제

① 인가행위는 적법하지만 기본행위 자체에 하자가 있어 그 효력에 다툼이 있는 경우에는 그 하자를 이유로 기본행위의 효력을 다투어야 하며, 인가행위에 대한 취소나 무효확인을 구할 법률상 이익이 인정되지 않는다.[12] 그러나 ② 기본행위는 적법·유효하고 인가행위 자체에만 하자가 있다면, 인가행위에 대하여 취소나 무효확

취소할 수 있음은 물론 양수인에 대한 개인택시 운송사업면허처분을 취소할 수도 있다).
  12) 대법원 1996. 5. 16. 선고 95누4810 전원합의체 판결.

인을 구할 수 있다.

(3) 대 리

대리란 제3자가 행하여야 할 행위를 행정청이 대신 행함으로써, 제3자가 스스로 행한 것과 같은 법적 효과를 발생시키는 행정행위를 말한다(압류재산의). 공법상 대리는 본인의 의사가 아닌 법률의 규정에 의한 법정대리이다. 여기서 말하는 대리는 행정행위로서의 공법상 대리를 의미하므로, 행정조직 내부에서 행하여지는 권한의 대리는 여기에 포함되지 않는다.

II. 준법률행위적 행정행위(법적 질서에 영향을 주는 행정행위)

1. 확 인(確認)

확인이란 특정한 사실 또는 법률관계의 존부·진부에 관하여 의문이나 다툼이 있는 경우에 행정청이 이를 공적으로 판단·확정하는 법선언적 행위를 말한다. 가령, 공직선거에서 당선인의 결정, 국가시험 합격자의 결정, 도로·하천 등의 구역결정, 발명특허, 교과서의 검정, 소득금액의 결정, 행정심판의 재결, 준공검사(사용승인) 등이 확인에 해당한다.

확인은 법선언적 행위이며 준사법적 행위인 까닭에 성질상 일단 판단된 이상 이를 확인하지 않을 수 없는 기속행위로 보아야 할 것이지만, 재량 내지 판단여지가 인정되는 경우도 있다(교과서의 검정, 행정심판 등).

확인은 기존의 사실 또는 법률관계의 존부·진부를 공적으로 확정하기 때문에 이를 임의로 변경할 수 없는 불가변력이 발생한다.

2. 공 증(公證)

공증이란 특정한 사실 또는 법률관계의 존부를 공적으로 증명하는 행위를 말한다. 각종의 등기·등록, 선거인명부·토지대장·건축물관리대장 등에 하는 등재, 증명서 발급, 영수증 교부, 검인·날인 등이 이에 해당한다.

공증은 공증사항이 존재하면 공증을 거부할 수 없는 기속행위이며, 성질상 원칙적으로 문서에 의하여야 하는 요식행위이다.

공증은 공적 증거력을 발생시킨다. 그러나 이 증거력은 일응 추정력에 불가하므로 반증이 있을 경우에는 번복될 수 있다.

3. 통 지(通知)

통지는 특정인 또는 불특정 다수인에 대하여 일정한 사실을 알리는 행위를 말한다. 통상 불특정 다수인에 대한 통지를 고시·공시·공고 등으로 부른다.

행정청의 통지에는 ① 사실행위인 통지(정책홍보를 위한 정보제공)와 ② 행정행위인 통지가 있다. 행정행위인 통지는 사실행위의 통지에 법률이 일정한 법적 효과를 부여하고 있는 행위를 말한다. 이처럼 일정한 법적 효과가 수반되는 통지만을 준법률행위적 행정행위라고 한다. 토지수용에서 사업인정의 고시, 대집행의 계고, 납세의 독촉 등이 그 예이다.

통지는 그 자체로서 하나의 독립된 행정행위라는 점에서 이미 성립된 행정행위의 효력발생요건으로서의 통지와 구별된다. 통지의 효과는 개별 법령이 정하는 바에 따른다.

4. 수 리(受理)

수리란 행정청에 대한 타인의 행위를 유효한 것으로 받아들이는 행정행위를 말한다. 따라서 단순한 접수와는 구별이 된다. 일단 유효한 것으로 받아들인 이상 행정청은 이를 처리해야 하는 의무가 발생한다. 따라서 수리는 수리로 인하여 법적 효과가 발생하는 경우에만 행정행위라 할 것이며, 법적 효과가 발생하지 않으면 사실행위에 불과하게 된다.

대법원 1995. 2. 24. 선고 94누9146 판결

식품위생법 제25조 제3항에 의한 영업양도에 따른 지위승계신고를 수리하는 허가관청의 행위는 단순히 양도·양수인 사이에 이미 발생한 사법상의 사업양도의 법률효과에 의하여 양수인이 그 영업을 승계하였다는 사실의 신고를 접수하는 행위에 그치는 것이 아니라, 영업허가자의 변경이라는 법률효과를 발생시키는 행위라고 할 것이다.

수리에 있어서 문제가 되는 것은 자기완결적 신고와 수리를 요하는 신고의 구분이다. ① 관계 법령에서 명문으로 수리규정을 둔 경우에는 특별한 사정이 없는 한 수리를 요하는 신고라고 할 것이다. ② 관계 법령에서 행정청의 실체적 심사권을 인정하고 있으면 수리를 요하는 신고로 보아야 할 것이며, 단지 형식적 심사에 그치는 경우에는 자기완결적 신고라고 할 것이다. ③ 신고불이행(신고불이행에 대해 가해지는 제재)이 단지 행정질서벌의 일종인 과태료에 그치는 것이 아니라 징역이나 벌금 등 행정형벌을 부과한다거나, 의무위반자에 대한 행정처분제도를 인정하는 경우에는 수리를 요하는 신고에 해당한다고 할 수 있다.

수리를 요하는 신고의 수리(수리를 요하지 않는 신고의 접수는 사실행위)는 행정처분으로서 행정쟁송의 대상이 된다. 수리의 거부 또는 부작위도 마찬가지이다. 만일 수리대상인 행위가 존재하지 아니하거나 무효인 경우에는 수리를 하였다고 하더라도 이는 유효한 대상이 없는 것으로서 당연히 무효가 된다. 이때 양도자는 민사쟁송으로 양도·양수행위의 무효를 구함이 없이 막바로 허가관청을 상대로 하여 행정소송으로 신고수리처분의 무효확인을 구할 법률상 이익이 있다.[13]

제 5 절   행정행위의 부관

> **[사례 6]**
> 乙시장은 도심도로에서의 무질서한 상행위를 근절시키기 위하여 무허가 노점상을 전면 금지함과 동시에 예외적으로 몇 개소를 지정하여 신청자를 상대로 노점시장사용허가를 해 주기로 하였다. 甲은 노점시장사용허가를 신청하였는바, 乙시장은 甲에게 사용허가를 해 주면서 "제세 및 공과금 이외의 영업소득의 20%를 시에 납부하여 도로정비 목적으로 사용하도록 한다."는 내용의 조건을 부가하였다. 위 조건의 내용이 너무 과중하다고 생각한 甲은 이에 대해 행정소송으로 다툴 수 있는가? (제45회 행정고시 변형)

행정기본법 제17조(부관) ① 행정청은 처분에 재량이 있는 경우에는 부관(조건, 기한, 부담, 철회권의 유보 등을 말한다. 이하 이 조에서 같다)을 붙일 수 있다.
② 행정청은 처분에 재량이 없는 경우에는 법률에 근거가 있는 경우에 부관을 붙일 수 있다.
③ 행정청은 부관을 붙일 수 있는 처분이 다음 각 호의 어느 하나에 해당하는 경우에는 그 처분을 한 후에도 부관을 새로 붙이거나 종전의 부관을 변경할 수 있다.
  1. 법률에 근거가 있는 경우
  2. 당사자의 동의가 있는 경우
  3. 사정이 변경되어 부관을 새로 붙이거나 종전의 부관을 변경하지 아니하면 해당 처분의 목적을 달성할 수 없다고 인정되는 경우
④ 부관은 다음 각 호의 요건에 적합하여야 한다.

---

13) 대법원 2005. 12. 23. 선고 2005두3554 판결.

    1. 해당 처분의 목적에 위배되지 아니할 것
    2. 해당 처분과 실질적인 관련이 있을 것
    3. 해당 처분의 목적을 달성하기 위하여 필요한 최소한의 범위일 것

Ⅰ. 개 설

　행정행위의 부관($^{Nebenbest-}_{immung}$)이라 함은 행정행위의 주된 내용에 부가하는 부대적 규율을 말한다. 부관의 목적은 행정행위의 법적 효과를 제한하기 위한 것뿐만 아니라 법적 효과를 '보충'하기 위한 것일 경우도 있다. 그러나 법정부관의 경우에는 법령이 직접적으로 행정행위의 효력을 제한하기 때문에 이는 당해 행정행위에 있어서 본래의 내용에 해당하기 때문에 엄밀한 의미에서 행정행위의 부관으로 볼 수 없다($^{광업법}_{제12조}$).[14]

　행정행위의 부관은 탄력적인 행정을 가능하게 할 뿐만 아니라 상황에 적합한 행정을 유도해내는 기능을 하지만, 행정편의를 위해 부관을 남용하는 경우 그 역기능이 초래될 수 있으므로 이 점을 유의하여야 한다.

Ⅱ. 부관의 종류

　부관의 종류에는 ① 행정행위의 효력의 발생 또는 소멸을 장래의 불확실한 사실에 의존시키는 '조건'($^{행정행위의\ 효력의\ 발생에\ 관한\ 조건을\ '정지조건'}_{이라\ 하고,\ 소멸에\ 관한\ 조건을\ '해제조건'이라\ 한다}$), ② 행정행위의 효력의 발생 또는 소멸을 장래 도래가 확실한 사실에 의존시키는 '기한'($^{행정행위의\ 효력의\ 발생에\ 관한\ 기한을\ '시기'}_{라\ 하고,\ 소멸에\ 관한\ 기한을\ '종기'라\ 한다}$), ③ 행정행위의 주된 내용에 부수하여 상대방에게 행정행위와는 별도로 작위·부작위·급부·수인의무를 부과하는 '부담', ④ 장래 일정한 사유가 발생하면 행정청이 행정행위를 철회하여 그 효력을 소멸시킬 수 있음을 정한 '철회권의 유보', ⑤ 법률이 행정행위에 부여하는 효과의 일부를 배제하는 내용의 '법률효과의 일부 배제'[15]가 있다.

---

    14) 대법원 1994. 3. 8. 선고 92누1728 판결.
    15) 대법원 1993. 10. 8. 선고 93누2032 판결.

Ⅲ. 부관의 가능성 및 한계

1. 준법률행위적 행정행위

부관이란 행정행위의 주된 의사표시에 부가된 행정청의 종된 의사표시이므로 의사표시를 요소로 하지 아니하는 준법률행위적 행정행위에는 부관을 부가할 수 없다는 것이 전통적인 견해였다. 그러나 최근에는 준법률행위적 행정행위라 할지라도 일률적으로 부관을 부가할 수 없는 것이 아니라 행위의 성질에 따라 개별적으로 결정해야 한다고 하면서 확인 또는 공증행위에는 종기를 부가할 수 있다는 견해가 강력히 대두되고 있다.[16] 그러나 이는 법정부관의 일종으로 보아야 할 것이다.

2. 기속행위

재량행위에 대해서는 부관을 붙일 수 있으나, 기속행위의 경우 법률에 근거가 있는 경우를 제외하고는 부관을 붙일 수 없다(행정기본법 제17조 제1항, 제2항).

대법원 1988. 4. 27. 선고 87누1106 판결

일반적으로 기속행위나 기속적 재량행위에는 부관을 붙을 수 없고 가사 부관을 붙였다 하더라도 이는 무효의 것이다.

3. 부관의 시간적 한계(사후부관)

행정청은 부관을 붙일 수 있는 처분이 ① 법률에 근거가 있는 경우, ② 당사자의 동의가 있는 경우, ③ 사정이 변경되어 부관을 새로 붙이거나 종전의 부관을 변경하지 아니하면 해당 처분의 목적을 달성할 수 없다고 인정되는 경우에는 그 처분을 한 후에도 부관을 새로 붙이거나 종전의 부관을 변경할 수 있다(제17조 제3항).

대법원 1997. 5. 30. 선고 97누2627 판결

행정처분에 이미 부담이 부가되어 있는 상태에서 그 의무의 범위 또는 내용 등을 변경하는 부관의 사후변경은, 법률에 명문의 규정이 있거나 그 변경이 미리 유보되어 있는 경우 또는 상대방의 동의가 있는 경우에 한하여 허용되는 것이 원칙이지만, 사정변경으로 인하여 당초에 부담을 부가한 목적을 달성할 수 없게 된 경우에도 그 목적달성에 필요한 범위 내에서 예외적으로 허용된다.

---

16) 김남진/김연태(296면); 류지태/박종수(282면); 석종현/송동수(220면).

4. 부관의 내용상 한계

부관은 ① 해당 처분의 목적에 위배되어서는 안 되며, ② 해당 처분과 실질적인 관련이 있어야 하고, ③ 해당 처분의 목적을 달성하기 위하여 필요한 최소한의 범위이어야 한다(제17조).

대법원 1997. 3. 14. 선고 96누16698 판결

재량행위에 있어서는 법령상의 근거가 없다고 하더라도 부관을 붙일 수 있는데, 그 부관의 내용은 적법하고 이행가능하여야 하며 비례의 원칙 및 평등의 원칙에 적합하고 행정처분의 본질적 효력을 해하지 아니하는 한도의 것이어야 한다.

Ⅳ. 부관의 흠과 행정행위의 효력

부관에 존재하는 흠이 중대하고 명백하면 그 부관은 무효이고, 그렇지 않은 경우에는 취소사유가 된다.[17] 이처럼 부관이 무효인 경우, 이것이 본체인 행정행위의 효력에 어떠한 영향을 미치는가와 관련하여, ① 부관만이 무효가 될 뿐 본체인 행정행위에는 아무런 영향을 미치지 않는다는 견해(이 경우 부관이 없는 행정행위가 된다), ② 부관이 붙은 행정행위 전체가 무효가 된다는 견해, ③ 무효인 부관이 주된 행정행위의 본질적 요소를 이루는 경우(부관이 없으면 주된 행정행위를 하지 않았을 것이라고 판단되는 경우로서 부관이 주된 행정행위의 중요요소를 이루는 경우를 말함)에 한하여 주된 행정행위도 무효가 된다는 견해(다수설, 판례)[18] 등이 대립하고 있다. 이러한 법리는 부관이 취소사유인 경우에도 동일하게 적용된다.

한편, 주된 행정행위에 부가된 부관(기부채납)을 이행하기 위하여 사법상 법률행위(기부채납)를 하였으나 부관에 흠이 있는 경우 사법상 법률행위의 효력은 부관의 효력과 별개로 보아야 한다는 것이 대법원 판례[19]의 입장이다(독립설).

대법원 2009. 6. 25. 선고 2006다18174 판결

행정처분에 부담인 부관을 붙인 경우 부관의 무효화에 의하여 본체인 행정처분 자체

17) 대법원 1997. 3. 11. 선고 96다49650 판결.
18) 대법원 1985. 7. 9. 선고 84누604 판결(위 도로점용허가의 점용기간은 행정행위의 본질적인 요소에 해당한다고 볼 것이어서 부관인 점용기간을 정함에 있어서 위법사유가 있다면 이로써 도로점용허가 처분 전부가 위법하게 된다).
19) 대법원 2009. 6. 25. 선고 2006다18174 판결; 대법원 1995. 6. 13. 선고 94다56883 판결(무효인 건축허가조건을 유효한 것으로 믿고 토지를 증여하였더라도 이는 동기의 착오에 불과하여 그 소유권이전등기의 말소를 청구할 수 없다고 한 사례).

의 효력에도 영향이 있게 될 수는 있지만, 그 처분을 받은 사람이 부담의 이행으로 사법상 매매 등의 법률행위를 한 경우에는 그 부관은 특별한 사정이 없는 한 법률행위를 하게 된 동기 내지 연유로 작용하였을 뿐이므로 이는 법률행위의 취소사유가 될 수 있음은 별론으로 하고 그 법률행위 자체를 당연히 무효화하는 것은 아니다. 또한, 행정처분에 붙은 부담인 부관이 제소기간의 도과로 확정되어 이미 불가쟁력이 생겼다면 그 하자가 중대하고 명백하여 당연 무효로 보아야 할 경우 외에는 누구나 그 효력을 부인할 수 없을 것이지만, 부담의 이행으로서 하게 된 사법상 매매 등의 법률행위는 부담을 붙인 행정처분과는 어디까지나 별개의 법률행위이므로 그 부담의 불가쟁력의 문제와는 별도로 법률행위가 사회질서 위반이나 강행규정에 위반되는지 여부 등을 따져보아 그 법률행위의 유효 여부를 판단하여야 한다.

V. 흠 있는 부관에 대한 행정쟁송

1. 부관의 독립쟁송가능성

부관의 독립쟁송가능성이란 흠 있는 부관을 본체인 행정행위로부터 따로 떼어서 부관 자체만을 독립하여 직접 쟁송의 대상으로 삼을 수 있는가에 관한 문제이다. 학설은 ① 부관 중에서 부담에 대해서만 독립하여 쟁송의 대상이 될 수 있다는 부담독립설(다수설, 판례), ② 주된 행정행위로부터 분리가능성이 인정되어 부관만의 독립취소가 인정될 정도로 독자성을 갖는다면 독립쟁송이 가능하다는 분리가능성설, ③ 모든 부관에 대해 독립적으로 쟁송이 가능하다는 전면긍정설 등이 주장된다.

이외에도 대법원은 행정청에 부관 없는 또는 부관의 내용을 변경하는 처분으로 변경해 줄 것을 신청하였다가 이를 거부하는 경우 거부처분취소소송을 허용한다.[20]

대법원 1992. 1. 21. 선고 91누1264 판결

행정행위의 부관은 행정행위의 일반적인 효력이나 효과를 제한하기 위하여 의사표시의 주된 내용에 부가되는 종된 의사표시이지 그 자체로서 직접 법적 효과를 발생하는 독립된 처분이 아니므로 현행 행정쟁송제도 아래서는 부관 그 자체만을 독립된 쟁송의 대상으로 할 수 없는 것이 원칙이나 행정행위의 부관 중에서도 행정행위에 부수하여 그 행정행위의 상대방에게 일정한 의무를 부과하는 행정청의 의사표시인 부담의 경우에는 다른 부관과는 달리 행정행위의 불가분적인 요소가 아니고 그 존속이 본체인 행정행위의 존재를 전제로 하는 것일 뿐이므로 부담 그 자체로서 행정쟁송의 대상이 될 수 있다.

---

20) 대법원 1990. 4. 27. 선고 89누6808 판결 [어업허가사항변경신청불허가처분취소]

2. 부관의 독립취소가능성[21]

부관의 독립취소란 부관이 부가된 행정행위 전체에 대하여 항고쟁송이 제기된 경우에, 당해 부관에 흠이 존재하여 이를 이유로 부관만을 독립하여 일부 취소가 가능한가의 문제이다. 이에 관하여 학설은 ① 부관이 부가된 행정행위가 기속행위 인 경우에는 부관만의 취소가 가능하지만 재량행위인 경우에는 가능하지 않다는 견 해, ② 부관이 본체인 행정행위와 분리될 수 있는 경우에 한하여 부관만의 취소가 가능하다는 견해, ③ 본안심리 결과, 부관이 위법하다고 판단되면 부관의 종류와 관계없이 부관만의 일부 취소가 가능하다는 견해 등이 주장되고 있다.

3. 검 토

부관은 행정행위의 일부이므로 부관 그 자체를 독립한 쟁송대상으로 할 수는 없 다. 그러나 부담은 주된 행정행위에 대하여 독립성이 강하므로 그 자체가 독립한 쟁송의 대상이 될 수 있다. 한편, 부관이 부가된 행정행위 전체에 대하여 항고쟁송 이 제기된 경우에도 부관은 행정행위의 일부에 해당하기 때문에 부관만을 독립하여 취소하기는 어렵다. 다만 부담은 그 독립적 성격으로 인하여 취소가 된다고 하여도 본체인 행정행위에는 영향을 미치지 않기 때문에 독립취소가 가능할 것이다.

제 6 절 행정행위의 성립요건과 효력발생요건

행정행위는 성립요건을 갖추어야만 적법·유효한 행위로서 완전한 효력이 발생 되며, 필요한 경우에는 효력발생요건까지 갖추어야 한다.

Ⅰ. 행정행위의 성립요건

행정행위의 성립요건은 내부적 성립요건과 외부적 성립요건으로 나누어진다. 행 정행위가 유효하게 성립하기 위해서는 ① 주체(정당한 권한을 가진 기관), ② 내용(법률상·사실상 실현가능 성, 명확성, 적법성·타당성),

---

21) 이 문제를 이른바 '부진정일부취소쟁송'(처분성이 인정되는 부담을 제외한 나머지 부관에 대하 여 형식상 부관부 행정행위 전체를 쟁송의 대상으로 하면서 내용상 그 일부인 부관만의 취소를 구하 는 쟁송)을 전제로 논의하는 견해가 있으나, 실무에서 이러한 쟁송형태는 인정되지 않는다.

③ 절차(개별 법령 또는 행
정절차법 준수), ④ 형식이 법적 요건에 적합하여야 하며, 또한 공익에 합치되어야 한다. 행정행위는 내부적 성립요건을 모두 갖춘 경우에도 외부에 표시되어야만 비로소 유효하게 성립된다.

대법원 2017. 7. 11. 선고 2016두35120 판결

일반적으로 행정처분이 주체·내용·절차와 형식이라는 내부적 성립요건과 외부에 대한 표시라는 외부적 성립요건을 모두 갖춘 경우에는 행정처분이 존재한다고 할 수 있다. 행정처분의 외부적 성립은 행정의사가 외부에 표시되어 행정청이 자유롭게 취소·철회할 수 없는 구속을 받게 되는 시점을 확정하는 의미를 가지므로, 어떠한 처분의 외부적 성립 여부는 행정청에 의해 행정의사가 공식적인 방법으로 외부에 표시되었는지를 기준으로 판단하여야 한다.

Ⅱ. 행정행위의 효력발생요건

행정행위는 내부적 성립요건과 외부적 성립요건을 갖추어 유효하게 성립하게 되면 성립과 동시에 효력을 발생하게 된다. 그러나 법령에서 특별한 규정을 두어 효력요건을 갖추어야 유효한 행정행위로 성립하는 경우가 있다. 통지를 요하는 행정행위에 있어서는 통지가 상대방에게 도달하여야 효력이 발생하며, 행정절차법에는 통지의 형태인 송달에 관한 규정을 두고 있다.

대법원 2019. 8. 9. 선고 2019두38656 판결

상대방 있는 행정처분은 특별한 규정이 없는 한 의사표시에 관한 일반법리에 따라 상대방에게 고지되어야 효력이 발생하고, 상대방 있는 행정처분이 상대방에게 고지되지 아니한 경우에는 상대방이 다른 경로를 통해 행정처분의 내용을 알게 되었다고 하더라도 행정처분의 효력이 발생한다고 볼 수 없다.

제 7 절 행정행위의 효력

Ⅰ. 구속력

행정행위의 구속력이란 행정행위의 내용대로 일정한 법적 효과가 발생하고 행정행위가 관계 행정청 및 상대방, 이해관계인을 모두 구속하는 힘을 말한다.

Ⅱ. 공정력

> **[사례 7]**
> 甲이 국세를 체납하자 관할 세무서장은 甲 소유의 가옥에 대한 공매절차를 진행하여 그에 따라 낙찰자 乙에게 소유권이전등기가 경료되었다. 그런데 甲은 그로부터 1년이 지난 후에야 위 공매처분에 하자가 있음을 발견하였다. (제44회 사법시험)
> (1) 甲이 공매처분의 하자를 이유로 乙을 상대로 하여 소유권이전등기의 말소등기절차의 이행을 구하는 민사소송을 바로 제기한 경우, 법원은 원고승소판결을 할 수 있는가?
> (2) 甲이 가옥의 소유권을 상실하는 손해를 입었음을 이유로 바로 국가를 상대로 한 손해배상청구소송을 제기한 경우, 법원은 공매처분의 위법성을 심사할 수 있는가?

> **행정기본법** 제15조(처분의 효력) 처분은 권한이 있는 기관이 취소 또는 철회하거나 기간의 경과 등으로 소멸되기 전까지는 유효한 것으로 통용된다. 다만, 무효인 처분은 처음부터 그 효력이 발생하지 아니한다.

1. 공정력의 의의

공정력이라 함은 행정행위의 성립에 흠이 있는 경우에도 그 흠이 중대·명백하여 당연히 무효가 되지 않는 한 권한 있는 기관(처분청, 감독청, 행정심판위원회, 취소소송 수소법원)에 의해 취소되기까지는 그 행정행위가 유효한 것으로 추정되는 힘을 말한다. 공정력의 이론적 근거로는 ① 기판력·자기확인설(Otto Mayer), ② 국가권위설(E. Forsthoff), ③ 행정정책설, ④ 취소소송의 배타적 관할에 따른 반사적 효과설, ⑤ 예선적 특권설(M. Hauriou) 등이 주장되고 있으며, 행정기본법에서는 이를 명문으로 규정하고 있다.

무효인 행정행위와 처분 이외의 행위형식에는 공정력과 같은 효력이 발생하지 않는다.

2. 공정력과 선결문제

> **행정소송법** 제11조(선결문제) ① 처분등의 효력 유무 또는 존재 여부가 민사소송의 선결문제로 되어 당해 민사소송의 수소법원이 이를 심리·판단하는 경우에는 제17조(행정청의 소송참가), 제25조(행정심판기록의 제출명령), 제26조(직권심리) 및 제33조(소송비용에 관한 재판의 효력)의 규정을 준용한다.
> ② 제1항의 경우 당해 수소법원은 그 처분등을 행한 행정청에게 그 선결문제로 된 사실을 통

지하여야 한다.

(1) 선결문제의 의의

선결문제(先決問題)란 어떤 소송사건에 있어서 본안판결을 하기에 앞서서 먼저 결정될 필요가 있는 것으로서, 본안판결 사항과는 법적 성질을 달리하는 문제를 의미한다. 이는 행정행위의 위법 여부 또는 효력 유무가 민·형사사건의 본안심리에 있어 먼저 해결되어야 할 필요가 있는 경우, 민·형사법원에서 이를 심리할 수 있는가에 관한 논의이다.[22]

(2) 공정력의 효력 범위

다수설과 판례에 의하면, 행정행위에 흠이 있더라도 그 흠이 중대하고 명백하여 당연 무효가 아닌 한, 이를 취소할 권한이 없는 제3의 국가기관(취소소송의 수소법원을 제외한 나머지 법원을 포함)은 그 행정행위의 효력을 존중하여야 한다. 예컨대 법무부장관의 귀화허가는 그것이 무효가 아닌 이상 당해 처분이 위법한 것으로 판단되어도 다른 국가기관은 그 사람을 국민으로 인정하여 처분을 해야 한다. 이를 학자에 따라서는 '구성요건적 효력'으로 정의하며, 그 근거를 국가기관 상호 간의 권한존중에서 도출하기도 한다.[23]

(3) 행정행위의 '위법 여부'가 선결문제인 경우

위법한 행정행위로 인해 손해를 입은 사인이 국가배상청구소송을 제기한 경우,[24] 민사법원이 행정행위의 위법성 여부를 스스로 판단할 수 있다는 것이 통설과 판례이다. 행정행위의 위법성을 인정하더라도 행정행위의 효력(유효성)을 부인하는 것은 아니기 때문이다. 이러한 법리는 형사소송에서도 동일하게 적용된다.

① 대법원 1972. 4. 28. 선고 72다337 판결

위법한 행정대집행이 완료되면 그 처분의 무효확인 또는 취소를 구할 소의 이익은 없다 하더라도, 미리 그 행정처분의 취소판결이 있어야만, 그 행정처분의 위법임을 이

---

22) 원래 행정법상 선결문제는 형사소송이나 민사소송에 있어서 특정한 행정행위의 위법이나 효력 또는 존재의 여부를 먼저 결정할 필요가 있을 때, ① 형사법원이나 민사법원이 이 문제에 관하여 직접 먼저 판결을 할 것인지 아니면 ② 행정법원에 이 문제를 이송하여 행정법원의 판단을 먼저 구할 것인지를 포함하는 문제이나, 우리나라 행정소송법은 선이송제도를 인정하지 않는다.

23) 김남진/김연태(318면).

24) 국가배상청구소송에서 승소하기 위해서는 ① 공무원이 ② 직무를 집행하면서 ③ 고의 또는 과실로 ④ 법령을 위반하여 ⑤ 원고에게 ⑥ 손해를 가하였다는 사실이 주장·입증되어야 하므로, 이를 심리하는 민사법원은 그 선결문제로 ④ 행정행위의 위법성을 심리·판단하여야 한다.

유로 한 손해배상 청구를 할 수 있는 것은 아니다.

② 대법원 2008. 2. 29. 선고 2006도7689 판결

구 도시 및 주거환경정비법(2005. 3. 18. 법률 제7392호로 개정되기 전의 것) 제77조 제1항의 규정에 따른 처분의 취소 · 변경 또는 정지, 그 공사의 중지 및 변경에 관한 명령을 받은 사업시행자 및 정비사업 전문관리업자가 이를 위반한 경우, 그로 인하여 법 제85조 제12호에 정한 처벌을 하기 위하여는 그 명령이 적법한 것이어야 하고, 그 처분이 당연무효가 아니라 하더라도 그것이 위법한 처분으로 인정되는 한 같은 법 제85조 제12호 위반죄가 성립할 수 없다.

(4) 행정행위의 '효력 유무(존재 여부)'가 선결문제인 경우

과세처분으로 세금을 납부한 자가 이후 과세처분의 무효를 주장하며 부당이득반환청구소송을 제기한 경우,[25] 과세처분이 당연 무효가 아닌 한 취소소송의 수소법원이 아닌 부당이득반환청구사건을 심리하는 민사법원은 스스로 과세처분의 효력을 부인할 수 없다는 것이 통설과 판례이다. 이는 형사소송에서도 마찬가지이다.

① 대법원 1999. 8. 20. 선고 99다20179 판결

과세처분이 당연무효라고 볼 수 없는 한 과세처분에 취소할 수 있는 위법사유가 있다 하더라도 그 과세처분은 행정행위의 공정력 또는 집행력에 의하여 그것이 적법하게 취소되기 전까지는 유효하다 할 것이므로, 민사소송절차에서 그 과세처분의 효력을 부인할 수 없다.

② 대법원 1982. 6. 8. 선고 80도2646 판결

연령미달의 결격자인 피고인이 소외인의 이름으로 운전면허시험에 응시, 합격하여 교부받은 운전면허는 당연무효가 아니고 도로교통법 제65조 제3호의 사유에 해당함에 불과하여 취소되지 않는 한 유효하므로 피고인의 운전행위는 무면허운전에 해당하지 아니한다.

---

25) 부당이득반환청구소송에서 승소하기 위해서는 ① 피고(국가)가 ② 법률상 원인 없이 ③ 원고(납세자)의 재산 또는 노무로 인하여 이익을 얻고, ④ 이로 인하여 원고에게 손해가 발생하였다는 점이 주장 · 입증되어야 하므로, 이를 심리하는 민사법원은 그 선결문제로 피고에게 ② 법률상 원인이 있는지 여부, 즉 과세처분이 유효한 것인지 여부를 심리 · 판단하여야 한다.

Ⅲ. 불가쟁력

1. 의 의

불가쟁력이란 행정행위의 상대방 또는 이해관계인이 행정행위에 대한 쟁송절차상의 쟁송제기 기간이 경과하였거나 쟁송기관을 다 거친 경우에는 행정행위의 효력을 더 이상 다툴 수 없게 되는 효력을 말한다. 이를 형식적 확정력 또는 형식적 존속력이라고 부르는 학자도 있다. 따라서 이 경우 행정쟁송을 제기하여도 그 청구는 각하된다. 이는 취소할 수 있는 행정행위에 인정되는 효력이며, 불가쟁력이 발생하여도 행정행위의 흠이 치유되는 것은 아니므로 국가배상청구소송을 제기하거나 행정청이 직권으로 취소하는 것은 가능하다.

2. 재심사신청제도

행정기본법 제37조(처분의 재심사) ① 당사자는 처분(제재처분 및 행정상 강제는 제외한다. 이하 이 조에서 같다)이 행정심판, 행정소송 및 그 밖의 쟁송을 통하여 다툴 수 없게 된 경우(법원의 확정판결이 있는 경우는 제외한다)라도 다음 각 호의 어느 하나에 해당하는 경우에는 해당 처분을 한 행정청에 처분을 취소·철회하거나 변경하여 줄 것을 신청할 수 있다.
    1. 처분의 근거가 된 사실관계 또는 법률관계가 추후에 당사자에게 유리하게 바뀐 경우
    2. 당사자에게 유리한 결정을 가져다주었을 새로운 증거가 있는 경우
    3. 「민사소송법」 제451조에 따른 재심사유에 준하는 사유가 발생한 경우 등 대통령령으로 정하는 경우
② 제1항에 따른 신청은 해당 처분의 절차, 행정심판, 행정소송 및 그 밖의 쟁송에서 당사자가 중대한 과실 없이 제1항 각 호의 사유를 주장하지 못한 경우에만 할 수 있다.
③ 제1항에 따른 신청은 당사자가 제1항 각 호의 사유를 안 날부터 60일 이내에 하여야 한다. 다만, 처분이 있은 날부터 5년이 지나면 신청할 수 없다.
④ 제1항에 따른 신청을 받은 행정청은 특별한 사정이 없으면 신청을 받은 날부터 90일(합의제행정기관은 180일) 이내에 처분의 재심사 결과(재심사 여부와 처분의 유지·취소·철회·변경 등에 대한 결정을 포함한다)를 신청인에게 통지하여야 한다. 다만, 부득이한 사유로 90일(합의제행정기관은 180일) 이내에 통지할 수 없는 경우에는 그 기간을 만료일 다음 날부터 기산하여 90일(합의제행정기관은 180일)의 범위에서 한 차례 연장할 수 있으며, 연장 사유를 신청인에게 통지하여야 한다.
⑤ 제4항에 따른 처분의 재심사 결과 중 처분을 유지하는 결과에 대해서는 행정심판, 행정소송 및 그 밖의 쟁송수단을 통하여 불복할 수 없다.
⑥ 행정청의 제18조에 따른 취소와 제19조에 따른 철회는 처분의 재심사에 의하여 영향을 받지 아니한다.
⑦ 제1항부터 제6항까지에서 규정한 사항 외에 처분의 재심사의 방법 및 절차 등에 관한 사항은 대통령령으로 정한다.
⑧ 다음 각 호의 어느 하나에 해당하는 사항에 관하여는 이 조를 적용하지 아니한다.

1. 공무원 인사 관계 법령에 따른 징계 등 처분에 관한 사항
2. 「노동위원회법」 제2조의2에 따라 노동위원회의 의결을 거쳐 행하는 사항
3. 형사, 행형 및 보안처분 관계 법령에 따라 행하는 사항
4. 외국인의 출입국·난민인정·귀화·국적회복에 관한 사항
5. 과태료 부과 및 징수에 관한 사항
6. 개별 법률에서 그 적용을 배제하고 있는 경우

(1) 의   의

당사자는 처분(제재처분 및 행정상 강제는 제외한다)이 행정심판, 행정소송 및 그 밖의 쟁송을 통하여 다툴 수 없게 된 경우(법원의 확정판결이 있는 경우는 제외한다)라도 일정한 사유가 발생한 경우 해당 처분을 한 행정청에 처분을 취소·철회하거나 변경하여 줄 것을 신청할 수 있다(행정기본법 제37조 제1항 제). 이는 정식절차에 의해 확정된 법원의 판결에 대해서도 재심제도가 인정되는데, 절차의 공정성이나 신중성이 비교적 떨어지는 행정행위에 대해 재심제도를 인정하지 않는 것은 불합리하다는 점이 그동안 학계에서 꾸준히 지적되어 행정기본법에서 도입되었다.

(2) 적용범위

제재처분과 행정상 강제는 재심사의 대상이 되는 처분에서 제외된다(제1항). 나아가 ① 공무원 인사 관계 법령에 따른 징계 등 처분에 관한 사항, ② 「노동위원회법」 제2조의2에 따라 노동위원회의 의결을 거쳐 행하는 사항, ③ 형사, 행형 및 보안처분 관계 법령에 따라 행하는 사항, ④ 외국인의 출입국·난민인정·귀화·국적회복에 관한 사항, ⑤ 과태료 부과 및 징수에 관한 사항, ⑥ 개별 법률에서 그 적용을 배제하고 있는 경우에도 재심사의 대상이 되지 않는다(제8항).

처분의 상대방이 아닌 제3자는 행정기본법상 당사자가 아니므로(제2조 제3호), 재심사를 신청할 수 없다.

(3) 사   유

재심사 신청사유에는 ① 처분의 근거가 된 사실관계 또는 법률관계가 추후에 당사자에게 유리하게 바뀐 경우, ② 당사자에게 유리한 결정을 가져다주었을 새로운 증거가 있는 경우, ③ 민사소송법 제451조에 따른 재심사유에 준하는 사유가 발생한 경우 등 대통령령으로 정하는 경우가 있다. 이때 재심사는 해당 처분의 절차, 행정심판, 행정소송 및 그 밖의 쟁송에서 당사자가 중대한 과실 없이 위 사유를 주장하지 못한 경우에만 신청할 수 있다(제2항).

(4) 신   청

재심사 신청은 당사자가 재심사 신청사유를 안 날부터 60일 이내에 하여야 하며, 다만, 처분이 있은 날부터 5년이 지나면 신청할 수 없다(제3항).

(5) 통   지

행정청은 특별한 사정이 없으면 신청을 받은 날부터 90일(합의제행정기관은 180일) 이내에 처분의 재심사 결과(재심사 여부와 처분의 유지·취소·철회·변경 등에 대한 결정을 포함한다)를 신청인에게 통지하여야 한다(제4항).

(6) 불   복

처분의 재심사 결과 중 처분을 유지하는 결과에 대해서는 행정심판, 행정소송 및 그 밖의 쟁송수단을 통하여 불복할 수 없다(제5항). 행정청은 처분의 재심사와 무관하게 직권취소(제18조) 또는 철회(제19조)를 할 수 있다(제6항).

Ⅳ. 불가변력

행정행위에 흠이 있으면 원칙적으로 처분청 또는 상급관청이 직권으로 이를 취소·철회·변경할 수 있다. 그러나 특정한 행정행위는 그 성질상 행정청 자신도 이를 취소·철회·변경할 수 없는바, 이처럼 특정 행정행위에 있어 그 취소·철회·변경이 허용되지 않는 힘을 불가변력[26]이라고 한다(다수설).

이와 달리 불가변력을 불가쟁력이 발생된 모든 행정행위가 그 상대방과 이해관계인 그리고 처분청에 대하여 가지고 있는 포괄적인 내용적 구속력으로 이해하는 소수설이 있다. 이 견해는 불가변력을 판결에 유사한 실질적 확정력으로 이해하면서, 독일의 예에 따라 실질적 존속력이라고도 한다.[27]

불가변력이 인정되는 행정행위에는 ① 준사법적 작용의 성질을 가지는 행정심판의 재결이나 ② 당선인 결정·국가시험 합격자 결정·도로구역의 결정·과세표준의 결정과 같은 확인행위가 있다.

---

26) 일설은 수익적 행정행위와 같이 행정행위의 성질상 행정청이 이를 취소 또는 철회함에 있어 공익과 사익의 비교형량 등의 일정한 제한이 따르는 경우를 '넓은 의미의 불가변력'이라고 설명한다.

27) 정하중/김광수(272면). 판결의 실질적 확정력이 형식적 확정력을 전제로 하는 것처럼 행정행위의 실질적 존속력 역시 형식적 존속력을 전제로 하고 있으며, 판결의 실질적 확정력인 기판력과 구별을 위해 행정행위의 실질적 존속력을 기결력이라고 표현하는 것이 바람직하다고 한다.

V. 강제력(집행력·제재력)

강제력이란 행정행위의 실효성을 확보하기 위해 인정되는 효력을 말한다. 행정행위에 의해 당사자에게 부과된 특정한 의무가 이행되지 않은 경우, 행정청이 스스로 강제력을 발동하여 그 의무를 실현시키거나 의무위반에 대해 행정벌(행정질서벌;)을 부과하는 등의 일정한 제재를 가할 수 있다. 전자를 '집행력'이라고 하며, 후자를 '제재력'이라고 한다. 그러나 강제력은 행정행위 자체에 내재하는 효력으로는 보기 어려우며, 행정목적을 신속하게 실현하기 위해 정책적 측면에서 법률이 부여한 효력이라고 보아야 한다.[28] 따라서 별도의 법적 근거가 필요하다.

제 8 절   행정행위의 흠

I. 행정행위의 흠의 의의

행정행위의 흠이란 행정행위의 성립 또는 발효요건이 결여된 것을 말한다. 명백한 오기(誤記)·오산(誤算) 등의 사소한 오류는 정정할 수 있으며, 무효·취소의 대상이 되지 않는다.

II. 행정행위의 흠의 판단시점

행정행위에 흠이 존재하는지 여부는 원칙적으로 행정행위가 행하여졌을 때의 법령과 사실관계를 기준으로 판단하여야 하고, 행정행위 발령 후 법령의 개폐나 사실상태의 변동에 의하여 영향을 받지는 않는다.[29]

---

28) 김철용(284면).
29) 대법원 2007. 5. 11. 선고 2007두1811 판결.

Ⅲ. 흠의 형태

1. 흠 있는 행정행위의 효력

흠 있는 행정행위의 효력에 관한 실정법상의 일반적 규정은 존재하지 않는다.[30] 따라서 행정행위의 흠을 어떠한 형태로 구분할 것인가는 학설과 판례에 의하여 해결할 수밖에 없다. 행정행위의 흠의 효력에는 ① 행정행위로서 외관조차 갖추지 못한 행정행위의 부존재, ② 행정행위로서의 외형을 갖추고 있지만, 그 흠이 중대·명백하여 처음부터 행정행위의 적법한 법적 효과가 발생하지 않는 무효인 행정행위, ③ 행정행위의 흠이 무효에 이를 정도로 중대·명백하다고 보기 어려운 것으로 권한 있는 기관에 의해 취소되기 전까지는 유효한 행정행위로서의 효력을 가지는 취소할 수 있는 행정행위가 있다.

2. 무효와 취소

(1) 구별의 실익

무효인 행정행위와 취소할 수 있는 행정행위의 구별실익은 ① 행정쟁송의 형식, ② 행정행위의 효력(무효인 행정행위에는 공정력·불가쟁력 등의 효력이 발생하지 않음), ③ 사정재결·사정판결(무효인 행정행위에는 인정되지 않음), ④ 선결문제, ⑤ 흠의 승계, ⑥ 흠의 치유와 전환(무효인 행정행위의 경우에는 흠의 전환이 인정되고, 취소할 수 있는 행정행위의 경우에는 흠의 치유가 인정됨) 등에서 찾을 수 있다.

〈무효와 취소의 구별〉

구 분	무 효	취 소
쟁송형태	무효등확인소송(심판)	취소소송(심판)
쟁송제기기간	제한 없음	제한 있음
공정력·불가쟁력	없음	있음
사정판결(재결)	불가	가능
흠의 치유·전환	흠의 전환	흠의 치유

---

30) 개별법 중에는 특별한 규정을 두고 있는 경우가 있다. 가령, 국가공무원법은 소청심사위원회와 징계위원회에서 소청인과 징계 대상자에게 진술의 기회를 주지 아니한 경우 소청심사위원회의 결정과 징계의결은 '무효'라고 규정하고 있다(제13조 제2항, 제81조 제3항).

(2) 구별기준

이에 관한 학설로는 ① 행정행위의 흠이 중대한 법규의 위반인 경우는 무효로, 그렇지 않은 경우에는 취소로 보자는 '중대설', ② 행정행위의 흠이 중대한 법규위반이고, 그것이 외관상 명백한 것인 때에는 무효가 된다는 '중대·명백설'(통설, 판례),[31] ③ 행정행위가 무효로 되기 위해서는 원칙적으로 하자의 중대성만 있으면 충분하고, 명백성의 요건은 행정의 법적 안정성, 제3자나 공공의 신뢰보호의 요청이 있는 경우에만 보충적으로 요구된다는 '명백성보충설'[32] 등이 있다.

Ⅳ. 흠의 승계

[사례 8]
甲 경찰관은 직무수행 능력이 부족하다는 이유로 직위해제처분과 3개월의 대기명령을 받았으나, 그 기간에 직무수행 능력의 향상을 기대하기 어렵다고 인정되어 결국 직권면직처분을 받아 경찰공무원의 신분을 상실하였다. 甲은 당시 직위해제처분이 억울하였지만 3개월 내에 복직될 것을 기대하고 자숙하는 차원에서 직위해제처분에 대해 소청심사를 청구하지 않아 직위해제처분은 확정되었다(불가쟁력이 발생). 이 경우 甲은 직위해제처분에 위법사유가 있음을 이유로 직권면직처분에 대해 행정소송을 제기할 수 있는가?

1. 흠의 승계의 의의

흠의 승계란 두 개 이상의 행정행위가 연속하여 단계적으로 행하여지는 경우에 있어서 후행행위에는 흠이 없더라도 선행행위의 흠이 후행행위에 승계되는 경우를 말한다. 흠의 승계는 선행행위가 불가쟁력의 발생으로 그 효력을 다툴 수 없게 된 경우에 선행행위의 흠을 이유로 후행행위에 대한 쟁송제기가 가능한 것인가의 문제와 관련하여 그 논의의 실익이 있다. 다만 선행행위의 흠이 중대·명백하여 무효인 경우에는 불가쟁력이 발생하지 않아 흠의 승계가 문제되지 않는다. 즉, 선행행위가 당연무효라면 이를 기초로 행하여진 후행행위도 당연무효이다.[33]

따라서 흠의 승계가 문제가 되기 위해서는 ① 선행행위가 취소할 수 있는 행정

---

31) 중대성을 판단할 때는 법규의 성질뿐만 아니라 그 위반의 정도도 고려되어야 하며, 명백성의 여부는 통상인의 정상적인 인식능력을 기준으로 하여 객관적으로 판단하여야 한다.

32) 대법원 1995. 7. 11. 선고 94누4615 전원합의체 판결에서 반대의견으로 제시된 바 있다.

33) 대법원 1999. 4. 27. 선고 97누6780 판결.

행위에 해당하여야 하고, ② 선행행위에 불가쟁력이 발생하여야 하며, ③ 후행행위에 고유한 흠이 존재하지 않아야 한다.

2. 흠의 승계 여부

종래의 다수설에 따르면, ① 선행행위와 후행행위가 서로 결합하여 하나의 법적 효과를 완성하는 경우에는 선행행위의 흠이 후행행위에 승계된다고 본다.

그러나 최근에는 ② 독일 이론의 영향을 받아 이 문제를 흠의 승계라는 관점이 아닌 이른바 '불가쟁력이 발생한 선행행위의 후행행위에 대한 구속력'이라는 측면에서 해결하려는 시도가 제기된 바 있다. 즉, 선행행위와 후행행위가 동일한 법적 효과를 추구하고 있는 경우에 불가쟁력이 생긴 선행행위는 후행행위에 대하여 일정한 범위에서 '규준력' 또는 '기결력'이 생겨 그 범위 안에서는 선행행위의 효과와 다른 주장을 할 수 없다는 것이다(구속력·규\n준력이론).[34]

3. 판례의 태도

대법원은 흠의 승계에 대하여 종래의 다수설적 입장에 따라 선행행위와 후행행위가 하나의 법적 효과를 달성하는가의 여부를 기준으로 판단하고 있다.

그러나 대법원은 개별공시지가결정과 양도소득세부과처분과 같이 서로 독립하여 별개의 법적 효과를 발생하는 행정행위에 대하여 흠의 승계를 인정하는 예외적 판결을 한 바 있다. 여기서 흠의 승계를 인정하는 논거는 비록 양자가 서로 독립하여 별개의 법적 효과를 발생하는 행정행위라 할지라도 흠의 승계를 인정하지 않게 되면 당사자에게 수인한도를 넘는 불이익을 강요하게 되기 때문이다.

대법원 1994. 1. 25. 선고 93누8542 판결

[1] 두 개 이상의 행정처분이 연속적으로 행하여지는 경우 선행처분과 후행처분이 서로 결합하여 1개의 법률효과를 완성하는 때에는 선행처분에 하자가 있으면 그 하자

---

34) 김남진/김연태(363면). 그러나 구속력은 일정한 한계가 있다. 즉, ① 사물적(객관적) 한계로서 양 행정행위가 동일한 목적을 추구하여 그 법적 효과가 일치되어야 하고, ② 대인적(주관적) 한계로서 양 행정행위의 수범자가 일치되어야 하며, ③ 시간적 한계로서 선행행위의 사실상태 및 법적 상태가 동일하게 유지되어야 한다. 나아가 ④ 수범자가 선행행위의 구속력을 미리 예측할 수 있고, 수인할 수 있어야 한다. 이상의 요건을 모두 갖춘 경우에는 선행행위는 후행행위에 대하여 기판력에 준하는 구속력을 가지게 되므로 이러한 구속력이 미치는 한, 선행행위의 후행행위에 대한 흠의 승계는 부정되어 선행행위의 흠을 이유로 후행행위에 대한 쟁송을 제기할 수 없게 된다.

는 후행처분에 승계되므로 선행처분에 불가쟁력이 생겨 그 효력을 다툴 수 없게 된 경우에도 선행처분의 하자를 이유로 후행처분의 효력을 다툴 수 있는 반면 선행처분과 후행처분이 서로 독립하여 별개의 법률효과를 목적으로 하는 때에는 선행처분에 불가쟁력이 생겨 그 효력을 다툴 수 없게 된 경우에는 선행처분의 하자가 중대하고 명백하여 당연무효인 경우를 제외하고는 선행처분의 하자를 이유로 후행처분의 효력을 다툴 수 없는 것이 원칙이나 선행처분과 후행처분이 서로 독립하여 별개의 효과를 목적으로 하는 경우에도 선행처분의 불가쟁력이나 구속력이 그로 인하여 불이익을 입게 되는 자에게 수인한도를 넘는 가혹함을 가져오며, 그 결과가 당사자에게 예측가능한 것이 아닌 경우에는 국민의 재판받을 권리를 보장하고 있는 헌법의 이념에 비추어 선행처분의 후행처분에 대한 구속력은 인정될 수 없다.

　[2] 개별공시지가결정은 이를 기초로 한 과세처분 등과는 별개의 독립된 처분으로서 서로 독립하여 별개의 법률효과를 목적으로 하는 것이나, 개별공시지가는 이를 토지소유자나 이해관계인에게 개별적으로 고지하도록 되어 있는 것이 아니어서 토지소유자 등이 개별공시지가결정 내용을 알고 있었다고 전제하기도 곤란할 뿐만 아니라 결정된 개별공시지가가 자신에게 유리하게 작용될 것인지 또는 불이익하게 작용될 것인지 여부를 쉽사리 예견할 수 있는 것도 아니며, 더욱이 장차 어떠한 과세처분 등 구체적인 불이익이 현실적으로 나타나게 되었을 경우에 비로소 권리구제의 길을 찾는 것이 우리 국민의 권리의식임을 감안하여 볼 때 토지소유자 등으로 하여금 결정된 개별공시지가를 기초로 하여 장차 과세처분 등이 이루어질 것에 대비하여 항상 토지의 가격을 주시하고 개별공시지가결정이 잘못된 경우 정해진 시정절차를 통하여 이를 시정하도록 요구하는 것은 부당하게 높은 주의의무를 지우는 것이라고 아니할 수 없고, 위법한 개별공시지가결정에 대하여 그 정해진 시정절차를 통하여 시정하도록 요구하지 아니하였다는 이유로 위법한 개별공시지가를 기초로 한 과세처분 등 후행 행정처분에서 개별공시지가결정의 위법을 주장할 수 없도록 하는 것은 수인한도를 넘는 불이익을 강요하는 것으로서 국민의 재산권과 재판받을 권리를 보장한 헌법의 이념에도 부합하는 것이 아니라고 할 것이므로, 개별공시지가결정에 위법이 있는 경우에는 그 자체를 행정소송의 대상이 되는 행정처분으로 보아 그 위법 여부를 다툴 수 있음은 물론 이를 기초로 한 과세처분 등 행정처분의 취소를 구하는 행정소송에서도 선행처분인 개별공시지가결정의 위법을 독립된 위법사유로 주장할 수 있다고 해석함이 타당하다.

(1) 흠의 승계를 인정하고 있는 사례

　① 안경사국가시험합격무효처분과 안경사면허취소처분, ② 조세체납처분에 있어서 독촉 · 압류 · 매각 · 충당의 각 행위 사이, ③ 대집행계고처분과 대집행영장통지처분, ④ 대집행계고처분과 비용납부명령, ⑤ 독촉과 가산금 · 중가산금징수처분,

⑥ 개별공시지가결정과 과세처분, ⑦ 개별공시지가결정과 개발부담금부과처분, ⑧ 표준지공시지가결정과 수용보상금에 대한 재결(ᄒᆞᆷᄎᆞᆷᄒᆞᆫᄒᆞᆼ) 등이 있다.[35]

(2) 흠의 승계를 부정하고 있는 사례

① 공무원의 직위해제처분과 면직처분, ② 보충역편입처분과 공익근무요원소집처분, ③ 과세처분과 체납처분, ④ 농지전용부담금부과처분과 압류처분, ⑤ 건물철거명령과 대집행계고처분, ⑥ 토지수용에 있어서 사업인정과 수용재결처분, ⑦ 도시계획결정과 수용재결처분, ⑧ 택지개발예정지구지정처분과 택지개발계획승인처분, 택지개발계획승인처분과 수용재결처분, ⑨ 재건축사업에서 사업시행계획과 관리처분계획, ⑩ 도시·군계획시설결정과 실시계획인가, ⑪ 액화석유가스판매사업허가와 사업개시신고반려처분, ⑫ 표준지공시지가결정과 개별토지가격결정, ⑬ 소득금액변동통지와 징수처분 등이 있다.[36]

대법원 1984. 9. 11. 선고 84누191 판결

[1] 구 경찰공무원법(1982. 12. 31. 법률 제3606호로 개정되기 전의 법) 제50조 제1항 제1호(직무수행능력의 부족) 제2호(소속부하에 대한 지휘감독능력의 현저한 부족) 소정의 부적격사유가 있는 자에 해당한다 하여 직위해제처분을 받은 자가 그 처분에 대하여 동법 제52조의 규정에 따라 소청심사위원회에 심사청구를 한 바 없다면 그 처분에 설사 위법사유가 있다 하더라도 그것이 당연무효 사유가 아닌 한 다툴 수 없다.

[2] 구 경찰공무원법 제50조 제1항에 의한 직위해제처분과 같은 제3항에 의한 면직처분은 후자가 전자의 처분을 전제로 한 것이기는 하나 각각 단계적으로 별개의 법률효과를 발생하는 행정처분이어서 선행 직위해제처분의 위법사유가 면직처분에는 승계되지 아니한다 할 것이므로 선행된 직위해제처분의 위법사유를 들어 면직처분의 효력을 다툴 수는 없다.

---

35) 대법원 1993. 2. 9. 선고 92누4567 판결; 대법원 1982. 8. 24. 선고 81누162 판결; 대법원 1996. 2. 9. 선고 95누12507 판결; 대법원 1993. 11. 9. 선고 93누14271 판결; 대법원 1986. 10. 28. 선고 86누147 판결; 대법원 1996. 6. 25. 선고 93누17935 판결; 대법원 2001. 6. 26. 선고 99두11592 판결; 대법원 2008. 8. 21. 선고 2007두13845 판결.
36) 대법원 1984. 9. 11. 선고 84누191 판결; 대법원 2002. 12. 10. 선고 2001두5422 판결; 대법원 1987. 9. 22. 선고 87누383 판결; 헌법재판소 2004. 1. 29.자 2002헌바73 결정; 대법원 1998. 9. 8. 선고 97누20502 판결; 대법원 2000. 10. 13. 선고 2000두5142 판결; 대법원 1990. 1. 23. 선고 87누947 판결; 대법원 2000. 10. 13. 선고 99두653 판결; 대법원 2012. 8. 23. 선고 2010두13463 판결; 대법원 2017. 7. 18. 선고 2016두49938 판결; 대법원 1991. 11. 26. 선고 90누8756 판결; 대법원 1996. 9. 20. 선고 95누11931 판결; 대법원 2012. 1. 26. 선고 2009두14439 판결.

V. 흠의 치유와 흠 있는 행정행위의 전환

1. 개 설

법치행정의 원리에 의해서 행정행위에 흠이 존재하게 되면 원칙적으로는 그 흠의 경중에 따라 무효나 취소가 되어야 한다. 그러나 ① 위법한 행정행위를 유지하는 것이 당사자의 신뢰보호나 법적 안정성의 측면에 부합하는 경우가 있고, ② 불필요한 행정행위의 반복을 배제하여 행정의 경제를 도모하는 것이 공공복리의 실현에 바람직한 경우가 있다. 이와 같은 연유에서 등장한 법리가 '흠의 치유'와 '흠 있는 행정행위의 전환'이다. 그러나 이는 법치행정의 원리에 따라 엄격한 요건에 부합하는 경우에만 예외적으로 인정되어야 한다는 점에 주의할 필요가 있다.

2. 흠의 치유

(1) 의 의

행정행위가 성립할 당시에는 요건의 불비에 따른 흠으로 인하여 취소할 수 있는 경우라 하여도 사후에 그 요건이 보완되거나 취소의 필요가 없어진 경우에 종전의 흠을 이유로 행정행위의 효력을 다툴 수 없게 되는 것을 말한다.

(2) 대 상

흠의 치유는 절차상의 흠이나 형식상의 흠의 경우에 한하여 인정되며, 내용상의 흠에 대해서는 인정되지 않는다.[37] 그러나 절차상의 흠이나 형식상의 흠에 해당한다고 하여도 그 흠의 정도가 중대·명백하여 무효에 이르는 경우에까지 흠의 치유를 인정하여서는 곤란하다(통설, 판례).[38]

(3) 사 유

흠의 치유가 인정될 수 있는 경우로는 ① 흠결된 요건의 사후보완 또는 충족(예컨대 신청서의 사후제출·보완, 허가요건의 사후충족 등), ② 정당한 권한을 가진 행정청의 추인 등을 들 수 있다. 그러나 상대방이 흠의 내용을 알고 있다는 사정만으로는 흠의 치유가 인정되지 않는다.

---

37) 대법원 1991. 5. 28. 선고 90누1359 판결.
38) 대법원 2012. 8. 23. 선고 2010두13463 판결.

대법원 2002. 11. 13. 선고 2001두1543 판결

　납세고지서에 과세연도, 세목, 세액 및 그 산출근거, 납부기한과 납부장소 등의 명시를 요구한 국세징수법 제9조나 과세표준과 세액계산명세서의 첨부를 명한 구 법인세법(1993. 12. 31. 법률 제4664호로 개정되기 전의 것) 제37조, 제59조의5, 구 법인세법 시행령(1993. 12. 31. 대통령령 제14080호로 개정되기 전의 것) 제99조 등의 규정이 단순한 세무행정상의 편의를 위한 훈시규정이 아니라, 헌법과 국세기본법에 규정된 조세법률주의의 원칙에 따라 과세관청의 자의를 배제하고 신중하고도 합리적인 과세처분을 하게 함으로써 조세행정의 공정을 기함과 아울러 납세의무자에게 부과처분의 내용을 자세히 알려주어 이에 대한 불복 여부의 결정과 불복신청의 편의를 주려는데 그 근본취지가 있으므로, 이 규정들은 강행규정으로 보아야 하고, 따라서 납세고지서에 세액산출근거 등의 기재사항이 누락되었거나 과세표준과 세액의 계산명세서가 첨부되지 않았다면 적법한 납세의 고지라고 볼 수 없으며, 위와 같은 납세고지의 하자는 납세의무자가 그 나름대로 산출근거를 알고 있다거나 사실상 이를 알고서 쟁송에 이르렀다 하더라도 치유되지 않는다.

(4) 한　계

　다수설과 판례는 흠의 치유는 행정행위에 대한 불복 여부의 결정 및 불복신청에 편의를 줄 수 있는 상당한 기간 내인 '행정쟁송제기 전'에만 가능한 것으로 본다.[39] 만일 행정행위에 흠이 있더라도 당사자의 불복 여부의 결정 및 불복 신청에 전혀 지장을 주지 않은 경우에는 흠의 치유가 인정될 수 있다.[40]

(5) 효　과

　흠 있는 행정행위가 요건의 사후보완 등으로 인하여 흠이 치유되면 당해 행정행위는 소급하여 처음부터 적법한 행위로서 법적 효력을 유지하게 된다.

---

　39) 대법원 1983. 7. 26. 선고 82누420 판결.
　40) 대법원 1992. 10. 23. 선고 92누2844 판결(행정청이 청문서 도달기간을 다소 어겼다하더라도 영업자가 이에 대하여 이의하지 아니한 채 스스로 청문일에 출석하여 그 의견을 진술하고 변명하는 등 방어의 기회를 충분히 가졌다면 청문서 도달기간을 준수하지 아니한 하자는 치유되었다고 봄이 상당하다); 대법원 2001. 3. 27. 선고 99두8039 판결(증여세의 납세고지서에 과세표준과 세액의 계산명세가 기재되어 있지 아니하거나 그 계산명세서를 첨부하지 아니하였다면 그 납세고지는 위법하다고 할 것이나, 한편 과세관청이 과세처분에 앞서 납세의무자에게 보낸 과세예고통지서 등에 납세고지서의 필요적 기재사항이 제대로 기재되어 있어 납세의무자가 그 처분에 대한 불복 여부의 결정 및 불복신청에 전혀 지장을 받지 않았음이 명백하다면, 이로써 납세고지서의 하자가 보완되거나 치유될 수 있다).

3. 흠 있는 행정행위의 전환

(1) 의 의

행정행위가 원래 행정청이 의도한 행정행위로서는 무효인 행정행위이지만 그것을 다른 행정행위로 간주한다면 유효한 요건을 갖추게 되는 경우에 다른 행위로서의 효력을 승인하는 것을 말한다(사망한 자에 대한 재결을 상속인에 대한 재결로 전환하는 것 등).

(2) 대 상

종래 다수 견해는 흠 있는 행정행위의 전환은 무효인 행정행위에 한하여 인정된다고 보았다(반대 견해 있음).

(3) 요 건

전환이 되기 위해서는 ① 양 행정행위 사이에 요건·목적·효과에 있어서 실질적 공통성이 있어야 하고, ② 흠 있는 행정행위가 전환되는 행정행위의 성립·발효 요건을 갖추고 있으며, ③ 전환이 원래의 행정행위를 한 행정청의 의도에 반하지 않아야 하고, ④ 당사자가 전환을 의욕하는 것으로 인정되어야 하며, ⑤ 제3자의 이익을 침해하는 것이 아니어야 한다.

(4) 효 과

흠 있는 행정행위가 전환이 되면 소급하여 새로운 행정행위가 발생하게 된다. 또한, 흠 있는 행정행위의 전환은 그 자체가 독립된 행정행위로 보는 것이 타당하며, 전환에 불복하는 경우에는 행정쟁송으로 전환을 다툴 수 있다.

제 9 절   행정행위의 취소·철회·실효

Ⅰ. 행정행위의 취소

행정기본법 제18조(위법 또는 부당한 처분의 취소) ① 행정청은 위법 또는 부당한 처분의 전부나 일부를 소급하여 취소할 수 있다. 다만, 당사자의 신뢰를 보호할 가치가 있는 등 정당한 사유가 있는 경우에는 장래를 향하여 취소할 수 있다.
② 행정청은 제1항에 따라 당사자에게 권리나 이익을 부여하는 처분을 취소하려는 경우에는

취소로 인하여 당사자가 입게 될 불이익을 취소로 달성되는 공익과 비교·형량(衡量)하여야
한다. 다만, 다음 각 호의 어느 하나에 해당하는 경우에는 그러하지 아니하다.
 1. 거짓이나 그 밖의 부정한 방법으로 처분을 받은 경우
 2. 당사자가 처분의 위법성을 알고 있었거나 중대한 과실로 알지 못한 경우

(1) 의 의

행정행위의 취소란 일단 유효하게 성립한 행정행위를 그 성립에 흠이 있음을 이
유로 권한 있는 기관이 그 법률상의 효력을 원칙적으로 행정행위시로 소급하여 소
멸시키는 것을 말한다.

(2) 종 류

행정행위의 취소에는 ① 처분청이나 감독청에 의해 이루어지는 '직권취소'(독립한행)
와 ② 행정쟁송절차에 따라 이루어지는 '쟁송취소'가 있다.

〈직권취소와 쟁송취소의 구별〉

구 분	직 권 취 소	쟁 송 취 소
취소권자	처분청, 감독청	행정심판위원회, 법원
목 적	행정의 적법상태 회복	국민의 권익 구제
절 차	행정절차법	행정소송(심판)법
대 상	수익적·침익적 행정행위	주로 침익적 행정행위
취소기간	제한 없음	제한 있음(불가쟁력)
효 과	소급효(원칙), 장래효(예외) 불가변력 불인정	소급효 발생 불가변력 발생(재결)

(3) 취소의 원인

행정행위의 취소원인은 무효에 이르지 않은 흠의 존재이며, 여기에는 ① 주체,
② 내용, ③ 절차, ④ 형식에 관한 흠으로 구분할 수 있다. 흠이 취소사유인지 아니
면 무효사유인지 여부는 결국 판례에 의해 정해지게 된다.

위헌·위법인 법령에 근거한 행정행위는 특별한 사유가 없는 한 취소사유이
다.[41] 헌법재판소 역시 기본적으로 대법원과 같은 입장이나, 행정행위 자체의 효력
이 쟁송기간 경과 후에도 존속 중인 경우, 특히 그 행정행위(압류처분)가 위헌법률

---

41) 대법원 1996. 6. 11. 선고 96누1689 판결.

에 근거하여 내려진 것이고 그 행정행위의 목적달성을 위해서는 후행 행정행위(환가 및 청산)가 필요한데 후행 행정행위는 아직 이루어지지 않은 경우와 같이 그 행정행위를 무효로 하더라도 법적 안정성을 크게 해치지 않는 반면에 그 하자가 중대하여 그 구제가 필요한 경우에 대해서는 그 예외를 인정하여 이를 무효사유로 보아서 쟁송기간 경과 후에라도 무효확인을 구할 수 있다고 한다.[42]

(4) 법적 근거

행정행위의 취소는 그 성립에 흠이 있는 행정행위의 효력을 소멸시킴으로써 적법상태를 회복시키는 것이므로 법적 근거가 불필요하다.[43]

(5) 절 차

개별법에 특별한 규정이 있는 경우에는 그에 따라야 한다(한천법 제91조, 도로법 제101조). 개별법에 규정이 없는 경우에도 직권취소는 독립한 행정행위이므로 행정절차법이 정한 처분의 방식과 절차에 따라야 한다.

(6) 취소권의 제한

주로 침익적 행정행위를 대상으로 하는 쟁송취소의 경우에는 사정재결이나 사정판결의 경우를 제외하고는 행정행위에 흠이 존재하면 원칙적으로 취소를 하여야 하기 때문에 취소권의 제한이 문제되지 않는다. 따라서 취소권의 제한은 '수익적 행정행위'에 대한 직권취소의 경우에 문제된다.

행정청은 당사자에게 권리나 이익을 부여하는 처분을 취소하려는 경우에는 취소로 인하여 당사자가 입게 될 불이익을 취소로 달성되는 공익과 비교·형량하여야 한다. 다만, ① 거짓이나 그 밖의 부정한 방법으로 처분을 받은 경우, ② 당사자가 처분의 위법성을 알고 있었거나 중대한 과실로 알지 못한 경우에는 그러하지 아니하다(행정기본법 제18조 제2항).

① 대법원 2002. 2. 5. 선고 2001두5286 판결

[1] 행정처분에 하자가 있음을 이유로 처분청이 이를 취소하는 경우에도 그 처분이 국민에게 권리나 이익을 부여하는 처분인 때에는 그 처분을 취소하여야 할 공익상의 필요와 그 취소로 인하여 당사자가 입게 될 불이익을 비교교량한 후 공익상의 필요가 당

42) 헌법재판소 1994. 6. 30.자 92헌바23 결정.
43) 대법원 2006. 5. 25. 선고 2003두4669 판결.

사자가 입을 불이익을 정당화할 만큼 강한 경우에 한하여 취소할 수 있는 것이지만, 그 처분의 하자가 당사자의 사실은폐나 기타 사위의 방법에 의한 신청행위에 기인한 것이라면 당사자는 그 처분에 의한 이익이 위법하게 취득되었음을 알아 그 취소가능성도 예상하고 있었다고 할 것이므로 그 자신이 위 처분에 관한 신뢰이익을 원용할 수 없음은 물론 행정청이 이를 고려하지 아니하였다고 하여도 재량권의 남용이 되지 않는다.

　[2] 허위의 고등학교 졸업증명서를 제출하는 사위의 방법에 의한 하사관 지원의 하자를 이유로 하사관 임용일로부터 33년이 경과한 후에 행정청이 행한 하사관 및 준사관 임용취소처분이 적법하다고 한 사례.

② 대법원 2019. 10. 17. 선고 2018두104 판결

　수익적 행정처분에 대한 취소권 등의 행사는 기득권의 침해를 정당화할 만한 중대한 공익상의 필요 또는 제3자의 이익보호의 필요가 있는 때에 한하여 허용될 수 있다는 법리는, 처분청이 수익적 행정처분을 직권으로 취소·철회하는 경우에 적용되는 법리일 뿐 쟁송취소의 경우에는 적용되지 않는다.

(7) 효　과

　행정행위의 취소는 그 성립 당시의 흠을 이유로 하는 것이므로 성립 당시로 소급하여 효력이 발생하는 것이 원칙이다. 그러나 수익적 행정행위의 직권취소와 같이 당사자의 신뢰를 보호할 가치가 있는 등 정당한 사유가 있는 경우에는 장래를 향하여 취소할 수 있다(제18조 제1항 단서).

(8) 취소의 흠

　직권취소에 흠이 있어 다시 취소된 경우 원래의 행정행위의 효력과 관련하여, ① 침익적 행정행위[44]는 그 효력이 다시 회복되지 않지만, ② 수익적 행정행위[45]는 그 효력이 회복된다는 것이 판례이다. 직권취소가 무효인 경우에는 원행정행위가 취소된 것이 아니므로 그대로 당연히 존속한다.

(9) 제3자효적 행정행위의 취소

　제3자효 행정행위의 경우에는 ① 취소로 인해 달성하고자 하는 공익, ② 취소로 인해 피해를 입게 되는 상대방의 신뢰이익, ③ 취소로 인해 제3자가 얻게 되는 이

---

44) 대법원 1995. 3. 10. 선고 94누7027 판결(과세처분); 대법원 2002. 5. 28. 선고 2001두9653 판결(병역처분).
45) 대법원 1997. 1. 21. 선고 96누3401 판결(이사취임승인처분).

익 등 3면 관계를 모두 고려하여야 한다.

Ⅱ. 행정행위의 철회

> **행정기본법** 제19조(적법한 처분의 철회) ① 행정청은 적법한 처분이 다음 각 호의 어느 하나에 해당하는 경우에는 그 처분의 전부 또는 일부를 장래를 향하여 철회할 수 있다.
> 1. 법률에서 정한 철회 사유에 해당하게 된 경우
> 2. 법령등의 변경이나 사정변경으로 처분을 더 이상 존속시킬 필요가 없게 된 경우
> 3. 중대한 공익을 위하여 필요한 경우
> ② 행정청은 제1항에 따라 처분을 철회하려는 경우에는 철회로 인하여 당사자가 입게 될 불이익을 철회로 달성되는 공익과 비교·형량하여야 한다.

(1) 의 의

행정행위의 철회란 행정행위의 성립 당시 흠 없이 유효하게 성립된 행정행위를 사후에 발생한 사유에 의해서 행정기관이 장래를 향하여 그 효력을 소멸시키는 행정행위이다. 실제에 있어서는 철회보다는 취소라는 용어로 많이 사용되고 있다.

〈철회와 취소의 구별〉

구 분	철 회	취 소
권한자	처분청	처분청, 감독청, 행정심판위원회, 법원
사 유	후발적인 새로운 사정	무효사유가 아닌 원시적인 흠
절 차	직권	직권 또는 쟁송절차
제 한	공익과 사익의 비교형량 (수익적 처분)	공익과 사익의 비교형량 (수익적 처분의 직권취소)
효 과	장래효	소급효(원칙), 장래효(정당한 사유, 직권취소)

(2) 법적 근거

침익적 행정행위의 철회에 대해서는 철회행위 자체가 상대방에게 수익적이므로 철회사유가 존재하는 경우 법적 근거가 없더라도 철회할 수 있다고 보는 것이 일반적이다. 그러나 수익적 행정행위의 철회와 관련하여서는 ① 근거불요설과 ② 근거필요설[46]이 대립하고 있으나, 판례는 근거불요설[47]의 입장이다.

---

46) 근거필요설은 이미 부여된 수익적 행정행위를 철회하는 것은 결과적으로 국민의 기본권의 행사를 침해하는 면을 가지므로 적어도 공익상의 필요를 이유로 행해지는 수익적 행정행위의 철회에는 법률의 근거가 필요하다는 점을 그 논거로 들고 있다. 김남진/김연태(389면).

최근 제정된 행정기본법은 철회에 관한 일반적 근거를 마련하였다.

(3) 철회의 원인

행정기본법 제19조 제1항은 철회의 사유로 ① 법률에서 정한 철회 사유에 해당하게 된 경우($^{제1}_{호}$), ② 법령등의 변경이나 사정변경으로 처분을 더 이상 존속시킬 필요가 없게 된 경우($^{제2}_{호}$), ③ 중대한 공익을 위하여 필요한 경우($^{제3}_{호}$)를 규정하고 있다.

(4) 절 차

행정행위를 철회하는 경우에는 행정절차법이 정한 처분의 방식과 절차를 준수하여야 한다. 수익적 행정행위의 철회는 침익적 행정행위의 성질을 가지므로 처분의 사전통지($^{제21}_{조}$)・의견청취($^{제22}_{조}$)・처분의 이유제시($^{제23}_{조}$) 등의 절차가 요구된다.

(5) 철회권의 제한

침익적 행정행위에 있어서 불가변력을 가지는 행위를 제외하고는 행정청이 당해 행정행위를 자유롭게 철회할 수 있다. 그러나 수익적 행정행위의 철회는 철회로 인하여 당사자가 입게 될 불이익을 철회로 달성되는 공익과 비교・형량하여야 한다($^{제19조}_{제2항}$).

(6) 효 과

철회의 효과는 장래를 향하여 발생하는 것이 원칙이다($^{제19조}_{제1항}$). 이와 달리 철회의 효과를 소급하여 발생시키기 위해서는 별도의 법적 근거가 필요하다는 것이 판례[48]의 태도이다.

(7) 손실보상의 문제

수익적 행정행위가 상대방의 귀책사유와 관계없이 공익상 필요 등에 의해 철회가 되는 경우 행정청은 상대방의 손실을 보상할 필요가 있는바, 이와 관련하여 개별 법률에서 보상규정을 두기도 한다.

---

47) 대법원 2017. 3. 15. 선고 2014두41190 판결.
48) 대법원 2018. 6. 28. 선고 2015두58195 판결.

(8) 철회신청권의 문제

행정행위가 발해진 후 사정변경이 있거나 중대한 공익상의 필요가 발생한 경우라도 행정행위의 상대방이나 이해관계인에게는 그 철회·변경을 요구할 권리(신청권)가 인정되지 않는 것이 원칙이다.[49] 그러나 행정행위를 철회하지 않으면 상대방이나 이해관계인의 권리를 침해하는 경우에는 예외적으로 당해 행정행위의 철회를 신청할 권리가 인정된다.[50]

Ⅲ. 행정행위의 실효

행정행위의 실효란 아무런 흠이 없이 유효하게 성립한 행정행위가 행정청의 의사표시에 의하지 않고 일정한 사실의 발생에 의하여 당연히 그 효력이 소멸되는 것을 말한다. 예컨대, 영업허가를 받은 자가 그 영업을 폐업한 경우에는 그 영업허가는 당연히 실효된다(대법원 1981. 7. 14. 선고 80누593 판결).

---

49) 대법원 1997. 9. 12. 선고 96누6219 판결.
50) 대법원 2017. 3. 15. 선고 2014두41190 판결(건축허가는 대물적 성질을 갖는 것이어서 행정청으로서는 허가를 할 때에 건축주 또는 토지 소유자가 누구인지 등 인적 요소에 관하여는 형식적 심사만 한다. 건축주가 토지 소유자로부터 토지사용승낙서를 받아 그 토지 위에 건축물을 건축하는 대물적 성질의 건축허가를 받았다가 착공에 앞서 건축주의 귀책사유로 해당 토지를 사용할 권리를 상실한 경우, 건축허가의 존재로 말미암아 토지에 대한 소유권 행사에 지장을 받을 수 있는 토지 소유자로서는 건축허가의 철회를 신청할 수 있다고 보아야 한다. 따라서 토지 소유자의 위와 같은 신청을 거부한 행위는 항고소송의 대상이 된다).

제 3 장   행정계획

[사례 9]
도지사 甲은 상업지구인 A토지지역을 주택지구로 하는 도시계획변경결정을 하였다. 이 결정으로 인해 A토지의 소유자인 X는 지가의 현저한 하락으로 인해 막대한 손해를 입게 되었다. 이에 대한 X의 구제수단은 무엇인가? (제40회 사법시험)

제 1 절   행정계획의 의의 및 종류

Ⅰ. 행정계획의 의의

행정계획이란 장래 일정기간 내에 도달해야 할 특정한 행정목표를 설정하고 그 목표를 달성하기 위하여 여러 가지 수단을 조정·통합하는 작용 또는 그 활동기준을 말한다. 행정계획은 현대 복지국가 이전에도 존재하였지만, 20세기에 들어와서 행정의 장기성·종합성을 요하는 시대적 배경에 따라 새롭게 등장하였다. 또한 다원적 사회구조와 자원의 유한성으로 이해관계의 조정 및 행정수요에 대한 효율적 대응이 필요했으며, 과학기술의 발달로 장래예측에 대한 정확도가 향상되었다는 점 역시 행정계획의 등장배경(필요성)으로 들 수 있다.

대법원 2007. 4. 12. 선고 2005두1893 판결

행정계획이라 함은 행정에 관한 전문적·기술적 판단을 기초로 하여 도시의 건설·정비·개량 등과 같은 특정한 행정목표를 달성하기 위하여 서로 관련되는 행정수단을 종합·조정함으로써 장래의 일정한 시점에 있어서 일정한 질서를 실현하기 위한 활동기준으로 설정된 것이다.

Ⅱ. 행정계획의 종류

행정계획은 여러 기준에 따라 구분할 수 있다. 즉, ① 행정계획의 범위에 따라

'종합(전체)계획'(종합적·전체적)과 '부문별계획'(특정 지역 또는 특정)으로, ② 계획기간에 따라 '장기계획'(6년 이상)과 '중기계획'(2년에서 5년) 및 '연도별계획'(1년)으로, ③ 지역성 여부에 따라 '지역계획'과 '비지역계획'으로, ④ 다른 계획의 기준이 되는지의 여부에 따라 '상위계획(기본)'과 '하위계획(시행)'으로, ⑤ 법적 구속력에 따라 '구속적 계획'(일반 국민 또는 관계행정기관에 대하여 구속력을 가지는 계획)과 '비구속적 계획'(국민에게 단순히 정보를 제공하거나 국민을 일정 방향으로 이끄는 계획)으로 나눌 수 있다.

제 2 절 행정계획의 법적 성질

Ⅰ. 학설의 대립

행정계획은 특유한 법적 형태를 갖는 것이 아니다. 따라서 행정계획이 항고소송의 대상에 해당하는가의 여부에 대해 논란이 있다. 즉, 행정소송법에 의하여 항고소송의 제기는 '처분'에 한하여 가능하기 때문에 행정계획에 처분성이 인정되는가의 문제이다. 이에 대해 학설은 ① 일반·추상적 규범을 정립하는 입법행위로 보는 '입법행위설', ② 행정법상 법률관계의 구체적 변동을 가져오는 행정행위의 일종으로 이해하는 '행정행위설', ③ 행정계획은 고도의 구체성을 포함하고 있기 때문에 추상적 규범정립작용인 행정입법에 해당하지 않으며, 그렇다고 개인의 권리에 직접 영향을 미치는 행정행위에 해당하지도 않기 때문에 행정계획으로서의 독자적 성질을 가진다는 '독자성설', ④ 행정계획은 성격도 다양하고,[1] 법률, 명령, 계약, 지침 등 여러 형식의 틀을 취할 수 있으므로 개별적·구체적으로 법적 성질을 파악하는 것이 타당하다는 '개별성질설'(다수설) 등이 주장되고 있다.

Ⅱ. 판례의 태도

대법원은 행정계획의 구체적 내용에 따라 법적 성질을 파악하고 있다(개별성질설). 가령, ① "도시계획법 제12조 소정의 도시계획결정[2]이 고시되면 도시계획구역

---

1) 행정계획에는 ① 국토종합계획, 민방위기본계획 등과 같은 규칙의 성질을 가지는 계획, ② 도시·군관리계획, 토지정리사업계획 등과 같은 처분적 성질을 가지는 계획, ③ 교통진흥계획, 체육진흥계획 등과 같은 행정지도적 성질을 가지는 계획 등이 있다.

2) 이는 이후 국토의 계획 및 이용에 관한 법률에서 '도시·군관리계획'으로 명칭이 변경되었다.

안의 토지나 건물 소유자의 토지형질변경, 건축물의 신축, 개축 또는 증축 등 권리 행사가 일정한 제한을 받게 되는바 이런 점에서 볼 때 고시된 도시계획결정은 특정 개인의 권리 내지 법률상의 이익을 개별적이고 구체적으로 규제하는 효과를 가져오게 하는 행정청의 처분이라 할 것이고, 이는 행정소송의 대상이 되는 것이라 할 것이다."고 판시한 바 있다(대법원 1982. 3. 9.
선고 80누105 판결). 그러나 ② 도시기본계획은 도시계획입안의 지침이 되는 것에 불과하여 일반 국민에 대한 직접적인 구속력은 없다고 하였다 (대법원 2002. 10. 11.
선고 2000두8226 판결).

제 3 절 행정계획의 절차

Ⅰ. 일반적인 절차

현행 행정절차법에서 행정예고[3]에 관한 규정을 제외하고는 행정계획의 수립절차에 대한 일반규정이 없다. 그러나 국토기본법·국토의 계획 및 이용에 관한 법률·도시개발법 등과 같은 개별 법령에서 행정계획의 수립절차를 규정하고 있다. 이와 같은 개별 법령상의 일반적인 절차에는 ① 심의회의 조사·심의, ② 관계 행정기관과의 조정·협의, ③ 이해관계인의 참여·의견청취, ④ 행정예고, ⑤ 지방자치단체의 참가, ⑥ 공고 등이 있다.

Ⅱ. 인허가의제제도

1. 의 의

행정기본법은 하나의 인허가(주된 인허가)를 받으면 법률로 정하는 바에 따라 그와 관련된 여러 인허가(관련 인허가)를 받은 것으로 보는 '인허가의제'를 인정하고 있다(제24조
제1항). 이는 행정절차의 간소화 및 규제완화를 통해 대규모 사업수행을 촉진하기 위하여 인정된다. 인허가의제는 그 기능면에서 독일에서 인정되는 행정계획의

---

3) 행정청은 정책, 제도 및 계획을 수립·시행하거나 변경하려는 경우에는 이를 예고하여야 한다 (행정절차법 제46조 제1항 본문).

'집중효'(Konzentration-swirkung)4)와 유사하나, 인허가의제는 행정계획뿐만 아니라 일반 행정행위에도 인정된다는 점에서 집중효와 차이가 있다.

실정법상 건축허가를 받으면 개발행위허가, 산지전용허가, 도로점용허가 등을 받은 것으로 보는 건축법 제11조 제5항이 인허가의제의 대표적인 예이다.

2. 절 차

인허가의제를 받으려면 주된 인허가를 신청할 때 관련 인허가에 필요한 서류를 함께 제출하여야 한다. 다만, 불가피한 사유로 함께 제출할 수 없는 경우에는 주된 인허가 행정청이 별도로 정하는 기한까지 제출할 수 있다(제2항).

이 경우 주된 인허가 행정청은 주된 인허가를 하기 전에 관련 인허가에 관하여 미리 관련 인허가 행정청과 협의하여야 한다(제3항). 여기서 협의는 관련 인허가의 실체적 요건의 준수를 보장하기 위한 절차이므로 단순한 자문절차가 아니라 동의를 구하는 절차로 보아야 한다는 견해가 있으나, 판례는 '자문설'의 입장으로 보인다.5)

관련 인허가 행정청은 협의를 요청받으면 그 요청을 받은 날부터 20일 이내(제5항 단서에 따른 절차에 걸리는 기간은 제외한다)에 의견을 제출하여야 한다. 이 경우 전단에서 정한 기간(민원 처리 관련 법령에 따라 의견을 제출하여야 하는 기간을 연장한 경우에는 그 연장한 기간을 말한다) 내에 협의 여부에 관하여 의견을 제출하지 아니하면 협의가 된 것으로 본다(제4항).

3. 요 건

협의를 요청받은 관련 인허가 행정청은 해당 법령을 위반하여 협의에 응해서는 아니 된다. 다만, 관련 인허가에 필요한 심의, 의견청취 등 절차에 관하여는 법률에 인허가의제 시에도 해당 절차를 거친다는 명시적인 규정이 있는 경우에만 이를 거친다(제5항).

---

4) 행정계획의 집중효란 독일의 계획확정절차에 인정되는 효과 중 하나로서, 행정행위의 성질을 갖는 행정계획이 계획확정절차에 따라 확정되는 때에는 당해 행정계획의 수행에 필요한 다른 행정청의 인가나 허가 등을 받은 것으로 간주하는 효력을 말한다(대체효).

5) 대법원 2006. 6. 30. 선고 2005두14363 판결[국방·군사시설 사업에 관한 법률 및 구 산림법 (2002. 12. 30. 법률 제6841호로 개정되기 전의 것)에서 보전임지를 다른 용도로 이용하기 위한 사업에 대하여 승인 등 처분을 하기 전에 미리 산림청장과 협의를 하라고 규정한 의미는 그의 자문을 구하라는 것이지 그 의견을 따라 처분을 하라는 의미는 아니라 할 것이므로, 이러한 협의를 거치지 아니하였다고 하더라도 이는 당해 승인처분을 취소할 수 있는 원인이 되는 하자 정도에 불과하고 그 승인처분이 당연무효가 되는 하자에 해당하는 것은 아니라고 봄이 상당하다].

대법원 1992. 11. 10. 선고 92누1162 판결

건설부장관이 구 주택건설촉진법(1991. 3. 8. 법률 제4339호로 개정되기 전의 것) 제33조에 따라 관계기관의 장과의 협의를 거쳐 사업계획승인을 한 이상 같은 조 제4항의 허가·인가·결정·승인 등이 있는 것으로 볼 것이고, 그 절차와 별도로 도시계획법 제12조 등 소정의 중앙도시계획위원회의 의결이나 주민의 의견청취 등 절차를 거칠 필요는 없다.

4. 효 과

위와 같이 협의가 된 사항에 대해서는 주된 인허가를 받았을 때 관련 인허가를 받은 것으로 본다(제25조 제1항). 인허가의제의 효과는 주된 인허가의 해당 법률에 규정된 관련 인허가에 한정된다(제2항).

5. 사후관리

인허가의제의 경우 관련 인허가 행정청은 관련 인허가를 직접 한 것으로 보아 관계 법령에 따른 관리·감독 등 필요한 조치를 하여야 한다(제26조 제1항).

6. 불 복

행정청이 관련 인허가의 거부사유를 들어 주된 인허가를 거부하는 경우 행정쟁송의 대상은 주된 인허가에 대한 거부처분이 되지만,[6] 주된 인허가에 따라 의제된 인허가의 위법함을 다투고자 하는 이해관계인은 의제된 인허가에 대하여 행정쟁송을 제기하여야 한다.[7]

제4절 계획재량과 형량명령

I. 계획재량(형성의 자유)

일반행정작용의 근거가 되는 법률은 요건과 효과를 규정함에 반하여, 행정계획

---

6) 대법원 2001. 1. 16. 선고 99두10988 판결.
7) 대법원 2018. 11. 29. 선고 2016두38792 판결.

의 근거가 되는 법률은 일반적으로 목표와 절차를 규정하고 있다. 따라서 행정계획은 일반행정작용에 비해 광범위한 판단여지를 가지는바, 이를 독일에서는 형성의 자유 또는 일반재량과 구분하여 계획재량이라 한다.

한편, 계획형성의 자유도 전통적인 재량의 연장선상에 있는 것으로 보아 재량의 일탈·남용의 법리로 해결하려는 시도도 있다.

행정계획의 수립 및 시행주체에게 광범위한 형성의 자유를 인정하는 만큼 이에 대한 사법적 통제도 철저하게 이루어져야 국민의 권익구제에 충실할 수 있을 것이다. 사법적 통제에 있어서 심사하여야 할 사항으로는 ① 목표의 적법·타당성 여부, ② 수단의 비례원칙 적합성 여부, ③ 계획의 수립·시행절차 준수 여부, ④ 관계 이익의 형량 위반 여부(형량의 원칙) 등이다.

II. 계획재량의 통제원리로서 형량명령

행정절차법 제40조의4(행정계획) 행정청은 행정청이 수립하는 계획 중 국민의 권리·의무에 직접 영향을 미치는 계획을 수립하거나 변경·폐지할 때에는 관련된 여러 이익을 정당하게 형량하여야 한다.

형량명령($^{Abwägungs-}_{gebot}$)이란 행정계획을 수립함에 있어 관계 이익을 비교·형량하여야 한다는 원칙이다. 원래 이 원칙은 독일에서 주장된 이론으로서, 구체적인 내용은 ① 행정청이 관련된 이익을 제대로 수집하고 선별하였는지의 여부, ② 수집된 이익이 객관적으로 평가되었는지의 여부, ③ 평가된 이익 상호 간에 정당한 청산이 이루어졌는지의 여부를 검토하여 행정계획을 결정하여야 한다는 것이다.

예컨대 도심 내의 녹지지역을 주거지역으로 변경하는 경우, 산림보호라는 공익과 인구유입을 통한 지역경제 활성화라는 공익, 인근 주민들이 녹지지역을 통해 향유하는 환경권과 토지 소유자들이 가지는 개발이익이라는 사익이 각각 상충하게 되므로 이러한 이익들을 정당하게 형량하여야 한다.

이러한 형량명령을 위반하면 위법한 행정계획이 되는바, 형량명령 위반의 구체적 사례는 ① 형량의 불개시, ② 형량의 흠결, ③ 형량의 오판, ④ 형량의 불비례 등이다. 우리 행정절차법 제40조의4에서도 이러한 형량명령의 법리를 명문화하고 있다.

대법원 2006. 9. 8. 선고 2003두5426 판결

행정계획이라 함은 행정에 관한 전문적·기술적 판단을 기초로 하여 도시의 건설·정비·개량 등과 같은 특정한 행정목표를 달성하기 위하여 서로 관련되는 행정수단을 종합·조정함으로써 장래의 일정한 시점에 있어서 일정한 질서를 실현하기 위한 활동기준으로 설정된 것으로서, 구 도시계획법 등 관계 법령에는 추상적인 행정목표와 절차만이 규정되어 있을 뿐 행정계획의 내용에 대하여는 별다른 규정을 두고 있지 아니하므로 행정주체는 구체적인 행정계획을 입안·결정함에 있어서 비교적 광범위한 형성의 자유를 가진다고 할 것이지만, 행정주체가 가지는 이와 같은 형성의 자유는 무제한적인 것이 아니라 그 행정계획에 관련되는 자들의 이익을 공익과 사익 사이에서는 물론이고 공익 상호 간과 사익 상호 간에도 정당하게 비교교량하여야 한다는 제한이 있는 것이고, 따라서 행정주체가 행정계획을 입안·결정함에 있어서 이익형량을 전혀 행하지 아니하거나 이익형량의 고려 대상에 마땅히 포함시켜야 할 사항을 누락한 경우 또는 이익형량을 하였으나 정당성과 객관성이 결여된 경우에는 그 행정계획결정은 형량에 하자가 있어 위법하다.

제 5 절   행정계획과 권리구제

I. 행정쟁송(항고쟁송)

행정심판법 및 행정소송법에서는 항고쟁송의 대상을 행정청의 처분으로 한정하고 있기 때문에 행정계획에 대한 처분성이 인정되어야 항고쟁송의 대상이 된다. 행정계획 중에서 행정객체의 법적 지위를 일방적으로 변동시키는 구속력 및 처분적 성질을 가지는 계획은 처분성이 인정되어야 할 것이다. 대법원은 주택재건축정비사업조합의 (인가·고시 등을 통해 확정된) '사업시행계획'이나 '관리처분계획'의 처분성을 인정한 바 있으나, '환지계획'이나 '4대강 살리기 마스터플랜'에 대해서는 처분성을 부인하였다.[8]

---

8) 대법원 2009. 11. 2.자 2009마596 결정; 대법원 2009. 9. 17. 선고 2007다2428 전원합의체 판결; 대법원 1999. 8. 20. 선고 97누6889 판결; 대법원 2011. 4. 21.자 2010무111 전원합의체 결정.

II. 헌법소원

처분성이 인정되는 행정계획은 헌법소원의 대상이 될 수 없다(헌법재판소법 제68조 제1항 단서). 한편, 비구속적 행정계획안이나 행정지침이라도 국민의 기본권에 직접적으로 영향을 끼치고 앞으로 법령의 뒷받침에 의하여 그대로 실시될 것이 틀림없이 예상되는 경우에는 예외적으로 헌법소원의 대상이 될 수 있다.[9]

III. 계획제한과 손실보상

현행 헌법 제23조 제3항은 재산권의 수용·사용뿐만 아니라 제한의 경우에도 보상을 인정하고 있다. 한편 손실보상에 관한 사항은 법률에 의하도록 규정되어 있는바, 만약 개별적 법률에 계획제한에 대한 보상규정이 없다면 행정계획에 의해 재산권의 사용이 부당하게 제한당하는 경우에 있어서 정당한 보상의 문제가 발생할 수 있다. 헌법재판소는 도시계획에 의한 개발제한구역에 관한 사건에서 도시계획법상 개발제한구역의 지정으로 말미암아 토지를 종래의 목적으로도 사용할 수 없거나 또는 법률상으로 허용된 토지이용의 방법이 없기 때문에 실질적으로 토지의 사용·수익권이 폐지된 경우에는 보상을 요한다는 입장을 밝힌 바 있다.

헌법재판소 1998. 12. 24.자 89헌마214 등 결정
도시계획법 제21조에 의한 재산권의 제한은 개발제한구역으로 지정된 토지를 원칙적으로 지정 당시의 지목과 토지현황에 의한 이용방법에 따라 사용할 수 있는 한, 재산권에 내재하는 사회적 제약을 비례의 원칙에 합치하게 합헌적으로 구체화한 것이라고 할 것이나, 종래의 지목과 토지현황에 의한 이용방법에 따른 토지의 사용도 할 수 없거나 실질적으로 사용·수익을 전혀 할 수 없는 예외적인 경우에도 아무런 보상 없이 이를 감수하도록 하고 있는 한, 비례의 원칙에 위반되어 당해 토지소유자의 재산권을 과도하게 침해하는 것으로서 헌법에 위반된다.

---

9) 헌법재판소 1992. 10. 1.자 92헌마68·76(병합) 결정(서울대학교의 대학입학고사주요요강).

제 6 절   행정계획의 변경·폐지

I. 행정계획의 변경·폐지와 신뢰보호

행정계획의 전제가 된 상황의 변화로 행정계획을 변경 또는 폐지하는 경우, 이를 신뢰한 행정계획의 수범자에게 계획의 존속·이행·경과조치 등의 청구권을 인정하는 것에 대해서 문제가 된다. 이는 결국 신뢰보호의 원칙과 사정변경의 원칙의 충돌 문제이다. 이처럼 행정계획의 변경에 따른 위험을 계획주체와 계획의 수범자 간에 적절히 분배해보려는 논의를 이른바 '계획보장청구권'의 문제라고 한다.

II. 계획보장청구권

사정의 변경으로 인하여 행정계획의 변경이나 폐지가 불가피한 경우, 이를 신뢰한 행정계획의 수범자가 당해 행정계획의 존속 및 이행, 적절한 경과조치, 손해의 전보 등을 요구할 수 있는 권리를 이른바 계획보장청구권이라 한다. 여기에는 ① 계획의 수범자가 계획의 변경 또는 폐지에 대항하여 당해 계획의 유지·존속을 요구할 수 있는 권리인 '계획유지청구권',[10] ② 행정계획의 수범자가 당해 계획의 이행·준수를 요구할 수 있는 권리인 '계획이행청구권', ③ 계획의 변경이나 폐지에 따른 위험을 최소화하기 위해 필요한 경과조치를 취하거나 적절한 원조를 요구할 수 있는 권리인 '경과조치청구권',[11] ④ 행정계획의 변경을 저지할 수 없을 때, 최후의 수단으로서 손해배상 또는 손실보상을 청구하는 '손해전보청구권'이 있다.

III. 계획변경·폐지청구권

계획변경·폐지청구권이란 이해관계인이 기존의 계획에 대하여 변경이나 폐지를 요구할 수 있는 권리를 말한다. 대법원은 일반적으로 계획변경청구권을 인정하

---

10) 이는 계획변경이 부진정소급효를 가지는 경우에 한하여, 계획의 변경필요성이라는 공익보다는 수범자의 신뢰라고 하는 사익에 대한 보호가치가 더 클 경우에 인정될 수 있다.
11) 그러나 사실상 이러한 조치는 입법적 문제로서 계획의 수범자가 당해 청구권을 행사할 수 있는 현실적 방법은 없을 것으로 보인다.

지 않는다.

대법원 1984. 10. 23. 선고 84누227 판결

국민의 신청에 대한 행정청의 거부처분이 항고소송의 대상이 되는 행정처분이 되기
위하여는, 국민이 행정청에 대하여 그 신청에 따른 행정행위를 해줄 것을 요구할 수 있
는 법규상 또는 조리상의 권리가 있어야 하는바, 도시계획법상 주민이 도시계획 및 그
변경에 대하여 어떤 신청을 할 수 있음에 관한 규정이 없을 뿐만 아니라, 도시계획과
같이 장기성·종합성이 요구되는 행정계획에 있어서는 그 계획이 일단 확정된 후에 어
떤 사정의 변동이 있다고 하여 지역주민에게 일일이 그 계획의 변경을 청구할 권리를
인정해 줄 수도 없는 이치이므로 도시계획시설변경신청을 불허한 행위는 항고소송의
대상이 되는 행정처분이라고 볼 수 없다.

그러나 ① 계획변경신청의 거부가 실질적으로 사전결정이 있는 처분 자체를 거
부하는 결과가 되는 경우(폐기물처리사업의 적정통보를
받은 자의 계획변경신청권), ② 법령에서 도시·군관리계획의 입안
에 대한 제안권을 인정하고 있는 경우에 도시·군관리계획의 변경에 대한 제안을
거부한 경우, ③ 법률에서 일정한 기간마다 문화재보호구역의 해제나 조정 여부를
검토하도록 규정하고 있는 경우에 토지소유자의 지정해제신청을 거부한 경우에는
예외적으로 계획변경청구권을 인정하였다.[12]

대법원 2003. 9. 23. 선고 2001두10936 판결

[1] 국민의 적극적 신청행위에 대하여 행정청이 그 신청에 따른 행위를 하지 않겠다
고 거부한 행위가 항고소송의 대상이 되는 행정처분에 해당하는 것이라고 하려면, 그
신청한 행위가 공권력의 행사 또는 이에 준하는 행정작용이어야 하고, 그 거부행위가
신청인의 법률관계에 어떤 변동을 일으키는 것이어야 하며, 그 국민에게 그 행위발동을
요구할 법규상 또는 조리상의 신청권이 있어야만 한다.

[2] 구 국토이용관리법(2002. 2. 4. 법률 제6655호 국토의계획
및이용에관한법률 부칙 제2조로 폐지)상 주민이 국토이용계획의 변경에 대하
여 신청을 할 수 있다는 규정이 없을 뿐만 아니라, 국토건설종합계획의 효율적인 추진
과 국토이용질서를 확립하기 위한 국토이용계획은 장기성, 종합성이 요구되는 행정계획
이어서 원칙적으로는 그 계획이 일단 확정된 후에 어떤 사정의 변동이 있다고 하여 그
러한 사유만으로는 지역주민이나 일반 이해관계인에게 일일이 그 계획의 변경을 신청
할 권리를 인정하여 줄 수는 없을 것이지만, 장래 일정한 기간 내에 관계 법령이 규정
하는 시설 등을 갖추어 일정한 행정처분을 구하는 신청을 할 수 있는 법률상 지위에 있

---

12) 대법원 2003. 9. 23. 선고 2001두10936 판결; 대법원 2004. 4. 28. 선고 2003두1806 판결; 대법
원 2004. 4. 27. 선고 2003두8821 판결.

는 자의 국토이용계획변경신청을 거부하는 것이 실질적으로 당해 행정처분 자체를 거
부하는 결과가 되는 경우에는 예외적으로 그 신청인에게 국토이용계획변경을 신청할
권리가 인정된다고 봄이 상당하므로, 이러한 신청에 대한 거부행위는 항고소송의 대상
이 되는 행정처분에 해당한다.

제 4 장   행정사법론과 행정계약

제 1 절   행정사법론(行政私法論)

　행정사법이란 ① 사법(私法)적 형식으로 ② 공공서비스 제공 등의 행정목적, 즉 공적 임무를 수행하는 행정활동으로서, ③ 공법의 법규 및 원리에 의해 규율되는 행정의 행위형식을 말한다. 행정사법의 예로는 ① 부동산 투기억제 · 경기부양 · 고용대책 · 수출진흥 등의 목적을 위하여 행정주체가 사법적 형식을 통해 시장개입을 하는 경우, ② 시영버스의 운영, 전기 · 수도 · 가스의 공급, 폐기물 처리, 보조금 지급 등과 같은 사법형식의 급부행정을 하는 경우, ③ 국가가 공적인 사무를 사법상으로 조직한 회사를 통해 수행하는 경우 등이 있다.[1] 이는 독일의 전통적 이론인 국고이론의 틀 속에서, 종래의 국고작용을 행정사법과 협의의 국고작용으로 나누어 이해하려는 입장이다. 행정사법은 공적 임무를 사법의 형식으로 수행하는 것이고, 협의의 국고작용은 국가가 사경제주체로서의 지위에서 수행하는 작용을 의미한다는 것이다.[2]

　그러나 행정에 적용되는 공법관계인 행정법관계와 행정에 적용되는 사법관계는 상대적인 차이에 지나지 않는 것이므로, 행정에 적용되는 사법관계 역시 법률관계의 주체가 행정청이라는 점과 공익실현작용이라는 점에서 행정법관계와 다르지 않다. 또한, 국가는 수단이나 권력 면에서 본질적으로 사인과 불평등한 지위를 가지므로 국가가 아무리 사경제적 주체로서 행위한다고 하여도 이미 일방 당사자가 국가라는 점에서 완전히 평등한 계약이 이루어질 수는 없다. 이 점에 대해서는 행정사법과 국고작용을 분리하여 설명하는 학자들마저도 협의의 국고작용인 조달행정 또는 영리행정에 있어서 공법적 제한이 불가피하다는 것을 시인하고 있다.[3]

　따라서 행정에 행정법관계를 적용할 것인가 사법관계를 적용할 것인가 하는 문제는 법률관계를 행정의 특권이 강하게 작용하여 행정소송의 대상이 되는 관계로

---

1) 홍정선(582 – 583면).
2) 상게서(585면).
3) 상게서(583면).

볼 것인가 아니면 다소 불평등하나 대체로는 사법관계를 적용시켜 민사소송의 대상으로 볼 것인가 하는데 달려 있다.

이런 점에서 보면 행정에 적용되는 모든 사법관계에는 정도의 차이는 있을지언정 다소의 불평등관계에서 오는 공적 규율이 따른다. 따라서 볼프의 주장과 같이 공적 임무를 직접적으로 수행하는 공행정작용에 한정시켜 행정사법을 파악할 것이 아니라 행정에 적용되는 모든 사법관계를 행정사법관계로 파악할 필요가 있다(私見).

제 2 절 행정계약

행정기본법 제27조(공법상 계약의 체결) ① 행정청은 법령등을 위반하지 아니하는 범위에서 행정목적을 달성하기 위하여 필요한 경우에는 공법상 법률관계에 관한 계약(이하 "공법상 계약"이라 한다)을 체결할 수 있다. 이 경우 계약의 목적 및 내용을 명확하게 적은 계약서를 작성하여야 한다.
② 행정청은 공법상 계약의 상대방을 선정하고 계약 내용을 정할 때 공법상 계약의 공공성과 제3자의 이해관계를 고려하여야 한다.

Ⅰ. 행정계약의 의의

일반적으로 행정법을 행정에 관한 국내공법으로 정의하고 있고, 행정상 법률관계를 공법관계와 사법관계로 나누고 있으므로, '행정계약'이라는 용어는 행정주체의 공법상 계약에 한정시키고, 행정주체의 공법상 계약과 사법상 계약을 총칭하는 용어로는 '행정상 계약'이라는 용어를 사용하는 것이 논리적으로 타당하다.[4]

우리나라의 경우, 공법상 계약인 행정계약과 사법상 계약의 구별기준이 명확하게 정립되어 있지 않고, 그 인정범위가 제한적이라는 점에서 행정계약의 법리가 제대로 자리 잡지 못하고 있는 실정이다.[5] 행정기본법은 공법상 계약을 행정청이 행

---

4) 이와 달리 "행정계약은 행정주체와 국민 사이 또는 행정주체 상호 간에서, 직접 또는 간접으로 행정목적을 수행하기 위하여 이루어지는 합의를 말한다. 이러한 의미의 행정계약은 그 범위에 있어서, 행정주체가 당사자로 되어 있는 공법상 계약과 사법상 계약이 포함된다."라고 하여 행정주체가 맺는 공법상 계약과 사법상 계약을 포함하는 개념으로 사용하는 견해도 있다. 김도창(511면).
5) 이는 행정법관계에서 권력관계가 중심을 이루는 독일 이론의 영향을 강하게 받은 것으로 보인다. 공법의 특성으로서 '국민의 행정에 대한 일방적 복종의무'를 주장하였던 오토 마이어에 있어서, 국가와 국민 사이에 계약이란 불가능한 것으로 이해되었다. 그러나 이러한 주장은 점점 설득력을 잃게 되었고, 2차 세계대전 이후 연방행정절차법 제54조(공법영역에 있어서의 법률관계는 법령에 반대규정이

정목적을 달성하기 위하여 체결하는 공법상 법률관계에 관한 계약으로 정의하고 있
다(제27조 제 1항 전문). 이러한 행정계약은 공법상 효과를 발생시킨다는 점에서 사법상 계약과
구별된다.

Ⅱ. 행정계약의 종류

1. 강학상 분류

당사자를 기준으로 본 행정계약의 유형에는 ① 행정주체 상호 간의 계약(「지방자치법」 제168조에 따
른 사무위탁, 「도로법」 제24조 제1항에 따른 도로 관리의 협의 및 제85조 제2항에 따른 비용부담 협의 등), ② 행정주체와 사인 간의 계약(「정부조직법」 제6조 제3항에 따른 소관사무의 위탁, 「행정권한의 위임 및 위탁에 관한 규
정」, 제13조에 따른 민간위탁, 「폐기물관리법」 제16조에 따른 협약의 체결, 임의적 공용부담계약, 지방전문직 공무원 채용계약, 공중보건의사 채용계약, 시립무용단원 위촉, 시립합창단원 위촉, 국방홍보원장 채용계약 등), ③ 공무수탁사인과 사인
간의 계약(「공익사업을 위한 토지 등의 취득 및 보상에 관한 법률」 제26조에 따른 협의)6)이 있다.

2. 판례의 태도

대법원은 ① 국가 또는 지방자치단체가 국・공유 일반재산을 대부・매각・교
환・양여하는 행위,7) ② 국가 또는 지방자치단체가 「국가를 당사자로 하는 계약에
관한 법률」 또는 「지방자치단체를 당사자로 하는 계약에 관한 법률」에 따라 당사
자가 되어 사인과 체결한 물품공급계약・공사도급계약과 같은 공공계약, ③ 「공익
사업을 위한 토지 등의 취득 및 보상에 관한 법률」에 따른 토지의 협의취득,8) ④
기부채납약정, ⑤ 민간위탁계약,9) ⑥ 보조금 계약10) 등을 모두 사법상 계약으로 보
고 있다.

그러나 국가연구개발협약과 「사회기반시설에 대한 민간투자법」에 따라 체결된
실시협약에 대해서는 공법상 계약으로 보고 있다.

없는 한 공법상 계약에 의하여 형성・변경 또는 폐지될 수 있다. 특히 행정청은 그에 대하여 행정행위
를 발하여야 할 상대방과 행정행위를 대신하여 공법상 계약을 체결할 수 있다)에서 이에 관하여 명문
으로 규정하였다. 행정계약에 관한 각국의 이론적 배경에 대해서는 이광윤/김철우(399면 이하) 참조.
  6) 이러한 협의는 관할 토지수용위원회의 확인을 받으면 재결로 보게 되며(제29조 제4항), 사업시
행자의 권리는 원시취득이 되는 동시에 피수용자에게는 환매권이 발생하는 등 일정한 공법적 효과가
발생하므로 다수설은 공법상 계약으로 본다.
  7) 대법원 1993. 12. 7. 선고 91누11612 판결; 대법원 2000. 2. 11. 선고 99다61675 판결.
  8) 대법원 2018. 12. 13. 선고 2016두51719 판결.
  9) 대법원 2019. 10. 17. 선고 2018두60588 판결.
  10) 대법원 2019. 8. 30. 선고 2018다242451 판결.

Ⅲ. 행정계약의 특수성

행정계약(공법상 계약)은 공법적 효과의 발생을 목적으로 하는 법률행위이고, 공익실현을 그 내용으로 하여야 하는 행정의 작용형식이라는 점에서 개별 법률에서 특별한 규정이 없는 경우에도 해석론상 일정한 독자성 또는 특수성이 인정될 수 있다.[11] 참고로 프랑스에서는 19세기 후반 이후 공공서비스이론과 함께 행정계약의 법리가 꽁세이데따에 의해 발전하였는데, 행정의 특권으로서 ① 계약이행에 대한 지휘·감독권, ② 계약 변경권, ③ 계약 해지권이 있으며, 계약 상대방의 권리로서 ④ 왕자(군주)행위이론,[12] ⑤ 예측불능이론[13] 등이 대표적이다.

Ⅳ. 행정계약의 요건

1. 행정계약의 허용성

종래에는 행정계약이 법률의 근거 없이 체결될 수 있는가를 둘러싸고 논란이 있었으나, 행정기본법에서는 "행정청은 법령등을 위반하지 아니하는 범위에서 행정목적을 달성하기 위하여 필요한 경우"에는 공법상 계약을 체결할 수 있다고 하여 법률우위의 원칙만을 규정하고 있으므로 법률유보의 원칙은 적용되지 않는다.

2. 주체·절차·형식·내용

행정계약이 유효하게 성립하기 위해서는 정당한 권한을 가진 행정주체가 그 권한의 범위 내에서 정상적 의사에 의해 행하여야 하며, 행정청은 계약의 목적 및 내용을 명확하게 적은 계약서를 작성하여야 한다(행정기본법 제27조 제1항 후문).

행정기본법은 행정계약의 일반적인 절차에 관하여 규정하고 있지 않으나, 만일 개별 법령에서 특별한 규정(다른 행정청의 인가·승인·확인, 제3자의 동의 등)이 있으면 그에 따른다. 한편, 행정절차법은 행정계약에는 적용되지 않는다(행정절차법 제3조 제1항).[14]

---

11) 김동희(232면).

12) 행정청이 특권을 사용한 결과 계약의 이행조건이 달라져서 계약의 상대방에게 추가부담을 줄 경우 행정청은 이로 인하여 발생한 손실액 전부를 변상하여야 한다는 원칙을 말한다.

13) 계약의 이행이 물리적으로는 가능하지만, 계약 당사자들의 의사와는 무관한 경제적 파탄 등과 같은 불가항력적인 예측불능의 상황에서는 특허업자에게 계약의 이행을 계속할 수 있도록 손해액의 일부를 전보해주어야 한다는 원칙이다.

행정계약의 내용은 당사자 사이의 협의에 의해 정하여지나 공익실현 및 공정성을 담보하기 위해 그 내용을 영조물규칙이나 공급규칙 등의 형식으로 정형화하고 있는 경우가 많다(부합계약). 행정계약은 법령과 공익에 적합하여야 하고, 그 내용이 객관적으로 명확하며 사실상·법률상 실현가능하여야 한다. 나아가 행정청은 공법상 계약의 상대방을 선정하고 계약 내용을 정할 때 공법상 계약의 공공성과 제3자의 이해관계를 고려하여야 한다(제2항).

V. 행정계약의 효력 및 흠

1. 행정계약의 효력

행정계약의 경우 행정행위와 달리 공정력·불가쟁력·불가변력·강제력 등의 효력이 인정되지 않는다. 다만 법령의 규정을 통해 행정계약의 당사자인 행정청에게 자력집행권을 부여할 수 있다(수도법 제68조 제1항).

2. 행정계약의 흠

행정기본법 제27조는 행정계약에 관한 강행규정이고, 효력규정이다. 따라서 이를 위반한 행정계약은 위법한 것으로 행정행위와 달리 공정력이 인정되지 않으므로 그 계약은 무효가 된다. 다만 행정계약의 체결과정에서 당사자의 의사표시에 흠이 있는 경우에는 민법규정이 유추적용될 수 있다.

VI. 행정계약과 권리구제

1. 당사자소송

행정계약에 관하여 다툼이 있는 경우에는 당사자소송에 의하여야 한다. 이 경우 계약이행의 문제인지 아니면 손해배상의 문제인지는 불문한다. 판례는 시립무용단원의 해촉·시립합창단원에 대한 재위촉거부·전문직공무원 채용계약 해지의 의사

---

14) 대법원 2002. 11. 26. 선고 2002두5948 판결(국방일보의 발행책임자인 국방홍보원장으로 채용된 자가 부하직원에 대한 지휘·감독을 소홀히 함으로써 북한의 혁명가극인 '피바다'에 관한 기사가 국방일보에 게재되어 사회적 물의를 야기한 경우, 그 채용계약의 기초가 되는 신뢰관계가 파괴되어 채용계약을 그대로 유지하기 어려운 정도에 이르렀다고 한 사례).

표시에 대하여는 공법상의 당사자소송으로 그 무효확인을 청구할 수 있다는 입장이다.[15] 다만 이 경우 확인의 이익이 요구된다.[16]

2. 항고소송

대법원 판례에 따르면, 공법상 계약의 '해지'나 '취소'가 행정청이 우월적 지위에서 일정한 법률상 효과를 발생하게 하는 것인 때에는 항고소송의 대상이 되는 행정처분에 해당한다. 이때 처분성을 판단하는 기준으로 "행정청이 자신과 상대방 사이의 법률관계를 일방적인 의사표시로 종료시켰다고 하더라도 곧바로 의사표시가 행정청으로서 공권력을 행사하여 행하는 행정처분이라고 단정할 수는 없고, 관계 법령이 상대방의 법률관계에 관하여 구체적으로 어떻게 규정하고 있는지에 따라 의사표시가 항고소송의 대상이 되는 행정처분에 해당하는지 아니면 공법상 계약관계의 일방 당사자로서 대등한 지위에서 행하는 의사표시인지를 개별적으로 판단하여야 한다."고 판시하였다.[17] 판례는 공법상 계약의 체결을 위한 '계약 상대방의 지정행위'에 대해서도 처분성을 인정한 바 있다.[18]

대법원 2017. 6. 15. 선고 2014두46843 판결

구 산업집적활성화 및 공장설립에 관한 법률(2013. 3. 23. 법률 제11690호로 개정되기 전의 것) 제13조 제1항, 제2항 제2호, 제30조 제1항 제2호, 제2항 제3호, 제38조 제1항, 제2항, 제40조, 제40조의2, 제42조 제1항 제4호, 제5호, 제2항, 제5항, 제43조, 제43조의3, 제52조 제2항 제5호, 제6호, 제53조 제4호, 제55조 제1항 제4호, 제2항 제9호 규정들에서 알 수 있는 산업단지관리공단의 지위, 입주계약 및 변경계약의 효과, 입주계약 및 변경계약 체결 의무와 그 의무를 불이행한 경우의 형사적 내지 행정적 제재, 입주계약해지의 절차, 해지통보에 수반되는 법적 의무 및 그 의무를 불이행한 경우의 형사적 내지 행정적 제재 등을 종합적으로 고려하면, 입주변경계약 취소는 행정청인 관리권자로부터 관리업무를 위탁받은 산업단지관리공단이 우월적 지위에서 입주기업체들에게 일정한 법률상 효과를 발생하게 하는 것으로서 항고소송의 대상이 되는 행정처분에 해당한다.

---

15) 대법원 1995. 12. 22. 선고 95누4636 판결; 대법원 2001. 12. 11. 선고 2001두7794 판결; 대법원 1993. 9. 14. 선고 92누4611 판결; 대법원 1996. 5. 31. 선고 95누10617 판결.

16) 대법원 2008. 6. 12. 선고 2006두16328 판결.

17) 대법원 2015. 8. 27. 선고 2015두41449 판결.

18) 대법원 2009. 4. 23. 선고 2007두13159 판결(서울-춘천 간 고속도로 민간투자시설사업의 사업시행자 지정처분).

대법원은 국가 또는 지방자치단체를 당사자로 하는 계약에 관한 법률에 의한 공
공계약의 성격을 사법(私法)상 계약으로 보면서도, 이에 따른 '입찰참가자격 제한조
치'에 대해서는 처분성을 인정하고 있다.

제 5 장   행정법상의 확약

[사례 10]
甲은 행정청에게 甲과 乙 사이의 자동차운송사업 양도양수계약에 기하여 양도양수인가신청을
하였고, 이에 행정청은 내인가를 하였다. 이후 甲은 본인가를 신청하였으나, 그 무렵 행정청은
甲과 乙 사이에 작성된 계약서 등 관계서류가 위조되었다는 진정서를 받고, 위 내인가를 취소하
였다. 이 경우 甲의 권리구제수단은 무엇인가?

행정절차법 제40조의2(확약) ① 법령등에서 당사자가 신청할 수 있는 처분을 규정하고 있는
경우 행정청은 당사자의 신청에 따라 장래에 어떤 처분을 하거나 하지 아니할 것을 내용으로
하는 의사표시(이하 "확약"이라 한다)를 할 수 있다.
② 확약은 문서로 하여야 한다.
③ 행정청은 다른 행정청과의 협의 등의 절차를 거쳐야 하는 처분에 대하여 확약을 하려는 경
우에는 확약을 하기 전에 그 절차를 거쳐야 한다.
④ 행정청은 다음 각 호의 어느 하나에 해당하는 경우에는 확약에 기속되지 아니한다.
　1. 확약을 한 후에 확약의 내용을 이행할 수 없을 정도로 법령등이나 사정이 변경된 경우
　2. 확약이 위법한 경우
⑤ 행정청은 확약이 제4항 각 호의 어느 하나에 해당하여 확약을 이행할 수 없는 경우에는 지
체 없이 당사자에게 그 사실을 통지하여야 한다.

제 1 절   개   설

I. 의   의

　행정법상의 확약이란 법령등에서 당사자가 신청할 수 있는 처분을 규정하고 있
는 경우 당사자의 신청에 따라 장래에 어떤 처분을 하거나 하지 아니할 것을 내용
으로 하는 행정청의 의사표시를 말한다(행정절차법 제40
조의2 제1항).

　확약은 독일에서 정립된 이론으로, 독일에서는 장래 일정한 행정작용을 행사 또
는 불행사하겠다는 행정청의 구속력 있는 약속을 '확언'(^{Zusage})이라 하고, 특히 이 중
에서 행정행위를 대상으로 하는 자기구속적 의사표시를 '확약'(^{Zusicherung})이라 한다.
실정법상으로는 내인가, 내허가 등이 이에 해당한다.

Ⅱ. 성   질(행정행위성 여부)

행정법상 확약을 행정행위로 볼 것인가의 문제에 대하여, ① 행정법상의 확약 역시 행정행위의 근본요소인 규율성을 가지므로 행정행위로 보아야 한다는 긍정설과 ② 행정법상의 확약에도 규율성이 존재하기는 하나 종국적 규율성이 없으므로 행정행위라 할 수 없다는 부정설이 대립한다.

대법원은 어업권면허에 선행하는 우선순위결정은 강학상 확약에 불과하고 행정처분은 아니라고 보았으나, 지방자치단체의 장이 민간투자사업을 추진하는 과정에서 우선협상대상자를 선정하는 행위와 이미 선정된 우선협상대상자의 지위를 배제하는 행위에 대해서는 모두 처분성을 인정[1]하여 다소 엇갈린 태도를 보이고 있다.

대법원 1995. 1. 20. 선고 94누6529 판결

어업권면허에 선행하는 우선순위결정은 행정청이 우선권자로 결정된 자의 신청이 있으면 어업권면허처분을 하겠다는 것을 약속하는 행위로서 강학상 확약에 불과하고 행정처분은 아니므로, 우선순위결정에 공정력이나 불가쟁력과 같은 효력은 인정되지 아니하며, 따라서 우선순위결정이 잘못되었다는 이유로 종전의 어업권면허처분이 취소되면 행정청은 종전의 우선순위결정을 무시하고 다시 우선순위를 결정한 다음 새로운 우선순위결정에 기하여 새로운 어업권면허를 할 수 있다.

제 2 절 확약과 다른 행위형식과의 구별

Ⅰ. 가행정행위(잠정적 행정행위)

행정법상의 확약은 확정적 행정행위가 있기 전에 잠정적으로 행하여지는 규율인 가행정행위와 구별된다. 가행정행위란 사실관계와 법률관계의 계속적이고 최종적인 심사를 유보한 상태에서 당해 행정행위의 효력을 잠정적으로 확정하는 행정의 행위형식을 말한다. 따라서 가행정행위의 효력은 본행정행위에 의하여 대체될 때까지만 그 효력이 인정된다. 가행정행위의 예로는 납세자의 과세표준 신고에 의한 잠정적 세액결정, 가급부결정 등을 들고 있다. 가행정행위는 비록 잠정적이기는 하지만 그

---

1) 대법원 2020. 4. 29. 선고 2017두31064 판결.

한도에서는 종국적이고 최종적인 규율이라는 점[2]에서 행정행위성을 부인하기는 어렵다.

Ⅱ. 다단계행정결정

1. 의 의

다단계행정결정이란 행정기관의 최종결정이 내려지기까지 여러 단계의 과정을 각각 독립하여 하나의 행정행위로 행하는 것을 말한다.

상당한 시간과 막대한 자금이 소요되는 인허가 사업에 있어 규제권한을 가진 행정청이 법정요건의 구비요건을 종국적으로만 판단하여 결정하게 되면 민원인뿐만 아니라 국가적으로도 커다란 손실을 야기할 우려가 있다. 따라서 이러한 경제적 모순을 회피하고 민원인의 각종 설비투자에 대한 예측가능성을 담보하기 위하여, 법령은 예비결정 또는 부분허가 등을 도입하여 민원인이 일정한 계획서를 제출하면 행정청이 당해 사업의 적부 여부를 판단하여 민원인에게 종국적인 인허가를 받을 수 있도록 유도하는 이른바 다단계행정결정제도를 도입하고 있는 것이다.[3]

2. 유 형

(1) 예비결정(사전결정)

예비결정이란 행정청이 최종적인 행정결정을 하기 전에 사전적 단계에서 최종적 행정결정의 요건 중 일부에 대해 종국적인 판단으로서 내려지는 결정을 말한다. 예비결정은 사전적이지만 개별적인 요건에 대해서는 하나의 독립된 종국적이고 구속적인 결정이라는 점[4]에서 전통적 행정행위와 다르지 않다. 그러나 예비결정은 최종적 결정의 단계적 전제가 되며, 예비결정만으로는 상대방에게 어떠한 행위를 할 수 있게 허용하는 것은 아니라는 점에서 전통적 행정행위와 구별된다.

예비결정에 대한 현행법상의 예로는 ① 건축 관련 입지와 규모의 사전결정(건축법 제10조 제1항), ② 폐기물처리업허가 전 사업계획서에 대한 적합통보(폐기물관리법 제25조 제2항) 등이 있다.

---

2) 류지태/박종수(209면).
3) 정준현, "다단계행정행위에 관한 소고", 선문대학교 인문사회논문집, 2001.
4) 류지태/박종수(210면).

대법원 1998. 4. 28. 선고 97누21086 판결

　　[1] 폐기물관리법 관계 법령의 규정에 의하면 폐기물처리업의 허가를 받기 위하여는 먼저 사업계획서를 제출하여 허가권자로부터 사업계획에 대한 적정통보를 받아야 하고, 그 적정통보를 받은 자만이 일정기간 내에 시설, 장비, 기술능력, 자본금을 갖추어 허가신청을 할 수 있으므로, 결국 부적정통보는 허가신청 자체를 제한하는 등 개인의 권리 내지 법률상의 이익을 개별적이고 구체적으로 규제하고 있어 행정처분에 해당한다.

　　[2] 폐기물관리법 제26조 제1항, 제2항 및 같은 법 시행규칙 제17조 제1항 내지 제5항의 규정에 비추어 보면 폐기물처리업의 허가에 앞서 사업계획서에 대한 적정·부적정 통보 제도를 두고 있는 것은 폐기물처리업을 하고자 하는 자가 스스로 시설 등을 설치하여 허가신청을 하였다가 허가단계에서 그 사업계획이 부적정하다고 판명되어 불허가되면 허가신청인이 막대한 경제적·시간적 손실을 입게 되므로, 이를 방지하는 동시에 허가관청으로 하여금 미리 사업계획서를 심사하여 그 적정·부적정통보 처분을 하도록 하고, 나중에 허가단계에서는 나머지 허가요건만을 심사하여 신속하게 허가업무를 처리하는데 그 취지가 있다.

(2) 부분허가(부분승인)

1) 개 념

　　부분허가란 원자력발전소·공항·고속도로와 같이 상당한 시간과 막대한 자금이 소요되는 공익에 중대한 영향을 미치는 시설물의 건설에 있어서 단계적으로 시설의 일부에 대하여 허가를 발하는 것을 말한다. 예컨대 막대한 예산과 위험성이 있는 발전용 원자로 및 관계시설을 건설하기 위해서는 부지사전승인, 건설허가, 사용전검사, 운영허가 등의 단계적 인허가를 얻어야 하는바, 이들 하나하나에 대한 개별적 결정을 부분허가라 한다. 원자력안전법 제10조 제3항에 의한 부지사전승인은 예비결정과 부분승인의 성격을 동시에 가진다.⁵⁾

대법원 1998. 9. 4. 선고 97누19588 판결

　　원자로시설부지사전승인처분의 근거 법률인 구 원자력법_(1996. 12. 30. 법률 제5233호로 개정되어 1997. 7. 1.부터 시행되기 전의 것) 제11조 제3항에 근거한 원자로 및 관계 시설의 부지사전승인처분은 원자로 등의 건설허가 전에 그 원자로 등 건설예정지로 계획 중인 부지가 원자력법의 관계 규정에 비추어 적법성을 구비한 것인지 여부를 심사하여 행하는 사전적 부분 건설허가처분의 성격을 가지고 있는 것이므로, 원자력법 제12조 제2호, 제3호로 규정한 원자로 및 관계 시설의

---

　　5) 원자력안전법 제10조(건설허가) ③ 위원회는 발전용원자로 및 관계시설을 건설하려는 자가 건설허가신청 전에 부지에 관한 사전 승인을 신청하면 이를 검토한 후에 승인할 수 있다.
　　④ 제3항에 따라 부지에 관한 승인을 받은 자는 총리령으로 정하는 범위에서 공사를 할 수 있다.

허가기준에 관한 사항은 건설허가처분의 기준이 됨은 물론 부지사전승인처분의 기준으로도 된다.

2) 예비결정과 구별

부분허가는 단계적으로 결정이 이루어진다는 점에서는 예비결정과 다르지 않으나, 예비결정은 최종결정의 전제가 되는 요건의 심사결정임에 반하여, 부분허가는 각각의 부분에 대한 별개의 종국적 결정이라는 점에서 양자가 구별된다. 즉, 다수의 (개별)처분이 모두 포함되면서 종합적인 처분이 이루어진다.

3. 성   질

예비결정 및 부분허가 등은 그 결정과정이 단계적으로 이루어진다는 점 외에는 전통적 행정행위와 다르지 않다. 다시 말해서 이들 결정은 해당 단계에서는 그 자체만으로 종국적 규율성을 갖는 행정행위인 것이다. 따라서 최종적인 결정을 기다릴 필요 없이 각 단계별로 행정쟁송을 제기할 수 있다. 다만, 후속처분이 있게 되면 그 전에 중간단계에서 내려진 처분은 후속처분에 흡수되어 독립된 존재가치를 상실하므로, 이를 다투는 소는 소의 이익을 잃게 된다는 것이 판례의 태도이다.

대법원 1998. 9. 4. 선고 97누19588 판결

원자력법 제11조 제3항 소정의 부지사전승인제도는 원자로 및 관계 시설을 건설하고자 하는 자가 그 계획 중인 건설부지가 원자력법에 의하여 원자로 및 관계 시설의 부지로 적법한지 여부 및 굴착공사 등 일정한 범위의 공사(이하 사전공사라 한다)를 할 수 있는지 여부에 대하여 건설허가 전에 미리 승인을 받는 제도로서, 원자로 및 관계 시설의 건설에는 장기간의 준비ㆍ공사가 필요하기 때문에 필요한 모든 준비를 갖추어 건설허가신청을 하였다가 부지의 부적법성을 이유로 불허가될 경우 그 불이익이 매우 크고 또한 원자로 및 관계 시설 건설의 이와 같은 특성상 미리 사전공사를 할 필요가 있을 수도 있어 건설허가 전에 미리 그 부지의 적법성 및 사전공사의 허용 여부에 대한 승인을 받을 수 있게 함으로써 그의 경제적ㆍ시간적 부담을 덜어 주고 유효ㆍ적절한 건설공사를 행할 수 있도록 배려하려는 데 그 취지가 있다고 할 것이므로, 원자로 및 관계 시설의 부지사전승인처분은 그 자체로서 건설부지를 확정하고 사전공사를 허용하는 법률효과를 지닌 독립한 행정처분이기는 하지만, 건설허가 전에 신청자의 편의를 위하여 미리 그 건설허가의 일부 요건을 심사하여 행하는 사전적 부분 건설허가처분의 성격을 갖고 있는 것이어서 나중에 건설허가처분이 있게 되면 그 건설허가처분에 흡수되어 독립된 존재가치를 상실함으로써 그 건설허가처분만이 쟁송의 대상이 되는 것이므로, 부지사전승인

처분의 취소를 구하는 소는 소의 이익을 잃게 되고, 따라서 부지사전승인처분의 위법성은 나중에 내려진 건설허가처분의 취소를 구하는 소송에서 이를 다투면 된다.

제 3 절 확약의 근거와 요건 및 한계

Ⅰ. 확약의 근거

행정법상 확약의 근거에 대해 견해가 대립하는바, ① 행정법상의 확약은 법령에 명문의 근거가 없어도 신뢰보호의 원칙에 의해 인정된다는 신뢰보호설과, ② 본처분의 근거 규정에 이미 확약을 할 수 있는 권한도 포함되어 있다고 보는 본처분권포함설이 있다. 신뢰보호의 원칙은 확약의 구속력에 대한 근거로 보는 것이 타당하므로 확약의 허용성에 대한 근거는 본처분의 근거 규정에서 찾는 것이 타당하다.

Ⅱ. 확약의 요건

확약이 적법하게 성립하여 효력을 발생하기 위해서는 ① 확약에 대하여 정당한 권한을 가진 행정청이 하여야 하며, ② 문서로 하여야 한다(행정절차법 제40 조의2 제2항). ③ 행정청은 다른 행정청과의 협의 등의 절차를 거쳐야 하는 처분에 대하여 확약을 하려는 경우에는 확약을 하기 전에 그 절차를 거쳐야 하며(제3 항), ④ 확약의 내용은 적법하고, 가능하며, 명확하여야 한다.

확약도 상대방에게 고지되어 상대방이 이를 알 수 있는 상태에 이르러야 효력이 발생한다.

Ⅲ. 확약의 한계

재량행위에 대하여 확약을 할 수 있다는 것은 당연하다. 문제는 기속행위의 경우에도 확약이 가능한가인데, 재량행사의 범위문제와 사전결정을 할 수 있느냐 여부는 별개의 문제이므로, 비록 기속행위라 할지라도 예지이익이나 대처이익이 있는 경우에는 확약을 허용해도 무방할 것이다(다수설).

처분의 요건이 완성된 후에도 확약이 가능한 것인가의 문제에 대해, ① 요건이 완성된 이상 본처분을 해야 한다는 부정설과 ② 비록 요건이 완성되었다 할지라도 재량행위의 경우에는 재량권의 방향을 구속하는 확약을, 기속행위의 경우에는 처분의 시기에 대한 확약을 인정할 수 있다는 긍정설이 대립한다. 생각건대 요건이 완성된 경우에는 지체 없이 본처분을 하는 것이 국민의 권익을 위해서도 타당할 것이다.

제 4 절   확약의 효력과 권리구제

Ⅰ. 확약의 효력

일단 적법하게 확약이 행하여지면, 신뢰보호의 원칙에 따라 확약을 행한 행정청은 확약을 이행할 자기구속을 받으며, 상대방은 행정청에게 확약된 내용의 이행을 청구할 수 있다(확약의 구속력).[6]

그러나 행정청은 ① 확약을 한 후에 확약의 내용을 이행할 수 없을 정도로 법령 등이나 사정이 변경된 경우 또는 ② 확약이 위법한 경우에는 확약에 기속되지 아니한다(확약의 실효, 행정절차법 제40조의2 제4항).[7] 행정청은 확약이 이 중 어느 하나에 해당하여 확약을 이행할 수 없는 경우에는 지체 없이 당사자에게 그 사실을 통지하여야 한다(제5항).

Ⅱ. 권리구제

판례는 확약의 처분성을 부정하므로 확약에 대한 항고소송은 허용되지 않는다. 다만 행정행위(처분)를 대상으로 하는 확약의 불이행, 즉 수익적 처분의 거부 또는 부작위에 대해서는 거부처분취소심판이나 의무이행심판 또는 거부처분취소소송이나 부작위위법확인소송을 제기할 수 있다.

확약의 불이행으로 인하여 손해를 입은 경우 국가배상법에 따라 국가배상을 청

---

6) 확약은 행정행위는 아니지만 이와 유사한 성질을 가지고 있으므로 행정행위의 무효·취소·철회에 관한 법리가 준용될 수 있다. 김남진/김연태(403면); 석종현/송동수(288면).

7) 확약의 실효에 관한 법리는 이미 판례에 의해 채택된 바 있다(대법원 1996. 8. 20. 선고 95누 10877 판결).

구할 수 있다. 만일 공익상 이유로 확약이 실효되거나 철회된 경우에는 신뢰보호의 관점에서 손실보상이 문제될 수 있다.

대법원 1991. 6. 28. 선고 90누4402 판결

자동차운송사업양도양수계약에 기한 양도양수인가신청에 대하여 피고 시장이 내인가를 한 후 위 내인가에 기한 본인가신청이 있었으나 자동차운송사업 양도양수인가신청서가 합의에 의한 정당한 신청서라고 할 수 없다는 이유로 위 내인가를 취소한 경우, 위 내인가의 법적 성질이 행정행위의 일종으로 볼 수 있든 아니든 그것이 행정청의 상대방에 대한 의사표시임이 분명하고, 피고가 위 내인가를 취소함으로써 다시 본인가에 대하여 따로이 인가 여부의 처분을 한다는 사정이 보이지 않는다면 위 내인가취소를 인가신청을 거부하는 처분으로 보아야 할 것이다.

제 6 장 비정형적 행정의 행위형식

제 1 절 행정상의 사실행위

> **[사례 11]**
> 甲은 마약사범으로 징역 10월을 선고받고 부산교도소에서 복역하던 중, 교도소장으로부터 마약
> 류반응검사를 위해 월 1회 종이컵에 소변을 받아 제출하도록 요구받아 이행하였으며, 현재는 출
> 소하였다. 甲은 이러한 '소변채취'가 인간의 존엄성과 행복추구권, 신체의 자유를 침해하고, 영장
> 주의에 반하는 위헌적인 조치라고 생각한다. 이 경우 甲이 취할 수 있는 공법상 구제수단은 무
> 엇인가?

I. 의 의

　행정상의 사실행위란 행정기관의 행위 가운데 특정한 법적 효과의 발생을 목적
으로 하지 않고 직접적으로는 사실상의 효과만을 발생시키는 일체의 행위형식으로
서,[1] 행정활동의 대부분은 이러한 사실행위에 의해 이루어진다 해도 과언이 아니
다. 행정문서처리, 행정조사활동, 공물의 설치·관리행위 등이 이에 해당한다.

II. 종 류

　사실행위에는 ① 행정조직 내부에서 행정사무처리·문서처리·금전처리 등을
하는 '내부적 사실행위'와 외부적으로 국민과의 관계에서 행하여지는 '외부적 사실
행위', ② 대집행 실행행위·체납처분에 있어서 재산압류행위 등과 같이 행정작용
의 집행수단으로 행하여지는 '집행적 사실행위'와 행정조사·행정지도 등과 같이
그 자체가 독립적으로 행하여지는 '독립적 사실행위', ③ 불법체류 외국인의 강제퇴
거·감염병환자의 강제격리·대집행에 있어서 실행행위 등과 같이 공권력의 행사
로서 행하여지는 '권력적 사실행위'와 권고·권유·알선 등과 같은 행정지도와 같

---

　1) 행정상의 사실행위는 직접적으로 법적 효과의 발생을 목적으로 하지 않을 뿐이므로 간접적으로
는 얼마든지 법적 효과를 발생시킬 수 있다(위법한 사실행위로 인한 국가배상책임).

이 공권력 행사와 무관한, 즉 강제성을 지니지 않는 '비권력적 사실행위'가 있다.

Ⅲ. 법적 근거와 한계

1. 법적 근거

사실행위도 조직법적 근거 외에 작용법상의 근거가 필요한가라는 문제는 결국 법률유보를 어떻게 이해하느냐에 따라 달라질 것이다. 통설적 견해는 집행적 사실행위와 권력적 사실행위는 법률의 근거를 요한다고 본다.

2. 한 계

법률우위의 원칙은 행정의 모든 영역에 적용된다. 따라서 사실행위에 관하여 개별 법률에서 별도의 규정을 두고 있는 경우에는 이에 위반되어서는 안 된다. 또한 비례의 원칙·평등의 원칙 등과 같은 행정법의 일반원칙상의 제한을 받는다.

Ⅳ. 권리구제

1. 항고쟁송(처분성의 문제)

사실행위로 인하여 권익을 침해당한 개인이 항고쟁송을 통하여 구제받기 위해서는 당해 사실행위가 행정심판법·행정소송법상 처분에 해당하여야 한다.

권력적 사실행위의 처분성을 인정하는 데는 큰 문제가 없다.[2] 물론 사실행위의 대부분은 비교적 단기간에 행위가 종료됨으로 소의 이익이 부정되는 경우가 일반적일 것이다. 그러나 ① 계속적 성질의 사실행위[3]나 ② 집행(효력)정지 신청을 전제로 하는 경우에는 소의 이익이 인정될 수 있을 것이다. 문제는 비권력적 사실행위의 처분성을 인정할 수 있는가라는 것인데, 현행 행정소송법 등에서 처분을 '그 밖의 이에 준하는 행정작용'이라고 규정하고 있기 때문에 처분성을 인정할 수 있다는 견

---

2) 대법원 1979. 12. 28. 선고 79누218 판결(단수처분은 항고소송의 대상이 된다).

3) 대법원 2014. 2. 13. 선고 2013두20899 판결(교도소장이 수형자 갑을 '접견내용 녹음·녹화 및 접견 시 교도관 참여대상자'로 지정한 사안에서, 위 지정행위는 수형자의 구체적 권리의무에 직접적 변동을 가져오는 행정청의 공법상 행위로서 항고소송의 대상이 되는 '처분'에 해당한다고 본 원심판단을 정당한 것으로 수긍한 사례).

해도 있으나, 판례[4]의 태도는 처분성을 부인하고 있는 경향이다.

2. 헌법소원

공권력의 행사 또는 불행사로 인하여 기본권을 침해받은 자가 청구하는 헌법소원심판은 법원의 재판을 대상으로 할 수 없으며, 다른 법률에 구제절차가 있는 경우에는 그 절차를 모두 거친 후에 청구할 수 있다(헌법재판소법 제68조 제1항)(보충성의 원칙). 여기서 다른 법률에 의한 구제절차란 항고쟁송과 같이 공권력의 행사 또는 불행사를 직접 대상으로 하여 그 효력을 다툴 수 있는 구제절차를 말한다. 따라서 처분에 대해서는 항고쟁송을 제기하여야 하며, 그 확정판결과 확정판결의 대상인 처분에 대해서는 헌법소원심판을 청구할 수 없는 것이 원칙이다.

그러나 사실행위의 경우 처분성의 인정이나 소의 이익이라는 관점에서 항고쟁송에 의한 권리구제에는 어려움이 따른다. 이러한 이유로 헌법재판소는 (권력적) 사실행위에 대한 헌법소원을 인정하고 있다(보충성의 예외).[5]

3. 행정상 손해전보

위법한 사실행위로 손해를 입은 국민은 국가배상법에 따라 국가배상을 청구할 수 있고, 적법한 사실행위로 인하여 손실을 입은 국민은 손실보상을 청구할 수 있다.

제 2 절   행정지도

[사례 12]
甲이 공중목욕장영업허가를 받아 영업을 하던 중 수지가 맞지 않아 요금을 10% 인상하였다. 이에 乙시장이 종전의 요금으로 환원할 것을 권고하였으나 甲이 이에 불응하자 乙시장은 위생상태의 불량을 이유로 3개월 간의 영업정지처분을 명하였다. 甲은 이에 대해 위법성을 다툴 수 있는가? (1996년 지방고시)

---

4) 대법원 1993. 10. 26. 선고 93누6331 판결(수도사업자의 급수공사 신청자에 대한 급수공사비 납부통지가 행정처분이 아니라고 본 판례).
5) 헌법재판소 1998. 8. 27.자 96헌마398 결정(수형자의 서신검열); 헌법재판소 2006. 7. 27.자 2005헌마277 결정(수형자의 소변채취).

Ⅰ. 의 의

행정절차법은 행정지도란 "행정기관이 그 소관 사무의 범위에서 일정한 행정목적을 실현하기 위하여 특정인에게 일정한 행위를 하거나 하지 아니하도록 지도, 권고, 조언 등을 하는 행정작용을 말한다."고 정의하고 있다(행정절차법 제2조 제3호). 행정지도는 사실행위라는 점에서 법적 효과의 발생을 수반하는 법률행위와 구별되며, 비권력적 행위라는 점에서 행정행위나 행정강제와 구별되는 개념이다.

행정지도는 급속하게 변하는 행정현상에 신축적이고 탄력적으로 대응할 수 있고, 상대방의 임의적 동의를 전제로 하는 까닭에 저항이나 마찰을 방지할 수 있으나, 반드시 법적 근거를 요하지 않으므로 책임소재가 불명확할 우려가 있고, 심리적 압박으로 인해 사실상의 강제가 될 수 있으며, 처분성과 배상책임 등을 인정하기가 곤란하여 행정쟁송 또는 국가배상을 통한 구제를 받기가 어려울 수 있는 등의 문제점이 있다.

Ⅱ. 종 류

행정지도는 그 기능에 따라 ① 영농지도·경영지도·생활개선지도 등과 같은 일정한 질서의 형성을 촉진하기 위한 '조성적(촉진적) 행정지도', ② 기업구조조정·계열화권고·노사분쟁 알선·조정과 같은 이해대립이나 과당경쟁을 조정하기 위한 '조정적 행정지도', ③ 가격인하권고·불법건축물 철거·개수권고 등과 같은 일정한 행위를 예방하거나 억제하기 위한 '규제적(억제적) 행정지도' 등으로 나눌 수 있다.

Ⅲ. 법적 근거와 한계

1. 법적 근거

행정청이 행정지도를 함에 있어 법적 근거가 필요한지 여부가 문제된다. 이에 대해 적어도 규제적(억제적) 행정지도에 대해서는 법률유보의 원칙이 적용되어야 한다는 견해가 있으나, 다수설은 행정지도는 비권력적 사실행위이므로 법적 근거를 요하지 않는다는 입장이다.

2. 한　계

행정지도는 그 목적 달성에 필요한 최소한도에 그쳐야 하며, 행정지도의 상대방의 의사에 반하여 부당하게 강요하여서는 아니 된다(행정절차법 제48조 제1항). 행정기관은 행정지도의 상대방이 행정지도에 따르지 아니하였다는 것을 이유로 불이익한 조치를 하여서는 아니 된다(제2항).

Ⅳ. 절　차

행정지도를 하는 자는 그 상대방에게 그 행정지도의 취지 및 내용과 신분을 밝혀야 한다(행정절차법 제49조 제1항). 행정지도가 말로 이루어지는 경우에 상대방이 제1항의 사항을 적은 서면의 교부를 요구하면 그 행정지도를 하는 자는 직무 수행에 특별한 지장이 없으면 이를 교부하여야 한다(제2항). 행정지도의 상대방은 해당 행정지도의 방식·내용 등에 관하여 행정기관에 의견제출을 할 수 있다(제50조).

행정기관이 같은 행정목적을 실현하기 위하여 많은 상대방에게 행정지도를 하려는 경우에는 특별한 사정이 없으면 행정지도에 공통적인 내용이 되는 사항을 공표하여야 한다(제51조).

Ⅴ. 권리구제

1. 항고쟁송(처분성의 문제)

행정지도는 국민의 임의적 협력에 의하여 행정목적을 달성하려는 비권력적·비구속적 사실행위인 까닭에 행정쟁송법상의 처분에 해당하지 않는다고 하여 처분성을 부인하는 것이 대법원 판례[6]의 태도이다.

---

6) 대법원 1980. 10. 27. 선고 80누395 판결; 대법원 1996. 3. 22. 선고 96누433 판결(위법 건축물에 대한 단전 및 전화통화 단절조치 요청행위가 항고소송의 대상이 되는 행정처분이 아니라고 본 판례). 그러나 최근에는 공공기관의 장 또는 사용자에 대한 국가인권위원회의 성희롱결정 및 시정조치권고의 처분성을 인정하였는바(대법원 2005. 7. 8. 선고 2005두487 판결), 국가인권위원회의 이러한 결정과 시정조치권고는 임의적·권고적 행위가 아니라 공공기관의 장 또는 사용자에게 일정한 법률상의 의무를 부담시킨다는 점에서 그 실질은 행정지도의 범주를 벗어나 법률상 지위에 직접적인 변동을 일으키는 강제적·권력적 성격의 행정행위에 해당한다고 보아야 한다.

2. 헌법소원

행정지도는 비권력적 사실행위에 불과하므로 논리적으로 헌법소원의 대상인 '공권력의 행사 또는 그 거부'에 해당하지 않는다. 그러나 헌법재판소는 행정지도에 따르지 않는 경우 불이익조치를 예정하고 있어 사실상 상대방에게 그에 따를 의무를 부과하는 것과 다를 바 없는 경우에는 헌법소원의 대상이 된다는 입장이다. 하지만 이러한 경우 처분성을 인정하여 항고쟁송의 대상으로 보는 것이 타당하다.

헌법재판소 2003. 6. 26.자 2002헌마337, 2003헌마7·8(병합) 결정

교육인적자원부장관의 대학총장들에 대한 이 사건 학칙시정요구는 고등교육법 제6조 제2항, 동법 시행령 제4조 제3항에 따른 것으로서 그 법적 성격은 대학총장의 임의적인 협력을 통하여 사실상의 효과를 발생시키는 행정지도의 일종이지만, 그에 따르지 않을 경우 일정한 불이익조치를 예정하고 있어 사실상 상대방에게 그에 따를 의무를 부과하는 것과 다를 바 없으므로 단순한 행정지도로서의 한계를 넘어 규제적·구속적 성격을 상당히 강하게 갖는 것으로서 헌법소원의 대상이 되는 공권력의 행사라고 볼 수 있다.

3. 행정상 손해전보

행정지도는 상대방의 임의적 협력을 전제로 이루어지므로 행정지도와 손해 사이에는 인과관계가 원칙적으로 인정되기 어렵다.[7] 그러나 행정지도가 사실상 강제성을 수반하거나 행정지도의 한계를 일탈한 경우에는 예외적으로 인과관계가 인정될 수도 있다.

행정상 손실보상청구권은 일방적(권력적) 공행정작용에 의한 재산권 침해를 요건으로 한다. 따라서 상대방의 임의적 협력을 전제로 하는 비권력적 행위인 행정지도의 경우 손실보상의 대상이 되지 않는다.

---

7) 대법원 2008. 9. 25. 선고 2006다18228 판결(행정지도가 강제성을 띠지 않은 비권력적 작용으로서 행정지도의 한계를 일탈하지 아니하였다면, 그로 인하여 상대방에게 어떤 손해가 발생하였다 하더라도 행정기관은 그에 대한 손해배상책임이 없다).

제 3 절   행정의 자동화작용

행정기본법 제20조(자동적 처분) 행정청은 법률로 정하는 바에 따라 완전히 자동화된 시스템(인공지능 기술을 적용한 시스템을 포함한다)으로 처분을 할 수 있다. 다만, 처분에 재량이 있는 경우는 그러하지 아니하다.

　행정자동화작용이란 행정과정에서 컴퓨터 등 정보처리장치에 의하여 자동적으로 행하여지는 행정작용을 말한다. 행정자동화작용은 다수의 동일한 또는 동종의 행정행위를 발하는 대량행정에서 널리 행해지는데, 예컨대 자동장치에 의한 교통신호, 컴퓨터에 의한 중·고등학생의 학교배정, 주차요금의 계산, 조세 및 각종 공과금의 부과결정 등이 그것이다. 오늘날 기계문명의 발달에 따라 행정자동화가 거의 모든 행정영역에 나타나고 있는바, 이에 따라 그 법적 통제의 문제가 제기된다고 하겠다. 행정자동(기계)결정은 결정과정뿐만 아니라 최종 결정행위까지도 자동장치가 하는 것을 의미한다.
　종래 재량행위의 경우에도 행정의 자동결정이 가능한지에 대하여 학설상 다툼이 있었으나, 행정기본법은 이를 허용하지 않는다.

행정절차 · 행정정보공개 · 개인정보보호

　　전통적인 행정법학에서는 행정작용의 실체적 적법성만을 중시하고 절차적 적법성에 대해서는 별다른 관심을 두지 않았다. 그러나 올바른 행정결정이 이루어지기 위해서는 적법한 행정절차가 전제되어야 함은 물론이다. 또 행정의 상대방인 사인이 행정절차에 적극적으로 참여하기 위해서는 행정정보가 행정기관에게 독점되어서는 안 되고, 외부에 공개되어야 한다. 이러한 점에서 적정한 행정절차의 보장과 행정정보공개는 행정의 민주화와 투명성, 그리고 효율성을 담보하기 위한 가장 중요한 요소이다. 그러나 무분별한 행정정보공개는 다른 사람의 개인정보를 침해할 우려가 있으므로 양자의 적절한 조화가 필요하다.

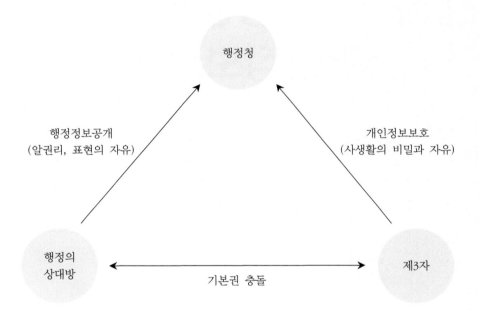

제 1 장 행정절차

제 1 절 개 설

넓은 의미의 행정절차는 행정의사의 결정과 집행에 관련된 일체의 과정을 말한다. 여기에는 ① 어떤 행정작용(행정입법·행정계획·행 정처분·행정지도 등)을 하기 위한 사전절차와 ② 행정심판절차·의무이행확보절차 등과 같이 행정작용이 행해진 후의 사후절차가 포함된다. 이 중에서 ①을 좁은 의미의 행정절차라고 한다. 행정절차는 행정의 민주화, 행정의 절차적 적정화, 행정의 능률화, 사전적 권리구제의 기능을 한다.

영미에서는 커먼로의 자연적 정의($^{Natural}_{Justice}$)[1]의 원칙에 따라 절차적 정당성이 일찍부터 발달하였다. 그러나 대륙법계 국가에서는 전통적 법치주의하에서 행정결정이 어떠한 절차를 거쳐 행하여지는가는 중요하게 여기지 않았고, 다만 종국적 결정이 실정법에 합치되는지의 여부에만 관심을 가졌기에 행정절차에 관한 논의는 미약하였다. 그러나 제2차 세계대전 이후 실질적 법치주의가 확립됨에 따라 행정절차의 중요성이 대두되었다. 이에 따라 독일에서는 1976년 행정절차법이 제정되었고, 일본에서는 1993년 행정수속법이 제정되었다. 프랑스에서는 2015년 시민과 행정청의 관계에 관한 법전(Code des relations entre le public et les administrations, CRPA)이 제정되었다.

우리나라는 1996년 12월 31일 「행정절차법」이 제정되어 1998년 1월 1일부터 시행되었다.

제 2 절 우리나라 행정절차법

행정절차법의 중요골자를 소개하면 다음과 같다.

---

1) 자연적 정의란 ① 어느 누구도 자신의 사건에 대하여 심판관이 될 수 없다는 '편견배제원칙'과 ② 양 당사자의 이야기를 모두 들어야 한다는 '공정한 청문권 보장'이라는 자연법상의 원칙을 말한다.

Ⅰ. 총　칙

1. 행정절차법의 목적

　행정절차법은 행정절차에 관한 공통적인 사항을 규정하여 국민의 행정 참여를 도모함으로써 행정의 공정성·투명성 및 신뢰성을 확보하고 국민의 권익을 보호함을 목적으로 한다($\frac{제1}{조}$).

2. 용어의 정의

(1) 행정청

행정청이란 ① 행정에 관한 의사를 결정하여 표시하는 국가 또는 지방자치단체의 기관 또는 ② 그 밖에 법령 또는 자치법규(^{이하 "법령등"})에 따라 행정권한을 가지고 있거나 위임 또는 위탁받은 공공단체 또는 그 기관이나 사인을 말한다(^{제2조}_{제1호}).

(2) 처 분

처분이란 행정청이 행하는 구체적 사실에 관한 법 집행으로서의 공권력의 행사 또는 그 거부와 그 밖에 이에 준하는 행정작용을 말한다(^{제2}_호). 이는 행정심판법과 행정소송법에서 규정하는 처분 개념과 일치한다.

3. 적용범위

처분, 신고, 확약, 위반사실 등의 공표, 행정계획, 행정상 입법예고, 행정예고 및 행정지도의 절차(^{이하 "행정절}_{차라 한다})에 관하여 다른 법률에 특별한 규정이 있는 경우를 제외하고는 행정절차법에서 정하는 바에 따른다(^{제3조}_{제1항}).

그러나 행정절차법은 다음 각 호의 어느 하나에 해당하는 사항에 대하여는 적용하지 아니한다(^{제2}_항).

1. 국회 또는 지방의회의 의결을 거치거나 동의 또는 승인을 받아 행하는 사항
2. 법원 또는 군사법원의 재판에 의하거나 그 집행으로 행하는 사항
3. 헌법재판소의 심판을 거쳐 행하는 사항
4. 각급 선거관리위원회의 의결을 거쳐 행하는 사항
5. 감사원이 감사위원회의의 결정을 거쳐 행하는 사항
6. 형사, 행형 및 보안처분 관계 법령에 따라 행하는 사항
7. 국가안전보장·국방·외교 또는 통일에 관한 사항 중 행정절차를 거칠 경우 국가의 중대한 이익을 현저히 해칠 우려가 있는 사항
8. 심사청구, 해양안전심판, 조세심판, 특허심판, 행정심판, 그 밖의 불복절차에 따른 사항
9. 「병역법」에 따른 징집·소집, 외국인의 출입국·난민인정·귀화, 공무원 인사 관계 법령에 따른 징계와 그 밖의 처분, 이해 조정을 목적으로 하는 법령에 따른

알선 · 조정 · 중재 · 재정 또는 그 밖의 처분 등 해당 행정작용의 성질상 행정절차를 거치기 곤란하거나 거칠 필요가 없다고 인정되는 사항과 행정절차에 준하는 절차를 거친 사항으로서 대통령령으로 정하는 사항[2]

대법원 2018. 3. 13. 선고 2016두33339 판결

　　행정절차법 제3조 제2항, 행정절차법 시행령 제2조 등 행정절차법령 관련 규정들의 내용을 행정의 공정성, 투명성 및 신뢰성을 확보하고 국민의 권익보호를 목적으로 하는 행정절차법의 입법 목적에 비추어 보면, 행정절차법의 적용이 제외되는 공무원 인사관계 법령에 의한 처분에 관한 사항이란 성질상 행정절차를 거치기 곤란하거나 불필요하다고 인정되는 처분이나 행정절차에 준하는 절차를 거치도록 하고 있는 처분에 관한 사항만을 말하는 것으로 보아야 한다. 이러한 법리는 '공무원 인사관계 법령에 의한 처분'에 해당하는 육군3사관학교 생도에 대한 퇴학처분에도 마찬가지로 적용된다. 그리고 행정절차법 시행령 제2조 제8호는 '학교 · 연수원 등에서 교육 · 훈련의 목적을 달성하기 위하여 학생 · 연수생들을 대상으로 하는 사항'을 행정절차법의 적용이 제외되는 경우로 규정하고 있으나, 이는 교육과정과 내용의 구체적 결정, 과제의 부과, 성적의 평가, 공식적 징계에 이르지 아니한 질책 · 훈계 등과 같이 교육 · 훈련의 목적을 직접 달성하기 위하여 행하는 사항을 말하는 것으로 보아야 하고, 생도에 대한 퇴학처분과 같이 신분을 박탈하는 징계처분은 여기에 해당한다고 볼 수 없다.[3]

4. 행정절차에 있어서 당사자등

(1) 당사자등의 정의 및 자격

　　행정절차법에서 "당사자등"이란 ① 행정청의 처분에 대하여 직접 그 상대가 되는 당사자, ② 행정청이 직권으로 또는 신청에 따라 행정절차에 참여하게 한 이해관계인을 말한다(제2조 제4호). 이와 관련하여, ① 자연인, ② 법인 또는 법인이 아닌 사단이나 재단, ③ 그 밖에 다른 법령등에 따라 권리 · 의무의 주체가 될 수 있는 자는 행

---

　　2) 판례는 ① 군인사법령에 의하여 진급예정자명단에 포함된 자에 대한 '진급선발취소처분'에는 행정절차법이 적용되지만(대법원 2007. 9. 21. 선고 2006두20631 판결), ② 국가공무원법상 '직위해제처분'에는 행정절차법의 규정이 별도로 적용되지 않는다고 보았다(대법원 2014. 5. 16. 선고 2012두26180 판결).

　　3) 대법원은 위 징계절차에서 징계심의대상자가 대리인으로 선임한 변호사가 징계위원회 심의에 출석하려고 하였음에도 불구하고, 징계권자나 그 소속 직원이 이를 막았다면 징계위원회 심의 · 의결의 절차적 정당성이 상실되어 그에 따른 징계처분은 위법하여 원칙적으로 취소되어야 하지만 대리인이 관련된 행정절차나 소송절차에서 이미 실질적인 증거조사를 하고 의견을 진술하는 절차를 거쳐서 징계심의대상자의 방어권 행사에 실질적으로 지장이 초래되었다고 볼 수 없는 특별한 사정이 있는 경우에는 징계처분이 취소되지 않는다고 판시하였다.

정절차에서 당사자등이 될 수 있다(제9조).

(2) 지위의 승계

당사자등이 사망하였을 때의 상속인과 다른 법령등에 따라 당사자등의 권리 또는 이익을 승계한 자는 당사자등의 지위를 승계한다(제10조 제1항). 당사자등인 법인등이 합병하였을 때에는 합병 후 존속하는 법인등이나 합병 후 새로 설립된 법인등이 당사자등의 지위를 승계한다(제2항).

처분에 관한 권리 또는 이익을 사실상 양수한 자는 행정청의 승인을 받아 당사자등의 지위를 승계할 수 있다(제4항).

(3) 대표자

다수의 당사자등이 공동으로 행정절차에 관한 행위를 할 때에는 대표자를 선정할 수 있으며, 대표자를 변경하거나 해임할 수 있다(제11조 제1항, 제3항).

대표자는 각자 그를 대표자로 선정한 당사자등을 위하여 행정절차에 관한 모든 행위를 할 수 있다. 다만, 행정절차를 끝맺는 행위에 대하여는 당사자등의 동의를 받아야 한다(제4항). 대표자가 있는 경우에는 당사자등은 그 대표자를 통하여서만 행정절차에 관한 행위를 할 수 있다(제5항).

(4) 대리인

당사자등은 ① 당사자등의 배우자, 직계 존속·비속 또는 형제자매, ② 당사자등이 법인등인 경우 그 임원 또는 직원, ③ 변호사, ④ 행정청 또는 청문 주재자(청문의 경우만 해당한다)의 허가를 받은 자, ⑤ 법령등에 따라 해당 사안에 대하여 대리인이 될 수 있는 자를 대리인으로 선임할 수 있다(제12조 제1항).

(5) 대표자·대리인의 통지

당사자등이 대표자 또는 대리인을 선정하거나 선임한 때에는 지체 없이 그 사실을 행정청에 통지하여야 한다. 대표자 또는 대리인을 변경하거나 해임한 때에도 또한 같다(제13조 제1항).

5. 송 달

송달은 우편, 교부 또는 정보통신망 이용 등의 방법으로 하되, 송달받을 자(대표자 또는 대리인을 포함한다. 이하 같다)의 주소 · 거소 · 영업소 · 사무소 또는 전자우편주소(이하 "주소등"이라 한다)로 한다. 다만, 송달받을 자가 동의하는 경우에는 그를 만나는 장소에서 송달할 수 있다(제14조 제1항). 송달은 다른 법령등에 특별한 규정이 있는 경우를 제외하고는 해당 문서가 송달받을 자에게 도달됨으로써 그 효력이 발생한다(제15조 제1항).

(1) 우편송달

우편송달이란 송달받을 자의 주소 · 거소 · 영업소 · 사무소에 보통우편이나 등기우편 또는 내용증명우편 등으로 하는 송달을 말한다. 다만 보통우편으로 발송된 경우 우편물이 상당한 기간 내에 도달하였다고 추정할 수 없고, 송달의 효력을 주장하는 자가 이를 입증하여야 한다.[4]

(2) 교부송달

교부송달이란 송달받을 자의 주소 · 거소 · 영업소 · 사무소에서 송달받을 자로부터 수령확인서를 받고 문서를 교부함으로써 하는 송달을 말한다. 송달하는 장소에서 송달받을 자를 만나지 못한 경우에는 그 사무원 · 피용자 또는 동거인으로서 사리를 분별할 지능이 있는 사람(이하 이 조에서 "사무원등"이라 한다)에게 문서를 교부할 수 있다(제14조 제2항 본문). 다만, 문서를 송달받을 자 또는 그 사무원등이 정당한 사유 없이 송달받기를 거부하는 때에는 그 사실을 수령확인서에 적고, 문서를 송달할 장소에 놓아둘 수 있다(같은 조 항). 이를 '유치송달'이라 한다.

(3) 정보통신망을 이용한 송달

정보통신망을 이용한 송달이란 송달받을 자가 지정한 전자우편주소로 문서를 송달하는 것을 말한다. 이러한 방식의 송달은 송달받을 자가 동의하는 경우에만 허용된다(제14조 제3항). 이 경우에는 송달받을 자가 지정한 컴퓨터 등에 입력된 때에 도달된 것으로 본다(제15조 제2항).

---

4) 대법원 2009. 12. 10. 선고 2007두20140 판결.

(4) 공고에 의한 송달[5]

송달받을 자의 주소등을 통상적인 방법으로 확인할 수 없는 경우 또는 송달이 불가능한 경우에는 송달받을 자가 알기 쉽도록 관보, 공보, 게시판, 일간신문 중 하나 이상에 공고하고 인터넷에도 공고하여야 한다(제14조제4항). 이 경우에는 다른 법령등에 특별한 규정이 있는 경우를 제외하고는 공고일부터 14일이 지난 때에 그 효력이 발생한다. 다만, 긴급히 시행하여야 할 특별한 사유가 있어 효력 발생 시기를 달리 정하여 공고한 경우에는 그에 따른다(제15조제3항).

Ⅱ. 처 분

1. 처분의 신청

행정청에 처분을 구하는 신청은 원칙적으로 문서로 하고(제17조제1항), 행정청이 신청을 접수한 경우에는 신청인에게 접수증을 주어야 한다(제4항본문). 행정청은 신청에 구비서류의 미비 등 흠이 있으면 상당한 기간을 정하여 보완을 요구하여야 하고(제5항), 신청인이 보완을 하지 아니한 때에는 그 이유를 구체적으로 밝혀 접수된 신청을 되돌려 보낼 수 있다(제6항). 신청인은 원칙적으로 처분이 있기 전에는 그 신청의 내용을 보완·변경하거나 취하할 수 있다(제8항본문).

2. 처리기간의 설정·공표

행정청은 신청인의 편의를 위하여 처분의 처리기간을 종류별로 미리 정하여 공표하여야 한다(제19조제1항). 행정청은 부득이한 사유로 제1항에 따른 처리기간 내에 처분을 처리하기 곤란한 경우에는 해당 처분의 처리기간의 범위에서 한 번만 그 기간을 연장할 수 있으며(제2항), 이 경우 처리기간의 연장 사유와 처리 예정 기한을 지체 없이 신청인에게 통지하여야 한다(제3항).

행정청이 정당한 처리기간 내에 처리하지 아니하였을 때에는 신청인은 해당 행정청 또는 그 감독 행정청에 신속한 처리를 요청할 수 있다(제4항).

---

5) 상대방이 특정되어 있으나 송달이 불가능한 경우에 관한 규정이다. 개별법에서는 불특정 다수인에 대한 처분 또는 처분을 널리 알릴 필요가 있는 경우 고시나 공고를 하도록 규정하기도 한다.

3. 처분기준의 설정 · 공표

(1) 원 칙

행정청은 필요한 처분기준을 해당 처분의 성질에 비추어 되도록 구체적으로 정하여 공표하여야 한다. 처분기준을 변경하는 경우에도 또한 같다(제20조제1항). 당사자등은 공표된 처분기준이 명확하지 아니한 경우 해당 행정청에 그 해석 또는 설명을 요청할 수 있다. 이 경우 해당 행정청은 특별한 사정이 없으면 그 요청에 따라야 한다(제4항).

행정청이 공표한 처분기준은 그것이 처분의 근거 법령에서 구체적 위임을 받아 제정 · 공포되었다는 특별한 사정이 없는 한, 원칙적으로 대외적 구속력이 없는 행정규칙에 해당한다는 것이 판례의 입장이다(대법원 2020. 12. 24. 선고 2018두45633 판결).

(2) 예 외

처분기준을 공표하는 것이 해당 처분의 성질상 현저히 곤란하거나 공공의 안전 또는 복리를 현저히 해치는 것으로 인정될 만한 상당한 이유가 있는 경우에는 처분기준을 공표하지 아니할 수 있다(제3항).

4. 처분의 사전통지

(1) 의 의

처분의 사전통지란 행정청이 당사자에게 의무를 부과하거나 권익을 제한하는 처분을 하는 경우 미리 일정한 사항[6]을 당사자등에게 통지하는 것을 말한다(제21조제1항). 신청에 대한 거부처분은 '당사자의 권익을 제한하는 처분'에 해당한다고 할 수 없으므로 사전통지 대상이 된다고 할 수 없다.[7] 사전통지는 앞으로 행하여질 의견제출 또

---

6) ① 처분의 제목(제1호), ② 당사자의 성명 또는 명칭과 주소(제2호), ③ 처분하려는 원인이 되는 사실과 처분의 내용 및 법적 근거(제3호), ④ 제3호에 대하여 의견을 제출할 수 있다는 뜻과 의견을 제출하지 아니하는 경우의 처리방법(제4호), ⑤ 의견제출기관의 명칭과 주소(제5호), ⑥ 의견제출기한(제6호), ⑦ 그 밖에 필요한 사항(제7호)을 말한다(제21조 제1항). 여기서 ⑥ 의견제출기한은 의견제출에 필요한 기간을 10일 이상으로 고려하여 정하여야 한다(제3항).

7) 대법원 2003. 11. 28. 선고 2003두674 판결(신청에 따른 처분이 이루어지지 아니한 경우에는 아직 당사자에게 권익이 부과되지 아니하였으므로 특별한 사정이 없는 한 신청에 대한 거부처분이라고 하더라도 직접 당사자의 권익을 제한하는 것은 아니어서 신청에 대한 거부처분을 여기에서 말하는 '당사자의 권익을 제한하는 처분'에 해당한다고 할 수 없는 것이어서 처분의 사전통지대상이 된다고 할 수 없다).

는 청문절차에서 충분한 방어권을 행사할 수 있도록 하기 위한 것이다.

(2) 예 외

행정청은 ① 공공의 안전 또는 복리를 위하여 긴급히 처분을 할 필요가 있는 경우(제1호), ② 법령등에서 요구된 자격이 없거나 없어지게 되면 반드시 일정한 처분을 하여야 하는 경우에 그 자격이 없거나 없어지게 된 사실이 법원의 재판 등에 의하여 객관적으로 증명된 경우(제2호), ③ 해당 처분의 성질상 의견청취가 현저히 곤란하거나 명백히 불필요하다고 인정될 만한 상당한 이유가 있는 경우(제3호)에는 사전통지를 하지 아니할 수 있다(제21조제4항).

(3) 위반의 효과

행정절차법 제21조 제4항의 예외사유에 해당하지 않는 한 사전통지를 생략한 처분은 위법하여 취소를 면할 수 없다.[8]

5. 의견청취

(1) 의 의

의견청취절차란 행정처분의 상대방 또는 이해관계인에게 자신의 의견을 진술하여 스스로 방어권을 행사할 수 있는 기회를 부여하는 절차로서, ① 정식절차인 청문 및 공청회와 ② 약식절차인 의견제출이 있다.

(2) 예 외

행정청은 ① 행정절차법 제21조 제4항 각 호의 어느 하나에 해당하는 경우(사전통지를 생략할 수 있는 경우)와 ② 당사자가 의견진술의 기회를 포기한다는 뜻을 명백히 표시한 경우에는 의견청취를 하지 아니할 수 있다(제22조제4항).

(3) 청 문

행정청이 어떠한 처분을 하기 전에 당사자등의 의견을 직접 듣고 증거를 조사하는 절차를 말한다(제2조제5호).

행정청이 처분을 할 때 ① 다른 법령등에서 청문을 하도록 규정하고 있는 경우,

---

8) 대법원 2000. 11. 14. 선고 99두5870 판결.

② 행정청이 필요하다고 인정하는 경우, ③ 인허가 등의 취소, 신분 · 자격의 박탈, 법인이나 조합 등의 설립허가의 취소처분을 하는 경우에는 청문을 한다(제22조).[9]

(4) 공청회

행정청이 공개적인 토론을 통하여 어떠한 행정작용에 대하여 당사자등, 전문지식과 경험을 가진 사람, 그 밖의 일반인으로부터 의견을 널리 수렴하는 절차를 말한다(제2조제6호).[10]

행정청이 처분을 할 때 ① 다른 법령등에서 공청회를 개최하도록 규정하고 있는 경우, ② 해당 처분의 영향이 광범위하여 널리 의견을 수렴할 필요가 있다고 행정청이 인정하는 경우, ③ 국민생활에 큰 영향을 미치는 처분으로서 대통령령으로 정하는 처분에 대하여 대통령령으로 정하는 수 이상의 당사자등이 공청회 개최를 요구하는 경우에는 공청회를 개최한다(제22조제2항).[11]

(5) 의견제출

행정청이 어떠한 행정작용을 하기 전에 당사자등이 의견을 제시하는 절차로서 청문이나 공청회에 해당하지 아니하는 절차를 말한다(제2조제7호).

행정청이 당사자에게 의무를 부과하거나 권익을 제한하는 처분을 할 때 제1항(청문) 또는 제2항(공청회)의 경우 외에는 당사자등에게 의견제출의 기회를 주어야 한다(제22조제3항).

(6) 위반의 효과

의견청취절차를 거쳐야 함에도 이를 거치지 않고 이루어진 행정처분은 위법하다. 이 경우 무효라고 보는 견해도 있으나, 판례[12]는 취소사유에 해당한다고 본다.

---

9) 행정절차법은 청문절차와 관련하여, ① 청문의 사전통지(제21조 제2항), ② 청문 주재자(제28조), ③ 청문의 공개(제30조), ④ 청문의 진행(제31조), ⑤ 청문의 병합 · 분리(제32조), ⑥ 증거조사(제33조), ⑦ 청문조서(제34조), ⑧ 청문 주재자의 의견서(제34조의2), ⑨ 청문의 종결(제35조), ⑩ 청문결과의 반영(제35조의2), ⑪ 청문의 재개(제36조), ⑫ 문서의 열람 및 비밀유지(제37조)를 규정하고 있다.

10) 정보통신망을 이용한 공청회(온라인공청회)는 원칙적으로 제38조에 따른 공청회와 병행하여서만 실시할 수 있다(제38조의2 제1항). 그러나 예외적으로 온라인공청회를 단독으로 개최할 수 있는 경우가 있다(제2항).

11) 행정절차법은 공청회절차와 관련하여, ① 공청회 개최의 알림(제38조), ② 온라인공청회(제38조의2), ③ 공청회의 주재자 및 발표자의 선정(제38조의3), ④ 공청회의 진행(제39조), ⑤ 공청회 및 온라인공청회 결과의 반영(제39조의2), ⑥ 공청회의 재개최(제39조의3)를 규정하고 있다.

다만 법률에서 무효로 규정하고 있는 경우가 있다($^{국가공무원법}_{제13조 제2항}$).

대법원 2004. 7. 8. 선고 2002두8350 판결

행정청이 당사자와 사이에 도시계획사업의 시행과 관련한 협약을 체결하면서 관계 법령 및 행정절차법에 규정된 청문의 실시 등 의견청취절차를 배제하는 조항을 두었다고 하더라도, 국민의 행정참여를 도모함으로써 행정의 공정성·투명성 및 신뢰성을 확보하고 국민의 권익을 보호한다는 행정절차법의 목적 및 청문제도의 취지 등에 비추어 볼 때, 위와 같은 협약의 체결로 청문의 실시에 관한 규정의 적용을 배제할 수 있다고 볼 만한 법령상의 규정이 없는 한, 이러한 협약이 체결되었다고 하여 청문의 실시에 관한 규정의 적용이 배제된다거나 청문을 실시하지 않아도 되는 예외적인 경우에 해당한다고 할 수 없다.

6. 처분의 이유제시

(1) 의 의

행정청은 처분을 할 때에는 ① 신청 내용을 모두 그대로 인정하는 처분인 경우, ② 단순·반복적인 처분 또는 경미한 처분으로서 당사자가 그 이유를 명백히 알 수 있는 경우, ③ 긴급히 처분을 할 필요가 있는 경우를 제외하고는 당사자에게 그 근거와 이유를 제시하여야 한다($^{제23조}_{제1항}$). 행정청은 위 ②와 ③의 경우에 처분 후 당사자가 요청하는 경우에는 그 근거와 이유를 제시하여야 한다($^{제2}_{항}$).

(2) 이유제시의 정도

행정청은 침익적 처분을 하는 경우뿐만 아니라 수익적 처분을 거부하는 경우에도 처분의 근거와 이유를 제시하여야 한다. 대법원은 이유제시의 정도에 대해, ① 당사자가 근거 규정 등을 명시하여 신청하는 인허가 등을 거부하는 경우에는 당사자가 그 근거를 알 수 있을 정도로 상당한 이유를 제시하면 되지만, ② 침해적 처분을 하는 경우에는 처분의 근거 법령이나 취소권 유보의 부관 등을 명시하여야 함은 물론 어떠한 위반사실에 대하여 당해 처분이 있었는지를 알 수 있을 정도로 사실을 적시하여야 한다는 입장이다. ③ 다만 최근에는 침해적 처분이라 하더라도 처분 당시 당사자가 어떠한 근거와 이유로 처분이 이루어진 것인지를 충분히 알 수

---

12) 대법원 2001. 4. 13. 선고 2000두3337 판결(행정청이 침해적 행정처분을 함에 즈음하여 청문을 실시하지 않아도 되는 예외적인 경우에 해당하지 않는 한 반드시 청문을 실시하여야 하고, 그 절차를 결여한 처분은 위법한 처분으로서 취소 사유에 해당한다).

있어서 행정구제절차로 나아가는 데에 별다른 지장이 없었던 것으로 인정되면 처분
서에 처분의 근거와 이유가 구체적으로 명시되어 있지 않아도 위법한 처분이 아니
라고 하여 그 정도를 완화하고 있다(^{대법원 2013. 11. 14. 선}
고 2011두18571 판결).

(3) 위반의 효과

행정청이 처분을 함에 있어서 이유제시가 없거나 불충분한 경우에는 절차상 흠
이 있는 것으로서 위법하게 된다. 위법의 정도에 관하여, 이유제시가 전혀 없거나
중요사항의 기재가 결여된 경우 무효라는 견해가 있으나, 판례[13]는 취소사유로 본다.

> **대법원 1985. 5. 28. 선고 84누289 판결**
> 과세표준과 세율, 세액, 세액산출근거 등의 필요한 사항을 납세자에게 서면으로 통
> 지하도록 한 세법상의 제 규정들은 단순히 세무행정의 편의를 위한 훈시규정이 아니라
> 조세행정에 있어 자의를 배제하고 신중하고 합리적인 처분을 행하게 함으로써 공정을
> 기함과 동시에 납세의무자에게 부과처분의 내용을 상세히 알려서 불복여부의 결정과
> 불복신청에 편의를 제공하려는 데서 나온 강행규정으로서 납세고지서에 그와 같은 기
> 재가 누락되면 그 과세처분 자체가 위법한 처분이 되어 취소의 대상이 된다.

7. 처분의 방식

행정청이 처분을 할 때에는 다른 법령등에 특별한 규정이 있는 경우를 제외하고
는 문서로 하여야 하며, ① 당사자등의 동의가 있는 경우 또는 ② 당사자가 전자문
서로 처분을 신청한 경우에는 전자문서로 할 수 있다(^{제24조}
제1항).

그러나 공공의 안전 또는 복리를 위하여 긴급히 처분을 할 필요가 있거나 사안
이 경미한 경우에는 말, 전화, 휴대전화를 이용한 문자 전송, 팩스 또는 전자우편
등 문서가 아닌 방법으로 처분을 할 수 있다. 이 경우 당사자가 요청하면 지체 없이
처분에 관한 문서를 주어야 한다(^{제2}
항).

문서로 하여야 함에도 구술로 한 처분은 그 흠이 중대하고 명백하여 무효이다.[14]

8. 처분의 정정

행정청은 처분에 오기, 오산 또는 그 밖에 이에 준하는 명백한 잘못이 있을 때에

---

13) 대법원 1984. 7. 10. 선고 82누551 판결; 대법원 1985. 5. 28. 선고 84누289 판결.
14) 대법원 2011. 11. 10. 선고 2011도11109 판결.

는 직권으로 또는 신청에 따라 지체 없이 정정하고 그 사실을 당사자에게 통지하여야 한다($^{제25}_{조}$).

9. 처분에 대한 불복방법 등의 고지

행정청이 처분을 할 때에는 당사자에게 그 처분에 관하여 행정심판 및 행정소송을 제기할 수 있는지 여부, 그 밖에 불복을 할 수 있는지 여부, 청구절차 및 청구기간, 그 밖에 필요한 사항을 알려야 한다($^{제26}_{조}$).

Ⅲ. 행정상 입법예고

법령등을 제정·개정 또는 폐지($^{이하\ "입법"}_{이라\ 한다}$)하려는 경우에는 해당 입법안을 마련한 행정청은 이를 예고하여야 한다. 다만, ① 신속한 국민의 권리 보호 또는 예측 곤란한 특별한 사정의 발생 등으로 입법이 긴급을 요하는 경우, ② 상위 법령등의 단순한 집행을 위한 경우, ③ 입법내용이 국민의 권리·의무 또는 일상생활과 관련이 없는 경우, ④ 단순한 표현·자구를 변경하는 경우 등 입법내용의 성질상 예고의 필요가 없거나 곤란하다고 판단되는 경우, ⑤ 예고함이 공공의 안전 또는 복리를 현저히 해칠 우려가 있는 경우에는 예고를 하지 아니할 수 있다($^{제41조}_{제1항}$).

입법예고기간은 예고할 때 정하되, 특별한 사정이 없으면 40일(자치법규는 20일) 이상으로 한다($^{제43}_{조}$).

Ⅳ. 행정예고

행정청은 정책, 제도 및 계획($^{이하\ "정책등"}_{이라\ 한다}$)을 수립·시행하거나 변경하려는 경우에는 이를 예고하여야 한다. 다만, ① 신속하게 국민의 권리를 보호하여야 하거나 예측이 어려운 특별한 사정이 발생하는 등 긴급한 사유로 예고가 현저히 곤란한 경우, ② 법령등의 단순한 집행을 위한 경우, ③ 정책등의 내용이 국민의 권리·의무 또는 일상생활과 관련이 없는 경우, ④ 정책등의 예고가 공공의 안전 또는 복리를 현저히 해칠 우려가 상당한 경우에는 예고를 하지 아니할 수 있다($^{제46조}_{제1항}$).

행정예고기간은 예고 내용의 성격 등을 고려하여 정하되, 20일 이상으로 한다($^{제3}_{항}$). 그러나 행정목적을 달성하기 위하여 긴급한 필요가 있는 경우에는 행정예고기간을 단축할 수 있다. 이 경우 단축된 행정예고기간은 10일 이상으로 한다($^{제4}_{항}$).

제 3 절   행정절차의 흠

I. 절차상 흠의 의의

절차상의 흠이란 행정청의 공행정작용에 절차요건상 흠결이 있는 것을 말한다. 예컨대 법령상 요구되는 상대방의 협력, 관계 행정청과의 협력 등이 결여된 경우, 사전통지 · 이유부기 · 의견청취절차 등이 결여된 경우가 이에 해당한다. 대법원 판례에 따르면, 국가에 대해 행정처분을 할 때에도 사전통지, 의견청취, 이유제시와 관련한 행정절차법이 그대로 적용된다($^{대법원\ 2023.\ 9.\ 21.\ 선}_{고\ 2023두39724\ 판결}$).

II. 절차에 흠 있는 행정행위의 효력

1. 절차상 흠의 독자적 위법사유 여부

절차에 흠 있는 행정행위의 효력에 대해 개별법에 명문의 규정이 있는 경우 그에 따른다($^{국가공무원법}_{제13조\ 제2항}$). 그러나 명문규정이 없는 경우 절차상의 흠만으로 처분의 위법성을 인정할 수 있는가?

이에 대하여 학설은 ① 절차상 흠이 실체적 결정에 아무런 영향을 미치지 않는 것이 명백한 경우에는 법원은 절차상 흠을 이유로 행정행위를 취소 또는 무효확인할 수 없다고 보는 소극설과 ② 실체상 흠뿐만 아니라 절차상 흠도 행정행위의 독자적 위법사유가 될 수 있다고 보는 적극설이 대립한다.

판례는 재량행위뿐만 아니라 기속행위(과세처분)의 경우에도 절차상 흠만을 이유로 취소할 수 있다고 보아 기본적으로 적극설의 입장이다.[15] 그러나 최근에는 재량행위에서 경미한 절차상 흠이 있는 경우 그것만으로 곧바로 처분이 위법하다고 보지 않고, 재량권의 일탈 또는 남용이 있는지 여부를 판단하는 요소로 고려하는 경향을 보인다.[16]

---

15) 대법원 1991. 7. 9. 선고 91누971 판결; 대법원 1983. 7. 26. 선고 82누420 판결.

대법원 2006. 3. 16. 선고 2006두330 전원합의체 판결

환경영향평가법령에서 정한 환경영향평가를 거쳐야 할 대상사업에 대하여 그러한 환경영향평가를 거치지 아니하였음에도 승인 등 처분을 하였다면 그 처분은 위법하다 할 것이나, 그러한 절차를 거쳤다면, 비록 그 환경영향평가의 내용이 다소 부실하다 하더라도, 그 부실의 정도가 환경영향평가제도를 둔 입법 취지를 달성할 수 없을 정도이어서 환경영향평가를 하지 아니한 것과 다를 바 없는 정도의 것이 아닌 이상, 그 부실은 당해 승인 등 처분에 재량권 일탈·남용의 위법이 있는지 여부를 판단하는 하나의 요소로 됨에 그칠 뿐, 그 부실로 인하여 당연히 당해 승인 등 처분이 위법하게 되는 것이 아니다.

2. 무효와 취소

절차상의 흠이 독립한 위법사유가 된다면, 절차의 흠이 있는 경우 당해 행정행위의 효력은 흠의 일반이론, 즉 중대·명백설에 따라 중대하고 명백한 절차요건의 흠이 있는 경우에는 무효가 된다고 하여야 할 것이다.

대법원은 대체로 사전통지나 청문절차를 누락하거나 이유제시의 흠이 있는 행정행위에 대해 취소사유에 해당한다고 본다.[17] 이 경우 절차상 흠은 치유될 수 있다.

---

16) 대법원 2015. 8. 27. 선고 2013두1560 판결; 대법원 2015. 10. 29. 선고 2012두28728 판결.
17) 구 환경영향평가법상 환경영향평가를 실시하여야 할 사업에 대하여 환경영향평가를 거치지 아니하였음에도 승인 등 처분을 한 경우, 그 처분의 하자가 행정처분의 당연무효라고 본 판례도 있다(대법원 2006. 6. 30. 선고 2005두14363 판결).

제 2 장   행정정보공개

Ⅰ. 개 설

행정정보공개란 행정청이 관리하고 있는 정보나 행정기관의 정책결정과정을 국민이나 주민의 청구에 의하여 공개하는 것을 말한다. 이는 국민의 기본권으로서의 알권리를 보장하고 행정작용에 투명성을 확보하기 위한 제도이다. 특히 행정정보공개제도는 행정절차가 민주적·효율적으로 운영되기 위해 반드시 전제되어야 한다. 왜냐하면 행정절차에 참여하기 위해서는 이에 대한 정보를 보유하고 있어야만 효과적으로 대응할 수 있기 때문이다.

행정정보공개제도에 대한 일반법으로는 「공공기관의 정보공개에 관한 법률」(이하 '정보공개법'이라 함)이 1996년 12월 31일에 제정되어 1998년 1월 1일부터 시행되고 있다.[1] 정보공개법은 제1장 총칙, 제2장 정보공개 청구권자와 공공기관의 의무, 제3장 정보공개의 절차, 제4장 불복 구제 절차, 제5장 정보공개위원회 등 5장 및 부칙으로 구성되어 있다.

정보공개청구권은 알권리로부터 도출된다고 보는 것이 학계의 일반적인 견해이다. 헌법재판소[2]와 대법원[3]은 알권리의 헌법적 근거를 헌법 제21조 표현의 자유에서 찾고 있다. 알권리의 내용에는 ① 일반적으로 접근할 수 있는 정보원으로부터 방해받지 않고 보고, 듣고, 읽을 수 있는 소극적 측면으로서의 권리(자유권)와 ② 정보의 공개를 청구할 수 있는 적극적 측면으로서의 권리(청구권)가 포함된다.

Ⅱ. 정보공개법의 주요 내용

1. 정보공개 청구권자

모든 국민은 정보의 공개를 청구할 권리를 가진다(제5조 제1항). 여기에서 말하는 국민에

---

1) 정보공개법 제4조(적용 범위) ③ 국가안전보장에 관련되는 정보 및 보안 업무를 관장하는 기관에서 국가안전보장과 관련된 정보의 분석을 목적으로 수집하거나 작성한 정보에 대해서는 이 법을 적용하지 아니한다. 다만, 제8조 제1항에 따른 정보목록의 작성·비치 및 공개에 대해서는 그러하지 아니한다.
2) 헌법재판소 1989. 9. 4.자 88헌마22 결정.
3) 대법원 1999. 9. 21. 선고 97누5114 판결.

는 자연인은 물론 법인, 권리능력 없는 사단·재단도 포함되고, 법인, 권리능력 없는 사단·재단의 경우 그 설립목적을 불문한다.[4]

외국인의 정보공개 청구에 관하여는 대통령령으로 정한다($\frac{제2}{항}$).[5]

2. 정보공개 의무자

정보공개법상 정보공개 의무자는 '공공기관'이다. 공공기관의 범위는 다음과 같다($\frac{제2조}{제3호}$).

가. 국가기관	1) 국회, 법원, 헌법재판소, 중앙선거관리위원회, 2) 중앙행정기관(대통령 소속 기관과 국무총리 소속 기관을 포함) 및 그 소속 기관, 3) 행정기관 소속 위원회의 설치·운영에 관한 법률에 따른 위원회
나. 지방자치단체	
다. 공공기관의 운영에 관한 법률 제2조에 따른 공공기관	
라. 지방공기업법에 따른 지방공사 및 지방공단	
마. 그 밖에 대통령령으로 정하는 기관	1. 유아교육법, 초·중등교육법, 고등교육법에 따른 각급 학교 또는 그 밖의 다른 법률에 따라 설치된 학교 2. 삭제 3. 지방자치단체 출자·출연 기관의 운영에 관한 법률」 제2조 제1항에 따른 출자기관 및 출연기관 4. 특별법에 따라 설립된 특수법인[6] 5. 사회복지사업법 제42조 제1항에 따라 국가나 지방자치단체로부터 보조금을 받는 사회복지법인과 사회복지사업을 하는 비영리법인 6. 제5호 외에 보조금 관리에 관한 법률 제9조 또는 지방재정법 제17조 제1항 각 호 외의 부분 단서에 따라 국가나 지방자치단체로부터 연간 5천만원 이상의 보조금을 받는 기관 또는 단체. 다만, 정보공개 대상 정보는 해당 연도에 보조를 받은 사업으로 한정한다.

---

4) 지방자치단체는 정보공개법 제5조에서 정한 정보공개 청구권자인 '국민'에 해당되지 아니한다는 하급심 판례가 있다(서울행정법원 2005. 10. 12. 선고 2005구합10484 판결).

5) 정보공개법 시행령은 ① 국내에 일정한 주소를 두고 거주하거나 학술·연구를 위하여 일시적으로 체류하는 사람, ② 국내에 사무소를 두고 있는 법인 또는 단체를 규정하고 있다(제3조).

6) 판례는 ① 방송법에 의해 설립·운영되는 한국방송공사(KBS)는 이에 해당되지만(대법원 2010. 12. 23. 선고 2008두13101 판결), ② 한국증권업협회는 그 업무가 국가기관 등에 준할 정도로 공동체 전체의 이익에 중요한 역할이나 기능에 해당하는 공공성을 갖는다고 볼 수 없다는 등의 이유로 이에 해당하지 않는다고 한다(대법원 2010. 4. 29. 선고 2008두5643 판결).

3. 공개 및 비공개 대상정보

(1) 공개대상 정보

정보공개청구의 대상이 되는 정보는 공공기관이 보유 · 관리하는 정보에 한정되며, 원칙적으로 공개의 대상이 된다(제9조 제1항 본문).

(2) 정보의 의미

공공기관이 직무상 작성 또는 취득하여 관리하고 있는 문서(전자문서를 포함한다. 이하 같다) 및 전자매체를 비롯한 모든 형태의 매체 등에 기록된 사항을 말한다(제2조 제1호).

(3) 공개의 의미

공공기관이 정보공개법에 따라 정보를 ① 열람하게 하거나 ② 그 사본 · 복제물을 제공하는 것 또는 ③ 전자정부법 제2조 제10호에 따른 정보통신망(이하 "정보통신망"이라 한다)을 통하여 정보를 제공하는 것 등을 말한다(제2조 제2호).

(4) 비공개 대상정보(제9조 제1항 단서)

1.	다른 법률 또는 법률에서 위임한 명령(국회규칙 · 대법원규칙 · 헌법재판소규칙 · 중앙선거관리위원회규칙 · 대통령령 및 조례로 한정한다)에 따라 비밀이나 비공개 사항으로 규정된 정보
2.	국가안전보장 · 국방 · 통일 · 외교관계 등에 관한 사항으로서 공개될 경우 국가의 중대한 이익을 현저히 해칠 우려가 있다고 인정되는 정보
3.	공개될 경우 국민의 생명 · 신체 및 재산의 보호에 현저한 지장을 초래할 우려가 있다고 인정되는 정보
4.	진행 중인 재판에 관련된 정보와 범죄의 예방, 수사, 공소의 제기 및 유지, 형의 집행, 교정, 보안처분에 관한 사항으로서 공개될 경우 그 직무수행을 현저히 곤란하게 하거나 형사피고인의 공정한 재판을 받을 권리를 침해한다고 인정할 만한 상당한 이유가 있는 정보
5.	감사 · 감독 · 검사 · 시험 · 규제 · 입찰계약 · 기술개발 · 인사관리에 관한 사항이나 의사결정 과정 또는 내부검토 과정에 있는 사항 등으로서 공개될 경우 업무의 공정한 수행이나 연구 · 개발에 현저한 지장을 초래한다고 인정할 만한 상당한 이유가 있는 정보. 다만, 의사결정 과정 또는 내부검토 과정을 이유로 비공개할 경우에는 제13조 제5항에 따라 통지를 할 때 의사결정 과정 또는 내부검토 과정의 단계 및 종료 예정일을 함께 안내하여야 하며, 의사결정 과정 및 내부검토 과정이 종료되면 제10조에 따른 청구인에게 이를 통지하여야 한다.

6.	해당 정보에 포함되어 있는 성명·주민등록번호 등 「개인정보 보호법」 제2조 제1호에 따른 개인정보로서 공개될 경우 사생활의 비밀 또는 자유를 침해할 우려가 있다고 인정되는 정보. 다만, 다음 각 목에 열거한 사항은 제외한다. 가. 법령에서 정하는 바에 따라 열람할 수 있는 정보 나. 공공기관이 공표를 목적으로 작성하거나 취득한 정보로서 사생활의 비밀 또는 자유를 부당하게 침해하지 아니하는 정보 다. 공공기관이 작성하거나 취득한 정보로서 공개하는 것이 공익이나 개인의 권리 구제를 위하여 필요하다고 인정되는 정보 라. 직무를 수행한 공무원의 성명·직위 마. 공개하는 것이 공익을 위하여 필요한 경우로서 법령에 따라 국가 또는 지방자치단체가 업무의 일부를 위탁 또는 위촉한 개인의 성명·직업
7.	법인·단체 또는 개인(이하 "법인등"이라 한다)의 경영상·영업상 비밀에 관한 사항으로서 공개될 경우 법인등의 정당한 이익을 현저히 해칠 우려가 있다고 인정되는 정보. 다만, 다음 각 목에 열거한 정보는 제외한다. 가. 사업활동에 의하여 발생하는 위해로부터 사람의 생명·신체 또는 건강을 보호하기 위하여 공개할 필요가 있는 정보 나. 위법·부당한 사업활동으로부터 국민의 재산 또는 생활을 보호하기 위하여 공개할 필요가 있는 정보
8.	공개될 경우 부동산 투기, 매점매석 등으로 특정인에게 이익 또는 불이익을 줄 우려가 있다고 인정되는 정보

1) 판례에서 공개대상으로 본 경우

① 검찰보존사무규칙(1998. 4. 4. 법무부령 제459호로 개정된 것) 중 재판확정기록 등의 열람·등사에 대하여 제한하고 있는 부분(제1호)

② 수용자자비부담물품의 판매수익금과 관련한 정보7)(제4호)

③ 사법시험 제2차 시험의 답안지 열람(제5호)

④ 사면대상자들의 사면실시건의서와 그와 관련된 국무회의 안건자료에 관한 정보(제6호)

⑤ 아파트재건축주택조합의 조합원들에게 제공될 무상보상평수의 사업수익성 등을 검토한 자료(제7호)

⑥ 한국방송공사의 '수시집행 접대성 경비의 건별 집행서류 일체'(제7호)

---

7) 교도소장이 재단법인 교정협회로 송금한 수익금 총액과 교도소장에게 배당된 수익금액 및 사용내역, 교도소직원회 수지에 관한 결산결과와 사업계획 및 예산서, 수용자 외부병원 이송진료와 관련한 이송진료자 수, 이송진료자의 진료내역별(치료, 검사, 수술) 현황, 이송진료자의 진료비 지급(예산지급, 자비부담) 현황, 이송진료자의 진료비총액 대비 예산지급액, 이송진료자의 병명별 현황, 수용자신문구독현황과 관련한 각 신문별 구독신청자 수 등에 관한 정보.

2) 판례에서 비공개대상으로 본 경우

① 국가정보원이 직원에게 지급하는 현금급여 및 월초수당에 관한 정보(제1호)

② 국방부의 한국형 다목적 헬기(KMH) 도입사업에 대한 감사원장의 감사결과보고서(제1호)

③ 한·일 군사정보보호협정 및 한·일 상호군수지원협정과 관련하여 각종 회의자료 및 회의록 등의 정보(제2호)

④ 보안관찰법 소정의 보안관찰 관련 통계자료(제2호, 제3호)

⑤ 교도소 징벌위원회 회의록 중 비공개 심사·의결 부분8)(제4호)

⑥ 학교환경위생구역 내 금지행위(숙박시설) 해제결정에 관한 학교환경위생정화위원회의 회의록에 기재된 발언내용에 대한 해당 발언자의 인적사항 부분(제5호)

⑦ 독립유공자서훈 공적심사위원회의 심의·의결 과정 및 그 내용을 기재한 회의록(제5호)

⑧ 학교폭력대책자치위원회 회의록(제5호)

⑨ 치과의사 국가시험의 문제지와 그 정답지(제5호)

⑩ 지방자치단체의 업무추진비 세부항목별 집행내역 및 그에 관한 증빙서류에 포함된 개인에 관한 정보(제6호)

⑪ 공무원이 직무와 관련 없이 개인적인 자격으로 간담회·연찬회 등 행사에 참석하고 금품을 수령한 정보(제6호)

⑫ 불기소처분 기록 중 피의자신문조서 등에 기재된 피의자 등의 인적사항 이외의 진술내용(제6호)

⑬ 한국방송공사(KBS)가 제작한 '추적 60분' 가제 "새튼은 특허를 노렸나"인 방송용 편집원본 테이프 1개(제7호)

4. 정보공개의 절차

(1) 정보공개의 청구

정보의 공개를 청구하는 자(이하 "청구인"이라 한다)는 해당 정보를 보유하거나 관리하고 있는 공공기관에 ① 청구인의 성명·생년월일·주소 및 연락처(전화번호·전자우편주소 등을 말한다. 이하 이 조에서 같다),9) ②

---

8) 그러나 근무보고서는 비공개대상정보에 해당한다고 볼 수 없고, 징벌위원회 회의록 중 재소자의 진술, 위원장 및 위원들과 재소자 사이의 문답 등 징벌절차 진행 부분은 비공개사유에 해당하지 않는다고 보아 분리 공개가 허용된다고 하였다(대법원 2009. 12. 10. 선고 2009두12785 판결).

청구인의 주민등록번호(본인임을 확인하고 공개 여부를 결정할 필요가 있는 정보를 청구하는 경우로 한정한다), ③ 공개를 청구하는 정보의 내용 및 공개방법을 적은 정보공개 청구서를 제출하거나 말로써 정보의 공개를 청구할 수 있다(제10조 제1항).

(2) 정보공개 여부의 결정

1) 결정기간

공공기관은 정보공개의 청구를 받은 날부터 10일 이내에 공개 여부를 결정하여야 하며(제11조 제1항), 부득이한 사유가 있는 경우에는 그 기간이 끝나는 날의 다음 날부터 기산하여 10일의 범위에서 공개 여부 결정기간을 연장할 수 있다. 이 경우 공공기관은 연장된 사실과 연장 사유를 청구인에게 지체 없이 문서로 통지하여야 한다(제2항).

2) 제3자에 대한 통지 및 의견청취

공공기관은 공개 청구된 공개 대상 정보의 전부 또는 일부가 제3자와 관련이 있는 경우에는 그 사실을 제3자에게 지체 없이 통지하여야 하며, 필요한 경우에는 그의 의견을 들을 수 있다(제11조 제3항).

3) 정보공개심의회의 심의

국가기관, 지방자치단체, 「공공기관의 운영에 관한 법률」 제5조에 따른 공기업 및 준정부기관, 「지방공기업법」에 따른 지방공사 및 지방공단(이하 "국가기관" 등"이라 한다)은 정보공개 여부 등을 심의하기 위하여 정보공개심의회(이하 "심의 회"라 한다)를 설치·운영한다(제12조 제1항 전문).

4) 즉시 처리가 가능한 정보의 공개

① 법령 등에 따라 공개를 목적으로 작성된 정보, ② 일반 국민에게 알리기 위하여 작성된 각종 홍보자료, ③ 공개하기로 결정된 정보로서 공개에 오랜 시간이 걸리지 아니하는 정보, ④ 그 밖에 공공기관의 장이 정하는 정보로서 즉시 또는 말로 처리가 가능한 정보에 대해서는 제11조에 따른 절차를 거치지 아니하고 공개하여야 한다(제16조).

---

9) 다만, 청구인이 법인 또는 단체인 경우에는 그 명칭, 대표자의 성명, 사업자등록번호 또는 이에 준하는 번호, 주된 사무소의 소재지 및 연락처를 말한다.

(3) 정보공개 여부 결정의 통지

1) 공개결정의 통지

공공기관은 정보의 공개를 결정한 경우에는 공개의 일시 및 장소 등을 분명히 밝혀 청구인에게 통지하여야 한다(제13조제1항).

2) 비공개결정의 통지

공공기관은 정보의 비공개 결정을 한 경우에는 그 사실을 청구인에게 지체 없이 문서로 통지하여야 한다. 이 경우 비공개 이유와 불복의 방법 및 절차를 구체적으로 밝혀야 한다(제13조제5항).

(4) 정보공개의 방법

1) 사본 또는 복제물의 교부

공공기관은 청구인이 사본 또는 복제물의 교부를 원하는 경우에는 이를 교부하여야 하며(제13조제2항), 공개 대상 정보의 양이 너무 많아 정상적인 업무수행에 현저한 지장을 초래할 우려가 있는 경우에는 해당 정보를 일정 기간별로 나누어 제공하거나 사본 · 복제물의 교부 또는 열람과 병행하여 제공할 수 있다(제3항).

2) 전자적 공개

공공기관은 전자적 형태로 보유 · 관리하는 정보에 대하여 청구인이 전자적 형태로 공개하여 줄 것을 요청하는 경우에는 그 정보의 성질상 현저히 곤란한 경우를 제외하고는 청구인의 요청에 따라야 한다(제15조제1항).

3) 부분 공개

공개 청구한 정보가 비공개 대상 부분과 공개 가능한 부분이 혼합되어 있는 경우로서 두 부분을 분리할 수 있는 경우에는 비공개 대상 부분을 제외하고 공개하여야 한다(제14조).

(5) 비용 부담

정보의 공개 및 우송 등에 드는 비용은 실비의 범위에서 청구인이 부담한다(제17조제1항). 공개를 청구하는 정보의 사용 목적이 공공복리의 유지 · 증진을 위하여 필요하다고 인정되는 경우에는 그 비용을 감면할 수 있다(제2항).

(6) 소관 기관으로의 이송 및 통지

공공기관은 다른 공공기관이 보유·관리하는 정보의 공개 청구를 받았을 때에는 지체 없이 이를 소관 기관으로 이송하고, 이송한 후에는 지체 없이 소관 기관 및 이송 사유 등을 분명히 밝혀 청구인에게 문서로 통지하여야 한다($\frac{제11조}{제4항}$).

(7) 민원으로 처리

공공기관은 ① 공개 청구된 정보가 공공기관이 보유·관리하지 아니하는 정보인 경우, ② 공개 청구의 내용이 진정·질의 등으로 이 법에 따른 정보공개 청구로 보기 어려운 경우로서, 「민원 처리에 관한 법률」에 따른 민원으로 처리할 수 있는 경우에는 민원으로 처리할 수 있다($\frac{제11조}{제5항}$).

5. 청구인의 불복절차

(1) 이의신청

1) 이의신청의 기간

청구인이 정보공개와 관련한 공공기관의 비공개 결정 또는 부분 공개 결정에 대하여 불복이 있거나 정보공개 청구 후 20일이 경과하도록 정보공개 결정이 없는 때에는 공공기관으로부터 정보공개 여부의 결정 통지를 받은 날 또는 정보공개 청구 후 20일이 경과한 날부터 30일 이내에 해당 공공기관에 문서로 이의신청을 할 수 있다($\frac{제18조}{제1항}$).[10]

2) 이의신청에 대한 결과 통지

공공기관은 이의신청을 받은 날부터 7일 이내에 그 이의신청에 대하여 결정하고 그 결과를 청구인에게 지체 없이 문서로 통지하여야 한다. 다만, 부득이한 사유로 정하여진 기간 이내에 결정할 수 없을 때에는 그 기간이 끝나는 날의 다음 날부터 기산하여 7일의 범위에서 연장할 수 있으며, 연장 사유를 청구인에게 통지하여야 한다($\frac{제18조}{제3항}$).

공공기관은 이의신청을 각하 또는 기각하는 결정을 한 경우에는 청구인에게 행

---

10) 국가기관등은 이의신청이 있는 경우에는 심의회를 개최하여야 한다. 다만, ① 심의회의 심의를 이미 거친 사항, ② 단순·반복적인 청구, ③ 법령에 따라 비밀로 규정된 정보에 대한 청구에 해당하는 경우에는 심의회를 개최하지 아니할 수 있으며 개최하지 아니하는 사유를 청구인에게 문서로 통지하여야 한다(제18조 제2항).

정심판 또는 행정소송을 제기할 수 있다는 사실을 제3항에 따른 결과 통지와 함께 알려야 한다(^{제4}_항).

> **대법원 2023. 7. 27. 선고 2022두52980 판결**
>
> 공공기관의 정보공개에 관한 법률 제18조 제1항, 제3항, 제4항, 제20조 제1항, 행정소송법 제20조 제1항의 규정 내용과 그 취지 등을 종합하여 보면, 청구인이 공공기관의 비공개 결정 또는 부분 공개 결정에 대한 이의신청을 하여 공공기관으로부터 이의신청에 대한 결과를 통지받은 후 취소소송을 제기하는 경우 그 제소기간은 이의신청에 대한 결과를 통지받은 날부터 기산한다고 봄이 타당하다.

(2) 행정심판

청구인이 정보공개와 관련한 공공기관의 결정에 대하여 불복이 있거나 정보공개 청구 후 20일이 경과하도록 정보공개 결정이 없는 때에는 「행정심판법」에서 정하는 바에 따라 행정심판을 청구할 수 있다(^{제19조}_{제1항}). 청구인은 이의신청 절차를 거치지 아니하고 행정심판을 청구할 수 있다(^{제2}_항).

(3) 행정소송

청구인이 정보공개와 관련한 공공기관의 결정에 대하여 불복이 있거나 정보공개 청구 후 20일이 경과하도록 정보공개 결정이 없는 때에는 「행정소송법」에서 정하는 바에 따라 행정소송을 제기할 수 있다(^{제20조}_{제1항}). 청구인은 이의신청이나 행정심판을 제기하지 않고 곧바로 행정소송을 제기할 수도 있다.

1) 적법요건

항고소송을 제기하기 위해서는 원고에게 법률상 이익이 요구되는데, 정보공개청구권은 법률상 보호되는 구체적인 권리이므로 정보공개를 청구하였다가 거부처분을 받은 것 자체가 법률상 이익의 침해에 해당한다.[11] 그러나 공공기관이 공개를 구하는 정보를 보유·관리하고 있지 아니한 경우에는 정보공개거부처분의 취소를 구할 법률상 이익이 없다.[12]

2) 본안심리

재판장은 필요하다고 인정하면 당사자를 참여시키지 아니하고 제출된 공개 청구

---

11) 대법원 2003. 12. 12. 선고 2003두8050 판결.
12) 대법원 2006. 1. 13. 선고 2003두9459 판결.

정보를 비공개로 열람·심사할 수 있다(제20조제2항).

3) 증명책임

공개를 구하는 정보를 공공기관이 보유·관리하고 있다는 점에 관한 증명책임은 청구인에게 있지만, 공공기관이 이를 보유·관리하였으나 후에 그 정보가 담긴 문서 등이 폐기되어 존재하지 않게 된 것이라면 그 정보를 더 이상 보유·관리하고 있지 아니하다는 점에 대한 증명책임은 공공기관에 있다.

4) 일부 취소

공공기관이 공개를 거부한 정보에 비공개대상 정보와 공개가 가능한 정보가 혼합되어 있고, 공개청구의 취지에 어긋나지 않는 범위에서 두 부분을 분리할 수 있는 경우 법원은 일부 취소판결을 할 수 있다.

6. 제3자의 불복절차

정보공개법 제11조 제3항에 따라 공개 청구된 사실을 통지받은 제3자는 그 통지를 받은 날부터 3일 이내에 해당 공공기관에 대하여 자신과 관련된 정보를 공개하지 아니할 것을 요청할 수 있다(제21조제1항).

그러나 제3자의 비공개요청에도 불구하고 공공기관이 공개 결정을 할 때에는 공개 결정 이유와 공개 실시일을 분명히 밝혀 지체 없이 문서로 통지하여야 하며, 제3자는 해당 공공기관에 문서로 이의신청을 하거나 행정심판 또는 행정소송을 제기할 수 있다. 이 경우 이의신청은 통지를 받은 날부터 7일 이내에 하여야 한다(제2항). 이때 공공기관은 공개 결정일과 공개 실시일 사이에 최소한 30일의 간격을 두어야 하므로(제3항), 제3자는 행정심판 또는 행정소송의 제기와 동시에 공개 결정에 대하여 집행정지를 신청할 수 있다.

〈정보공개청구에 대한 결정과 불복절차〉

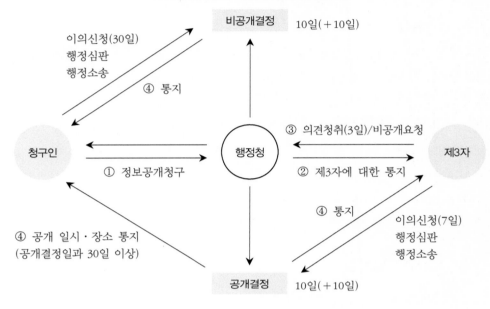

제 3 장   개인정보보호

Ⅰ. 개 설

오늘날 현대사회에서 개인정보는 정보통신기술의 발달로 공공기관과 민간 기업에 의해 다양한 방식으로 수집·관리되고 있다. 특히 전자정부의 출현으로 공공기관들은 행정목적상 필요에 의해 개인정보를 공동으로 이용하고 있으며, 기업들은 상업적인 목적으로 개인정보를 광범위하게 수집하고 있는 것이 현실이다. 문제는 이렇게 수집된 정보들이 기술적인 오류 또는 불법적인 거래를 통해 외부에 유출됨으로써 해당 정보주체의 프라이버시권이 침해되는 사례가 빈번하게 발생된다는 점이다. 이러한 점에서 개인정보의 보호가 중요한 사회문제로 대두되고 있다.

개인정보 보호제도의 헌법적 근거는 헌법상 기본권인 '개인정보자기결정권'이다.[1] 다만 개인정보자기결정권의 헌법상 근거에 관하여, ① 독자적 기본권으로서 헌법에 명시되지 않은 기본권이라고 본 경우도 있고(헌법재판소 2005. 5. 26. 자 99헌마513 등 결정), ② 인간의 존엄과 가치, 행복추구권을 규정한 헌법 제10조 제1문에서 도출되는 일반적 인격권 및 헌법 제17조의 사생활의 비밀과 자유에 의하여 보장된다고 판시한 경우도 있다(헌법재판소 2005. 7. 21. 자 2003헌마282 등 결정).

종래 공공기관의 개인정보의 보호를 위하여 1994년에 「공공기관의 개인정보보호에 관한 법률」이 제정·시행되었다가, 그 후 공공부문과 민간부문을 모두 포함하여 개인정보 보호제도를 마련하기 위해 2011년 3월 29일 「개인정보 보호법」이 제정되어 현재 시행 중에 있다. 이는 개인정보보호에 관한 일반법[2]으로서 위상을 가지고 있다.

---

1) 개인정보자기결정권에 대해 헌법재판소는 "자신에 관한 정보가 언제 누구에게 어느 범위까지 알려지고 또 이용되도록 할 것인지를 그 정보주체가 스스로 결정할 수 있는 권리, 즉 정보주체가 개인정보의 공개와 이용에 관하여 스스로 결정할 권리"로 정의하고 있다(헌법재판소 2005. 5. 26.자 99헌마513 등 결정).

2) 개인정보 보호법 제6조(다른 법률과의 관계) ① 개인정보의 처리 및 보호에 관하여 다른 법률에 특별한 규정이 있는 경우를 제외하고는 이 법에서 정하는 바에 따른다.

② 개인정보의 처리 및 보호에 관한 다른 법률을 제정하거나 개정하는 경우에는 이 법의 목적과 원칙에 맞도록 하여야 한다.

Ⅱ. 개인정보 보호법의 주요 내용

1. 용어의 정의

(1) 개인정보

"개인정보"란 살아 있는 개인에 관한 정보로서, ① 성명, 주민등록번호 및 영상 등을 통하여 개인을 알아볼 수 있는 정보, ② 해당 정보만으로는 특정 개인을 알아볼 수 없더라도 다른 정보와 쉽게 결합하여 알아볼 수 있는 정보(이 경우 쉽게 결합할 수 있는지 여부는 다른 정보의 입수 가능성 등 개인을 알아보는 데 소요되는 시간, 비용, 기술 등을 합리적으로 고려하여야 한다), ③ 위 ① 또는 ②를 가명처리[3]함으로써 원래의 상태로 복원하기 위한 추가 정보의 사용·결합 없이는 특정 개인을 알아볼 수 없는 정보(가명정보)를 말한다(제2조 제1호). 이처럼 개인정보에는 인적사항뿐만 아니라 신체적·경제적·사회적 정보 등이 모두 포함된다.

(2) 처 리

"처리"란 개인정보의 수집, 생성, 연계, 연동, 기록, 저장, 보유, 가공, 편집, 검색, 출력, 정정, 복구, 이용, 제공, 공개, 파기, 그 밖에 이와 유사한 행위를 말한다(제2조 제2호).

(3) 정보주체

"정보주체"란 처리되는 정보에 의하여 알아볼 수 있는 사람으로서 그 정보의 주체가 되는 사람을 말한다(제2조 제3호).

(4) 개인정보처리자

"개인정보처리자"란 업무를 목적으로 개인정보파일[4]을 운용하기 위하여 스스로 또는 다른 사람을 통하여 개인정보를 처리하는 공공기관, 법인, 단체 및 개인 등을 말한다(제2조 제5호).

---

3) "가명처리"란 개인정보의 일부를 삭제하거나 일부 또는 전부를 대체하는 등의 방법으로 추가 정보가 없이는 특정 개인을 알아볼 수 없도록 처리하는 것을 말한다(제2조 제1호의2).
4) "개인정보파일"이란 개인정보를 쉽게 검색할 수 있도록 일정한 규칙에 따라 체계적으로 배열하거나 구성한 개인정보의 집합물을 말한다(제2조 제4호).

(5) 영상정보처리기기

영상정보처리기기에는 ① 고정형 영상정보처리기기(일정한 공간에 설치되어 지속적 또는 주기적으로 사람 또는 사물의 영상 등을 촬영하거나 이를 유·무선망을 통하여 전송하는 장치로서 대통령령으로 정하는 장치)와 ② 이동형 영상정보처리기기(사람이 신체에 착용 또는 휴대하거나 이동 가능한 물체에 부착 또는 거치하여 사람 또는 사물의 영상 등을 촬영하거나 이를 유·무선망을 통하여 전송하는 장치로서 대통령령으로 정하는 장치)가 있다(제2조 제7호, 제7호의2).

2. 개인정보 보호원칙

개인정보처리자는 개인정보의 처리 목적을 명확하게 하여야 하고 그 목적에 필요한 범위에서 최소한의 개인정보만을 적법하고 정당하게 수집하여야 한다(개인정보 보호법 제3조 제1항).

개인정보처리자는 개인정보의 처리 목적에 필요한 범위에서 적합하게 개인정보를 처리하여야 하며, 그 목적 외의 용도로 활용하여서는 아니 된다(제2항).

개인정보처리자는 개인정보의 처리 목적에 필요한 범위에서 개인정보의 정확성, 완전성 및 최신성이 보장되도록 하여야 한다(제3항).

개인정보처리자는 개인정보의 처리 방법 및 종류 등에 따라 정보주체의 권리가 침해받을 가능성과 그 위험 정도를 고려하여 개인정보를 안전하게 관리하여야 한다(제4항).

개인정보처리자는 개인정보 처리방침 등 개인정보의 처리에 관한 사항을 공개하여야 하며, 열람청구권 등 정보주체의 권리를 보장하여야 한다(제5항).

개인정보처리자는 정보주체의 사생활 침해를 최소화하는 방법으로 개인정보를 처리하여야 한다(제6항).

개인정보처리자는 개인정보를 익명 또는 가명으로 처리하여도 개인정보 수집목적을 달성할 수 있는 경우 익명처리가 가능한 경우에는 익명에 의하여, 익명처리로 목적을 달성할 수 없는 경우에는 가명에 의하여 처리될 수 있도록 하여야 한다(제7항).

개인정보처리자는 이 법 및 관계 법령에서 규정하고 있는 책임과 의무를 준수하고 실천함으로써 정보주체의 신뢰를 얻기 위하여 노력하여야 한다(제8항).

3. 개인정보 보호위원회

개인정보 보호에 관한 사무를 독립적으로 수행하기 위하여 국무총리 소속으로 개인정보 보호위원회(이하 "보호위원회"라 한다)가 설치되어 있다(제7조 제1항). 보호위원회는 정부조직법 제2조에 따른 중앙행정기관으로 본다(제2항 본문).

4. 개인정보의 처리

(1) 개인정보의 수집 · 이용

개인정보처리자는 ① 정보주체의 동의를 받은 경우($^{제1}_{호}$), ② 법률에 특별한 규정이 있거나 법령상 의무를 준수하기 위하여 불가피한 경우($^{제2}_{호}$), ③ 공공기관이 법령 등에서 정하는 소관 업무의 수행을 위하여 불가피한 경우($^{제3}_{호}$), ④ 정보주체와 체결한 계약을 이행하거나 계약을 체결하는 과정에서 정보주체의 요청에 따른 조치를 이행하기 위하여 필요한 경우($^{제4}_{호}$), ⑤ 명백히 정보주체 또는 제3자의 급박한 생명, 신체, 재산의 이익을 위하여 필요하다고 인정되는 경우($^{제5}_{호}$), ⑥ 개인정보처리자의 정당한 이익을 달성하기 위하여 필요한 경우로서 명백하게 정보주체의 권리보다 우선하는 경우($^{제6}_{호}$),[5] ⑦ 공중위생 등 공공의 안전과 안녕을 위하여 긴급히 필요한 경우($^{제7}_{호}$)에는 개인정보를 수집할 수 있으며 그 수집 목적의 범위에서 이용할 수 있다($^{제15조}_{제1항}$).

(2) 개인정보의 제공

개인정보처리자는 ① 정보주체의 동의를 받은 경우($^{제1}_{호}$), ② 제15조 제1항 제2호, 제3호 및 제5호부터 제7호까지에 따라 개인정보를 수집한 목적 범위에서 개인정보를 제공하는 경우($^{제2}_{호}$)에는 정보주체의 개인정보를 제3자에게 제공($^{공유를\ 포함한}_{다.\ 이하\ 같다}$)할 수 있다($^{제17조}_{제1항}$).

개인정보처리자는 당초 수집 목적과 합리적으로 관련된 범위에서 정보주체에게 불이익이 발생하는지 여부, 암호화 등 안전성 확보에 필요한 조치를 하였는지 여부 등을 고려하여 대통령령으로 정하는 바에 따라 정보주체의 동의 없이 개인정보를 제공할 수 있다($^{제4}_{항}$).

(3) 개인정보의 목적 외 이용 · 제공 제한

개인정보처리자는 개인정보를 제15조 제1항에 따른 범위를 초과하여 이용하거나 제17조 제1항 및 제28조의8 제1항에 따른 범위를 초과하여 제3자에게 제공하여서는 아니 된다($^{제18조}_{제1항}$).

---

5) 이 경우 개인정보처리자의 정당한 이익과 상당한 관련이 있고 합리적인 범위를 초과하지 아니하는 경우에 한한다.

제1항에도 불구하고 개인정보처리자는 ① 정보주체로부터 별도의 동의를 받은
경우($^{제1}_{호}$), ② 다른 법률에 특별한 규정이 있는 경우($^{제2}_{호}$), ③ 명백히 정보주체 또는
제3자의 급박한 생명, 신체, 재산의 이익을 위하여 필요하다고 인정되는 경우($^{제3}_{호}$),
④ 개인정보를 목적 외의 용도로 이용하거나 이를 제3자에게 제공하지 아니하면
다른 법률에서 정하는 소관 업무를 수행할 수 없는 경우로서 보호위원회의 심의·
의결을 거친 경우($^{제5}_{호}$), ⑤ 조약, 그 밖의 국제협정의 이행을 위하여 외국정부 또는
국제기구에 제공하기 위하여 필요한 경우($^{제6}_{호}$), ⑥ 범죄의 수사와 공소의 제기 및 유
지를 위하여 필요한 경우($^{제7}_{호}$), ⑦ 법원의 재판업무 수행을 위하여 필요한 경우($^{제8}_{호}$),
⑧ 형 및 감호, 보호처분의 집행을 위하여 필요한 경우($^{제9}_{호}$), ⑨ 공중위생 등 공공의
안전과 안녕을 위하여 긴급히 필요한 경우($^{제10}_{호}$)에는 정보주체 또는 제3자의 이익을
부당하게 침해할 우려가 있을 때를 제외하고는 개인정보를 목적 외의 용도로 이용
하거나 이를 제3자에게 제공할 수 있다($^{제18조 제}_{2항 본문}$). 다만, 제5호부터 제9호까지에 따른
경우는 공공기관의 경우로 한정한다($^{제2항}_{단서}$).

(4) 개인정보를 제공받은 자의 이용·제공 제한

개인정보처리자로부터 개인정보를 제공받은 자는 ① 정보주체로부터 별도의 동
의를 받은 경우, ② 다른 법률에 특별한 규정이 있는 경우를 제외하고는 개인정보
를 제공받은 목적 외의 용도로 이용하거나 이를 제3자에게 제공하여서는 아니 된다
($^{제19}_{조}$).

(5) 개인정보의 파기

개인정보처리자는 보유기간의 경과, 개인정보의 처리 목적 달성, 가명정보의 처
리 기간 경과 등 그 개인정보가 불필요하게 되었을 때에는 지체 없이 그 개인정보
를 파기하여야 한다. 다만, 다른 법령에 따라 보존하여야 하는 경우에는 그러하지
아니하다($^{제21조}_{제1항}$).

(6) 개인정보의 처리 제한

개인정보 보호법은 민감정보($^{제23}_{조}$)⁶⁾ · 고유식별정보($^{제24}_{조}$)⁷⁾ · 주민등록번호($^{제24조}_{의2}$)의 처

---

6) 사상·신념, 노동조합·정당의 가입·탈퇴, 정치적 견해, 건강, 성생활 등에 관한 정보, 그 밖에
정보주체의 사생활을 현저히 침해할 우려가 있는 개인정보로서 대통령령으로 정하는 정보를 말한다.
7) 법령에 따라 개인을 고유하게 구별하기 위하여 부여된 식별정보로서 대통령령으로 정하는 정보

리를 원칙적으로 금지하고, 정보주체의 동의를 받거나 법령에 의한 경우 등에 한하여 예외적으로 허용하고 있다.

한편, 개인정보 보호법은 CCTV와 같은 '고정형 영상정보처리기기'(제2조 제7호, 제25조)와 드론, 배달로봇, 자율주행 자동차와 같은 '이동형 영상정보처리기기'(제2조 제7호의2, 제25조의2)의 운영에 관한 규정을 두고 있다.

5. 정보주체의 권리보장

정보주체는 ① 개인정보의 열람 요구권(제35조 제1항), ② 개인정보의 전송 요구권(제35조의2 제1항), ③ 개인정보의 정정 · 삭제 요구권(제36조 제1항), ④ 개인정보의 처리정지 요구권(제37조 제1항), ⑤ 자동화된 결정에 대한 거부 및 설명 요구권(제37조의2 제1항, 제2항), ⑥ 개인정보처리자에 대한 손해배상청구권(제39조 제1항) 등을 가진다.

이외에도 개인정보 보호법은 징벌적 손해배상(제39조 제3항)[8]과 법정손해배상제도(제39조의2 제1항)[9] 및 단체소송(제51조)을 도입하고 있으며, 고의 또는 과실에 대한 입증책임을 개인정보처리자에게 전환하고 있다.

6. 기타 사항

개인정보 보호법은 ① 개인정보 보호위원회, ② 개인정보 이용 · 제공 내역의 통지, ③ 개인정보 영향평가, ④ 개인정보 유출 등의 통지 · 신고, ⑤ 손해배상의 보장, ⑥ 개인정보 분쟁조정위원회, ⑦ 집단분쟁조정, ⑧ 개인정보 침해사실의 신고 등에 관하여 규정하고 있다.

를 말한다.

8) 개인정보 보호법 제39조(손해배상책임) ③ 개인정보처리자의 고의 또는 중대한 과실로 인하여 개인정보가 분실 · 도난 · 유출 · 위조 · 변조 또는 훼손된 경우로서 정보주체에게 손해가 발생한 때에는 법원은 그 손해액의 5배를 넘지 아니하는 범위에서 손해배상액을 정할 수 있다. 다만, 개인정보처리자가 고의 또는 중대한 과실이 없음을 증명한 경우에는 그러하지 아니하다.

9) 개인정보 보호법 제39조의2(법정손해배상의 청구) ① 제39조 제1항에도 불구하고 정보주체는 개인정보처리자의 고의 또는 과실로 인하여 개인정보가 분실 · 도난 · 유출 · 위조 · 변조 또는 훼손된 경우에는 300만원 이하의 범위에서 상당한 금액을 손해액으로 하여 배상을 청구할 수 있다. 이 경우 해당 개인정보처리자는 고의 또는 과실이 없음을 입증하지 아니하면 책임을 면할 수 없다.

제 **4** 편

행정의 실효성
확보수단

※ 학습 주안점

제4편에서는 행정법상 사인의 의무불이행이 있는 경우 행정목적을 실효적으로 달성하기 위하여 필요한 의무이행 확보수단을 학습한다. 이는 행정법관계에서 인정되는 특수성 중 하나인 강제력의 일환으로 활용되고 있다.

여기에는 ① 현재 의무불이행에 대하여 개인에게 실력을 행사하여 장래 행정상 필요한 상태를 실현하는 '행정상 강제'(불법건축물에 대한 강제철거 등)와 ② 과거 의무위반에 대하여 제재를 가함으로써 행정법규의 실효성을 확보하는 '행정상 제재'(불법주차에 대한 과태료 부과 등)이 있다. 특히 행정상 강제는 사법(私法)관계와 달리 법원의 판결이 없이 행정청의 일방적 결정인 처분의 집행력을 인정하고 있다는 점에서 행정의 특권에 속한다(민사관계에서는 채권자가 자신의 권리를 실현하기 위해서는 원칙적으로 이를 인정하는 내용의 확정판결이 필요한 것과 비교).

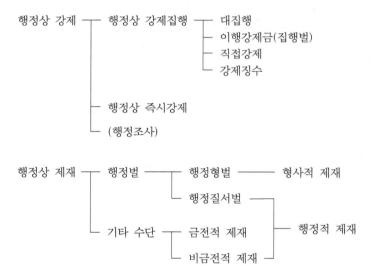

제 1 장   제재처분

I. 개 설

행정기본법상 제재처분이란 법령등에 따른 의무를 위반하거나 이행하지 아니하였음을 이유로 당사자에게 의무를 부과하거나 권익을 제한하는 처분을 말한다. 다만, 제30조 제1항 각 호에 따른 행정상 강제(행정대집행, 이행강제금의 부과, 직접강제, 강제징수, 즉시강제)는 제외한다(제2조 제5호).[1] 제재처분은 국민에게 의무를 부과하거나 권익을 제한하는 부담적·침익적 처분이므로 법률로써 그 요건과 행사 등에 관하여 엄격히 규율할 필요가 있다.

II. 제재처분의 적용법령

법령등을 위반한 행위의 성립과 이에 대한 제채처분은 법령등에 특별한 규정이 있는 경우를 제외하고는 원칙적으로 법령등을 위반한 행위 당시의 법령등에 따른다(제14조 제3항 본문). 다만, 법령등을 위반한 행위가 있은 후 법령등이 당사자에게 유리하게 변경된 경우에는 특별한 규정이 없는 한 변경된 법령등을 적용한다. 여기서 유리하게 변경된 경우란, ① 변경된 법령등에 따르면 그 행위가 법령등을 위반한 행위에 해당하지 아니하거나 ② 제제처분 기준이 가벼워진 경우를 말한다(같은 항 단서).

III. 제재처분의 기준

제재처분의 근거가 되는 법률에는 제재처분의 주체, 사유, 유형 및 상한을 명확하게 규정하여야 한다. 이 경우 제재처분의 유형 및 상한을 정할 때에는 해당 위반행위의 특수성 및 유사한 위반행위와의 형평성 등을 종합적으로 고려하여야 한다(제22조 제1항). 행정청은 재량이 있는 제재처분을 할 때에는 ① 위반행위의 동기, 목적 및

---

1) 이처럼 행정기본법 제2조 제5호는 제재처분의 개념을 신설하여 별도로 정의하면서 제재처분의 일종인 행정상 강제를 입법편의상 제재처분에서 제외하고 있으며, 뒤에서 보는 바와 같이 제재처분의 제척기간에 관한 제23조에서는 제재처분의 종류 중 일부를 특정하여 규정함으로써 입법체계가 다소 복잡한 느낌이 있다.

방법, ② 위반행위의 결과, ③ 위반행위의 횟수, ④ 위반행위자의 귀책사유 유무와
그 정도, ⑤ 위반행위자의 법 위반상태 시정·해소를 위한 노력 유무를 고려하여야
한다(제2항, 같은 법
시행령 제3조).

Ⅳ. 제재처분의 제척기간

법령등의 위반행위에 대한 제재처분(인허가의 정지·취소·철회, 등록 말소, 영업
소 폐쇄와 정지를 갈음하는 과징금 부과를 말함)은 법령등의 위반행
위가 종료된 날부터 5년의 제척기간이 적용된다(제23조
제1항). 그러나 ① 거짓이나 그 밖의
부정한 방법으로 인허가를 받거나 신고를 한 경우, ② 당사자가 인허가나 신고의
위법성을 알고 있었거나 중대한 과실로 알지 못한 경우, ③ 정당한 사유 없이 행정
청의 조사·출입·검사를 기피·방해·거부하여 제척기간이 지난 경우, ④ 제재처
분을 하지 아니하면 국민의 안전·생명 또는 환경을 심각하게 해치거나 해칠 우려
가 있는 경우에는 위 제척기간의 규정을 적용하지 않는다(제2
항).

만일 행정심판의 재결이나 법원의 판결에 따라 제재처분이 취소·철회된 경우에
는 재결이나 판결이 확정된 날부터 1년(합의제 행정기관은 2년)이 지나기 전까지는
그 취지에 따른 새로운 제재처분을 할 수 있다(제3
항).

다른 법률에서 제1항 및 제3항의 기간보다 짧거나 긴 기간을 규정하고 있으면
그 법률에서 정하는 바에 따른다(제4
항).

Ⅴ. 제재처분과 일부 취소의 문제

대법원은 "여러 처분사유에 관하여 하나의 제재처분을 하였을 때 그중 일부가
인정되지 않는다고 하더라도 나머지 처분사유들만으로도 처분의 정당성이 인정되
는 경우에는 그 처분을 위법하다고 보아 취소하여서는 아니 된다."는 입장이다.[2]

한편, "행정청이 여러 개의 위반행위에 대하여 하나의 제재처분을 하였으나, 위
반행위별로 제재처분의 내용을 구분하는 것이 가능하고 여러 개의 위반행위 중 일
부의 위반행위에 대한 제재처분 부분만이 위법하다면, 법원은 제재처분 중 위법성
이 인정되는 부분만 취소하여야 하고 제재처분 전부를 취소하여서는 아니 된다."고
한다.[3]

---

2) 대법원 2020. 5. 14. 선고 2019두63515 판결.

3) 대법원 2020. 5. 14. 선고 2019두63515 판결[피고가 2019. 1. 9. 폐기물처리업체인 원고에 대하여, 세 가지 처분사유를 들어 폐기물관리법 제27조 제2항에 따라 3개월의 영업정지처분을 하였는데 (피고는 세 가지 처분사유에 관하여 각각 1개월의 영업정지를 결정한 다음, 이를 합산하여 3개월의 영업정지처분을 하였음), 그중 제1처분사유가 인정되지 않을 경우 3개월의 영업정지처분 전부를 취소하여야 하는지가 쟁점이 된 사건이다. 이에 대해 대법원은 제1처분사유에 관한 1개월 영업정지 부분만 취소하여야 한다고 판시하였다].

제 2 장 행정상 강제

제 1 절 행정상 강제집행

Ⅰ. 의 의

행정상 강제집행이란 행정법상 의무의 불이행이 있는 경우에 행정주체가 의무자의 신체 또는 재산에 직접 실력을 행사함으로써 장래를 향하여 그 의무를 이행시키거나 또는 이행된 것과 같은 상태를 실현하는 공행정작용을 말한다. 행정상 강제집행은 그 전제가 되는 의무를 과하는 행정행위의 법적 근거와는 별도의 강제집행 자체의 법적 근거를 요한다.

Ⅱ. 대집행

행정기본법 제30조(행정상 강제) ① 행정청은 행정목적을 달성하기 위하여 필요한 경우에는 법률로 정하는 바에 따라 필요한 최소한의 범위에서 다음 각 호의 어느 하나에 해당하는 조치를 할 수 있다.
　　1. 행정대집행: 의무자가 행정상 의무(법령등에서 직접 부과하거나 행정청이 법령등에 따라 부과한 의무를 말한다. 이하 이 절에서 같다)로서 타인이 대신하여 행할 수 있는 의무를 이행하지 아니하는 경우 법률로 정하는 다른 수단으로는 그 이행을 확보하기 곤란하고 그 불이행을 방치하면 공익을 크게 해칠 것으로 인정될 때에 행정청이 의무자가 하여야 할 행위를 스스로 하거나 제3자에게 하게 하고 그 비용을 의무자로부터 징수하는 것

1. 의 의

대집행이란 타인이 대신하여 그 의무를 행할 수 있는 이른바 대체적 작위의무(代替的 作爲義務)의 불이행이 있는 때에, 당해 행정청(당초에 의무를 명하는 행정행위를 한 행정청을 말한다)이 스스로(자기집행) 또는 제3자(타자집행)로 하여금 이를 대신 이행케 하고 그 비용을 의무자로부터 징수하는 것을 말한다.

대집행에 관한 일반법으로 「행정대집행법」이 있다. 대집행은 공법상 의무위반에 대한 이행강제수단이므로 사법(私法)상 의무의 불이행에 대해서는 대집행이 허용되

지 않는다.[1] 한편, 행정대집행절차가 인정되는 공법상 의무의 이행을 민사소송의
방법으로 구할 수는 없다.[2]

2. 요 건

대집행을 하기 위해서는 ① 의무자가 대체적 작위의무를 이행하지 아니할 것,
② 다른 수단으로는 그 이행확보가 곤란할 것, ③ 불이행을 방치하는 것이 심히 공
익을 해할 것이 인정되어야 한다. 따라서 부작위의무는 작위의무로의 전환을 통하여
대집행의 대상이 될 수 있으나, 이를 위해서는 명문의 규정(전환규범)이 필요하다.[3]

3. 절 차

(1) 계 고

대집행 요건이 갖추어진 경우 대집행을 하기 위해서는 상당한 이행기한(상대방의 의무
이행이 객관적으로 가능한 기한을 말한다)을 정하여 그 기한까지 이행되지 아니할 때에는 대집행을 한다는 뜻을 미
리 문서로써 계고하여야 한다(행정대집행법 제3조 제1항 전문). 다만, 비상시 또는 위험이 절박한 경우에
는 계고를 생략할 수 있다(제3항).

따라서 의무를 명하는 행정행위와 계고는 원칙적으로 동시에 행할 수 없다. 다
만, 처분시 이미 대집행 요건이 충족될 것이 확실하고 또한 대집행의 실행이 긴급
히 요구될 경우에 한하여 예외적으로 허용된다.

계고는 준법률행위적 행정행위로서 통지에 해당하며, 행정쟁송의 대상이 된다.

(2) 대집행영장에 의한 통지

의무자가 계고를 받고 지정기한까지 그 의무를 이행하지 아니할 때에는 당해 행
정청은 대집행영장으로써 대집행을 할 시기, 대집행을 시키기 위하여 파견하는 집
행책임자의 성명과 대집행에 요하는 비용의 개산에 의한 견적액을 의무자에게 통지
하여야 한다(행정대집행법 제3조 제2항). 그러나 비상시 또는 위험이 절박한 경우에는 통지 역시 생략
할 수 있다(제3항).

대집행통지는 대집행의 구체적인 내용을 확정하고 의무자에게 대집행 실행시 수

---

1) 대법원 2006. 10. 13. 선고 2006두7096 판결.
2) 대법원 2000. 5. 12. 선고 99다18909 판결.
3) 대법원 1996. 6. 28. 선고 96누4374 판결.

인의무를 부과하는 효과를 발생시킨다는 점에서 준법률행위적 행정행위로서 통지에 속한다는 것이 다수설과 판례[4]이다.

(3) 대집행의 실행

대집행영장에 의해 지정된 대집행 시기까지 의무의 이행이 없을 때에는 행정청 스스로 또는 제3자로 하여금 그 의무의 이행에 필요한 행위를 하게 하는바, 이를 대집행의 실행이라 한다.

(4) 비용징수

대집행에 소요된 비용의 금액과 납부기일을 정하여 문서로써 납부를 명하고, 만약 납부기일까지 납부치 않으면 국세징수법의 예에 의하여 그 비용을 징수할 수 있다.

4. 권리구제

대집행의 각 단계에서 불복이 있는 자는 행정심판 또는 행정소송을 제기할 수 있다. 계고 및 통지는 준법률행위적 행정행위이므로 당연히 행정쟁송의 대상이 된다. 실행행위는 권력적 사실행위로서 행정소송법상 처분에 해당하지만, 대집행의 실행은 단기간에 이루어지는 것이 일반적이므로 소의 이익의 문제가 발생할 수 있다. 비용납부명령 역시 하명으로 처분성이 인정되므로 행정쟁송을 통해 다툴 수 있다. 다수설과 판례에 따르면, 대집행의 절차를 이루는 계고, 통지, 실행, 비용납부명령은 서로 결합하여 대집행이라는 하나의 법적 효과를 완성하므로 선행행위의 흠이 후행행위에 승계된다고 본다.

III. 이행강제금

행정기본법 제30조(행정상 강제) ① 행정청은 행정목적을 달성하기 위하여 필요한 경우에는 법률로 정하는 바에 따라 필요한 최소한의 범위에서 다음 각 호의 어느 하나에 해당하는 조치를 할 수 있다.
2. 이행강제금의 부과: 의무자가 행정상 의무를 이행하지 아니하는 경우 행정청이 적절한 이행기간을 부여하고, 그 기한까지 행정상 의무를 이행하지 아니하면 금전급부의무를 부과하는 것

---

4) 대법원 1996. 2. 9. 선고 95누12507 판결.

1. 의 의

이행강제금이란 행정법상의 의무를 이행하지 아니한 때에 일정한 금전급부를 부과한다는 사실을 의무자에게 미리 고지함으로써 심리적 압박을 통해 의무이행을 강제하는 간접적 강제수단을 말한다. 전통적으로 학계의 일반적 견해는 이행강제금의 대상이 되는 의무는 비대체적 작위의무와 부작위의무라고 설명하였으나, 오늘날에는 대체적 작위의무의 이행을 강제하기 위한 수단으로도 활용될 수 있다고 본다.[5]

행정벌과 이행강제금은 ① 그 목적에 있어 행정법상의 의무위반에 대한 제재인가 아니면 장래 행정법상의 의무이행의 확보를 위한 수단인가, ② 그 요건에 있어 고의·과실이라는 주관적 요건이 필요한가 아니면 의무불이행이라는 객관적 사실만으로 충분한가 ③ 일사부재리의 원칙상 동일한 위반행위에 대하여 반복적인 부과가 불가능한 것인가 아니면 의무이행시까지 반복 또는 증액 부과가 가능한 것인가 등에서 차이가 있다. 다만, 이행강제금과 행정벌을 병과하더라도 헌법에서 금지하는 이중처벌에 해당하지 않는다(헌법재판소 2011. 10. 25.자 2009헌바140 결정).

2. 법적 근거

행정기본법 제31조는 이행강제금에 관한 일반법이다. 이행강제금을 규정하고 있는 개별 법률로는 건축법(제80조), 농지법(제62조), 독점규제 및 공정거래에 관한 법률(제17조의3), 부동산 거래신고 등에 관한 법률(제18조), 부동산 실권리자명의 등기에 관한 법률(제6조) 등이 있다.

이행강제금 부과의 근거가 되는 법률에는 이행강제금에 관한 ① 부과·징수 주체, ② 부과 요건, ③ 부과 금액, ④ 부과 금액 산정기준, ⑤ 연간 부과 횟수나 횟수의 상한을 명확하게 규정하여야 한다(행정기본법 제31조 제1항 본문). 다만, ④ 부과 금액 산정기준 또는 ⑤ 연간 부과 횟수나 횟수의 상한을 규정할 경우 입법목적이나 입법취지를 훼손할 우려가 크다고 인정되는 경우로서 대통령령으로 정하는 경우는 제외한다(같은 조 항).

---

5) 김남진/김연태(594면); 김동희/최계영(463면); 홍정선(732면). 헌법재판소 2004. 2. 26.자 2001헌바80 등 결정

3. 절 차

(1) 계 고

행정청은 이행강제금을 부과하기 전에 미리 의무자에게 적절한 이행기간을 정하여 그 기한까지 행정상 의무를 이행하지 아니하면 이행강제금을 부과한다는 뜻을 문서로 계고하여야 한다(행정기본법 제31조 제3항).

(2) 이행강제금의 부과

행정청은 의무자가 계고에서 정한 기한까지 행정상 의무를 이행하지 아니한 경우 이행강제금의 부과 금액·사유·시기를 문서로 명확하게 적어 의무자에게 통지하여야 한다(제31조 제4항). 이행강제금의 부과는 의무자에게 금전급부의무를 부과하는 급부하명으로서, 처분에 해당한다.

(3) 부과 금액의 가중 또는 감경

행정청은 ① 의무 불이행의 동기, 목적 및 결과, ② 의무 불이행의 정도 및 상습성, ③ 그 밖에 행정목적을 달성하는 데 필요하다고 인정되는 사유를 고려하여 이행강제금의 부과 금액을 가중하거나 감경할 수 있다(제31조 제2항).

(4) 반복부과

행정청은 의무자가 행정상 의무를 이행할 때까지 이행강제금을 반복하여 부과할 수 있다. 다만, 의무자가 의무를 이행하면 새로운 이행강제금의 부과를 즉시 중지하되, 이미 부과한 이행강제금은 징수하여야 한다(제31조 제5항).

(5) 강제징수

행정청은 이행강제금을 부과받은 자가 납부기한까지 이행강제금을 내지 아니하면 국세강제징수의 예 또는 「지방행정제재·부과금의 징수 등에 관한 법률」에 따라 징수한다(제31조 제6항).

4. 권리구제

계고와 이행강제금의 부과는 처분에 해당하므로 항고쟁송의 대상이 된다. 그러나 종전에는 이행강제금 부과에 대한 불복절차는 「비송사건절차법」에 따른 과태료 재판에 준하도록 규정하는 경우가 많았다. 이와 관련하여 2005년 개정된 건축법은 과태료 불복절차의 준용규정을 삭제하였으므로 이에 따라 건축법상 이행강제금 부과처분은 행정심판 또는 행정소송의 대상이 된다.[6] 그러나 농지법상 이행강제금의 경우에는 비송사건절차법에 따른 과태료 재판에 준하여 재판을 하도록 하고 있으므로, 항고소송의 대상이 되지 않는다.[7]

Ⅳ. 직접강제

행정기본법 제30조(행정상 강제) ① 행정청은 행정목적을 달성하기 위하여 필요한 경우에는 법률로 정하는 바에 따라 필요한 최소한의 범위에서 다음 각 호의 어느 하나에 해당하는 조치를 할 수 있다.
    3. 직접강제: 의무자가 행정상 의무를 이행하지 아니하는 경우 행정청이 의무자의 신체나 재산에 실력을 행사하여 그 행정상 의무의 이행이 있었던 것과 같은 상태를 실현하는 것
제32조(직접강제) ① 직접강제는 행정대집행이나 이행강제금 부과의 방법으로는 행정상 의무이행을 확보할 수 없거나 그 실현이 불가능한 경우에 실시하여야 한다.
② 직접강제를 실시하기 위하여 현장에 파견되는 집행책임자는 그가 집행책임자임을 표시하는 증표를 보여 주어야 한다.
③ 직접강제의 계고 및 통지에 관하여는 제31조 제3항 및 제4항을 준용한다.

1. 의 의

직접강제란 의무자가 행정상 의무를 이행하지 아니하는 경우 행정청이 의무자의 신체 또는 재산에 직접 실력을 행사하여 의무자가 의무를 이행한 것과 같은 상태를 실현하는 작용을 말한다. 예컨대, 방어해면구역을 무단침입한 선박에 대하여 강제로 퇴거시키거나 영업자가 영업정지명령에 위반하여 계속 영업행위를 하는 경우에 영업소의 간판을 제거하거나 시설물을 봉인하는 것 등이 이에 해당한다. 직접강제는 대체적 작위의무·비대체적 작위의무·부작위의무·수인의무 등 의무의 종류를 불문하고 인정된다.

직접강제는 그 성질상 즉시강제와 명확히 구별하기 곤란한 경우가 있으나, 직접강제는 선행하는 의무 부과(처분)와 그 불이행을 전제로 한다.

---

6) 대법원 2012. 3. 29. 선고 2011두27919 판결.
7) 대법원 2019. 4. 11. 선고 2018두42955 판결.

2. 법적 근거

직접강제는 권력적 사실행위로서, 침익적 행정작용에 해당하므로 법률의 근거가 필요하다(헌법 제37조 제2항). 행정기본법이 제정되기 전에는 일반법은 없고, 개별 법률인 공중위생관리법, 군사기지 및 군사시설 보호법, 먹는물관리법, 방어해면법, 식품위생법, 출입국관리법 등에서 인정되었다.

3. 절   차

(1) 증표 제시

직접강제를 실시하기 위하여 현장에 파견되는 집행책임자는 그가 집행책임자임을 표시하는 증표를 보여 주어야 한다(행정기본법 제32조 제2항 제).

(2) 계고와 통지

직접강제의 계고 및 통지에 대해서는 이행강제금의 계고 및 통지에 관한 행정기본법 제31조 제3항과 제4항을 준용한다(제32조 제3항).

4. 한계(직접강제의 보충성)

직접강제는 국민의 신체 또는 재산에 직접 실력을 행사하는 까닭에 인권침해의 가능성이 매우 크다. 따라서 직접강제의 남용을 막기 위해 엄격한 제한의 원리가 적용되어야 할 것이며, 원칙적으로 '보충성의 원칙'에 비추어 다른 적당한 수단이 없는 경우에 인정되는 제2차적 강제수단으로 인식되어야 할 것이다. 직접강제는 행정대집행이나 이행강제금 부과의 방법으로는 행정상 의무 이행을 확보할 수 없거나 그 실현이 불가능한 경우에 실시하여야 한다(제32조 제1항).

5. 권리구제

직접강제는 권력적 사실행위로서, 행정쟁송법상 처분에 해당하지만 통상 신속하게 종료되므로 소의 이익이 없는 경우가 대부분이다. 따라서 공무원의 위법한 직접강제로 인해 손해를 입은 경우 국가배상법에 따라 국가배상청구를 하여야 한다.

V. 강제징수

행정기본법 제30조(행정상 강제) ① 행정청은 행정목적을 달성하기 위하여 필요한 경우에는 법률로 정하는 바에 따라 필요한 최소한의 범위에서 다음 각 호의 어느 하나에 해당하는 조치를 할 수 있다.

　4. 강제징수: 의무자가 행정상 의무 중 금전급부의무를 이행하지 아니하는 경우 행정청이 의무자의 재산에 실력을 행사하여 그 행정상 의무가 실현된 것과 같은 상태를 실현하는 것

1. 의　의

행정상 강제징수란 의무자가 행정법상의 금전급부의무를 이행하지 아니하는 때에 행정청이 의무자의 재산에 실력을 행사하여 그 의무가 이행된 것과 같은 상태를 실현하는 작용을 말한다.

2. 법적 근거

「국세징수법」은 원래 국세의 징수에 관한 법이지만 다른 법률에서 이를 준용하고 있는 경우가 많으므로 실질적으로 공법상 금전급부의무의 강제에 관한 일반법으로서 기능하고 있다. 한편, 지방세 징수에 관하여는 「지방세징수법」, 지방행정제재·부과금의 징수에 관하여는 「지방행정제재·부과금의 징수 등에 관한 법률」이 각각 적용된다.

3. 절　차

행정상 강제징수의 일반법이라 할 수 있는 국세징수법은 강제징수절차를 독촉과 체납처분(압류 → 매각 → 청산)으로 구분하고 있다. 다수설과 판례에 따르면, 이들 행위들은 서로 결합하여 하나의 동일한 법적 효과를 완성하는 관계에 있으므로 불가쟁력이 발생한 선행행위의 흠은 후행행위에 승계된다.

(1) 독　촉

독촉은 금전급부의무의 불이행이 있는 경우에 상당한 이행기간을 정하여 의무의 이행을 최고(催告)하고, 그 기한까지 의무를 이행하지 않는 경우에는 체납처분을 할 것이라는 것을 통지하는 준법률행위적 행정행위이다(통설). 이는 체납처분의 전제요건이며, 국세징수권에 대한 시효중단의 효과를 발생시킨다.

(2) 체납처분

체납처분은 ① 압류($\binom{\text{의무자의 재산에 대하여 사실상·법률상의 처분}}{\text{을 금지시키고 그것을 확보하는 강제보전행위}}$), ② 매각($\binom{\text{납세자의 압류재산을}}{\text{금전으로 환가하는 것}}$),[8] ③ 청산($\binom{\text{체납처분에 의하여 수령한 금전을 체납세금·기타의}}{\text{공과금·담보채권 및 체납자에게 배분하는 행정작용}}$)의 3단계로 이루어진다.

4. 권리구제

위법 또는 부당한 행정상 강제징수(독촉·체납처분)에 대하여는 행정쟁송절차에 의하여 그 취소 또는 변경을 구할 수 있다. 참고로 국세기본법은 국세기본법 또는 세법에 따른 처분에 대한 특수한 구제절차로서 이의신청·심사청구·심판청구를 규정하고 있다(행정심판에 대한 특칙).

제2절 행정상 즉시강제

행정기본법 제30조(행정상 강제) ① 행정청은 행정목적을 달성하기 위하여 필요한 경우에는 법률로 정하는 바에 따라 필요한 최소한의 범위에서 다음 각 호의 어느 하나에 해당하는 조치를 할 수 있다.
   5. 즉시강제: 현재의 급박한 행정상의 장해를 제거하기 위한 경우로서 다음 각 목의 어느 하나에 해당하는 경우에 행정청이 곧바로 국민의 신체 또는 재산에 실력을 행사하여 행정목적을 달성하는 것
      가. 행정청이 미리 행정상 의무 이행을 명할 시간적 여유가 없는 경우
      나. 그 성질상 행정상 의무의 이행을 명하는 것만으로는 행정목적 달성이 곤란한 경우

제33조(즉시강제) ① 즉시강제는 다른 수단으로는 행정목적을 달성할 수 없는 경우에만 허용되며, 이 경우에도 최소한으로만 실시하여야 한다.
② 즉시강제를 실시하기 위하여 현장에 파견되는 집행책임자는 그가 집행책임자임을 표시하는 증표를 보여 주어야 하며, 즉시강제의 이유와 내용을 고지하여야 한다.
③ 제2항에도 불구하고 집행책임자는 즉시강제를 하려는 재산의 소유자 또는 점유자를 알 수 없거나 현장에서 그 소재를 즉시 확인하기 어려운 경우에는 즉시강제를 실시한 후 집행책임자의 이름 및 그 이유와 내용을 고지할 수 있다. 다만, 다음 각 호에 해당하는 경우에는 게시판이나 인터넷 홈페이지에 게시하는 등 적절한 방법에 의한 공고로써 고지를 갈음할 수 있다.
   1. 즉시강제를 실시한 후에도 재산의 소유자 또는 점유자를 알 수 없는 경우
   2. 재산의 소유자 또는 점유자가 국외에 거주하거나 행방을 알 수 없는 경우
   3. 그 밖에 대통령령으로 정하는 불가피한 사유로 고지할 수 없는 경우

---

8) '공매'의 법적 성질에 관하여 학설과 판례는 행정처분으로 보고 있다. 그러나 공매처분 전에 이루어지는 '공매통지' 자체는 그 상대방인 체납자 등의 법적 지위나 권리·의무에 직접적인 영향을 주는 행정처분에 해당하지 않는다(대법원 2011. 3. 24. 선고 2010두25527 판결).

I. 의 의

행정상 즉시강제란 목전(目前)의 급박한 위험 또는 장해를 제거할 필요가 있는 경우로서, ① 행정청이 미리 의무를 명할 시간적 여유가 없거나 ② 그 성질상 의무를 명하여서는 목적달성이 곤란한 경우에 행정법상의 의무를 전제함이 없이 직접 국민의 신체 또는 재산에 실력을 행사하여 행정목적을 실현하는 작용을 말한다.

즉시강제는 급박성·실력행사 등을 요소로 하고, 행정조사는 행정결정의 자료수집이 직접 목적인 점에서 양자는 구별된다. 예컨대 불량식품을 폐기하기 위하여 강제수거한 경우는 즉시강제에 해당하며, 불량식품의 성분조사를 위하여 수거한 경우는 행정조사에 해당할 것이다. 그러나 권력적 행정조사와 즉시강제는 구체적 상황에 따라 중첩되는 경우도 있다.

II. 법적 근거

즉시강제는 권력적 사실행위로서, 침익적 행정작용에 해당하므로 법률의 근거가 필요하다는 것이 현재의 통설이다.[9] 행정기본법이 제정됨에 따라 행정기본법 제33조는 즉시강제에 관한 일반법적 지위를 가지고 있다. 이외에도 감염병의 예방 및 관리에 관한 법률, 경찰관 직무집행법, 마약류 관리에 관한 법률, 소방기본법, 식품위생법, 출입국관리법 등 개별 법률에서 즉시강제에 관하여 규정하고 있다.

III. 수 단

행정상 즉시강제의 수단은 그 대상에 따라 ① 사람의 신체에 실력을 가하여 행정상 필요한 상태를 실현시키는 '대인적 강제'(경찰관 직무집행법상 보호조치, 경찰장비의 사용 등), ② 물건에 대해 실력을 가하여 행정상 필요한 상태를 실현시키는 '대물적 강제'(경찰관 직무집행법상 임시영치, 소방기본법상 강제처분 등), ③ 소유자·점유자·관리인의 의사에 관계없이 타인의 가택·영업소 등에 대해 실력을 가하여 행정상 필요한 상태를 실현하는 '대가택강제'(경찰관 직무집행법상 위험 방지를 위한 출입, 식품위생법상 출입·검사·수거 등)로 구분

---

9) 과거 독일에서는 즉시강제의 이론적 근거를 국가의 긴급권에서 도출하였다. 이에 따르면, 공공의 안녕과 질서에 대한 급박한 위해가 존재하는 경우에 국가는 그러한 위해를 제거하여 공공의 안녕과 질서를 유지할 자연법상 권리와 의무를 가지므로 국가는 법률의 근거가 없이도 즉시강제를 할 수 있다고 보았다. 그러나 오늘날에는 더 이상 이러한 이론이 인정되기 어렵다.

할 수 있다.

IV. 절 차

즉시강제를 실시하기 위하여 현장에 파견되는 집행책임자는 그가 집행책임자임을 표시하는 증표를 보여 주어야 하며, 즉시강제의 이유와 내용을 고지하여야 한다(행정기본법 제33조 제2항). 이를 위반한 즉시강제는 위법한 것으로 보아야 한다.

그러나 즉시강제를 하려는 재산의 소유자 또는 점유자를 알 수 없거나 현장에서 그 소재를 즉시 확인하기 어려운 경우에는 즉시강제를 실시한 후 사후적으로 집행책임자의 이름 및 그 이유와 내용을 고지할 수 있으며, 일정한 경우에는 게시판이나 인터넷 홈페이지에 게시하는 등 적절한 방법에 의한 공고로써 고지를 갈음할 수 있다(제3항). 가령, 화재현장에서 소방서장은 소방기본법에 따라 사람을 구출하거나 불이 번지는 것을 막기 위하여 강제처분 등을 할 수 있는데, 현장에 불법 주차된 차량의 소유자가 현장에 없거나 그 소재 확인이 어려운 경우가 대표적이다.

V. 한 계

1. 실체상 한계

행정상 즉시강제는 눈앞의 급박한 장해를 제거하기 위하여 발동되어야 하므로 장래 장해가 예견될지라도 발동될 수 없다. 눈앞의 급박한 장해란 위험의 현재화가 확실시되는 경우를 말한다.

또 행정상 즉시강제를 발동함에 있어 그 수단은 비례의 원칙에 의해 통제된다. 따라서 즉시강제는 다른 수단으로는 행정목적을 달성할 수 없는 경우에만 허용되며, 이 경우에도 최소한으로만 실시하여야 한다(행정기본법 제33조 제1항).

2. 절차상 한계(즉시강제와 영장주의)

(1) 문제의 소재

행정상 즉시강제는 개인의 신체나 재산에 직접 실력을 행사하는 행정작용이므로 인권침해의 여지가 있다. 따라서 헌법 제12조 제3항 및 제16조에 규정된 영장제도가 행정상 즉시강제에도 적용되는가라는 문제가 발생한다.

(2) 학설 및 판례

학설은 ① 헌법상 영장주의란 원래 형사사법권의 남용을 방지하기 위한 제도이므로 즉시강제에는 필요치 않을 뿐만 아니라 행정상 즉시강제는 행정상 의무를 명할 여유가 없는 급박한 경우의 문제이므로 사실상 영장을 요구하는 것은 즉시강제의 본질과 부합하지 않는다고 보는 영장불요설, ② 영장제도를 형사사법에만 한정하는 것은 공권력으로부터 국민의 자유와 권리를 보장하는 헌법정신에 반할 뿐만 아니라 실력행사라는 점에서 즉시강제와 형사사법권 발동이 그 구조상 동일하므로 즉시강제에도 영장이 필요하다고 보는 영장필요설, ③ 원칙적으로 즉시강제에도 영장주의가 적용되나, 행정목적의 달성상 불가피한 경우에는 영장주의의 적용이 배제된다고 보는 절충설로 대립하고 있다. 다수설과 대법원은 절충설의 입장이다.

대법원 1995. 6. 30. 선고 93추83 판결

우리 헌법 제12조 제3항은 현행법 등 일정한 예외를 제외하고는 인신의 체포, 구금에는 반드시 법관이 발부한 사전영장이 제시되어야 하도록 규정하고 있는데, 이러한 사전영장주의원칙은 인신보호를 위한 헌법상의 기속원리이기 때문에 인신의 자유를 제한하는 국가의 모든 영역(예컨대, 행정상의 즉시강제)에서도 존중되어야 하고 다만 사전영장주의를 고수하다가는 도저히 그 목적을 달성할 수 없는 지극히 예외적인 경우에만 형사절차에서와 같은 예외가 인정된다고 할 것이다. 그런데, 지방의회에서의 사무감사·조사를 위한 증인의 동행명령장제도도 증인의 신체의 자유를 억압하여 일정 장소로 인치하는 것으로서 헌법 제12조 제3항의 "체포 또는 구속"에 준하는 사태로 보아야 할 것이고, 거기에 현행범 체포와 같이 사후에 영장을 발부받지 아니하면 목적을 달성할 수 없는 긴박성이 있다고 인정할 수는 없을 것이다. 그러므로, 이 경우에도 헌법 제12조 제3항에 의하여 법관이 발부한 영장의 제시가 있어야 할 것이다. 그럼에도 불구하고 동행명령장을 법관이 아닌 의장이 발부하고 이에 기하여 증인의 신체의 자유를 침해하여 증인을 일정 장소에 인치하도록 규정된 조례안 제6조는 영장주의원칙을 규정한 헌법 제12조 제3항에 위반한 것이라고 할 것이다.

그러나 헌법재판소는 불법게임물의 수거·폐기와 관련하여, "행정상 즉시강제는 상대방의 임의이행을 기다릴 시간적 여유가 없을 때 하명 없이 바로 실력을 행사하는 것으로서, 그 본질상 급박성을 요건으로 하고 있어 법관의 영장을 기다려서는 그 목적을 달성할 수 없다고 할 것이므로, 원칙적으로 영장주의가 적용되지 않는다고 보아야 할 것이다. 만일 어떤 법률조항이 영장주의를 배제할 만한 합리적인 이유가 없을 정도로 급박성이 인정되지 아니함에도 행정상 즉시강제를 인정하고 있다면, 이러한 법률조항은 이미 그 자체로 과잉금지의 원칙에 위반되는 것으로서 위헌이라고 할 것이다."고 판시하였다.[10]

VI. 권리구제

권력적 사실행위도 행정쟁송법상의 처분에 해당한다는 것이 통설이므로 즉시강제가 행정쟁송의 대상이 된다는 사실은 분명하다. 그러나 현실적으로 즉시강제는 단시간에 종료되는 까닭에 '소의 이익'이 부정되는 경우가 대부분일 것이다.

위법한 즉시강제에 대해서는 정당방위가 가능하며 이 경우 공무집행방해죄를 구성하지 않는다. 위법한 즉시강제로 인하여 손해를 입은 자는 국가 또는 지방자치단체를 상대로 국가배상을 청구할 수 있다.

제 3 절 행정조사

I. 의 의

행정조사란 행정기관이 행정작용을 적정하게 수행함에 있어 필요한 정보·자료 등을 수집하기 위해 행하는 조사활동을 말한다. 행정조사를 행정의 실효성 확보수단으로 이해하는 학자들은 '권력적 조사활동'만을 행정조사라고 정의함에 반하여, 행정조사를 독립된 하나의 행위형식으로 이해하는 학자들은 '일체의 조사활동'을 모두 행정조사로 정의한다.[11]

한편, 행정조사에 관한 기본법인 행정조사기본법에서는 "행정기관이 정책을 결정하거나 직무를 수행하는 데 필요한 정보나 자료를 수집하기 위하여 현장조사·문서열람·시료채취 등을 하거나 조사대상자에게 보고요구·자료제출요구 및 출석·진술요구를 행하는 활동을 말한다."고 규정하고 있다(제2조 제1호).

---

10) 헌법재판소 2002. 10. 31.자 2000헌가12 결정.
11) 김남진/김연태(517면).

Ⅱ. 법적 근거

권력적·강제적 조사나 개인정보의 수집은 법적 근거 또는 본인의 동의가 있어야 할 것이나, 비권력적·임의적 조사는 상대방에게 조사에 응할 의무 또는 불이익이 없으므로 법적 근거를 요하지 않는다.[12] 행정조사에 관한 일반법으로는 「행정조사기본법」이 있다. 이외에도 행정조사를 규정하고 있는 개별 법률로 경찰관 직무집행법상 불심검문, 공중위생관리법상 보고 및 출입·검사, 국세징수법상 질문·검사, 소방기본법상 출입·조사, 식품위생법상 출입·검사·수거 등이 있다.

Ⅲ. 종 류

행정조사는 ① 그 성질에 따라 권력적 행정조사(불심검문, ^가)와 비권력적 행정조사(여론조사 ^등), ② 조사방법에 따라 직접조사(수색 ^등)와 간접조사, ③ 그 대상에 따라 대인적 조사(불심검문, 신체수색, 질문 등)와 대물적 조사(장부·서류열람, 물품검사·수거, 시설검사 등) 그리고 대가택 조사(전당포·물품 보관소·음식물 저장소 등의 임검 등)로 분류된다.

비권력적 조사는 법적 효과를 가져오지 않지만, 권력적 조사는 상대방에게 수인의무를 가져온다. 권력적 조사는 즉시강제의 성격을 가질 수 있으며, 그 한도에서 즉시강제의 법리가 적용될 수 있다.[13]

Ⅳ. 절 차

행정조사기본법은 ① 조사의 사전통지(제17조), ② 의견제출(제21조), ③ 조사결과의 통지(제24조)에 관한 규정을 두고 있다.

현장조사를 하는 조사원은 그 권한을 나타내는 증표를 지니고 이를 조사대상자에게 내보여야 한다(제11조 제3항). 현장조사는 해가 뜨기 전이나 해가 진 뒤에는 할 수 없다. 다만, ① 조사대상자(대리인 및 관리책임이 있는 자를 포함한다)가 동의한 경우, ② 사무실 또는 사업장 등의 업무시간에 행정조사를 실시하는 경우, ③ 해가 뜬 후부터 해가 지기 전까지 행정

---

12) 행정조사기본법 제5조(행정조사의 근거) 행정기관은 법령등에서 행정조사를 규정하고 있는 경우에 한하여 행정조사를 실시할 수 있다. 다만, 조사대상자의 자발적인 협조를 얻어 실시하는 행정조사의 경우에는 그러하지 아니하다.
13) 김남진/김연태(480면).

조사를 실시하는 경우에는 조사목적의 달성이 불가능하거나 증거인멸로 인하여 조
사대상자의 법령등의 위반 여부를 확인할 수 없는 경우에는 그러하지 아니하다
($^{제11조}_{제2항}$).

V. 한 계

1. 행정조사와 실력행사

만약 장부열람이나 임검 등을 상대방이 거부하는 경우, 조사자가 이러한 저항을
실력으로 배제할 수 있는가? 이에 대해 ① 비례원칙의 범위 안에서 상대방의 신체
나 재산에 실력을 행사할 수 있다고 보는 견해도 있으나, ② 통설적 견해는 실정법
에서 행정조사거부에 대한 제재수단으로 과태료 부과, 영업취소 등을 규정하고 있
는 것으로 보아, 이러한 제재수단을 통하여 행정조사를 간접적으로 강제할 수 있을
뿐이지, 직접적인 실력행사를 할 수는 없다고 본다.

2. 행정조사와 영장주의

헌법 제12조 제3항 및 제16조의 영장주의가 권력적 행정조사를 위한 질문·검
사·가택출입 등의 경우에도 적용될 것인지에 대해 즉시강제와 마찬가지로 ① 영
장불요설, ② 영장필요설, ③ 절충설이 대립하고 있다. 대법원은 행정조사에는 영
장이 필요 없다는 입장이다.

대법원 2013. 9. 26. 선고 2013도7718 판결[14]

관세법 제246조 제1항, 제2항, 제257조, '국제우편물 수입통관 사무처리'($^{2011. 9. 30. 관세청}_{고시 제2011−40호}$)
제1−2조 제2항, 제1−3조, 제3−6조, 구 '수출입물품 등의 분석사무 처리에 관한 시행
세칙'($^{2013. 1. 4. 관세청훈령 제}_{1507호로 개정되기 전의 것}$) 등과 관세법이 관세의 부과·징수와 아울러 수출입물품의 통관
을 적정하게 함을 목적으로 한다는 점($^{관세법}_{제1조}$)에 비추어 보면, 우편물 통관검사절차에서
이루어지는 우편물의 개봉, 시료채취, 성분분석 등의 검사는 수출입물품에 대한 적정한
통관 등을 목적으로 한 행정조사의 성격을 가지는 것으로서 수사기관의 강제처분이라

---

14) [비교 판례] 마약류 불법거래 방지에 관한 특례법 제4조 제1항에 따른 조치의 일환으로 특정한
수출입물품을 개봉하여 검사하고 그 내용물의 점유를 취득한 행위는 위에서 본 수출입물품에 대한 적
정한 통관 등을 목적으로 조사를 하는 경우와는 달리, 범죄수사인 압수 또는 수색에 해당하여 사전 또
는 사후에 영장을 받아야 한다(대법원 2017. 7. 18. 선고 2014도8719 판결).

고 할 수 없으므로, 압수·수색영장 없이 우편물의 개봉, 시료채취, 성분분석 등 검사가 진행되었다 하더라도 특별한 사정이 없는 한 위법하다고 볼 수 없다.

Ⅵ. 권리구제

위법한 행정조사에 기초하여 이루어진 행정행위의 효력이 문제된다. 만일 위법한 행정조사를 통해 수집한 정보가 잘못된 경우 이에 근거한 행정행위는 그 전제가 되는 기초사실에 오류가 있는 것이므로 당연히 위법하다.[15] 그러나 위법한 행정조사를 통해 획득한 정보에 아무런 문제가 없고 정확한 경우에도 행정조사에 중대한 위법이 있는 경우에는 이를 기초로 한 행정행위가 위법하다고 보아야 한다.

대법원 2016. 12. 27. 선고 2014두46850 판결

음주운전 여부에 대한 조사 과정에서 운전자 본인의 동의를 받지 아니하고 또한 법원의 영장도 없이 채혈조사를 한 결과를 근거로 한 운전면허 정지·취소 처분은 도로교통법 제44조 제3항을 위반한 것으로서 특별한 사정이 없는 한 위법한 처분으로 볼 수밖에 없다.

권력적 행정조사는 항고쟁송의 대상이 되는 처분(권력적 사실행위)에 해당한다.[16] 그러나 불심검문과 같이 단기간에 종료되는 행정조사는 원칙적으로 행정쟁송을 통해 그 취소를 구할 소의 이익이 없으므로 이 경우 국가배상을 청구할 수 있을 뿐이다.

만일 적법한 행정조사에 의하여 특별한 재산상 손실을 입은 경우 손실보상을 청구할 수 있다. 이 경우 개별 법률에 근거가 필요하다(헌법 제23조 제3항).

---

15) 대법원 1985. 11. 12. 선고 84누250 판결.
16) 판례는 행정조사인 세무조사의 준비행위에 해당하는 세무조사결정에 대하여도, "납세의무자의 권리·의무에 직접 영향을 미치는 공권력의 행사에 따른 행정작용으로서 항고소송의 대상이 된다."고 판시하였다(대법원 2011. 3. 10. 선고 2009두23617, 23624 판결).

제3장 행정상 제재

제1절 행정벌

I. 의 의

행정벌이란 행정법상의 의무위반에 대하여 일반통치권에 근거하여 과하는 제재로서의 처벌을 말한다. 행정벌은 과거의 의무위반에 대하여 제재를 가함으로써 '행정법규'의 실효성을 확보하려는 것이 직접적인 목적이지만, 아울러 간접적으로 의무자에게 심리적 압박을 가하여 의무자의 행정법상의 의무이행을 확보하려는 것 역시 행정벌의 중요한 취지이다.

II. 다른 제도와의 구별

	행 정 벌	이행강제금(집행벌)	징 계 벌
권력의 기초	일반권력관계	일반권력관계	특별권력관계
목 적	의무위반에 대한 제재	장래 의무이행 확보	특별권력관계내부의 질서유지
요 건	고의·과실이라는 주관적 요건이 필요	의무불이행이라는 객관적 사실만으로 가능	내부질서위반
수 단	형벌, 과태료(행정질서벌)	가산금, 가산세	신분적 이익 박탈 (파면, 해임, 정직 등)
일사부재리	적용	의무이행시까지 계속 반복 부과 가능	적용 (다만, 형벌과 병과 가능)

Ⅲ. 종 류

1. 행정형벌

(1) 의 의

행정형벌이란 형법에 정하여져 있는 형벌(사형·징역·금고·자격상실·자
격정지·벌금·구류·과료·몰수)을 과하는 행정벌을
말한다. 형법 제8조는 "본법 총칙은 타 법령에 정한 죄에 적용한다. 단, 그 법령에
특별한 규정이 있는 때에는 예외로 한다."라고 규정하고 있다.[1] 여기서 '특별한 규
정'의 의미는 명문의 규정뿐만 아니라 죄형법정주의에 반하지 않는 범위에서 당해
규정의 합목적적 해석을 통하여 행정형벌의 특수성이 요구되는 경우에는 형법총칙
의 적용을 배제할 수 있다는 것으로 이해된다.

(2) 특수성

1) 과실범의 처벌

판례는 법령에 과실범도 처벌한다는 명문의 규정이 있거나 해석상 과실범도 처
벌한다는 취지가 명확한 경우에는 과실범을 처벌할 수 있다는 입장이다.[2]

대법원 1993. 9. 10. 선고 92도1136 판결

구 대기환경보전법(1992.12.8. 법률 제4535호로 개정되기 전의 것)의 입법목적이나 제반 관계 규정의 취지 등을 고려
하면, 법정의 배출허용기준을 초과하는 배출가스를 배출하면서 자동차를 운행하는 행위
를 처벌하는 위 법 제57조 제6호의 규정은 자동차의 운행자가 그 자동차에서 배출되는
배출가스가 소정의 운행 자동차 배출허용기준을 초과한다는 점을 실제로 인식하면서
운행한 고의범의 경우는 물론 과실로 인하여 그러한 내용을 인식하지 못한 과실범의 경
우도 함께 처벌하는 규정이다.

2) 고의의 성립

행정벌에 있어서 고의의 성립에 관하여 자신의 행위에 대한 사실의 인식 외에
자신의 행위가 법령에 의하여 죄가 된다는 '위법성의 인식'도 필요한 것인가라는 문
제가 있다.[3] 통설은 현실적 인식이 없더라도 인식할 수 있는 가능성이 있는 경우에

1) 이는 행정범에 있어서도 원칙적으로 형법총칙이 적용된다는 것과 행정범의 특수성을 고려하여
형법총칙의 적용이 배제될 수 있다는 가능성도 동시에 명시하고 있는 것이다.
2) 대법원 2010. 2. 11. 선고 2009도9807 판결.
3) 형법 제16조(법률의 착오) 자기의 행위가 법령에 의하여 죄가 되지 아니하는 것으로 오인한 행위

는 고의가 성립된다고 본다(인식가능성설).

3) 법인의 책임능력

현행법상 행정벌의 경우에는 행위자와 법인을 모두 처벌하는 양벌규정을 두는 경우가 일반적이다. 만약 법인의 처벌에 관하여 명문의 규정이 없는 경우에는 법인의 책임능력을 부정하는 것이 통설과 판례의 입장이다.

(3) 절차적 특수성(예외적 특별절차)

행정형벌은 형사소송법이 정한 절차에 따라 법원이 과하는 것이 원칙이지만, 다음과 같은 예외가 인정되고 있다.

1) 통고처분

통고처분이란 조세범·관세범·출입국관리사범·경범죄사범·도로교통법위반사범 등에 대하여 국세청장·지방국세청장·세무서장·관세청장·세관장·출입국관리소장·경찰서장 등이 벌금·과료 등에 상당하는 금액(범칙금)의 납부를 명하는 절차를 말한다. 통고처분을 받은 자(범칙자)가 범칙금을 법정기한 내에 납부하면 과벌절차가 종료되며, 일사부재리의 원칙에 따라 형사소추가 불가능해진다. 그러나 범칙자가 통고처분에 대하여 이의가 있어 법정기간 내에 통고내용을 이행하지 않는 경우에는 통고처분의 효력은 당연히 소멸하며, 통고권자의 고발에 의하여 형사소송절차로 이행하게 된다. 판례에 따르면, 통고처분은 행정소송의 대상이 되는 처분이 아니다.[4]

2) 즉결심판

20만원 이하의 벌금·구류·과료에 해당하는 행정형벌은 즉결심판에 관한 절차법에 따라 즉결심판절차에 의하여 부과될 수 있다. 이때 형의 집행은 경찰서장이 하고, 그 집행결과를 지체 없이 검사에게 보고하여야 한다. 피고인은 즉결심판의 선고·고지를 받은 날부터 7일 이내에 정식재판을 청구할 수 있다.

2. 행정질서벌

(1) 의 의

행정질서벌이란 직접 행정목적을 침해하는 것은 아니고, 다만 행정목적 달성에

는 그 오인에 정당한 이유가 있는 때에 한하여 벌하지 아니한다.
  4) 대법원 1995. 6. 29. 선고 95누4674 판결.

장해가 되는 정도의 위반행위, 예컨대, 신고·보고·장부비치 등의 의무를 태만히
한 경우에 과태료를 과하는 벌을 말한다. 행정질서벌은 형법총칙이 적용되는 행정
형벌과는 달리「질서위반행위규제법」이 적용된다.

(2) 질서위반행위의 성립

1) 질서위반행위의 정의

질서위반행위란 법률(지방자치단체의 조례를 포함한다. 이하 같다)상의 의무를 위반하여 과태료를 부과하는 행
위를 말한다. 다만, ① 대통령령으로 정하는 사법(私法)상·소송법상 의무를 위반하
여 과태료를 부과하는 행위, ② 대통령령으로 정하는 법률에 따른 징계사유에 해당
하여 과태료를 부과하는 행위는 제외한다(질서위반행위규제법 제2조 제1호).

2) 질서위반행위 법정주의

법률에 따르지 아니하고는 어떤 행위도 질서위반행위로 과태료를 부과하지 아니
한다(질서위반행위규제법 제6조).

3) 고의 또는 과실

고의 또는 과실이 없는 질서위반행위는 과태료를 부과하지 아니한다(질서위반행위규제법 제7조).

4) 위법성의 착오

자신의 행위가 위법하지 아니한 것으로 오인하고 행한 질서위반행위는 그 오인
에 정당한 이유가 있는 때에 한하여 과태료를 부과하지 아니한다(질서위반행위규제법 제8조).

5) 책임연령

14세가 되지 아니한 자의 질서위반행위는 과태료를 부과하지 아니한다. 다만, 다
른 법률에 특별한 규정이 있는 경우에는 그러하지 아니하다(질서위반행위규제법 제9조).

6) 심신장애

심신장애로 인하여 행위의 옳고 그름을 판단할 능력이 없거나 그 판단에 따른
행위를 할 능력이 없는 자의 질서위반행위는 과태료를 부과하지 아니한다(질서위반행위규제법 제10조 제1항).
심신장애로 인하여 제1항에 따른 능력이 미약한 자의 질서위반행위는 과태료를 감
경한다(제2항).

스스로 심신장애 상태를 일으켜 질서위반행위를 한 자에 대하여는 제1항 및 제2
항을 적용하지 아니한다(제3항).

7) 법인의 책임

법인의 대표자, 법인 또는 개인의 대리인·사용인 및 그 밖의 종업원이 업무에 관하여 법인 또는 그 개인에게 부과된 법률상의 의무를 위반한 때에는 법인 또는 그 개인에게 과태료를 부과한다(질서위반행위규제법 제11조 제1항).

8) 다수인의 질서위반행위 가담

2인 이상이 질서위반행위에 가담한 때에는 각자가 질서위반행위를 한 것으로 본다(질서위반행위규제법 제12조 제1항). 신분에 의하여 성립하는 질서위반행위에 신분이 없는 자가 가담한 때에는 신분이 없는 자에 대하여도 질서위반행위가 성립한다(제2항). 신분에 의하여 과태료를 감경 또는 가중하거나 과태료를 부과하지 아니하는 때에는 그 신분의 효과는 신분이 없는 자에게는 미치지 아니한다(제3항).

9) 수 개의 질서위반행위의 처리

하나의 행위가 2 이상의 질서위반행위에 해당하는 경우에는 각 질서위반행위에 대하여 정한 과태료 중 가장 중한 과태료를 부과한다(질서위반행위규제법 제13조 제1항). 제1항의 경우를 제외하고 2 이상의 질서위반행위가 경합하는 경우에는 각 질서위반행위에 대하여 정한 과태료를 각각 부과한다. 다만, 다른 법령(지방자치단체의 조례를 포함한다. 이하 같다)에 특별한 규정이 있는 경우에는 그 법령으로 정하는 바에 따른다(제2항).

(3) 과태료의 부과 및 징수

1) 사전통지 및 의견 제출

행정청이 질서위반행위에 대하여 과태료를 부과하고자 하는 때에는 미리 당사자(제11조 제2항에 따른 고용주 등을 포함한다. 이하 같다)에게 대통령령으로 정하는 사항을 통지하고, 10일 이상의 기간을 정하여 의견을 제출할 기회를 주어야 한다. 이 경우 지정된 기일까지 의견 제출이 없는 경우에는 의견이 없는 것으로 본다(질서위반행위규제법 제16조 제1항).

2) 과태료의 부과

행정청은 의견 제출 절차를 마친 후에 서면(당사자가 동의하는 경우에는 전자문서를 포함한다. 이하 이 조에서 같다)으로 과태료를 부과하여야 한다(질서위반행위규제법 제17조 제1항). 이때 서면에는 질서위반행위, 과태료 금액, 그 밖에 대통령령으로 정하는 사항을 명시하여야 한다(제2항).

3) 과태료 부과의 제척기간

행정청은 질서위반행위가 종료된 날^(다수인이 질서위반행위에 가담한 경우
에는 최종행위가 종료된 날을 말한다)부터 5년이 경과한 경우에는 해당 질서위반행위에 대하여 과태료를 부과할 수 없다(_{법 제19조 제1항}^{질서위반행위규제}). 다만, 행정청은 제36조 또는 제44조에 따른 법원의 결정이 있는 경우에는 그 결정이 확정된 날부터 1년이 경과하기 전까지는 과태료를 정정부과 하는 등 해당 결정에 따라 필요한 처분을 할 수 있다(^{제2}_항).

4) 이의제기

행정청의 과태료 부과에 불복하는 당사자는 제17조 제1항에 따른 과태료 부과 통지를 받은 날부터 60일 이내에 해당 행정청에 서면으로 이의제기를 할 수 있다(_{법 제20조 제1항}^{질서위반행위규제}). 이의제기가 있는 경우에는 행정청의 과태료 부과처분은 그 효력을 상실한다(^{제2}_항).

대법원 2012. 10. 11. 선고 2011두19369 판결

수도조례 및 하수도사용조례에 기한 과태료의 부과 여부 및 그 당부는 최종적으로 질서위반행위규제법에 의한 절차에 의하여 판단되어야 한다고 할 것이므로, 그 과태료 부과처분은 행정청을 피고로 하는 행정소송의 대상이 되는 행정처분이라고 볼 수 없다.

5) 법원에의 통보

이의제기를 받은 행정청은 이의제기를 받은 날부터 14일 이내에 이에 대한 의견 및 증빙서류를 첨부하여 관할 법원에 통보하여야 한다. 다만, ① 당사자가 이의제기를 철회한 경우, ② 당사자의 이의제기에 이유가 있어 과태료를 부과할 필요가 없는 것으로 인정되는 경우에는 그러하지 아니하다(_{법 제21조 제1항}^{질서위반행위규제}).

행정청이 관할 법원에 통보를 하거나 통보하지 아니하는 경우에는 그 사실을 즉시 당사자에게 통지하여야 한다(^{제3}_항). 당사자는 행정청으로부터 이러한 통지를 받기 전까지는 행정청에 대하여 서면으로 이의제기를 철회할 수 있다(^{제20조}_{제3항}).

(4) 과태료의 재판

1) 관할 법원

과태료 사건은 다른 법령에 특별한 규정이 있는 경우를 제외하고는 당사자의 주소지의 지방법원 또는 그 지원의 관할로 한다(_{규제법 제25조}^{질서위반행위}). 법원의 관할은 행정청이 이의제기 사실을 통보한 때를 표준으로 정한다(^{제26}_조).

2) 행정청 통보사실의 통지

법원은 행정청의 통보가 있는 경우 이를 즉시 검사에게 통지하여야 한다(질서위반행위규제법 제30조).

3) 심문 등

법원은 심문기일을 열어 당사자의 진술을 들어야 한다(질서위반행위규제법 제31조 제1항). 법원은 검사의 의견을 구하여야 하고, 검사는 심문에 참여하여 의견을 진술하거나 서면으로 의견을 제출하여야 한다(제2항). 법원은 행정청의 참여가 필요하다고 인정하는 때에는 행정청으로 하여금 심문기일에 출석하여 의견을 진술하게 할 수 있다(제32조 제1항).

법원은 상당하다고 인정하는 때에는 심문 없이 과태료 재판을 할 수 있다(제44조).

4) 과태료 결정과 고지

과태료 재판은 이유를 붙인 결정으로써 한다(질서위반행위규제법 제36조 제1항). 결정은 당사자와 검사에게 고지함으로써 효력이 생긴다(제37조 제1항).

(5) 과태료 재판에 대한 불복

당사자와 검사는 과태료 재판에 대하여 즉시항고를 할 수 있다. 이 경우 항고는 집행정지의 효력이 있다(질서위반행위규제법 제38조 제1항).

(6) 과태료 재판의 집행

과태료 재판은 검사의 명령으로써 집행한다. 이 경우 그 명령은 집행력 있는 집행권원과 동일한 효력이 있다(질서위반행위규제법 제42조 제1항).

(7) 과태료의 시효

과태료는 행정청의 과태료 부과처분이나 법원의 과태료 재판이 확정된 후 5년간 징수하지 아니하거나 집행하지 아니하면 시효로 인하여 소멸한다(질서위반행위규제법 제15조 제1항). 제1항에 따른 소멸시효의 중단·정지 등에 관하여는 국세기본법 제28조를 준용한다(제2항).

3. 행정형벌과 행정질서벌의 병과가능성

행정형벌과 행정질서벌은 모두 행정법상 의무위반에 대한 제재로서 가하는 행정벌이므로 동일한 행위에 대하여 행정형벌과 행정질서벌을 병과하는 것은 일사부재리의 원칙 또는 이중처벌금지의 원칙에 위반된다는 것이 통설적인 견해이다.

그러나 대법원은 행정법상의 질서벌인 과태료의 부과처분과 형사처벌은 그 성질이나 목적을 달리하는 별개의 것이므로 행정법상의 질서벌인 과태료를 납부한 후에 형사처벌을 한다고 하여 이를 일사부재리의 원칙에 반하는 것이라고 할 수는 없다는 입장이다.[5]

이에 반해 헌법재판소는 동일한 행위를 대상으로 하여 형벌을 부과하면서 아울러 행정질서벌로서의 과태료까지 부과한다면 그것은 이중처벌금지의 기본정신에 배치되어 국가 입법권의 남용으로 인정될 여지가 있다고 판시하였다.[6]

제 2 절 금전적 제재

Ⅰ. 과징금

1. 의 의

과징금이란 행정청이 일정한 행정법상의 의무를 위반한 자에 대하여 과하는 금전상 제재를 말한다. 원래 의미의 과징금이란, 행정법상 의무를 위반한 행위로 불법적 이익을 얻은 경우 그 경제적 이익을 박탈하는 것을 말한다. 실정법상의 예로는 독점규제 및 공정거래에 관한 법률에 의해 시장지배적 사업자가 남용행위를 한 경우에 매출액의 일정비율을 과징금으로 부과하는 것을 들 수 있다.

그러나 오늘날에는 국민생활에 중대한 영향을 미치는 인허가사업에 있어서 그 사업의 정지를 명할 위법사유가 있음에도 불구하고 공익의 보호를 이유로 사업을 계속하게 하고 대신 사업계속에 따르는 영업이익을 박탈하는 것으로 그 의미가 변형되고 있다. 예컨대, 시골에 하나밖에 없는 의원(醫院)이 행정법상의 의무를 위반하였다고 하여 영업정지 등을 명할 경우 지역주민들이 의료서비스를 받지 못하는 결과를 초래할 수도 있기 때문에 당해 의원으로 하여금 영업을 계속하게 하고, 대신 그 영업이익을 박탈하는 것이다. 이러한 변형된 과징금의 실정법상의 예로는, 여객자동차 운수사업법, 대기환경보전법, 주차장법, 식품위생법 등에서 영업정지처분

---

5) 대법원 1996. 4. 12. 선고 96도158 판결.
6) 헌법재판소 1994. 6. 30.자 92헌바38 결정.

에 갈음하여 일정금액의 과징금을 부과하는 것들이 있다. 과징금은 어떠한 경우이든 부분적이라도 부당이익의 환수가 있어야 한다.

2. 행정벌과 병과가능성

헌법재판소와 대법원은 과징금은 헌법 제13조 제1항에서 금지하는 국가형벌권행사로서의 '처벌'에 해당한다고는 할 수 없으므로, 형사처벌과 아울러 과징금을 병과하더라도 이중처벌금지의 원칙에 위반되지 않는다고 한다(헌법재판소 2003. 7. 24.자 2001헌가25 결정;
대법원 2007. 7. 12. 선고 2006두4554 판결).

3. 법적 근거

행정기본법은 개별 법률에 산재한 과징금 부과의 일반원칙과 기준을 명확히 하여 행정의 통일성을 제고하기 위하여 과징금에 관한 규정을 마련하였다. 이에 따르면, 행정청은 법령등에 따른 의무를 위반한 자에 대하여 법률로 정하는 바에 따라 그 위반행위에 대한 제재로서 과징금을 부과할 수 있으며(제28조 제1항), 과징금의 근거가 되는 법률에는 과징금에 관한 ① 부과·징수 주체, ② 부과 사유, ③ 상한액, ④ 가산금을 징수하려는 경우 그 사항, ⑤ 과징금 또는 가산금 체납 시 강제징수를 하려는 경우 그 사항을 명확하게 규정하여야 한다(제2항).

4. 부   과

과징금은 한꺼번에 납부하는 것이 원칙이지만, 행정청은 과징금을 부과받은 자가 ① 재해 등으로 재산에 현저한 손실을 입은 경우, ② 사업 여건의 악화로 사업이 중대한 위기에 처한 경우, ③ 과징금을 한꺼번에 내면 자금 사정에 현저한 어려움이 예상되는 경우, ④ 그 밖에 ① 내지 ③에 준하는 경우로서 대통령령으로 정하는 사유가 있는 경우로 과징금 전액을 한꺼번에 내기 어렵다고 인정될 때에는 그 납부기한을 연기하거나 분할 납부하게 할 수 있으며, 이 경우 필요하다고 인정하면 담보를 제공하게 할 수 있다(제29조).

Ⅱ. 가산금과 가산세

가산금이란 행정법상 급부의무의 불이행에 대한 제재로서 과하는 '금전부담'을 말한다.

이에 반하여 가산세란 세법상의 의무위반에 대하여 과하여지는 제재로서의 '조세'를 말한다. 참고로 국세기본법에서는 가산세를 "이 법 및 세법에서 규정하는 의무의 성실한 이행을 확보하기 위하여 세법에 따라 산출한 세액에 가산하여 징수하는 금액"으로 정의하고 있다(제2조 제4호). 정부는 세법에서 규정한 의무를 위반한 자에게 국세기본법 또는 세법에서 정하는 바에 따라 가산세를 부과할 수 있는바(국세기본법 제 47조 제1항), 국세기본법은 무신고가산세(제47조 의2), 과소신고·초과환급신고가산세(제47조 의3), 납부지연가산세(제47조 의4), 원천징수 등 납부지연가산세(제47조 의5)에 관한 규정을 두고 있다.

제 3 절 비금전적 제재

Ⅰ. 공급거부

공급거부란 행정법상의 의무를 위반하거나 불이행한 자에 대하여 일정한 행정상의 재화나 서비스의 제공을 거부하는 행정조치를 말한다. 예컨대, 건축법상 법령을 위반한 건축물 또는 이전명령을 받고서도 이에 응하지 않는 공장에 대하여 전화·전기·수도 등의 공급을 거부하는 조치가 이에 해당한다. 오늘날 행정에 의해 제공되는 재화나 서비스는 국민생활에 필수불가결한 것이므로, 이에 대한 공급거부는 매우 강력한 행정의 실효성 확보수단이다.

공급거부는 국민생활에 직접 피해를 줄 수 있는 성질의 조치인 까닭에 반드시 법적 근거를 요하고, 법규의 해석 역시 비례의 원칙·부당결부금지의 원칙 등에 의해 엄격하게 이루어져야 한다. 따라서 이른바 '보편적 서비스', 즉 최소한의 공공서비스에 해당하는 것의 공급을 거부하는 것은 인간다운 생활을 할 권리를 침해할 여지가 있으므로 제한된다.[7]

---

7) 과거 구 건축법 제69조 제2항은 전기·전화·수도 또는 도시가스공급시설의 설치 또는 공급의 중지에 관하여 규정하고 있었으나, 이러한 공급거부가 부당결부금지의 원칙에 위반된다는 비판이 있어 2005. 11. 8. 개정 법률(제7696호)에서 삭제되었다. 현재 실정법상 공급거부에 관한 규정은 찾기 어렵다.

Ⅱ. 관허사업의 제한

관허사업의 제한은 일정한 행정법상의 의무를 위반하거나 불이행한 자에 대하여 인가·허가 등을 거부하거나 의무위반자가 기존에 향유하고 있는 인가·허가 등을 취소 또는 정지함으로써 행정법상의 의무이행을 간접적으로 강제하는 수단이다. 관허사업을 제한하기 위해서는 별도의 법적 근거가 필요하다.

관허사업의 제한에는 ① 의무위반사항과 관련된 특정 관허사업의 제한(^{건축법 제79}_{조 제2항})과 ② 의무위반사항과 직접 관련이 없는 일반적인 관허사업의 제한(^{병역법 제76}_{조 제2항})이 있다. ②의 경우 부당결부금지의 원칙이 문제될 수 있다.

Ⅲ. 위반사실의 공표

행정절차법 제40조의3(위반사실 등의 공표) ① 행정청은 법령에 따른 의무를 위반한 자의 성명·법인명, 위반사실, 의무 위반을 이유로 한 처분사실 등(이하 "위반사실등"이라 한다)을 법률로 정하는 바에 따라 일반에게 공표할 수 있다.
② 행정청은 위반사실등의 공표를 하기 전에 사실과 다른 공표로 인하여 당사자의 명예·신용 등이 훼손되지 아니하도록 객관적이고 타당한 증거와 근거가 있는지를 확인하여야 한다.
③ 행정청은 위반사실등의 공표를 할 때에는 미리 당사자에게 그 사실을 통지하고 의견제출의 기회를 주어야 한다. 다만, 다음 각 호의 어느 하나에 해당하는 경우에는 그러하지 아니하다.
　1. 공공의 안전 또는 복리를 위하여 긴급히 공표를 할 필요가 있는 경우
　2. 해당 공표의 성질상 의견청취가 현저히 곤란하거나 명백히 불필요하다고 인정될 만한 타당한 이유가 있는 경우
　3. 당사자가 의견진술의 기회를 포기한다는 뜻을 명백히 밝힌 경우
④ 제3항에 따라 의견제출의 기회를 받은 당사자는 공표 전에 관할 행정청에 서면이나 말 또는 정보통신망을 이용하여 의견을 제출할 수 있다.
⑤ 제4항에 따른 의견제출의 방법과 제출 의견의 반영 등에 관하여는 제27조 및 제27조의2를 준용한다. 이 경우 "처분"은 "위반사실등의 공표"로 본다.
⑥ 위반사실등의 공표는 관보, 공보 또는 인터넷 홈페이지 등을 통하여 한다.
⑦ 행정청은 위반사실등의 공표를 하기 전에 당사자가 공표와 관련된 의무의 이행, 원상회복, 손해배상 등의 조치를 마친 경우에는 위반사실등의 공표를 하지 아니할 수 있다.
⑧ 행정청은 공표된 내용이 사실과 다른 것으로 밝혀지거나 공표에 포함된 처분이 취소된 경우에는 그 내용을 정정하여, 정정한 내용을 지체 없이 해당 공표와 같은 방법으로 공표된 기간 이상 공표하여야 한다. 다만, 당사자가 원하지 아니하면 공표하지 아니할 수 있다.

1. 의 의

위반사실의 공표란, 행정법상 의무위반 또는 의무불이행이 있는 경우 그 명단과

위반사실 등을 공중이 알 수 있도록 공개하는 것을 말한다. 예컨대 고액조세체납자나 청소년에게 주류를 제공한 영업자 등의 명단을 공개하는 것이 이에 해당한다. 이는 개인의 명예나 신용을 담보로 의무이행을 확보하려는 제도로서, 비교적 간편하고 비용이 적게 든다는 장점이 있다.

2. 법적 근거

위반사실의 공표는 의무위반자의 명예나 신용을 훼손함으로써 헌법상 기본권을 침해할 우려가 있고, 이를 통해 행정법상 의무이행을 간접적으로 강제하는 수단이라는 점에서 반드시 법적 근거를 필요로 하며, 잘못된 내용의 공표에 대해 손해배상청구, 정정공고 등과 같은 구제제도가 마련되어야 할 것이다. 또한, 공표를 할 때에는 공표의 필요성과 상대방의 기본권 사이의 이익형량이 요구되며, 의무위반과 무관한 내용을 공표하여서는 안 된다. 2022. 1. 11. 개정된 행정절차법 제40조의3에서는 '위반사실 등의 공표'에 관한 명문의 규정을 신설하였다.

3. 절　차

행정절차법에 의하면, 행정청은 위반사실등의 공표를 하기 전에 객관적이고 타당한 증거와 근거가 있는지를 확인하여야 하며(제40조의 3 제2항), 미리 당사자에게 그 사실을 통지하고 의견제출의 기회를 주어야 한다. 다만, ① 공공의 안전 또는 복리를 위하여 긴급히 공표를 할 필요가 있는 경우, ② 해당 공표의 성질상 의견청취가 현저히 곤란하거나 명백히 불필요하다고 인정될 만한 타당한 이유가 있는 경우, ③ 당사자가 의견진술의 기회를 포기한다는 뜻을 명백히 밝힌 경우에는 그러하지 아니하다(제3항).

위반사실등의 공표는 관보, 공보 또는 인터넷 홈페이지 등을 통하여 한다(제6항). 행정청은 위반사실등의 공표를 하기 전에 당사자가 공표와 관련된 의무의 이행, 원상회복, 손해배상 등의 조치를 마친 경우에는 위반사실등의 공표를 하지 아니할 수 있다(제7항).

대법원 2019. 6. 27. 선고 2018두49130 판결
　　병무청장이 병역법 제81조의2 제1항에 따라 병역의무 기피자의 인적사항 등을 인터넷 홈페이지에 게시하는 등의 방법으로 공개한 경우 병무청장의 공개결정을 항고소송의 대상이 되는 행정처분으로 보아야 한다.

Ⅳ. 취업제한

국가기관, 지방자치단체의 장 또는 고용주는 ① 병역판정검사, 재병역판정검사 또는 확인신체검사를 기피하고 있는 사람, ② 징집·소집을 기피하고 있는 사람, ③ 군복무 및 사회복무요원 또는 대체복무요원 복무를 이탈하고 있는 사람을 공무원이나 임직원으로 임용하거나 채용할 수 없으며, 재직 중인 경우에는 해직하여야 한다(병역법 제76조 제1항).

※ 학습 주안점

위법한 행정작용에 대한 사후적 구제수단으로는 ① 행정상 손해전보와 ② 행정쟁송
이 있다. 행정상 손해전보란 행정작용으로 인해 개인의 권익이 침해된 경우 그 손해나
손실을 금전적으로 보전해주는 것을 말하며, 여기에는 위법한 국가작용으로 인해 발생
한 손해에 대한 국가배상과 적법한 행정작용에 의해 발생한 재산적 손실에 대한 손실보
상이 있다.

본 편에서는 국가배상과 손실보상의 성립요건과 범위 및 절차를 숙지하고, 행정상 손
해전보제도로 구제받기 어려운 공백이 발생한 경우 해결하기 위해 등장한 이론들을 학
습하는데 주안점이 있다.

[행정구제제도의 구조]

```
┌ 사전구제 ── 행정절차
│
└ 사후구제 ┬ 행정상 손해전보 ┬ 국가배상
          │                 └ 손실보상
          │
          └ 행정쟁송 ┬ 행정심판
                    └ 행정소송
```

제 1 장 행정상 손해배상

제 1 절 개 설

행정작용으로 인하여 개인에게 손해 또는 손실이 발생한 경우에 행정주체가 이를 메워주는 것을 이른바 행정상 손해전보제도라 한다. 전통적으로 우리나라에서는 손해전보를 그 원인행위에 따라 두 가지로 나누어 하나는 국가 또는 공공단체의 불법행위로 인한 행정상의 손해배상(국가배상)으로, 다른 하나는 국가나 공공단체의 적법행위에 따르는 행정상의 손실보상으로 다루어 왔다.

최근 손해전보제도 논의와 관련하여 침해의 원인이 된 행위의 위법·적법 여부에 따라 손해배상과 손실보상으로 이원화하여 다루어온 전통적인 접근방식에는 일정한 한계가 있다는 문제가 제기되었다. 예컨대, 현행 헌법 제23조 제3항은 공공필요에 의한 재산권의 수용·사용 또는 제한 및 그에 대한 보상은 법률로써 하도록 규정하고 있는데, 만약 공용수용을 함에 있어서 법률상 보상규정이 없는 경우에는 어떠한 제도로서 손해를 전보할 수 있는가라는 문제가 발생한다. 이론상 당해 법률은 위헌으로서 무효이며, 따라서 당해 법률에 따른 수용은 위법한 행정작용이 될 것이다. 그러나 당해 법률의 위헌 여부를 판단할 수 없는 공무원에게서 과실을 발견할 수가 없다. 결국 이러한 행정청의 수용행위는 위법·무과실로서 손해배상, 손실보상의 어느 영역에도 포함되지 않는다. 이처럼 손해전보제도를 손해배상과 손실보상으로 이원화하고 있는 전통적 견해의 흠결을 보완하기 위해, 다시 말해서 손해배상과 손실보상의 간격을 메워서 손해전보제도의 불완전성을 개선하기 위해 이들 양 제도를 통합하는 이른바 '국가보상제도'에 대한 논의가 등장하게 되었다.[1]

---

1) 이와 관련하여 프랑스법 이론의 영향과 소개가 활발하다. 참고로 프랑스의 국가배상책임이론은 꽁세이데따의 판례에 의해 형성되었는데, 서비스(직무)과실책임, 위험책임, 그리고 책임의 중복이론을 특징으로 한다. 이에 관한 자세한 내용은 이광윤/김철우(639면 이하) 참조.

제 2 절 공무원의 위법한 직무행위로 인한 손해배상

> **[사례 13]**
> 영하 15도의 추운 겨울날 A는 친구와 함께 음주를 한 후 집으로 돌아가다가 새벽 1시경 C파출소 부근의 도로상에서 잠이 들었다. C파출소 근무자인 경찰관 B는 근무시간(새벽 2시까지)을 마치고 집으로 돌아가던 중 잠든 A를 보았으나 아무런 조치를 하지 않고 지나쳐 버렸다. A는 새벽 6시경 추위로 사망하였다. A의 배우자인 D는 국가를 상대로 손해배상을 청구하여 승소할 수 있는가? (제17회 입법고시)

Ⅰ. 국가배상법 제2조의 규정

국가배상법 제2조 제1항 본문은 "국가나 지방자치단체는 공무원 또는 공무를 위탁받은 사인(이하 "공무원"이라 한다)이 직무를 집행하면서 고의 또는 과실로 법령을 위반하여 타인에게 손해를 입히거나, 「자동차손해배상 보장법」에 따라 손해배상의 책임이 있을 때에는 이 법에 따라 그 손해를 배상하여야 한다."라고 하여, 공무원의 위법한 직무행위로 인한 국가와 지방자치단체의 손해배상책임을 규정하고 있다.[2] 아울러 제2항에서는 "제1항 본문의 경우에 공무원에게 고의 또는 중대한 과실이 있으면 국가나 지방자치단체는 그 공무원에게 구상할 수 있다."라고 하여 국가나 지방자치단체가 배상을 한 경우에 해당 공무원에게 구상할 수 있도록 규정하고 있다.

Ⅱ. 배상책임의 요건

1. 공무원

여기서의 공무원이란 가장 넓은 의미의 공무원을 말한다. 즉, 국가공무원법·지방공무원법 등에 의하여 공무원으로서의 신분을 가진 자에 국한하지 않고, '널리 공무를 위탁받아 실질적으로 공무에 종사하고 있는 일체의 자'를 포함한다는 것이 통설과 판례의 입장이다.[3] 신분상 공무원에는 행정부뿐만 아니라 입법부와 사법부 및

---

2) 헌법 제29조 제1항은 배상책임의 주체로 국가와 '공공단체'를 규정하고 있으나, 국가배상법 제2조 제1항 본문은 국가와 '지방자치단체'로 한정하고 있다.
3) 2009. 10. 21. 국가배상법 개정으로 '공무를 위탁받은 사인'이 명문으로 규정되었다.

중앙선거관리위원회와 헌법재판소의 공무원도 포함한다.

따라서 국가배상법상 공무원이라 함은 기능상의 공무원을 가리킨다. 과거 판례에 따르면, 소집 중인 향토예비군, 시청소차 운전수, 미군부대 카투사, 소방대원, 통장 등은 공무원으로 인정되었음에 반하여, 의용소방대원 등은 공무원으로 인정되지 않았다. 그러나 오늘날 행정판례의 경향은 조직적 관점보다는 기능적 관점이 중요시되므로 과거 의용소방대를 국가기관이 아니라는 이유로 의용소방대원을 공무원으로 보지 아니한 대법원 1978. 7. 11. 선고 78다584 판결은 아래의 대법원 2001. 1. 5. 선고 98다39060 판결에 의하여 변경되었음이 명백해졌다.

대법원 2001. 1. 5. 선고 98다39060 판결

지방자치단체가 '교통할아버지 봉사활동 계획'을 수립한 후 관할 동장으로 하여금 '교통할아버지'를 선정하게 하여 어린이 보호, 교통안내, 거리질서 확립 등의 공무를 위탁하여 집행하게 하던 중 '교통할아버지'로 선정된 노인이 위탁받은 업무 범위를 넘어 교차로 중앙에서 교통정리를 하다가 교통사고를 발생시킨 경우, 지방자치단체가 국가배상법 제2조 소정의 배상책임을 부담한다고 인정한 원심의 판단을 수긍한 사례.

공무를 위탁받은 공법인(한국토지공사)은 행정주체이지 국가배상법 제2조 소정의 공무원이 아니라는 것이 대법원 판례[4]의 입장이다. 따라서 공법인에게 경과실이 있는 경우에도 면책되지 않고, 피해자에 대하여 민법상 손해배상책임을 진다.

2. 직무를 집행하면서

(1) 직무행위의 의미와 범위

직무행위의 의미에 관해서는 ① 공권력 작용만을 포함한다는 협의설, ② 공권력 작용과 관리작용만을 포함한다는 광의설, ③ 사경제작용까지 포함한다는 최광의설 등이 대립하고 있으나, 광의설이 통설과 판례[5]의 입장이다.

권력작용에는 명령적 행위·형성적 행위·준법률행위적 행정행위·사실행위·부작위 등의 종류와 관계없이, 일방적인 공권력 행사 또는 불행사가 모두 포함된다. 직무행위의 범위와 관련하여 비권력적 행위 중에서 공법상의 계약이 문제되는데, 계약의 내용에 포함된 계약상의 책임에 대하여는 공법상의 계약책임을 지나, 계약

---

4) 대법원 2010. 1. 28. 선고 2007다82950, 82967 판결.
5) 대법원 2004. 4. 9. 선고 2002다10691 판결.

에 수반된 행위에 따른 책임은 국가배상법상의 책임의 대상이 된다. 비권력적인 사실행위로서의 정보제공 등의 행정지도 역시 국가배상의 대상이 된다.

1) 입법작용

입법작용에 의해 개인에게 손해를 발생시킬 수 있는 경우로는 ① '위헌적 법률에 근거한 처분으로 침해를 입은 경우'와 ② '위헌적 법률에 의해 직접 침해를 입은 경우'를 생각할 수 있다. 그러나 ①의 경우에는 법률의 위헌성을 판단할 수 없는 공무원에게 과실을 인정하기가 어려우며, ②의 경우 대법원은 "국회의원의 입법행위는 그 입법 내용이 헌법의 문언에 명백히 위반됨에도 불구하고 국회가 굳이 당해 입법을 한 것과 같은 특수한 경우가 아닌 한 국가배상법 제2조 제1항 소정의 위법행위에 해당된다고 볼 수 없다."고 판시하였다.[6]

이외에도 ③ '입법부작위'로 인한 국가배상책임이 문제될 수 있으나, 대법원은 "국가가 일정한 사항에 관하여 헌법에 의하여 부과되는 구체적인 입법의무를 부담하고 있음에도 불구하고 그 입법에 필요한 상당한 기간이 경과하도록 고의 또는 과실로 이러한 입법의무를 이행하지 아니하는 등 극히 예외적인 사정이 인정되는 사안에 한정하여 국가배상법 소정의 배상책임이 인정될 수 있다."고 판시하였다.[7]

2) 사법(司法)작용

대법원은 "법관의 재판에 법령의 규정을 따르지 아니한 잘못이 있다 하더라도 이로써 바로 그 재판상 직무행위가 국가배상법 제2조 제1항에서 말하는 위법한 행위로 되어 국가의 손해배상책임이 발생하는 것은 아니고, 그 국가배상책임이 인정되려면 당해 법관이 위법 또는 부당한 목적을 가지고 재판을 하였다거나 법이 법관의 직무수행상 준수할 것을 요구하고 있는 기준을 현저하게 위반하는 등 법관이 그에게 부여된 권한의 취지에 명백히 어긋나게 이를 행사하였다고 인정할 만한 특별한 사정이 있어야 한다."고 판시하여 사법행위에 대한 배상책임의 기준을 마련한 다음, 헌법재판소 재판관이 청구기간 내에 제기된 헌법소원심판청구 사건에서 청구기간을 오인하여 각하결정을 한 경우, 이에 대한 불복절차 내지 시정절차가 없는 때에는 국가배상책임(위법성)을 인정할 수 있다고 하였다.[8]

---

6) 대법원 1997. 6. 13. 선고 96다56115 판결.
7) 대법원 2008. 5. 29. 선고 2004다33469 판결.
8) 대법원 2003. 7. 11. 선고 99다24218 판결.

(2) 직무집행의 판단기준

'직무를 집행하면서'란 직무행위는 물론 객관적으로 직무의 범위에 속하는 것으로 보이는 행위, 직무와 밀접하게 관련된 것으로 인정된 행위 등을 모두 포함하는 의미이다. 직무집행의 판단기준에 관하여는, 공무집행자의 정당한 권한 내의 행위인지 또는 주관적으로 공무집행의 의사가 있었는지 여부와는 관계없이 '객관적으로 공무집행의 외관을 갖추고 있었는가'의 여부에 따라 결정된다는 이른바 '외형설(外形說)'이 통설과 판례의 입장이다.

대법원 2001. 1. 5. 선고 98다39060 판결

국가배상법 제2조 제1항 소정의 '직무를 집행함에 당하여'라 함은 직접 공무원의 직무집행행위이거나 그와 밀접한 관계에 있는 행위를 포함하고, 이를 판단함에 있어서는 행위 자체의 외관을 객관적으로 관찰하여 공무원의 직무행위로 보여질 때에는 비록 그것이 실질적으로 직무행위에 속하지 않는다 하더라도 그 행위는 공무원이 '직무를 집행함에 당하여' 한 것으로 보아야 한다.

(3) 특수한 문제(부작위)

국가배상책임은 공무원의 소극적인 직무행위, 즉 부작위에 의해서도 인정될 수 있다. 이를 위해서는 공무원에게 작위의무가 인정되어야 하는데, 이는 국가배상의 요건 중 후술하는 '위법성'의 판단과 직결된다. 문제는 법령에서 작위의무를 규정하고 있지 않거나, 재량행위로 규정하고 있는 경우 작위의무를 어떻게 도출할 수 있을 것인가이다. 이를 해결하기 위해 판례는 초법규적 작위의무를 인정하거나 '재량권의 영으로의 수축이론'을 통해 직무상 의무(작위의무)를 인정한다.

대법원 2004. 9. 23. 선고 2003다49009 판결

[1] 경찰은 범죄의 예방, 진압 및 수사와 함께 국민의 생명, 신체 및 재산의 보호 등과 기타 공공의 안녕과 질서유지도 직무로 하고 있고, 그 직무의 원활한 수행을 위하여 경찰관직무집행법, 형사소송법 등 관계 법령에 의하여 여러 가지 권한이 부여되어 있으므로, 구체적인 직무를 수행하는 경찰관으로서는 제반 상황에 대응하여 자신에게 부여된 여러 가지 권한을 적절하게 행사하여 필요한 조치를 취할 수 있는 것이고, 그러한 권한은 일반적으로 경찰관의 전문적 판단에 기한 합리적인 재량에 위임되어 있는 것이나, 경찰관에게 권한을 부여한 취지와 목적에 비추어 볼 때 구체적인 사정에 따라 경찰관이 그 권한을 행사하여 필요한 조치를 취하지 아니하는 것이 현저하게 불합리하다고 인정되는 경우에는 그러한 권한의 불행사는 직무상의 의무를 위반한 것이 되어 위법하

게 된다.

    [2] 윤락녀들이 윤락업소에 감금된 채로 윤락을 강요받으면서 생활하고 있음을 쉽게 알 수 있는 상황이었음에도, 경찰관이 이러한 감금 및 윤락강요행위를 제지하거나 윤락 업주들을 체포·수사하는 등 필요한 조치를 취하지 아니하고 오히려 업주들로부터 뇌 물을 수수하며 그와 같은 행위를 방치한 것은 경찰관의 직무상 의무에 위반하여 위법하 므로 국가는 이로 인한 정신적 고통에 대하여 위자료를 지급할 의무가 있다고 한 사례.

3. 고의 또는 과실

    국가배상법 제2조를 해석함에 있어서 '고의 또는 과실로'라는 표현만을 충실하게 해석한다면 이는 객관적 위법성과는 다른 행위자의 주관적 책임요소를 규정한 것으 로 보아야 할 것이다. 이는 후술하는 국가배상책임의 본질에 관한 대위책임설과 맥 을 같이 한다. 그러나 국가배상책임의 본질을 자기책임으로 파악하는 입장에서는 고의·과실이란 공무원 개인의 주관적 책임요소가 아니라, 국가 또는 지방자치단체 의 자기책임을 결정하는데 필요한 '공무운영상의 객관적인 흠의 존재'라고 한다.

    근래에 와서는 대위책임설을 취하는 학자들 사이에서도 국가배상책임의 성립 여 부가 행위자의 주관적 요소에 좌우될 경우 피해자의 구제가 불완전하다는 지적이 제기되기 시작하였고, 이러한 문제의 해결을 위하여 주관적 요소인 과실을 보다 객 관화하거나 그 입증책임을 완화하려는 방안이 제시되고 있다.

    즉, 과실의 객관화란 ① 과실의 판단 기준을 당해 공무원이 아닌, 당해 직무를 담당하는 평균적 공무원으로 추상화해야 한다는 견해, ② 과실을 '공무원의 위법행 위로 인한 국가작용의 흠' 정도로 완화해야 한다는 견해, ③ 과실을 판단함에 있어 가해공무원을 특정할 필요가 없다는 견해, ④ 위법성과 과실 중 어느 하나가 입증 되면 다른 요건은 당연히 인정된다는 견해, ⑤ 과실을 '국가 등 행정주체의 작용이 정상적 수준에 미달한 상태'라고 보는 견해 등을 일컫는 말이다.

    입증책임의 완화란 ① 피고에게 직무행위상 과실이 없었다는 사실을 입증할 책 임을 부담시키는 입증책임의 전환과 ② 원고에게 손해를 발생케 한 피고의 행위가 입증되면 이러한 행위에서 일응 과실을 추정하는 일응추정의 이론 등을 말한다.

① 대법원 1987. 9. 22. 선고 87다카1164 판결

    공무원의 직무집행상의 과실이라 함은 공무원이 그 직무를 수행함에 있어 당해직무 를 담당하는 평균인이 보통(통상) 갖추어야 할 주의의무를 게을리한 것을 말한다.

② 대법원 1995. 11. 10. 선고 95다23897 판결

국가 소속 전투경찰들이 시위진압을 함에 있어서 합리적이고 상당하다고 인정되는 정도로 가능한 한 최루탄의 사용을 억제하고 또한 최대한 안전하고 평화로운 방법으로 시위진압을 하여 그 시위진압 과정에서 타인의 생명과 신체에 위해를 가하는 사태가 발생하지 아니하도록 하여야 하는데도, 이를 게을리한 채 합리적이고 상당하다고 인정되는 정도를 넘어 지나치게 과도한 방법으로 시위진압을 한 잘못으로 시위 참가자로 하여금 사망에 이르게 하였다는 이유로 국가의 손해배상 책임을 인정하되, 피해자의 시위에 참가하여 사망에 이르기까지의 행위를 참작하여 30% 과실상계를 한 원심판결을 수긍한 사례.

③ 대법원 2001. 2. 9. 선고 98다52988 판결

법령에 대한 해석이 복잡, 미묘하여 워낙 어렵고, 이에 대한 학설, 판례조차 귀일되어 있지 않는 등의 특별한 사정이 없는 한 일반적으로 공무원이 관계 법규를 알지 못하거나 필요한 지식을 갖추지 못하고 법규의 해석을 그르쳐 행정처분을 하였다면 그가 법률전문가가 아닌 행정직 공무원이라고 하여 과실이 없다고는 할 수 없다.

4. 법령을 위반하여(위법성)

국가배상법 제2조의 "법령을 위반하여"라는 법문의 의미와 관련하여, 학설은 ① 국가배상의 위법을 항고소송의 위법과는 다른 개념으로 보면서, 직무행위의 결과 손해가 발생하였으면 위법성을 인정하는 견해(결과위법설), ② 국가배상의 요건인 위법은 가해행위 자체의 위법뿐만 아니라 피침해이익의 종류와 성질, 침해의 정도 및 가해행위의 태양 등을 종합적으로 고려하여 행위가 객관적으로 정당성을 결여한 경우를 의미한다고 보는 견해(상대적 위법성설), ③ 국가배상의 위법을 공무원의 직무상 의무 위반으로 보는 견해(직무의무 위반설),[9] ④ 국가배상의 위법을 항고소송의 위법과 동일한 개념으로 이해하면서, 국가배상의 위법은 직무행위가 법령에 위반하는 것을 의미한다고 보는 견해(행위위법설)로 대립하고 있다. 이는 항고소송에서 어떠한 행정처분이 위법하거나 적법하다는 것이 확정된 경우, 그 확정판결의 기판력이 당해 처분의 위법을 이유로 제기한 국가배상청구소송에 미치는가의 문제와도 직결된다.

그러나 다수설은 '행위위법설'의 입장이며, 이때 위법성 판단의 근거가 되는 법

---

9) 류지태/박종수(511면). 이에 따른 것으로 보이는 판결로는 대법원 2002. 2. 22. 선고 2001다23447 판결; 대법원 2008. 5. 29. 선고 2004다33469 판결 등이 있다.

령에는 엄격한 의미에서의 법령에 한정하지 않고, 권력남용금지·신의성실·공서
양속 등 법의 일반원칙을 위반한 경우도 이에 해당한다고 보고 있다.[10] 한편, 판례
의 태도는 일관성이 없으며, 주류적인 입장이 무엇인지에 대하여 학자들마다 평가
가 엇갈리고 있다. 다만, 대법원 판례 중에는 '결과위법설'을 배제한 사례가 있다.[11]

① 대법원 2008. 6. 12. 선고 2007다64365 판결

국가배상책임에 있어 공무원의 가해행위는 법령을 위반한 것이어야 하고, 법령을 위
반하였다 함은 엄격한 의미의 법령 위반뿐 아니라 인권존중, 권력남용금지, 신의성실과
같이 공무원으로서 마땅히 지켜야 할 준칙이나 규범을 지키지 아니하고 위반한 경우를
포함하여 널리 그 행위가 객관적인 정당성을 결여하고 있음을 뜻하는 것이므로, 경찰관
이 범죄수사를 함에 있어 경찰관으로서 의당 지켜야 할 법규상 또는 조리상의 한계를
위반하였다면 이는 법령을 위반한 경우에 해당한다.

② 대법원 2000. 5. 12. 선고 99다70600 판결

[1] 어떠한 행정처분이 후에 항고소송에서 취소되었다고 할지라도 그 기판력에 의하
여 당해 행정처분이 곧바로 공무원의 고의 또는 과실로 인한 것으로서 불법행위를 구성
한다고 단정할 수는 없는 것이고, 그 행정처분의 담당공무원이 보통 일반의 공무원을
표준으로 하여 볼 때 객관적 주의의무를 결하여 그 행정처분이 객관적 정당성을 상실하
였다고 인정될 정도에 이른 경우에 국가배상법 제2조 소정의 국가배상책임의 요건을
충족하였다고 봄이 상당할 것이며, 이 때에 객관적 정당성을 상실하였는지 여부는 피침
해이익의 종류 및 성질, 침해행위가 되는 행정처분의 태양 및 그 원인, 행정처분의 발
동에 대한 피해자 측의 관여의 유무, 정도 및 손해의 정도 등 제반 사정을 종합하여 손
해의 전보책임을 국가 또는 지방자치단체에게 부담시켜야 할 실질적인 이유가 있는지
여부에 의하여 판단하여야 한다.

[2] 개간허가 취소처분이 후에 행정심판 또는 행정소송에서 취소되었으나 담당공무

---

10) 위법성에 관한 통설적 견해에 따르다 보면 해결하기 곤란한 문제가 발생한다. 이른바 행정청의
부작위로 인해 국민이 피해를 입는 경우이다. 예컨대 국가의 규제·관리·감독권의 불행사로 인하여
손해를 입은 국민이 국가에 대해 배상책임을 주장하기 위해서는 국가의 규제권 불행사에서 기속적 작
위의무의 위반을 발견해야 할 것이다. 그러나 이러한 작위의무가 법령에 규정되어 있지 않거나, 설사
규정되어 있다 하여도 그것이 재량행위라면 이를 부작위한다고 해서 '위법하다' 즉, '행위규범을 위반
했다'라고 하기에는 다소 무리한 점이 있다. 따라서 이러한 흠결을 극복하기 위해 이른바 '재량권의 영
으로의 수축이론'을 원용하기도 한다. 국민의 생명·신체의 안전에 중대한 영향을 미치는 사안에 대해
서는 행정청의 재량영역이 영으로 수축되어 행정청에게 기속적 의무가 발생하므로 이를 불행사한 것
은 위법하다는 논리이다.

11) 대법원 1997. 7. 25. 선고 94다2480 판결(경찰관들의 시위진압에 대항하여 시위자들이 던진 화
염병에 의하여 발생한 화재로 인하여 손해를 입은 주민의 국가배상청구를 인정한 원심판결을 법리오
해를 이유로 파기한 사례).

원에게 객관적 주의의무를 결한 직무집행상의 과실이 없다는 이유로 국가배상책임을 부인한 사례.

5. 타인에 대한 손해의 발생

여기서 '타인'은 가해자인 공무원과 그의 위법한 직무행위에 가담한 자 이외의 모든 자를 의미한다. 따라서 자연인과 법인, 공무원과 민간인 모두 포함된다(피해자가 군인·군무원·경찰공무원 기타 법률이 정하는 자인 경우에는 특례가 적용됨).

'손해'는 법익 침해로 인한 불이익을 말한다. 따라서 재산적 손해와 비재산적 손해(생명·신체·정신적 손해), 적극적 손해와 소극적 손해를 가리지 않는다. 다만, 최근 대법원은 행정절차는 그 자체가 독립적으로 의미를 가지는 것이라기보다는 행정의 공정성과 적정성을 보장하는 공법적 수단으로서의 의미가 크다는 점을 근거로 절차적 권리 침해로 인한 정신적 고통에 대한 국가배상책임은 제한적으로만 인정될 수 있다고 보았다.[12]

한편, 국가배상책임이 인정되기 위해서는 공무원의 위법한 직무행위와 손해의 발생 사이에 '상당인과관계'가 인정되어야 한다. 이때 대법원은 공무원에게 부과된 직무상 의무의 내용이 사익을 보호하기 위하여 설정된 것이어야 한다는 입장이다.

대법원 2006. 4. 14. 선고 2003다41746 판결[13]

일반적으로 국가 또는 지방자치단체가 권한을 행사할 때에는 국민에 대한 손해를 방지하여야 하고, 국민의 안전을 배려하여야 하며, 소속 공무원이 전적으로 또는 부수적으로라도 국민 개개인의 안전과 이익을 보호하기 위하여 법령에서 정한 직무상의 의무에 위반하여 국민에게 손해를 가하면 상당인과관계가 인정되는 범위 안에서 국가 또는 지방자치단체가 배상책임을 부담하는 것이지만, 공무원이 직무를 수행하면서 그 근거되는 법령의 규정에 따라 구체적으로 의무를 부여받았어도 그것이 국민의 이익과는 관계없이 순전히 행정기관 내부의 질서를 유지하기 위한 것이거나, 또는 국민의 이익과 관련된 것이라도 직접 국민 개개인의 이익을 위한 것이 아니라 전체적으로 공공 일반의 이익을 도모하기 위한 것이라면 그 의무에 위반하여 국민에게 손해를 가하여도 국가 또는 지방자치단체는 배상책임을 부담하지 아니한다.

---

12) 대법원 2021. 7. 29. 선고 2015다221668 판결.
13) 하천법의 관련 규정에 비추어 볼 때, 하천의 유지·관리 및 점용허가 관련 업무를 맡고 있는 지방자치단체 담당공무원의 직무상 의무는 부수적으로라도 사회구성원 개개인의 안전과 이익을 보호하기 위하여 설정된 것이라고 본 사례.

Ⅲ. 배상책임의 본질

공무원의 행위로 인하여 발생한 손해에 대해 국가가 배상책임을 부담하는 까닭은 무엇인가? 이는 국가배상책임의 본질에 관한 문제이다. 지금까지 배상책임의 본질의 문제는 ① 배상책임의 성립요소로서 고의·과실을 어떻게 이해할 것인가라는 문제와 ② 직접 행위자인 공무원 개인에게는 국가배상책임과는 별도로 불법행위책임을 물을 수 없는 것인가라는 문제 등과 결부되어 함께 논의되어 왔다. 최근에는 국가배상책임의 본질과 공무원 개인의 책임문제는 직접 관련성이 없다는 견해가 등장하는 등 배상책임의 본질을 둘러싼 논쟁은 그 의미가 많이 축소되어가고 있다. 현재 대위책임설, 자기책임설, 중간설(판례) 등의 견해가 대립하고 있다.

대위책임설은 과실책임주의의 논리귀결상 불법행위는 단체로서의 기관이 아닌 개인에 의해 발생할 수밖에 없으며, 위법행위는 이미 국가의 기관행위로서의 품격을 상실하였기에 국가의 행위로 보기 어렵기 때문에 배상책임의 본질은 공무원 개인의 불법행위책임으로 보아야 하나, 피해자인 국민을 보호하기 위해 자력이 있는 국가가 공무원 개인의 책임을 대위인수한 것으로 보아야 한다는 견해이다.

반면, 자기책임설은 공무원은 국가가 결정한 의사의 집행자에 불과하며, 모든 행위의 효과는 국가에 귀속되므로, 논리귀결상 위법행위로 인한 손해배상책임 역시 국가에 귀속되어야 하므로 국가가 배상책임을 부담하는 것은 국가의 자기책임에 따른 것으로 보아야 한다는 견해이다.

대법원 1996. 2. 15. 선고 95다38677 전원합의체 판결

[다수의견] 국가배상법 제2조 제1항 본문 및 제2항의 입법 취지는 공무원의 직무상 위법행위로 타인에게 손해를 끼친 경우에는 변제자력이 충분한 국가 등에게 선임감독상 과실 여부에 불구하고 손해배상책임을 부담시켜 국민의 재산권을 보장하되, 공무원이 직무를 수행함에 있어 경과실로 타인에게 손해를 입힌 경우에는 그 직무수행상 통상 예기할 수 있는 흠이 있는 것에 불과하므로, 이러한 공무원의 행위는 여전히 국가 등의 기관의 행위로 보아 그로 인하여 발생한 손해에 대한 배상책임도 전적으로 국가 등에만 귀속시키고 공무원 개인에게는 그로 인한 책임을 부담시키지 아니하여 공무원의 공무 집행의 안정성을 확보하고, 반면에 공무원의 위법행위가 고의·중과실에 기한 경우에는 비록 그 행위가 그의 직무와 관련된 것이라고 하더라도 그와 같은 행위는 그 본질에 있어서 기관행위로서의 품격을 상실하여 국가 등에게 그 책임을 귀속시킬 수 없으므로 공무원 개인에게 불법행위로 인한 손해배상책임을 부담시키되, 다만 이러한 경우에도

그 행위의 외관을 객관적으로 관찰하여 공무원의 직무집행으로 보여질 때에는 피해자인 국민을 두텁게 보호하기 위하여 국가 등이 공무원 개인과 중첩적으로 배상책임을 부담하되 국가 등이 배상책임을 지는 경우에는 공무원 개인에게 구상할 수 있도록 함으로써 궁극적으로 그 책임이 공무원 개인에게 귀속되도록 하려는 것이라고 봄이 합당하다.

Ⅳ. 선택적 청구의 문제(공무원 개인의 불법행위책임)

선택적 청구란 국가배상과 별도로 피해자가 당해 공무원을 상대로 민사상의 불법행위에 기한 손해배상청구를 제기할 수 있는가라는 문제를 말한다. 이 문제에 대해서는 ① 공무원 개인의 책임을 긍정하는 견해, ② 부정하는 견해, ③ 제한적으로 긍정하는 견해(판례) 등이 대립하고 있다.

대법원 1996. 2. 15. 선고 95다38677 전원합의체 판결

[다수의견] 공무원이 직무수행 중 불법행위로 타인에게 손해를 입힌 경우에 국가 등이 국가배상책임을 부담하는 외에 공무원 개인도 고의 또는 중과실이 있는 경우에는 불법행위로 인한 손해배상책임을 진다고 할 것이지만, 공무원에게 경과실뿐인 경우에는 공무원 개인은 손해배상책임을 부담하지 아니한다고 해석하는 것이 헌법 제29조 제1항 본문과 단서 및 국가배상법 제2조의 입법취지에 조화되는 올바른 해석이다.

Ⅴ. 효 과

1. 배상책임자

(1) 배상주체

배상책임자는 가해 공무원이 소속된 국가 또는 지방자치단체이다(상위귀속). 국가나 지방자치단체가 공무원의 위법한 직무행위로 인한 손해를 배상한 때에는 당해 공무원에게 고의 또는 중대한 과실이 있으면 구상할 수 있다(제2조 제2항). 만일 공무원에게 경과실이 있는 경우 공무원은 피해자에게 직접 배상할 책임이 없음에도 직접 배상하였다면 공무원은 국가에 대하여 국가의 피해자에 대한 손해배상책임의 범위 내에서 자신이 변제한 금액에 관하여 구상권을 취득한다.[14]

---

14) 대법원 2014. 8. 20. 선고 2012다54478 판결.

(2) 비용부담자의 책임

공무원의 선임·감독자와 비용부담자가 다른 경우에는 비용부담자도 독립적으로 배상책임을 진다($\frac{제6조}{제1항}$). 이때 비용부담자는 대외적으로 비용을 지급하는 자뿐만 아니라 법령의 규정에 의하여 실질적으로 내부관계에서 비용을 부담하는 자도 포함된다는 것이 통설이다(병존설). 이는 소송에서 피고를 잘못 지정함으로써 오는 불이익을 방지하여 피해자를 보호하기 위함이다.

대법원 1994. 12. 9. 선고 94다38137 판결

　국가배상법 제6조 제1항 소정의 '공무원의 봉급·급여 기타의 비용'이란 공무원의 인건비만을 가리키는 것이 아니라 당해사무에 필요한 일체의 경비를 의미한다고 할 것이고, 적어도 대외적으로 그러한 경비를 지출하는 자는 경비의 실질적·궁극적 부담자가 아니더라도 그러한 경비를 부담하는 자에 포함된다.

(3) 종국적 배상책임자

공무원의 선임·감독을 맡은 자와 공무원의 봉급·급여, 그 밖의 비용을 부담하는 자가 다른 경우에 손해를 배상한 자는 내부관계에서 그 손해를 배상할 책임이 있는 자에게 구상할 수 있다($\frac{제6조}{제2항}$). 이때 궁극적인 배상책임자가 누구인지에 대하여, 학설은 ① 공무원의 선임·감독을 맡은 자가 궁극적인 배상책임을 부담한다고 보는 견해(사무귀속자설, 관리주체설), ② 당해 사무의 비용을 실질적으로 부담하는 자에게 최종적인 배상책임이 있다고 보는 견해(비용부담자설), ③ 손해발생의 기여도에 따라서 부담자를 정해야 한다고 보는 견해(기여도설)로 대립하고 있다. 사무귀속자설(관리주체설)이 현재 다수설적 견해이다.

2. 배상책임의 내용

국가배상법 제3조 제1항과 제2항에서는 생명·신체에 대한 손해배상기준을, 그리고 제3항에서는 물건의 멸실·훼손으로 인한 손해배상기준을 정하고 있다. 이는 법원을 구속하지 않는 단순한 기준에 불과하다는 것이 통설과 판례[15]이다.

---

15) 대법원 1970. 1. 29. 선고 69다1203 전원합의체 판결.

3. 배상청구권의 양도·압류 금지

생명·신체의 침해로 인한 국가배상을 받을 권리는 양도하거나 압류하지 못한다(제4조).

4. 소멸시효

(1) 소멸시효 기간

국가배상법에는 명문의 규정이 없다. 따라서 ① 민법에 따라 피해자나 그 법정대리인이 그 손해 및 가해자를 안 날로부터 3년간 이를 행사하지 아니하면 시효로 인하여 소멸한다(제8조, 민법 제766조 제1항). 위 3년의 단기시효기간은 그 '손해 및 가해자를 안 날'에 더하여 그 '권리를 행사할 수 있는 때'가 도래하여야 비로소 시효가 진행한다.[16]

또한, ② 이러한 국가배상청구권은 금전의 급부를 목적으로 하는 국가에 대한 권리로서, 5년 동안 행사하지 아니하면 시효로 인하여 소멸한다(국가재정법 제96조 제2항). 이때 5년의 소멸시효 기간의 기산점이 되는 '불법행위를 한 날'이란 가해행위가 있었던 날이 아니라 현실적으로 손해의 결과가 발생한 날을 의미하지만, 그 손해의 결과발생이 현실적인 것으로 되었다면 그 소멸시효는 피해자가 손해의 결과발생을 알았거나 예상할 수 있는가 여부에 관계없이 가해행위로 인한 손해가 현실적인 것으로 되었다고 볼 수 있는 때로부터 진행한다.[17]

(2) 소멸시효의 중단

국가배상청구소송을 제기하면 재판이 확정될 때까지 시효중단의 효력이 발생한다(민법 제170조). 배상심의회에 한 배상신청은 민법 제174조[18]의 최고에 해당한다(대법원 1975. 7. 8. 선고 74다178 판결).

(3) 소멸시효 완성의 항변권 제한

국가배상청구소송에서 국가가 소멸시효의 완성을 항변하는 것이 신의칙에 반하는 경우에는 허용될 수 없다는 것이 판례이다.

---

16) 대법원 2012. 4. 13. 선고 2009다33754 판결. 이 때 '권리를 행사할 수 있는 때'라 함은 권리행사에 법률상의 장애사유가 없는 경우를 가리킨다(대법원 1998. 7. 10. 선고 98다7001 판결).

17) 대법원 2005. 5. 13. 선고 2004다71881 판결.

18) 민법 제174조(최고와 시효중단) 최고는 6월 내에 재판상의 청구, 파산절차참가, 화해를 위한 소환, 임의출석, 압류 또는 가압류, 가처분을 하지 아니하면 시효중단의 효력이 없다.

대법원 2011. 10. 13. 선고 2011다36091 판결

　　채무자의 소멸시효에 기한 항변권 행사도 우리 민법의 대원칙인 신의성실 원칙과 권리남용금지 원칙의 지배를 받는 것이어서, 채무자가 시효완성 전에 채권자의 권리행사나 시효중단을 불가능 또는 현저히 곤란하게 하였거나, 그러한 조치가 불필요하다고 믿게 하는 행동을 하였거나, 객관적으로 채권자가 권리를 행사할 수 없는 장애사유가 있었거나, 또는 일단 시효완성 후에 채무자가 시효를 원용하지 아니할 것 같은 태도를 보여 권리자로 하여금 그와 같이 신뢰하게 하였거나, 채권자 보호의 필요성이 크고, 같은 조건의 다른 채권자가 채무의 변제를 수령하는 등의 사정이 있어 채무이행의 거절을 인정함이 현저히 부당하거나 불공평하게 되는 등의 특별한 사정이 있는 경우에는 채무자가 소멸시효 완성을 주장하는 것이 신의성실 원칙에 반하여 권리남용으로서 허용될 수 없다.[19]

VI. 손해배상의 청구절차

　　국가나 지방자치단체에 대한 배상신청사건을 심의하기 위하여 법무부에 본부심의회를 둔다. 다만, 군인이나 군무원이 타인에게 입힌 손해에 대한 배상신청사건을 심의하기 위하여 국방부에 특별심의회를 둔다(제10조제1항). 본부심의회와 특별심의회는 대통령령으로 정하는 바에 따라 지구심의회를 둔다(제2항).

　　종래 국가배상법은 배상심의회의 배상결정을 거친 이후에 국가배상청구소송을 제기하는 이른바 결정전치주의를 취하였으나, 법개정으로 배상결정은 임의적 전치제도로 변경되었으므로 피해자는 법원에 바로 국가배상청구소송을 제기할 수 있다. 국가배상법을 공법으로 보는 통설적 견해에 따를 경우 행정법원이 제1심 법원이 되고, 그 형식 또한 행정소송법상 당사자소송이 되어야 할 것이다. 그러나 현재까지 실무에서는 지방법원에서 민사소송절차에 따라 재판이 진행되고 있다.

---

　　19) 신병훈련을 마치고 부대에 배치된 군인이 선임병들에게서 온갖 구타와 가혹행위 및 끊임없는 욕설과 폭언에 시달리다가 전입한 지 채 열흘도 지나지 않은 1991. 2. 3. 부대 철조망 인근 소나무에 목을 매어 자살을 하였는데, 유족들이 망인이 사망한 날로부터 5년의 소멸시효 기간이 훨씬 경과한 2009. 12. 10.에야 국가를 상대로 손해배상을 구하는 소를 제기하자 국가가 소멸시효 완성을 항변한 사안에서, 국가의 소멸시효 완성 항변은 신의성실의 원칙에 반하는 권리남용으로서 허용될 수 없다고 한 사례.

Ⅶ. 손해배상청구의 제한

국가배상법 제2조(배상책임) ① … 다만, 군인·군무원·경찰공무원 또는 예비군대원이 전투·훈련 등 직무 집행과 관련하여 전사·순직하거나 공상을 입은 경우에 본인이나 그 유족이 다른 법령에 따라 재해보상금·유족연금·상이연금 등의 보상을 지급받을 수 있을 때에는 이 법 및 「민법」에 따른 손해배상을 청구할 수 없다.

1. 이중배상금지

(1) 의 의

헌법 제29조 제2항과 이에 근거한 국가배상법 제2조 제1항 단서는 군인 등의 국가배상청구를 제한하는 특례를 규정하고 있다. 이는 1967년 국가배상법에 처음 도입되었는데, 이에 대해 대법원이 평등원칙에 위반된다는 이유로 1971년 위헌판결을 내리자 이후 1972년 유신 헌법에서 이를 헌법에 명시적으로 규정함으로써 위헌 논쟁을 원천적으로 차단하였다.

(2) 요 건

국가배상법 제2조 제1항 단서(이중배상금지)가 적용되기 위해서는 ① 피해자가 군인·군무원·경찰공무원·예비군대원일 것,[20] ② 전투·훈련 등 직무집행[21]과 관련하여 전사·순직하거나 공상을 입은 경우일 것, ③ 본인이나 그 유족이 다른 법령에 따라 재해보상금·유족연금·상이연금 등의 보상을 지급받을 수 있을 것이 요구된다. 국가유공자 등 예우 및 지원에 관한 법률 및 군인연금법은 여기서 말하는 다른 법령에 해당한다.[22] 따라서 다른 법령에 보상제도가 규정되어 있고, 그 법령에 규정된 상이등급 또는 장애등급 등의 요건에 해당되어 그 권리가 발생한 이상, 실제로 그 권리를 행사하였는지 또는 그 권리를 행사하고 있는지 여부에 관계없이 국가배상법 제2조 제1항 단서가 적용된다고 보아야 하고, 그 각 법률에 의한

---

20) 헌법은 "군인·군무원·경찰공무원 기타 법률이 정하는 자"라고 규정하고 있으나, 이를 구체화한 국가배상법에서는 '예비군대원'을 추가하고 있다. 판례에 따르면, 전투경찰순경은 군인이 아니라 경찰공무원에 해당하지만(대법원 1995. 3. 24. 선고 94다25414 판결), 현역병으로 입영하여 경비교도로 전임 임용된 자(대법원 1998. 2. 10. 선고 97다45914 판결)와 공익근무요원(대법원 1997. 3. 28. 선고 97다4036 판결)은 군인에 해당하지 않는다.

21) 여기에는 전투·훈련 또는 이에 준하는 직무집행뿐만 아니라 '일반 직무집행'도 포함된다는 것이 대법원의 태도이다(대법원 2011. 3. 10. 선고 2010다85942 판결).

22) 대법원 1993. 5. 14. 선고 92다33145 판결.

보상금청구권이 시효로 소멸되었다고 하여 적용되지 않는다고 할 수는 없다.[23]

2. 공동불법행위와 구상권

(1) 문제의 소재

민간인과 직무집행 중인 군인(A)의 공동불법행위로 인하여 직무집행 중인 다른 군인(B)이 손해를 입은 경우, 민법의 일반원칙에 따르면, 민간인과 가해 군인(A)은 공동불법행위자로서 피해 군인(B)에 대하여 부진정연대채무를 부담하게 되므로 (민법 제760 조 제1항) 피해 군인(B)은 민간인에게 손해 전부에 대한 배상을 청구할 수 있으나, 국가에 대해서는 국가배상법 제2조 제1항 단서에 따라 배상청구가 제한된다. 만일 민간인이 피해 군인(B)에게 손해 전부를 배상하였다면 공동불법행위자인 군인(A)의 귀책부분에 대해 국가에게 구상권을 행사할 수 있는지가 문제된다.

(2) 헌법재판소

헌법재판소는 국가배상법 제2조 제1항 단서의 해석과 관련하여, 일반 국민이 직무집행 중인 군인(A)과의 공동불법행위로 직무집행 중인 다른 군인(B)에게 공상을 입혀 그 피해자에게 공동의 불법행위로 인한 손해를 배상한 다음 공동불법행위자인 군인의 부담부분에 관하여 국가에 대하여 구상권을 행사하는 것을 허용하지 아니한다고 해석하는 한, 헌법에 위반된다고 하여 한정위헌결정을 하였다.[24]

(3) 대법원

대법원은 이 경우 부진정연대채무가 인정되는 공동불법행위의 일반적인 경우와는 달리, 민간인은 피해 군인(B)에 대하여 그 손해 중 국가가 민간인에 대한 구상의무를 부담한다면 그 내부적인 관계에서 부담하여야 할 부분을 제외한 나머지 자신의 부담부분에 한하여 손해배상의무를 부담하고, 한편 국가에 대하여는 그 귀책부분의 구상을 청구할 수 없다고 판시하였다.[25]

---

23) 대법원 2002. 5. 10. 선고 2000다39735 판결.
24) 헌법재판소 1994. 12. 29.자 93헌바21 결정.
25) 대법원 2001. 2. 15. 선고 96다42420 전원합의체 판결.

제 3 절 공무원의 자동차 운행으로 인한 손해배상

국가배상법 제2조(배상책임) ① 국가나 지방자치단체는 … 「자동차손해배상 보장법」에 따라 손해배상의 책임이 있을 때에는 이 법에 따라 그 손해를 배상하여야 한다.

국가배상법 제2조 제1항 본문 후단은 국가나 지방자치단체에게 자동차손해배상 보장법에 따라 손해배상의 책임이 있을 때에도 국가배상법에 따라 그 손해를 배상하도록 규정하고 있다. 따라서 이 경우에도 이중배상금지의 원칙이 적용되고, 배상심의회에 배상신청을 할 수도 있다. 자동차손해배상 보장법상 배상책임의 요건으로는 ① 자기를 위하여 자동차를 운행할 것(운행자성: 운행지배와 운행이익이 있을 것), ② 그 운행으로 다른 사람을 사망하게 하거나 부상하게 할 것, ③ 제3조 각 호에서 규정하는 면책사유가 없을 것이 요구된다.[26]

I. 공무원이 관용차를 운행한 경우

공무원이 직무를 집행하기 위하여 국가나 지방자치단체의 관용차를 운전하다가 인적 손해가 발생한 경우, 국가나 지방자치단체는 자기를 위하여 자동차를 운행하는 자에 해당하므로 운행지배와 운행이익이 인정되어 자동차손해배상 보장법 제3조에 따른 배상책임이 성립한다.[27] 따라서 이 경우 국가배상법이 정하는 범위와 절차에 따라 배상책임을 진다. 이때 공무원은 고의 또는 중대한 과실이 있는 경우에 한하여 민법 제750조에 따라 피해자에 대하여 직접 손해배상책임을 진다.

II. 공무원이 개인 자동차를 운행한 경우

공무원이 개인 소유의 자동차를 운행하던 중 인적 사고가 발생한 경우, 공무원

---

26) 자동차손해배상 보장법 제3조(자동차손해배상책임) 자기를 위하여 자동차를 운행하는 자는 그 운행으로 다른 사람을 사망하게 하거나 부상하게 한 경우에는 그 손해를 배상할 책임을 진다. 다만, 다음 각 호의 어느 하나에 해당하면 그러하지 아니하다.
 1. 승객이 아닌 자가 사망하거나 부상한 경우에 자기와 운전자가 자동차의 운행에 주의를 게을리 하지 아니하였고, 피해자 또는 자기 및 운전자 외의 제3자에게 고의 또는 과실이 있으며, 자동차의 구조상의 결함이나 기능상의 장해가 없었다는 것을 증명한 경우
 2. 승객이 고의나 자살행위로 사망하거나 부상한 경우
 27) 대법원 1994. 12. 27. 선고 94다31860 판결.

개인에게 운행자성이 인정되어 자동자손해배상 보장법상 배상책임을 지게 된다. 이 때 주의할 점은 사고가 공무원의 고의 또는 중과실에 것인지, 아니면 경과실에 의한 것인지 여부를 불문한다는 것이다(직무수행 중이라면, 국 가배상책임 인정 가능).

제 4 절   영조물의 설치·관리상의 하자로 인한 손해배상

> **[사례 14]**
> A시의 산악도로는 평소에도 낙석 위험이 많고 사고가 자주 발생하는 곳이다. 이에 도로주변에 '낙석주의'라는 경고판을 세우고 철조망을 설치하였으나 관리를 제대로 하지 않아 허술한 상태였다. 그러던 중 해빙기가 되자 낙석이 철조망을 뚫고 도로 위로 굴러 떨어져 이곳을 운행 중이던 B가 낙석에 부딪혀 중상을 입었다. B의 권리구제방안은? (제43회 사법시험)

I. 개 설

국가배상법 제5조 제1항은 "도로·하천, 그 밖의 공공의 영조물의 설치나 관리에 하자가 있기 때문에 타인에게 손해를 발생하게 하였을 때에는 국가나 지방자치단체는 그 손해를 배상하여야 한다."라고 규정함으로써 영조물의 하자로 인한 국가 등의 배상책임을 인정하고 있다. 영조물의 하자로 인한 배상책임은 헌법에 직접 규정된 바 없으나, 헌법 제29조 제1항의 취지를 고려하여 입법된 것으로 보인다.

II. 국가배상법 제5조의 성격(무과실책임의 여부)

국가배상법 제5조는 단순히 "공공의 영조물의 설치나 관리에 하자가 있기 때문에"라고 하여 고의나 과실에 의하여 발생한 손해는 물론이고, 고의나 과실이 없는 손해에 대하여도 설치나 관리에 하자가 있으면 책임을 져야 하므로 무과실책임주의를 규정하고 있다. 따라서 국가배상법 제5조의 하자란 과실과 무과실을 모두 포함하는 개념이다.

Ⅲ. 배상책임의 요건

1. 공공의 영조물

공공의 영조물이란 행정주체에 의하여 직접 공공의 목적에 제공되는 유체물, 즉 강학상 공물(公物)을 의미한다. 따라서 인공공물뿐만 아니라 하천 등과 같은 자연공물도 이에 포함된다. 또한, 개개의 물건(真物心)뿐만 아니라 물건의 집합체인 공공시설도 포함된다. 그러나 국가나 지방자치단체의 소유에 속하는 유체물이라도 공물이 아닌 일반재산은 제외되며, 이로 인한 손해에 대해서는 민법 제758조(공작물등의 점유자,)가 적용된다.[28]

2. 설치나 관리에 하자

(1) 하자의 의미

설치란 영조물의 설계 및 건조를, 관리란 영조물의 유지·수선·보관을 의미하는 것으로 해석된다. 한편, 국가배상법 제5조는 배상책임의 요건을 "영조물의 설치나 관리에 하자가 있기 때문에 타인에게 손해를 발생하게 하였을 때"라고만 규정하고 있는 까닭에, 이른바 '하자', 즉 '흠'의 개념 속에 설치·관리자의 주관적 과실이 포함되는 것인가 아니면 객관적 흠만 존재하면 되는 것인가라는 해석의 문제가 발생한다.

이에 대해 학설은 ① 하자의 의미를 물적 상태에 결함이 있어서 통상 갖추어야 할 안전성을 결여하고 있는 것으로 보는 견해(객관설), ② 하자의 의미를 객관설에서처럼 객관적·물적 결함상태만으로 이해하는 것이 아니라, 관리자의 주관적 귀책사유[29]로 인한 물적 결함의 발생으로 보아 배상책임을 지워야 한다는 견해(주관설), ③ 하자의 의미를 객관적인 물적 결함이 있는 경우는 물론 공물 관리자의 안전관리의무 위반이 있는 경우까지도 포함하는 것으로 봄으로써, 객관설보다 배상책임의 인정범위를 확대하려는 견해(절충설),[30] ④ 영조물의 관리주체로서 국가 및 공공단

---

28) 대법원은 도로, 하천, 광장, 맨홀, 신호등, 공중전화부스, 공중화장실, 가로수, 전신주 등을 영조물로 인정하였다. 그러나 공물로서의 성립요건을 결한 상태에 있는 시설물은 일반재산에 불과하다(대법원 1981. 7. 7. 선고 80다2478 판결).

29) 여기서 주관적 귀책사유란 영조물의 관리자가 그 설치·관리에 있어 안전확보의무 내지 사고방지의무를 위반하였다는 것을 말한다.

30) 이는 영조물 자체에는 결함이 없으나 그 관리행위에 잘못이 있어 그 영조물상에서 사고가 발생

체 등 행정주체가 지는 책임은 위법·무과실책임이라는 견해(위법·무과실책임설)[31]
로 대립하고 있다.

객관설이 지금까지의 통설 및 다수 판례의 태도였으나, 최근에는 주관설(의무위
반설)에 입각한 듯한 판례들이 주류를 이루고 있다. 가령, 도로에 떨어져 있던 타이
어에 걸려 주행 중인 차량이 전복된 사고[32]와 도로에 방치된 쇠파이프를 주행 중인
차량이 쳐서 반대편 차로에서 마주 오던 차량의 운전자가 사망한 사고[33]에서 법원
은 도로의 안전상 결함이 객관적으로 보아 시간적·장소적으로 피고의 관리행위가
미칠 수 없는 상황 아래에 있는 경우에는 관리상의 하자를 인정할 수 없다고 판시하
였다.

(2) 자연공물(하천)에 대한 하자의 판단

자연공물, 특히 하천의 경우 위험을 내포한 상태에서 자연적으로 존재하는 것이
고, 정확한 강수량의 예측이 어려울 뿐만 아니라 그 관리상 안전성을 확보하는데
막대한 예산을 필요로 한다. 이러한 특수성을 반영하여 대법원은 하천의 관리상 하
자를 판단함에 있어 그 기준을 인공공물보다 훨씬 완화하고 있다.[34]

대법원 2003. 10. 23. 선고 2001다48057 판결

100년 발생빈도의 강우량을 기준으로 책정된 계획홍수위를 초과하여 600년 또는

한 경우, 객관설에 입각하여서는 본조에 의한 배상책임을 묻기가 곤란하다는 약점을 보완하려는 시도
이다. 대법원 1995. 2. 24. 선고 94다57671 판결(차량진입으로 인한 인신사고 당시에는 차도와의 경계
선 일부에만 이동식쇠기둥이 설치되어 있고 나머지 부분에는 별다른 차단시설물이 없었으며 경비원도
없었던 것은, 평소 시민의 휴식공간으로 이용되는 여의도광장이 통상 요구되는 안전성을 결여하고 있
었다 할 것이고, 만약 사고 후에 설치된 차단시설물이 이미 설치되어 있었고 경비원이 배치되어 있었
더라면 가해자가 승용차를 운전하여 광장 내로 진입하는 것을 막을 수 있었거나, 설사 차량진입을 완
전히 막지는 못하더라도 최소한 진입시에 차단시설물을 충격하면서 발생하는 소리나 경비원의 경고를
듣고 많은 사람들이 대피할 수 있었다고 보이므로, 차량진입으로 인한 사고와 여의도광장의 관리상의
하자 사이에는 상당인과관계가 있다고 한 사례).

31) 예컨대, 도로의 하자로 인하여 손해가 발생한 경우에 국가가 배상책임을 지는 것은 국가가 교통
안전의무를 위반하였기 때문이며, 국가의 교통안전의무는 공무원의 주관적인 과실과는 아무런 관계가
없는 국가의 법적 의무라는 것이다. 김남진/김연태(724면).

32) 대법원 1992. 9. 14. 선고 92다3243 판결.

33) 대법원 1997. 4. 22. 선고 97다3194 판결.

34) 대법원 2007. 9. 21. 선고 2005다65678 판결(하천관리의 하자 유무는, 과거에 발생한 수해의 규
모·발생의 빈도·발생원인·피해의 성질·강우상황·유역의 지형 기타 자연적 조건, 토지의 이용상
황 기타 사회적 조건, 개수를 요하는 긴급성의 유무 및 그 정도 등 제반 사정을 종합적으로 고려하고,
하천관리에 있어서의 위와 같은 재정적·시간적·기술적 제약하에서 같은 종류, 같은 규모 하천에 대
한 하천관리의 일반수준 및 사회통념에 비추어 시인될 수 있는 안전성을 구비하고 있다고 인정할 수
있는지 여부를 기준으로 하여 판단해야 한다).

1,000년 발생빈도의 강우량에 의한 하천의 범람은 예측가능성 및 회피가능성이 없는 불가항력적인 재해로서 그 영조물의 관리청에게 책임을 물을 수 없다고 본 사례.

(3) 기능적 하자의 문제

종래 대법원은 영조물의 설치·관리의 하자란 영조물이 통상 갖추어야 할 안전성을 결여한 상태를 의미한다고 보고, 이는 당해 영조물을 구성하는 물적 시설 그 자체에 있는 물리적·외형적 흠결이나 불비로 인하여 그 이용자에게 위해를 끼칠 위험성이 있는 경우로 한정하여 이해하였다. 그러나 최근 일련의 판례들에서는 이른바 '기능적 하자'의 관념에 입각하여 안전성의 범위를 물적 하자에 국한하지 않고, (영조물 자체에는 물적 하자가 없는 경우라도) 영조물이 공공의 목적에 이용됨에 있어 그 이용상태 및 정도가 일정한 한도를 초과하여 제3자에게 사회통념상 참을 수 없는 피해를 입히는 경우까지 넓히는 한편, 무과실 위험책임을 도입하는 등 획기적인 발전을 이룩하였다.

대법원 2004. 3. 12. 선고 2002다14242 판결

[1] 국가배상법 제5조 제1항에 정하여진 '영조물의 설치 또는 관리의 하자'라 함은 공공의 목적에 공여된 영조물이 그 용도에 따라 갖추어야 할 안전성을 갖추지 못한 상태에 있음을 말하고, 여기서 안전성을 갖추지 못한 상태, 즉 타인에게 위해를 끼칠 위험성이 있는 상태라 함은 당해 영조물을 구성하는 물적 시설 그 자체에 있는 물리적·외형적 흠결이나 불비로 인하여 그 이용자에게 위해를 끼칠 위험성이 있는 경우뿐만 아니라 그 영조물이 공공의 목적에 이용됨에 있어 그 이용상태 및 정도가 일정한 한도를 초과하여 제3자에게 사회통념상 참을 수 없는 피해를 입히는 경우까지 포함된다고 보아야 할 것이고, 사회통념상 참을 수 있는 피해인지의 여부는 그 영조물의 공공성, 피해의 내용과 정도, 이를 방지하기 위하여 노력한 정도 등을 종합적으로 고려하여 판단하여야 한다.

[2] 매향리 사격장에서 발생하는 소음 등으로 지역 주민들이 입은 피해는 사회통념상 참을 수 있는 정도를 넘는 것으로서 사격장의 설치 또는 관리에 하자가 있었다고 본 사례.

[3] 소음 등을 포함한 공해 등의 위험지역으로 이주하여 들어가서 거주하는 경우와 같이 위험의 존재를 인식하면서 그로 인한 피해를 용인하며 접근한 것으로 볼 수 있는 경우에 그 피해가 직접 생명이나 신체에 관련된 것이 아니라 정신적 고통이나 생활방해의 정도에 그치고, 그 침해행위에 상당한 고도의 공공성이 인정되는 때에는 위험에 접근한 후 실제로 입은 피해 정도가 위험에 접근할 당시에 인식하고 있었던 위험의 정도를 초과하는 것이거나 위험에 접근한 후에 그 위험이 특별히 중대하였다는 등의 특별한

사정이 없는 한 가해자의 면책을 인정하여야 하는 경우도 있을 수 있을 것이나, 일반인
이 공해 등의 위험지역으로 이주하여 거주하는 경우라고 하더라도 위험에 접근할 당시
에 그러한 위험이 문제가 되고 있지 아니하였고, 그러한 위험이 존재하는 사실을 정확
하게 알 수 없었으며, 그 밖에 위험에 접근하게 된 경위와 동기 등의 여러 가지 사정을
종합하여 그와 같은 위험의 존재를 인식하면서 굳이 위험으로 인한 피해를 용인하였다
고 볼 수 없는 경우에는 그 책임이 감면되지 아니한다고 봄이 상당하다.

3. 손해의 발생

영조물의 설치 또는 관리상 하자로 인하여 손해가 발생하여야 하며, 하자와 손
해 사이에는 상당인과관계가 인정되어야 한다.

Ⅳ. 효 과

1. 배상책임자

(1) 배상주체

배상책임자는 영조물의 설치 또는 관리의 주체인 국가 또는 지방자치단체이다
(사무귀속주체). 국가나 지방자치단체가 아닌 공법인은 국가배상법 제5조에 의한 배
상책임을 지지 않고 민법 제758조에 의한 책임을 지게 되는 모순점이 있다. 국가
또는 지방자치단체가 국가배상법 제5조 제1항에 따라 손해를 배상할 경우에 손해
의 원인에 대하여 책임을 질 자가 따로 있으면 국가나 지방자치단체는 그 자에게
구상할 수 있다(제5조제2항). 부실공사를 한 건설회사나 고의 또는 과실로 흠을 방치한 관
계 공무원 등에 대한 구상권의 행사가 이에 해당한다.

(2) 비용부담자의 책임

영조물의 설치·관리자와 비용부담자가 다른 경우에는 비용부담자도 배상책임
을 진다(제6조제1항). 이때 비용부담자는 독립적인 배상주체이며, 영조물의 설치·관리자와
는 민법상 부진정연대채무의 관계에 놓인다. 비용부담자의 의미에 대하여는 전술한
바와 같다.

(3) 종국적 배상책임자

영조물의 설치·관리를 맡은 자와 영조물의 설치·관리 비용을 부담하는 자가 다른 경우에 손해를 배상한 자는 내부관계에서 그 손해를 배상할 책임이 있는 자에게 구상할 수 있다. 이때 종국적인 배상책임자가 누구인가에 대한 논의는 전술한 바와 같다. 다만, 사무귀속자와 비용부담자로서의 지위가 두 행정주체 모두에게 중첩된 경우 기여도설을 취한 것으로 보이는 판례도 존재한다.

대법원 1998. 7. 10. 선고 96다42819 판결

[1] 도로법상 일반국도의 관리청은 원칙적으로 건설교통부장관으로 되어 있고($\frac{제22조}{제1항}$), 광역시 관할구역 안에 있는 일반국도의 경우에는 그 관리청이 광역시장으로 되어 있으며($\frac{제22조}{제2항}$),35) 도로의 신설, 개축 및 수선에 관한 공사와 그 유지는 법률에 특별한 규정이 없는 한 당해 도로의 관리청이 이를 행하도록 되어 있고($\frac{제24}{조}$), 도로에 관한 비용도 법률에 특별한 규정이 없는 한 관리청이 속하는 지방자치단체가 부담하는 것으로 되어 있으나($\frac{제56}{조}$), 다만 상급관청은 특히 필요하다고 인정할 때에 대통령령이 정하는 바에 의하여 관계 행정청이 관리하는 도로공사를 대행할 수 있는데, 이 경우 위 공사의 대행에 의하여 도로관리청이 변경되는 것이 아니고 상급관청이 관리청의 권한 중의 일부를 대행하는 것에 불과하다.

[2] 원래 광역시가 점유·관리하던 일반국도 중 일부 구간의 포장공사를 건설교통부 국토관리청이 시행하고 이를 준공한 후 광역시에 이관하려 하였으나 서류의 미비 기타의 사유로 이관이 이루어지지 않고 있던 중 도로의 관리상의 하자로 인한 교통사고가 발생하였다면 광역시와 국가가 함께 그 도로의 점유자 및 관리자로서 손해배상책임을 부담한다.

[3] 원래 광역시가 점유·관리하던 일반국도 중 일부 구간의 포장공사를 국가가 대행하여 광역시에 도로의 관리를 이관하기 전에 교통사고가 발생한 경우, 광역시는 그 도로의 점유자 및 관리자, 도로법 제56조, 제55조, 도로법시행령 제30조에 의한 도로관리비용 등의 부담자로서의 책임이 있고, 국가는 그 도로의 점유자 및 관리자, 관리사무귀속자, 포장공사비용 부담자로서의 책임이 있다고 할 것이며, 이와 같이 광역시와 국가 모두가 도로의 점유자 및 관리자, 비용부담자로서의 책임을 중첩적으로 지는 경우에는, 광역시와 국가 모두가 국가배상법 제6조 제2항 소정의 궁극적으로 손해를 배상할 책임이 있는 자라고 할 것이고, 결국 광역시와 국가의 내부적인 부담 부분은, 그 도로

---

35) 대법원은 일반국도에 대한 광역시장의 유지·관리사무의 법적 성격을 기관위임사무로 본다. 대법원 1993. 1. 26. 선고 92다2684 판결(도로법 제22조 제2항에 의하여 지방자치단체의 장인 시장이 국도의 관리청이 되었다 하더라도 이는 시장이 국가로부터 관리업무를 위임받아 국가행정기관의 지위에서 집행하는 것이므로 국가는 도로관리상 하자로 인한 손해배상책임을 면할 수 없다).

의 인계·인수 경위, 사고의 발생 경위, 광역시와 국가의 그 도로에 관한 분담비용 등
제반 사정을 종합하여 결정함이 상당하다.

2. 배상책임의 내용

국가배상법 제3조(배상기준)와 제3조의2(공제액)는 공무원의 직무행위로 인한 손
해배상의 기준에 관하여 규정하고 있으며, 이는 영조물의 설치나 관리의 하자로 인
한 손해배상의 경우에도 준용된다(제5조 제1항 후문).

3. 국가배상법 제2조와 제5조의 경합

국가배상법 제2조와 제5조의 책임이 중복하여 발생한 경우 피해자는 어느 규정
에 의해서도 배상을 청구할 수 있다. 즉, 제5조의 책임의 범위는 제2조에 의한 책임
의 범위보다 넓으므로 제2조의 요건을 충족하는 범위 내에서는 제2조에 의한 책임
과 제5조에 의한 책임이 경합하므로 선택적으로 청구할 수 있다.

제 2 장   행정상 손실보상

제 1 절   행정상 손실보상

[사례 15]
행정청은 자연공원법의 규정에 의하여 국립공원 내 A의 사유지에 대하여 사용 및 수익을 제한하면서, 자연공원법에는 보상에 관한 규정이 없다는 이유로 이에 대한 보상을 하지 않았다. A는 국립공원 내 사유지의 보상을 구할 수 있는가? (제40회 행정고시)

I. 의 의

　행정상 손실보상이란 일반적으로 공공의 필요에 따른 적법한 공권력의 행사로 말미암아 사인(私人)에게 가하여지는 특별한 희생에 대하여 사유재산권의 보장과 전체적인 평등부담의 견지에서 행정주체가 행하는 조절적인 재산적 보상을 말하며, 행정상 손실보상은 공공의 필요에 의해 처음부터 국민의 사유재산권에 대한 부득이한 침해가 법률상 수권된 것으로서, 공행정작용 과정상 위법행위로 인한 행정상 손해배상과 구별된다고 설명하여 왔다.

　또한, 행정상 손실보상은 공권력의 행사로 인한 것이므로 그 보상은 공법적 성질을 가진다는 점에서 사법(私法)상 계약과 구별되며, 특정 개인이 입은 재산상 특별한 희생을 국민 전체의 공적 부담으로 조절해주는 보상이므로, 국민 모두가 부담하는 조세와 같은 일반적 부담이나 재산권 자체에 내재하는 사회적 제한에 대해서는 손실보상의 문제가 발생하지 않는다는 것이 행정상 손실보상에 관한 우리 학계의 일반적 설명이었다.[1] 이처럼 전통적으로 손해배상과 손실보상을 엄격히 구분하여야 한다는 견해의 논거를 살펴보면, ① 침해행위의 적법·위법을 엄격히 구분하여야 법치국가의 원리에 부합하는 것이며, ② 국가의 무과실책임은 국가배상법으로 수용하고, 손실보상제도는 국가의 적법행위에 국한시켜야 한다는 것이다.

---

1) 김남진/김연태(739면); 김동희/최계영(584면); 석종현/송동수(564면); 홍정선(858면) 등.

대법원 2013. 6. 14. 선고 2010다9658 판결

손실보상은 공공사업의 시행과 같이 적법한 공권력의 행사로 가하여진 재산상의 특별한 희생에 대하여 전체적인 공평부담의 견지에서 인정되는 것이므로, 공공사업의 시행으로 손해를 입었다고 주장하는 자가 보상을 받을 권리를 가졌는지의 여부는 해당 공공사업의 시행 당시를 기준으로 판단하여야 한다.

Ⅱ. 근 거

1. 이론적 근거

손실보상의 이론적 근거에 관하여는 종래 기득권설,[2] 은혜설[3] 등이 논의되었으나, 오늘날에는 특별희생설이 통설적 견해로 소개되고 있다. 특별희생설이란 공익을 위하여 개인에게 부과된 특별한 희생은 이를 국민 전체의 부담으로 하여 보상하는 것이 정의와 공평에 합치된다는 견해이다.

2. 헌법 제23조 제3항의 효력

(1) 학설의 대립

헌법 제23조 제3항은 "공공필요에 의한 재산권의 수용·사용 또는 제한 및 그에 대한 보상은 법률로써 하되, 정당한 보상을 지급하여야 한다."고 규정함으로써 손실보상의 헌법적 근거를 제시하고 있다. 그런데, 만약 법률에 공공필요에 따른 재산권의 침해에 관한 규정은 있으나 보상에 대한 명시적 규정이 없는 경우, 보상청구가 가능할 것인가라는 문제가 발생한다.

이에 대해 학설은 ① 헌법 제23조 제3항은 입법자에 대한 방침을 정한 것에 불과하므로 보상에 관한 구체적 내용이 법률로써 정해져 있지 않으면 손실보상청구권이 성립하지 않는다는 견해(방침규정설), ② 재산권을 침해당한 국민은 헌법 제23조

---

2) 자연권으로서의 기득권은 불가침이라는 사상을 배경으로 재산권 역시 기득권에 포함되는바, 국가의 긴급사유에 의해 기득권을 침해할 경우에는 반드시 보상을 조건으로 허용된다는 견해이다. 그러나 오늘날 기득권 불가침의 원칙 자체가 지지를 받지 못하는 까닭에 이 견해는 타당성을 인정받지 못하고 있다.

3) 극단적인 공익 우선 및 국가권력 절대주의를 사상의 기조로 하여, 공익을 위하여 법률에 의한 국민의 재산권 침해를 당연시하였고, 따라서 이에 대한 보상은 국가가 배려하는 은혜에 불과하다는 견해이다.

제3항을 직접 근거로 손실보상청구권을 행사할 수 있다는 견해(직접효력설), ③ 보상금 지급규정이 없는 법률은 위헌으로서 무효가 되며, 무효인 법률에 근거한 재산권 침해는 법적 근거가 없는 위법한 작용이므로 행정소송 또는 국가배상의 법리에 따라 해결할 수 있다는 견해(위헌무효설),[4] ④ 법률에 보상금 지급규정이 없는 경우에는 헌법 제23조 제1항(재산권 보장)과 제11조(평등의 원칙)를 이념으로, 헌법 제23조 제3항과 관계 법규정을 유추해석(적용)하여 보상하여야 한다는 견해(유추적용설),[5] ⑤ 법률이 공공의 필요에 의한 재산권 침해를 규정하면서 보상규정을 두지 않는 경우, 재산권 침해를 규정한 당해 법률규정이 위헌으로 되는 것은 아니지만 보상규정을 두지 않은 입법부작위가 위헌이라는 견해(보상입법부작위위헌설)로 대립하고 있다.

(2) 판례의 태도

대법원은 ① 개별 법령상 관련 규정을 유추하여 보상을 인정한 예가 있으며, ② 손실보상의무가 있는 사업시행자가 이를 이행하지 않고 공유수면매립공사를 한 경우 불법행위책임을 인정한 예도 있다(대법원 1999. 11. 23. 선고 98다11529 판결).

대법원 1987. 7. 21. 선고 84누126 판결

하천법(1971. 1. 19. 법률 제2292호로 개정된 것) 제2조 제1항 제2호, 제3조에 의하면 제외지는 하천구역에 속하는 토지로서 법률의 규정에 의하여 당연히 그 소유권이 국가에 귀속된다고 할 것인바 한편 동법에서는 위 법의 시행으로 인하여 국유화가 된 제외지의 소유자에 대하여 그 손실을 보상한다는 직접적인 보상규정을 둔 바가 없으나 동법 제74조의 손실보상요건에 관한 규정은 보상사유를 제한적으로 열거한 것이라기보다는 예시적으로 열거하고 있으므로 국유로 된 제외지의 소유자에 대하여는 위 법조를 유추적용하여 관리청은 그 손실을 보상하여야 한다.

헌법재판소는 ① 수용에 대하여 보상에 관한 법률을 제정하여야 하는 입법자의 헌법상 명시된 입법의무가 발생하였으나 입법자가 장기간 아무런 입법조치를 취하지 않고 있는 것은 위헌이라고 보았다(헌법재판소 1994. 12. 29.자 89헌마2 결정). 한편, ② '도시계획법 제21조에 대한 위헌소원 사건'에서 공용제한(개발제한구역 지정)으로 특별한 희생이 발생함에도 법률이 보상규정을 두지 않는 것은 위헌이지만, 당해 법률을 위헌·무효로 하는

---

4) 위헌무효설은 헌법 제23조 제3항을 불가분조항(결부조항, 부대조항)으로 보는 것을 전제로 한다. 박균성(1030면).
5) 이는 독일의 판례에 의해서 형성된 이른바 '수용유사침해이론'과 맥을 같이 한다.

대신 헌법불합치결정을 하면서 입법자에게 보상입법을 마련할 의무를 부과하고, 토지소유자는 보상입법을 기다려 그에 따른 권리행사를 할 수 있을 뿐이라고 하였다.

헌법재판소 1998. 12. 24.자 89헌마214 등 결정

도시계획법 제21조에 규정된 개발제한구역제도 그 자체는 원칙적으로 합헌적인 규정인데, 다만 개발제한구역의 지정으로 말미암아 일부 토지소유자에게 사회적 제약의 범위를 넘는 가혹한 부담이 발생하는 예외적인 경우에 대하여 보상규정을 두지 않은 것에 위헌성이 있는 것이고, 보상의 구체적 기준과 방법은 헌법재판소가 결정할 성질의 것이 아니라 광범위한 입법형성권을 가진 입법자가 입법정책적으로 정할 사항이므로, 입법자가 보상입법을 마련함으로써 위헌적인 상태를 제거할 때까지 위 조항을 형식적으로 존속케 하기 위하여 헌법불합치결정을 하는 것인바, 입법자는 되도록 빠른 시일 내에 보상입법을 하여 위헌적 상태를 제거할 의무가 있고, 행정청은 보상입법이 마련되기 전에는 새로 개발제한구역을 지정하여서는 아니 되며, 토지소유자는 보상입법을 기다려 그에 따른 권리행사를 할 수 있을 뿐 개발제한구역의 지정이나 그에 따른 토지재산권의 제한 그 자체의 효력을 다투거나 위 조항에 위반하여 행한 자신들의 행위의 정당성을 주장할 수는 없다.

3. 경계이론과 분리이론

헌법 제23조
① 모든 국민의 재산권은 보장된다. 그 내용과 한계는 법률로 정한다.
② 재산권의 행사는 공공복리에 적합하도록 하여야 한다.
③ 공공필요에 의한 재산권의 수용·사용 또는 제한 및 그에 대한 보상은 법률로써 하되, 정당한 보상을 지급하여야 한다.

(1) 논의의 배경

보상에 관한 규정이 없는 수용법률에 의하여 국민의 재산권이 침해된 경우에 법원이 판결로서 직접 보상을 해줄 수 있는 것인가? 독일에서는 후술하는 수용유사침해이론 등을 적용하여 보상이 가능하다고 보는 것이 독일 연방대법원([BGH]) 판례의 태도이다. 이러한 독일 판례의 태도, 즉 수용유사침해이론 등이 과연 타당한 것인가라는 의문을 일부 학자들이 제기하였고, 이러한 문제의식 중의 하나로 독일 연방헌법재판소의 판례를 통해 이른바 '분리이론'이 등장하게 되었다.

(2) 이론적 논의

재산권에 대한 사회적 제약과 수용의 구별은 특별한 희생이 있었는가의 여부에 따라 결정된다는 지금까지의 일반적 견해를 '경계이론'$^{(\text{Schwellen}}_{\text{Theorie}})$이라 하고, 이에 반하여 재산권의 사회적 제약은 재산권의 '내용규정'이며, 재산권의 박탈을 의미하는 '수용규정'과는 서로 다른 법체계라고 이해하는 입장을 '분리이론'$^{(\text{Trennung}}_{\text{Theorie}})$이라 하는 것이다.

다시 말해서 '경계이론'이란 헌법 제23조 제1항, 제2항과 제3항을 하나의 카테고리로 이해하고, 다만 재산권의 침해정도에 따라 사회적 제약과 '수용 등'[6]이 구별될 뿐이라는 것이다. 결국 양자는 하나의 연속선상에 있는 것으로서, 침해의 정도가 수인한도를 넘어 가혹한 부담이 발생하는 경우에는 일반적 사회적 제약을 넘는 '수용 등'에 해당하고, 보상규정의 흠결에도 불구하고 직접 보상이 있어야 한다는 것이다.

반면에 '분리이론'은 헌법 제23조 제1항과 제2항은 재산권의 내용을 확정하여 사회적 제약을 규정한 일반·추상적인 '내용규정'으로서, 재산권의 내용을 정하는 법률이 법의 일반원칙$^{(\text{비례원}}_{\text{칙 등}})$을 위반한 경우에는 위헌법률이 되고 이러한 위헌성을 제거하기 위해서는 보상규정[7]을 마련해야 함에 반하여, 헌법 제23조 제3항은 재산권의 박탈에 대한 개별·구체적인 '수용규정'으로서, 수용에 관한 법률이 수용의 요건$^{(\text{공공필요, 보상규정}}_{\text{의 존재 여부 등}})$을 충족하지 못하는 경우에는 위헌법률이 된다는 것이다. 즉, 재산권의 내용규정과 수용규정은 입법의 형식과 그 목적에 따라 구분된다고 본다. 분리이론에 따를 경우, 보상규정이 없는 수용법률에 의해 재산권을 침해당한 경우에는 취소소송 등을 제기한 후 위헌법률심판제청신청을 통하여 위헌결정을 유도하고 입법적 해결이 선행된 다음에야 비로소 보상이 가능하게 되는데, 이는 이른바 '존속보장적 사고'를 배경으로 하고 있는 것이다. 소위 '분리이론'을 적용하였다고 주장하는 대표적인 판례는 다음과 같다.[8]

---

6) 헌법 제23조 제3항의 문언상 재산권의 '수용'뿐만 아니라 '사용' 또는 '제한'이 포함된다.
7) 금전보상뿐만 아니라 매수청구권 등과 같은 기타 간접적 보상규정이라도 무관하다.
8) 이러한 분리이론에 대해서는 여러 가지 비판이 있는바, 이를 정리하면 다음과 같다. ① 분리이론은 위헌성 판단의 이론이지 수용보상의 문제가 아니다. ② 사회적 제약과 공용침해가 과연 일반·추상 및 개별·구체의 기준으로 명확히 구분될 수 있는지 의심스럽다. ③ 내용규정과 수용규정이 입법자의 결정에 따라 형식적으로 결정된다고 하나, 복잡한 정책환경의 변화를 고려할 때 재산권 제한이 '수용적 효과'를 초래할지의 여부를 입법단계에서 예견하기가 어렵다. ④ 독일 기본법은 제14조 제3항에서 수용만을 규정하고 있음에 반하여, 우리 헌법은 제23조 제3항에서 수용·사용·제한에 대한 정당한 보상을 규정하고 있는바, 독일에서와 같이 모든 '제한'을 재산권의 내용규정으로 보고, 이는 보상이 필요한 수용과 완전히 분리된다는 이론이 적용되기가 어렵다. 김철용, "개발제한구역의 지정과 손실보상", 한국행정판례연구회 제150차 발표회의 자료집, 7-8면.

헌법재판소 1998. 12. 24.자 89헌마214 등 결정

입법자가 도시계획법 제21조를 통하여 국민의 재산권을 비례의 원칙에 부합하게 합헌적으로 제한하기 위해서는, 수인의 한계를 넘어 가혹한 부담이 발생하는 예외적인 경우에는 이를 완화하는 보상규정을 두어야 한다. 이러한 보상규정은 입법자가 헌법 제23조 제1항 및 제2항에 의하여 재산권의 내용을 구체적으로 형성하고 공공의 이익을 위하여 재산권을 제한하는 과정에서 이를 합헌적으로 규율하기 위하여 두어야 하는 규정이다. 재산권의 침해와 공익간의 비례성을 다시 회복하기 위한 방법은 헌법상 반드시 금전보상만을 해야 하는 것은 아니다. 입법자는 지정의 해제 또는 토지매수청구권제도와 같이 금전보상에 갈음하거나 기타 손실을 완화할 수 있는 제도를 보완하는 등 여러 가지 다른 방법을 사용할 수 있다.

Ⅲ. 요 건

손실보상은 ① 공공필요에 따라 ② 타인의 재산권에 대한 ③ 적법한 공권적 침해로 인하여 ④ 개인의 특별한 희생의 발생을 성립요건으로 한다.

1. 공공필요

공공필요란 도로·항만건설 등과 같은 특정한 공익사업뿐만 아니라 공공복리 또는 공공목적을 위한 경우를 모두 포함하는 개념이다. 헌법 제23조 제3항은 재산권 수용의 주체를 국가·지방자치단체·공공단체에 한정하지 않고 있으므로 민간기업도 수용의 주체가 될 수 있다.[9]

2. 재산권

손실보상의 요건으로서 재산권이란 법에 의해 보호되고 있는 일체의 재산적 가치 있는 권리를 말하며, 물권·채권·무체재산권과 같은 사법상 권리뿐만 아니라 공법상 권리도 포함된다. 그러나 여기서 재산적 가치의 의미는 현존하는 구체적 재산가치만을 의미하는 것으로, 기대이익과 같은 장래의 가치는 제외된다. 특히 판례는 자연 문화적인 학술가치(철새 도래지)는 특별한 사정이 없는 한, 손실보상의 대상이 되지 않는다는 입장이다.[10]

---

9) 헌법재판소 2009. 9. 24.자 2007헌바114 결정.
10) 대법원 1989. 9. 12. 선고 88누11216 판결.

3. 적법한 공권적 침해

(1) 공권적 침해

공권적 침해란 공행정작용에 의한 강제적 침해를 의미한다. 헌법 제23조 제3항은 손실보상의 대상이 되는 공권적 침해의 전형적 유형으로 수용·사용·제한을 규정하고 있다. 여기서 ① '수용'이란 재산권의 박탈을, ② '사용'이란 재산권의 박탈에 이르지 아니하는 일시적 사용을, ③ '제한'이란 재산권자의 사용·수익에 대한 제한을 말한다.

(2) 침해의 적법성

손실보상이 인정되기 위해서는 공권적 침해가 법률에 근거하여 적법하게 이루어져야 한다. 나아가 개인의 재산권에 대한 공권적 침해는 공권력 주체에 의하여 의욕되고 지향되었거나 적어도 상대방의 재산상 손실에 대한 직접적인 원인이 되어야 한다.[11]

4. 특별한 희생

공용침해가 성립하기 위해서는 재산권에 대한 특별한 희생으로서의 손해가 발생하여야 한다. 그러나 재산권에 대하여 가해진 침해가 통상적인 '재산권의 사회적 제약'에 불과한 것인지, 아니면 이를 넘어서는 '특별한 손해'에 해당하는 것인지가 반드시 명확한 것만은 아니다. 재산권에 대한 침해가 전자에 해당할 경우에는 보상의 문제가 발생하지 않으므로 이는 매우 중요한 문제이다. 양자의 구별에 관한 학설상 논란은 재산권의 사회적 제약과 공용침해의 구별기준에 대하여 '경계이론'을 취할 때 문제된다.[12] 이는 특히 재산권에 대한 '제한'과 관련하여 의미가 있다.[13]

이에 대한 학설로는 ① 형식적 표준설, ② 실질적 표준설, ③ 사회적(상황적) 구속설이 있다.

이 중에서 ① 형식적 표준설은 피해자의 인적 범위를 기준으로 피해자가 대다수

---

11) 이를 '침해의 직접성'이라고 하며, 엄격한 의미의 공용침해와 수용적 침해를 구분하는데 중요한 의미를 가진다고 한다. 김남진/김연태(749면).

12) 상게서(755면).

13) 재산권의 수용과 사용의 경우 일반적으로 특별한 희생에 해당한다고 보기 때문에 법률에서 대부분 보상규정을 두고 있으나, 제한의 경우 사회적 제약의 범위 내인지 특별한 희생에 해당하는지 여부가 불명확한 경우가 많기 때문이다.

272 제 5 편 행정상 손해전보

의 일반 국민인지, 아니면 특정인 또는 특정 범위의 소수인지에 따라 사회적 제약과 특별한 희생을 구별하는 입장이다.

② 실질적 표준설은 침해의 성질에 중점을 두어 사회적 제약과 특별한 희생의 기준을 찾으려는 견해로, 여기에는 '수인한도설'(재산권 침해의 정도가 상대방의 수인한도를 넘는 경우를 특별한 희생으로 보는 견해), '사적 효용설'(당해 재산권 본래의 개인적 효용이 본질적으로 침해당한 경우를 특별한 희생으로 이해하는 견해), '목적위배설'(재산권의 본래 목적과 기능을 침해당한 경우를 특별한 희생으로 보는 견해), '보호가치설'(보호가치가 있는 재산권에 대한 침해만을 특별한 희생으로 보는 견해), '중대설'(재산권 침해의 중대성과 침해가 미치는 범위에 비추어 사인이 수인할 수 없는 침해에 대해서만 공용침해가 성립한다는 견해)이 대립한다.

한편, ③ 사회적 구속설은 재산권의 사회적 제약에 초점을 맞추어 이를 넘어서는 제약만을 공용침해로 보아 보상을 해주어야 한다는 견해이다. 다시 말해서, 당해 토지가 놓여있는 위치나 상황에 따라 사회적 구속에 차이가 있는 것이므로 보상 여부를 결정할 때 이러한 구체적 상황을 고려하여야 한다는 것이다. 예컨대, 도시근교 녹지의 개발을 제한하는 것은 당해 토지가 놓여 있는 위치나 상황에 비추어 볼 때 사회적 구속성이 강한 것으로서 특별한 희생이 아니다.

Ⅳ. 내 용

1. 손실보상의 기준

손실보상의 기준에 대해서는 ① 침해로 인하여 피침해재산의 경제적 가치에 증감이 없도록 완전히 보상하여야 한다는 견해(완전보상설), ② 재산권의 사회적 구속성과 침해행위의 공공성에 비추어 재산권 침해에 대한 적정한 보상이 있으면 족하다는 견해(상당보상설), ③ 구체적 사정에 따라 정당한 보상은 완전보상일 수도, 또는 상당보상일 수도 있다는 견해(절충설)가 있다.

우리 헌법 제23조 제3항은 "…그에 대한 보상은 법률로써 하되, 정당한 보상을 지급하여야 한다."고 규정하고 있으며, 이에 대해 통설과 판례는 정당한 보상이란 '완전보상'을 의미한다고 본다.[14] 그러나 헌법재판소는 "개발이익은 그 성질상 완전보상의 범위에 포함되는 피수용자의 손실이라고는 볼 수 없으므로, 개발이익을 배제하고 손실보상액을 산정한다 하여 헌법이 규정한 정당보상의 원리에 어긋나는 것이라고는 판단되지 않는다."고 하여 개발이익을 정당한 이익에서 배제하고 있다.[15]

---

14) 대법원 2001. 9. 25. 선고 2000두2426 판결; 헌법재판소 2001. 4. 26.자 2000헌바31 결정.
15) 헌법재판소 1990. 6. 25.자 89헌마107 결정.

2. 구체적인 보상기준(재산권 보상)

구체적인 보상기준에 관한 일반법은 존재하지 않는다. 이하에서는 「공익사업을 위한 토지 등의 취득 및 보상에 관한 법률」(이하 '토지보상법'이라고 함)의 내용을 중심으로 살펴본다.

(1) 보상액 산정의 기준

보상액의 산정은 협의에 의한 경우에는 협의 성립 당시의 가격을, 재결에 의한 경우에는 수용 또는 사용의 재결 당시의 가격을 기준으로 한다(제67조 제1항). 이를 '시가보상의 원칙'이라고 한다. 한편, 같은 조 제2항에서는 "보상액을 산정할 경우에 해당 공익사업으로 인하여 토지등의 가격이 변동되었을 때에는 이를 고려하지 아니한다."고 함으로써 개발이익의 배제를 명시적으로 규정하고 있다.

(2) 토지에 대한 보상

1) 취득하는 토지의 보상

협의나 재결에 의하여 취득하는 토지에 대하여는 부동산 가격공시에 관한 법률에 따른 공시지가를 기준으로 하여 보상하되, 그 공시기준일부터 가격시점까지의 관계 법령에 따른 그 토지의 이용계획, 해당 공익사업으로 인한 지가의 영향을 받지 아니하는 지역의 대통령령으로 정하는 지가변동률, 생산자물가상승률과 그 밖에 그 토지의 위치·형상·환경·이용상황 등을 고려하여 평가한 적정가격으로 보상하여야 한다(제70조 제1항).

헌법재판소 2007. 11. 29.자 2006헌바79 결정

토지수용으로 인한 손실보상액의 산정을 공시지가를 기준으로 하되 그 공시기준일부터 가격시점까지의 시점보정을 지가상승률 등에 의하여 행하도록 규정한 것은 공시지가가 공시기준일 당시의 표준지의 객관적 가치를 정당하게 반영하는 것이고, 표준지와 지가산정 대상토지 사이에 가격의 유사성을 인정할 수 있도록 표준지의 선정이 적정하며, 공시기준일 이후 수용 시까지의 시가변동을 산출하는 시점보정의 방법이 적정한 것으로 보이므로, 청구인의 재산권을 침해하였다고 볼 수 없다.

또한 당해 토지의 협의 성립 또는 재결 당시 공시된 공시지가 중 당해 사업인정고시일에 가장 가까운 시점에 공시된 공시지가로 하도록 규정한 것은 시점보정의 기준이 되는 공시지가에 개발이익이 포함되는 것을 방지하기 위한 것으로서 개발이익이 배제된 손실보상액을 산정하는 적정한 수단에 해당되므로 헌법 제23조 제3항에 위반된다고 볼 수 없다.

2) 사용하는 토지의 보상

협의 또는 재결에 의하여 사용하는 토지에 대하여는 그 토지와 인근 유사토지의 지료, 임대료, 사용방법, 사용기간 및 그 토지의 가격 등을 고려하여 평가한 적정가격으로 보상하여야 한다(제71조 제1항).

(3) 부대적 손실에 대한 보상

토지보상법은 토지수용으로 인해 발생한 부대적 손실인 ① 건축물등 물건에 대한 보상(이전비 보상),[16] ② 영업의 손실 등에 대한 보상,[17] ③ 잔여지[18] 및 잔여 건축물[19]의 손실에 대한 보상 등을 규정하고 있다.

동일한 소유자에게 속하는 일단의 토지의 일부가 협의에 의하여 매수되거나 수용됨으로 인하여 잔여지를 종래의 목적에 사용하는 것이 현저히 곤란할 때에는 해당 토지소유자는 사업시행자에게 잔여지를 매수하여 줄 것을 청구할 수 있으며, 사업인정 이후에는 관할 토지수용위원회에 수용을 청구할 수 있다. 이 경우 수용의 청구는 매수에 관한 협의가 성립되지 아니한 경우에만 할 수 있으며, 사업완료일까지 하여야 한다(제74조 제1항). 이는 잔여 건축물에서도 동일하다(제75조의2 제2항).

---

16) 건축물·입목·공작물과 그 밖에 토지에 정착한 물건(이하 "건축물등"이라 한다)에 대하여는 이전에 필요한 비용(이하 "이전비"라 한다)으로 보상하여야 한다. 다만, ① 건축물등을 이전하기 어렵거나 그 이전으로 인하여 건축물등을 종래의 목적대로 사용할 수 없게 된 경우, ② 건축물등의 이전비가 그 물건의 가격을 넘는 경우, ③ 사업시행자가 공익사업에 직접 사용할 목적으로 취득하는 경우에는 해당 물건의 가격으로 보상하여야 한다(제75조 제1항).

17) 영업을 폐업하거나 휴업함에 따른 영업손실에 대하여는 영업이익과 시설의 이전비용 등을 고려하여 보상하여야 한다(제77조 제1항). 이때 손실보상의 대상이 되는 영업으로 인정되기 위해서는 ① 사업인정고시일등 전부터 적법한 장소에서 계속적으로 행하는 영업이어야 하고, ② 영업을 행함에 있어 관계 법령에 의한 허가등을 필요로 하는 경우에는 사업인정고시일등 전에 허가등을 받아 그 내용대로 행하는 영업이어야 한다(토지보상법 시행규칙 제45조).

18) 사업시행자는 동일한 소유자에게 속하는 일단의 토지의 일부가 취득되거나 사용됨으로 인하여 잔여지의 가격이 감소하거나 그 밖의 손실이 있을 때 또는 잔여지에 통로·도랑·담장 등의 신설이나 그 밖의 공사가 필요할 때에는 국토교통부령으로 정하는 바에 따라 그 손실이나 공사의 비용을 보상하여야 한다. 다만, 잔여지의 가격 감소분과 잔여지에 대한 공사의 비용을 합한 금액이 잔여지의 가격보다 큰 경우에는 사업시행자는 그 잔여지를 매수할 수 있다(제73조 제1항).

19) 사업시행자는 동일한 소유자에게 속하는 일단의 건축물의 일부가 취득되거나 사용됨으로 인하여 잔여 건축물의 가격이 감소하거나 그 밖의 손실이 있을 때에는 국토교통부령으로 정하는 바에 따라 그 손실을 보상하여야 한다(제75조의2 제1항 본문).

3. 손실보상의 새로운 내용(생활보상)

(1) 의 의

생활보상이란 재산권의 대물적 보상만으로 해결되지 않는 피수용자의 손실에 대하여 행하여지는 생존배려 측면에서의 보상을 말한다. 예컨대, 비록 단칸방 허름한 집이지만 행복하게 살고 있던 가족이 당해 가옥을 수용당하여 대물적 보상을 받았지만 그 보상액으로는 전세도 구할 수 없다면, 이 가족의 행복했던 삶은 어떻게 보상해야 하는가하는 문제가 발생할 수 있다. 이러한 문제에 대한 접근을 포괄적으로 생활보상이라 한다. 즉, 생활보상은 침해가 없었던 것과 같은 생활상태를 실현하는 데 그 목적이 있다.

(2) 근 거

생활보상의 헌법적 근거로 일설은 헌법 제23조 제3항과 제34조 제1항의 인간다운 생활을 할 권리를 들고 있으나(헌법 제23조·; 제34조 결합설),[20] 생활보상은 사회국가의 원리에 기초하고 있으므로 재산권 보장에 대한 근거인 헌법 제23조 제3항은 배제하는 것이 타당하다. 따라서 생활보상에 대한 헌법적 근거는 헌법 제34조 제1항과 제2항이 된다고 봄이 타당하다.[21]

(3) 구체적 내용

생활보상에는 ① 현재 당해 지역에서 누리고 있는 생활이익의 상실, 즉 재산권 보상으로 메워지지 아니하는 손실에 대한 대인주의적 보상인 '협의의 생활보상'과 ② 사업시행자가 피수용자에게 직접 지급하는 보상금이 아니라 피수용자의 생활재건을 위해 가장 유용하게 보상금이 사용될 수 있도록 유도하는 '생활재건조치'가 있다.

협의의 생활보상의 예로는, ① 이주정착금(제78조 제1항), ② 주거이전비(제78조 제6항, 토지보상법 시행규칙 제54조), ③ 가재도구 등 동산이전비(제78조 제6항, 토지보상법 시행규칙 제55조), ④ 이농비·이어비(제78조 제7항, 토지보상법 시행규칙 제56조), ⑤ 주거용 건물의 최저보상액(토지보상법 시행규칙 제58조 제1항) 등이 있다.

생활재건조치에 관한 현행법상의 예로, ① 이주희망자가 10호가 넘는 경우에 새로운 정착지를 조성해 주는 이주대책의 수립·실시(제78조 제1항), ② 주택도시기금의 지원(제3항), ③ 직업훈련의 실시(댐건설 및 주변지역지원 등에 관한 법률 제40조 제3항), ④ 고용(산업입지 및 개발에 관한 법률 제36조 제2항) 등이 있다.

---

20) 홍정선(884면).
21) 헌법재판소 2006. 2. 23.자 2004헌마19 결정.

4. 사업손실보상(간접보상)

(1) 의 의

사업손실보상이란 공공사업의 시행 또는 완공으로 인하여 당해 '사업구역 밖'의 토지소유자 또는 영업자 등에 미치는 손실에 대한 간접보상을 말한다. 사업손실보상의 대상이 되는 손실로는 ① 공사 소음, 진동, 교통불편, 일조량 감소, 전파방해 등과 같은 물리적·기술적 손실과, ② 지역주민의 다수 이주 또는 어획량의 감소로 인한 지역경제의 침체 등과 같은 사회적·경제적 손실이 있을 수 있다.

(2) 성 질

학설은 간접보상을 생활보상의 한 내용으로 보는 견해, 손실보상의 하나로 보는 견해, 손실보상 및 생활보상과 구별되는 '확장된 보상 개념'으로 보는 견해로 대립된다.

(3) 근 거

토지보상법 제79조 제2항은 "공익사업이 시행되는 지역 밖에 있는 토지등이 공익사업의 시행으로 인하여 본래의 기능을 다할 수 없게 되는 경우에는 국토교통부령으로 정하는 바에 따라 그 손실을 보상하여야 한다."고 규정하여 간접보상의 근거를 마련하고 있다. 이에 따라 토지보상법 시행규칙 제59조 내지 제65조는 간접보상의 대상이 되는 손실의 유형을 규정하고 있다.

이외에도 토지보상법 제79조 제1항은 "사업시행자는 공익사업의 시행으로 인하여 취득하거나 사용하는 토지(잔여지를 포함한다) 외의 토지에 통로·도랑·담장 등의 신설이나 그 밖의 공사가 필요할 때에는 그 비용의 전부 또는 일부를 보상하여야 한다. 다만, 그 토지에 대한 공사의 비용이 그 토지의 가격보다 큰 경우에는 사업시행자는 그 토지를 매수할 수 있다."고 하여 공사비용에 대해 규정하고 있다.

(4) 유 형

현행법상의 예로는, ① 공익사업시행지구 밖의 대지·건축물·분묘 또는 농지가 공익사업의 시행으로 인하여 산지나 하천 등에 둘러싸여 교통이 두절되거나 경작이 불가능하게 된 경우, ② 공익사업의 시행으로 인하여 1개 마을의 주거용 건축물이 대부분 공익사업시행지구에 편입됨으로써 잔여 주거용 건축물 거주자의 생활환경이 현저히 불편하게 되어 이주가 부득이한 경우, ③ 공익사업시행지구 밖에서 영업손실의 보상대상이 되는 영업을 하고 있는 자가 공익사업의 시행으로 인하여 배후지의 3분의 2 이상이 상실되어 그 장소에서 영업을 계속할 수 없는 경우 또는 진출입로의 단절, 그 밖의 부득이한 사유로 인하여 일정한 기간 동안 휴업하는 것이 불가피한 경우 등을 들 수 있다.

(5) 권리구제

간접손실의 보상은 관계 법률에 따라 사업이 완료된 날 또는 사업완료의 고시가 있는 날부터 1년이 지난 후에는 청구할 수 없다(제79조 제5항 제73조 제2항).

간접손실보상과 환경정책기본법 제44조 제1항(환경오염의 피해에 대한 무과실책임)에 따른 손해배상은 근거 규정과 요건·효과를 달리하는 것으로서, 각 요건이 충족되면 성립하는 별개의 청구권이다.[22]

토지보상법 제79조 제1항 및 제2항에 따른 비용 또는 손실이나 토지의 취득에 대한 보상은 사업시행자와 손실을 입은 자가 협의하여 결정하며(제80조 제1항), 협의가 성립되지 아니하였을 때에는 사업시행자나 손실을 입은 자는 대통령령으로 정하는 바에 따라 관할 토지수용위원회에 재결을 신청할 수 있다(제2항).

V. 방 법

1. 보상의 방법

손실보상은 다른 법률에 특별한 규정이 있는 경우를 제외하고는 현금으로 지급하여야 한다(토지보상법 제63조 제1항 본문, 현금보상). 다만 예외적으로 현물보상, 채권보상, 매수보상 등을 하는 경우도 있다. 매수보상이란 물건에 대한 이용제한으로 인하여 종래의 이용목적에 따라 사용하기가 곤란하게 된 경우에 그 물건의 매수청구권을 인정하고 그에 따라 그 물건을 매수함으로써 보상을 행하는 방법을 말한다.

2. 보상의 지급방법

보상의 지급방법은 ① 사전보상·전액보상(토지보상법 제62조)[23], ② 개인별 보상(제64조), ③ 일

---

22) 대법원 2019. 11. 28. 선고 2018두227 판결.

23) 사업시행자는 해당 공익사업을 위한 공사에 착수하기 이전에 토지소유자와 관계인에게 보상액 전액을 지급하여야 한다. 다만, 제38조에 따른 천재지변 시의 토지사용과 제39조에 따른 시급한 토지

괄보상($^{제65}_{조}$)$^{24)}$을 원칙으로 한다.

Ⅵ. 절 차

1. 보상액의 결정절차

(1) 당사자 간의 협의

사업인정이란 공익사업을 토지등을 수용하거나 사용할 사업으로 결정하는 것으로서(^{제7조}), 사업시행자에게 일정한 절차의 이행을 조건으로 하여 특정한 재산권에 대한 수용권을 설정하여 주는 설권행위이다.

토지보상법 제20조에 따른 사업인정을 받은 사업시행자는 토지조서 및 물건조서의 작성, 보상계획의 공고·통지 및 열람, 보상액의 산정과 토지소유자 및 관계인과의 협의 절차를 거쳐야 한다. 이 경우 제14조부터 제16조까지 및 제68조를 준용한다($^{제26조}_{제1항}$).$^{25)}$ 이때 협의의 성질은 사법상 계약이다(판례).

(2) 토지수용위원회의 재결

토지보상법 제26조에 따른 협의가 성립되지 아니하거나 협의를 할 수 없을 때($^{제26조 제2항 단서에 따른 협}_{의 요구가 없을 때를 포함한다}$)에는 사업시행자는 사업인정고시가 된 날부터 1년 이내에 대통령령으로 정하는 바에 따라 관할 토지수용위원회에 재결을 신청할 수 있다($^{제28조}_{제1항}$). 여기서 재결은 ① 수용재결과 ② 보상재결로 나눌 수 있고, '원처분'에 해당한다.

2. 불복절차

(1) 이의신청(특별행정심판)

중앙토지수용위원회의 제34조에 따른 재결에 이의가 있는 자는 중앙토지수용위원회에 이의를 신청할 수 있다($^{제83조}_{제1항}$). 지방토지수용위원회의 제34조에 따른 재결에 이의가 있는 자는 해당 지방토지수용위원회를 거쳐 중앙토지수용위원회에 이의를

사용의 경우 또는 토지소유자 및 관계인의 승낙이 있는 경우에는 그러하지 아니하다.

24) 사업시행자는 동일한 사업지역에 보상시기를 달리하는 동일인 소유의 토지등이 여러 개 있는 경우 토지소유자나 관계인이 요구할 때에는 한꺼번에 보상금을 지급하도록 하여야 한다.

25) 사업시행자는 사업인정을 받기 전에도 토지등에 대한 보상에 관하여 토지소유자 및 관계인과 협의를 할 수 있으나(제16조), 이는 임의적 절차에 불과하다.

신청할 수 있다($^{제2}_{항}$). 이의의 신청은 재결서의 정본을 받은 날부터 30일 이내에 하여야 한다($^{제3}_{항}$). 이때 이의신청은 특별행정심판의 성질을 가지며, 임의적 전치주의에 불과하다.

(2) 행정소송

사업시행자, 토지소유자 또는 관계인은 제34조에 따른 재결에 불복할 때에는 재결서를 받은 날부터 90일 이내에, 이의신청을 거쳤을 때에는 이의신청에 대한 재결서를 받은 날부터 60일 이내에 각각 행정소송을 제기할 수 있다. 이 경우 사업시행자는 행정소송을 제기하기 전에 제84조에 따라 늘어난 보상금을 공탁하여야 하며, 보상금을 받을 자는 공탁된 보상금을 소송이 종결될 때까지 수령할 수 없다($^{제85조}_{제1항}$).

이때 행정소송의 형식은 ① 재결의 취소를 구하는 것이거나 ② 보상금의 증액 또는 감액을 구하는 것이다. 이 중에서 이의신청을 거쳐 재결의 취소를 구하는 행정소송을 제기하는 경우, 그 대상이 이의재결인지 아니면 제34조에 따른 수용재결(원처분)인지가 문제된다. 통설과 판례는 현행 토지보상법이 이의신청에 관하여 임의적 전치주의를 채택하고 있으므로, 행정소송법상 원처분주의에 따라 수용재결을 한 중앙토지수용위원회 또는 지방토지수용위원회를 피고로 하여 수용재결의 취소를 구하여야 하고, 이의재결 자체에 고유한 위법이 있는 경우에는 이의재결을 한 중앙토지수용위원회를 피고로 하여 이의재결의 취소를 구할 수 있다고 한다.[26]

토지보상법 제85조 제1항에 따라 제기하려는 행정소송이 보상금의 증감에 관한 소송인 경우 그 소송을 제기하는 자가 토지소유자 또는 관계인일 때에는 사업시행자를, 사업시행자일 때에는 토지소유자 또는 관계인을 각각 피고로 한다($^{제85조}_{제2항}$). 이러한 보상금증감청구소송의 성질은 '형식적 당사자소송'에 해당한다.

제 2 절   행정상 손실보상의 흠결과 그 보완

일반적으로 행정상 손실보상을 적법한 공권력의 행사로 인한 재산권의 침해에 대하여 행하여지는 재산적 보상이라고 설명하는 까닭에 ① 비재산적 침해, ② 위법·무과실로 인하여 발생한 침해 등에 대하여는 손실보상의 법리로는 보상이 불

---

26) 대법원 2010. 1. 28. 선고 2008두1504 판결.

가능하다는 결론이 도출된다.

따라서 이러한 손실보상의 흠결(공백)을 메우기 위한 이론들이라고 알려진 독일의 판례이론을 소개하고자 한다.

Ⅰ. 수용유사침해

재산권의 침해행위가 위법한 것이기는 하나 만약 적법했더라면 그 내용 및 효과에 있어 수용에 해당했을 것이고, 그것이 사실상 관계인에게 특별한 희생을 부과한 것일 때에는 이러한 침해행위의 위법성에도 불구하고 이를 수용행위로 파악하여야 한다는 이론으로서, 이 이론은 적법한 침해행위가 보상된다면 위법한 침해로 인한 손해는 당연히 구제되어야 한다는 논리에서 출발하였다.[27] 그러나 1981년 독일 연방헌법재판소의 자갈채취결정[28]이 있은 후, 수용유사침해법리의 존속 여부에 대하여 학계와 판례가 많은 논쟁을 하였으나, 이 결정에도 불구하고 수용유사침해법리를 인정하는 것이 학계와 판례의 입장이다.

종래에는 기본법 제14조 제3항(수용보상)에서 수용유사침해에 대한 보상의 근거를 유추하였으나, 기본법 제14조 제3항은 적법한 수용의 경우에만 적용된다는 전술한 자갈채취결정으로 오늘날에는 동 규정에서 더 이상 법적 근거를 발견하려 하지 않고, 지금까지 독일에서 관습헌법으로 인정되고 있는 프로이센 일반란트법 제74조와 제75조의 일반희생원칙에서 법적 근거를 찾고 있다.

수용유사침해가 성립하려면 ① 공권력의 행사로 인한 재산권의 침해가 있어야 하고, ② 침해가 공권력의 행사로 직접 야기되어야 하며, 공용침해가 위법하여야 한다.

---

27) 홍준형(774면).

28) [사안의 개요] 원고가 과거부터 자기 소유의 토지에서 채취하여 오던 자갈을 계속하여 채취하고자 주무관청에 허가를 신청하였으나, 행정청은 새로 제정된 법률(Wasserrecht)상 당해 토지가 수원지로부터 가까운 곳에 있는 까닭에 허가를 거부하였고, 이에 원고가 당해 거부처분은 자신의 토지에 대한 사실상 수용에 해당한다고 하여 보상을 청구한 사건에서, 연방헌법재판소는 자갈채취를 위한 허가거부를 수용행위로 보지 않고, 손실보상의무도 인정하지 않았다. 나아가 보상규정이 없는 위헌적 법률에 근거한 위법한 수용에 대해서는 그 취소를 구할 수 있을 뿐이지, 법원이 취소에 갈음하여 보상을 허용함으로써 보상규정의 흠결을 치유할 권한은 없다고 결정하였다.

Ⅱ. 수용적 침해

수용적 침해($\text{enteignender}\atop\text{Eingriff}$)란 그 자체로는 적법한 행정작용의 부수적 결과로서 의도되지 않은, 그리고 비정형적인 재산권의 침해를 말한다. 따라서 본래는 손실보상의 범위에 포함되지 않는다. 예컨대, 적법하게 수행된 도로공사나 지하철공사 등으로 인해 불가피하게 교통이 제한됨으로써 주변 지역에 있는 상점들이 영업손실을 입은 때에 통상의 경우에는 수인되어야 할 사회적 제약이지만, 그 침해가 장기간 지속되는 경우에는 수인의 정도를 넘는 특별한 희생으로 보아 보상하여야 한다는 논리이다.

결국, 수용적 침해는 예측할 수 없는 특별한 희생을 요건으로 한다는 점에서 예측이 가능한 공용수용과 구별되고, 적법한 행정작용에 의한 침해라는 점에서 수용유사침해와 다르다.

Ⅲ. 희생보상청구권

희생보상청구권이란 적법한 행정작용으로 생명·신체·명예·자유 등과 같은 비재산적 가치가 침해당한 경우에 이에 대한 보상을 구하는 청구권을 말한다. 공용수용, 수용유사침해, 수용적 침해 등이 모두 재산적 침해에 대한 보상을 전제로 함에 반하여, 희생보상청구권은 비재산적 가치 역시 재산적 가치 못지않게 중요한 법익이며 따라서 이를 침해당한 경우에는 보상을 하는 것이 기본권 보장, 법치국가원리, 사회국가원리에 부합된다는 사상에서 나온 제도이다. 가령, A가 국가의 전염병 예방접종명령에 따라 국립병원에서 예방접종을 하였는데, 이후 심한 구토와 고열을 반복하며, 심한 후유증에 시달리게 된 경우($\text{예방접종 과정에서 의사와}\atop\text{간호사의 과실은 없었음}$), 국가를 상대로 피해보상을 청구할 수 있는가의 문제이다.

희생보상청구권의 보상내용은 치료비·간호비·일실수입 등과 같이 비재산적 법익의 침해로 인하여 발생한 재산적 손실이다. 따라서 정신적 손해에 대한 보상은 인정되지 않는다.[29]

수용유사침해, 수용적 침해에 대한 법적 근거와 마찬가지로 희생보상청구권 역시 프로이센 일반란트법 제74와 제75조, 즉 '공익을 위해 특별한 희생을 당한 자는 보상을 받아야 한다는 원칙'에서 그 근거를 발견하고 있다. 이외에도 헌법상 법치주

---

29) 김남진/김연태(782면).

의와 평등의 원칙 등이 근거로 언급되기도 한다.[30]

우리나라에서는 소방기본법 제49조의2 제1항 제2호, 감염병의 예방 및 관리에 관한 법률 제71조 제1항, 경찰관 직무집행법 제11조의2 제1항 제1호[31] 등이 희생보상청구권을 인정하고 있는 실정법상의 예라고 소개하고 있다.[32]

Ⅳ. 행정상 결과제거청구권

행정상 결과제거청구권이란, 위법한 행정작용의 결과로 계속 남아있는 위법한 상태로 인해 법률상의 이익을 침해받고 있는 자가 행정청에 대하여 그 위법한 상태를 제거해 줄 것을 청구할 수 있는 권리를 말한다. 행정상의 원상회복 또는 위법한 행정작용으로 인한 방해배제라고도 한다.[33] 예컨대 수용처분의 취소 후에도 당해 토지를 계속해서 공공용지로 사용하고 있는 경우에 당해 토지에 대한 반환을 청구하거나, 징발이 해제된 후에도 목적물을 계속해서 징발사용하는 경우에 그 반환을 청구하는 것이 이에 해당할 것이다.

결과제거청구권이 성립되기 위해서는 ① 위법한 침해상태가 발생하여야 하고, ② 위법한 침해상태가 계속되어야 하고, ③ 행정작용과 침해상태 사이에 인과관계가 존재하여야 한다. 또한, ④ 결과제거의 가능성이 존재하여야 한다. 주의할 것은 '침해행위의 위법성'이 아니라 '침해상태의 위법성'에 중점이 있다는 사실이다. 예컨대, 행정청이 당초 적법하게 압류된 물건을 압류처분이 해제된 이후에도 계속 유치하고 있는 경우 결과제거청구권을 행사할 수 있다면, 이는 압류행위가 위법해서가 아니라 당해 물건의 유치상태가 위법하기 때문이다.

결과제거청구권은 공행정작용으로 인해 야기된 위법한 침해상태의 제거, 즉 원상회복만을 그 내용으로 하며, 이는 공법상 권리이므로 이에 관한 쟁송절차는 행정소송의 일종인 당사자소송에 의하여야 한다.

---

30) 홍준형(790면).

31) 경찰관 직무집행법 제11조의2(손실보상) ① 국가는 경찰관의 적법한 직무집행으로 인하여 다음 각 호의 어느 하나에 해당하는 손실을 입은 자에 대하여 정당한 보상을 하여야 한다.

1. 손실발생의 원인에 대하여 책임이 없는 자가 생명·신체 또는 재산상의 손실을 입은 경우(손실발생의 원인에 대하여 책임이 없는 자가 경찰관의 직무집행에 자발적으로 협조하거나 물건을 제공하여 생명·신체 또는 재산상의 손실을 입은 경우를 포함한다)

32) 김남진/김연태(777면); 홍정선(921면).

33) 정형근(547면).

제**6**편

행정쟁송

　본 편에서는 위법하거나 부당한 행정작용을 시정하기 위한 사후적 구제수단으로 행정심판과 행정소송의 절차에 관하여 학습하기로 한다(이를 합쳐서 '행정쟁송'이라고 함). 이를 통해 궁극적으로 개별 행정작용에 대하여 행정의 상대방이 제기할 수 있는 적절한 행정쟁송의 형태를 판별하는 능력을 기르는 것이 가장 중요한 학습목표이다.

　행정상 법률관계에 관한 분쟁에서 구체적인 쟁송유형을 확정하기 위해서는 먼저 행정작용의 성격을 규명하는 것이 필수적이다. 이러한 점에서 본 편은 제2편(행정의 행위형식)에서 공부한 내용의 연장선이기도 하다.

[민사소송과 공법소송의 체계]

법률관계	소송유형		
공법관계	공권력의 행사·불행사	처분·부작위	항고쟁송
		그 밖의 공권력 행사·불행사	헌법소원
	공법상 법률관계		당사자소송
사법관계	민사소송		

제1장 개 관

Ⅰ. 의 의

행정쟁송이란 행정상 법률관계에 관하여 분쟁이 발생한 경우 당사자의 청구에 의하여 이를 해결하기 위한 국가기관의 심판절차를 말한다. 행정쟁송에는 행정기관에 의해 심리·재결되는 행정심판과 법원에 의해 심리·판결되는 행정소송이 있다.

행정쟁송은 국민이 위법하거나 부당한 행정작용으로부터 권리나 이익을 침해당한 경우 이를 구제하는 기능을 한다. 뿐만 아니라 행정작용의 적법성과 합목적성에 대한 심사를 통하여 행정통제의 역할을 수행한다. 이러한 행정쟁송절차의 보장은 실질적 법치주의 이념에도 부합한다.

Ⅱ. 종 류

행정쟁송은 개인의 권리나 이익의 구제를 직접 목적으로 하는 주관적 쟁송과 법 적용의 적법성 또는 공익의 실현을 직접 목적으로 하는 객관적 쟁송으로 나눌 수 있다.

통설에 따르면, 주관적 쟁송에는 ① 행정의 공권력 행사 또는 불행사를 전제로 하여 그 행위의 위법 또는 부당을 주장하며 그 시정(취소·변경)을 구하는 쟁송을 '항고쟁송'과 ② 당사자 사이에서의 공법상 법률관계의 형성·존부에 관한 다툼에 대하여 그 심판을 구하는 쟁송을 '당사자쟁송'이 있다.

한편, 객관적 쟁송에는 ① 행정법규의 적정한 적용을 확보하기 위하여 국가 또는 공공단체의 기관 상호 간의 분쟁을 해결하기 위한 '기관쟁송'과 ② 행정법규의 위법한 적용을 시정하기 위하여 일반 민중 또는 선거인이 제기하는 '민중쟁송'이 있다.

Ⅲ. 행정심판과 행정소송의 관계

종전에는 행정소송법 제18조에서 행정심판전치주의를 취하여 행정소송을 제기하기 위해서는 원칙적으로 행정심판을 거치도록 규정하고 있었다. 그러나 1994년 위 조항이 개정되어 현재는 원칙적으로 행정심판이 임의적 절차로 운영되고 있다. 다만, 국가공무원법·도로교통법·국세기본법 등에서 예외를 규정하고 있다.

제 2 장 행정심판

제 1 절 개 관

Ⅰ. 의 의

실질적 의미의 행정심판이란 실정법제도와 관계없이 이론적인 면에서 파악한 관념으로, 광의로는 행정상 법률관계에 관하여 분쟁이 발생한 경우 행정기관이 심리·판단하는 쟁송절차를 통칭한다. 이 중에서 헌법 제107조 제3항[1]의 요청에 따라 사법(司法)절차가 준용되는 쟁송절차를 '협의의 행정심판'이라고 한다.[2]

한편, 형식적 의미의 행정심판이란 행정심판을 제도적인 면에서 파악한 것으로서, 행정심판법의 적용을 받는 행정심판을 의미한다. 행정심판법은 협의의 행정심판에 대한 일반법으로 제정된 것이다.

실정법상으로는 행정심판이라는 용어 이외에 이의신청·심사청구·심판청구·재심신청 등의 다양한 용어가 사용되고 있다. 즉, 개별 법률에서 행정심판이라는 표현을 사용하지 않더라도 그 실질이 (협의의) 행정심판에 해당하면 행정심판에 속하게 되며, 이에 관한 특별한 규정이 있으면 그에 따르고, 그 외에는 일반법인 행정심판법이 보충적으로 적용된다(행정심판법 제4조 제2항). 행정심판법에 의한 행정심판을 일반행정심판, 개별 법률에 의한 행정심판을 특별행정심판이라고도 한다.

이하에서는 주로 형식적 의미의 행정심판을 중심으로 살펴보기로 한다.

Ⅱ. 이의신청과의 구별

1. 구별의 필요성

이의신청은 행정청의 위법·부당한 처분으로 인하여 권리·이익을 침해당한 자

---

1) 헌법 제107조 ③ 재판의 전심절차로서 행정심판을 할 수 있다. 행정심판의 절차는 법률로 정하되, 사법절차가 준용되어야 한다.
2) 헌법재판소 2001. 6. 28.자 2000헌바30 결정.

가 처분청 또는 그 상급행정청에게 그 재심사를 청구하는 내부적인 시정절차를 말한다. 실정법상으로는 이의신청·재심사청구·불복신청 등 다양한 용어로 불리고 있다. 개별 법률에서 명칭은 이의신청으로 규정하고 있으나, 실질은 '(특별)행정심판'에 해당하는 경우가 있다는 점을 유의할 필요가 있다. 이처럼 이의신청이 본래적 의미의 이의신청인지 아니면 행정심판에 해당하는지는 ① 처분사유의 추가·변경의 허용기준, ② 이의신청을 거친 후 재차 행정심판을 제기할 수 있는지,3) ③ 행정심판법 규정이 보충적으로 적용될 수 있는지 여부4) 등에서 차이가 있으므로 양자의 구별실익이 존재한다. 이에 대한 구별기준으로는 심판기관, 사법절차의 준용 여부(판단기관의 독립성과 공정성·대심적 심리구조·당사자의 절차적 권리보장), 개별 법률에서 이의신청과 별도로 행정심판을 규정하고 있는지 등을 종합적으로 고려하여야 할 것이다.

2. 이의신청과 행정쟁송의 관계

(1) 행정기본법 제정 전

행정기본법이 제정되기 이전에는 법률에서 개별적으로 규정하고 있는 경우에만 이의신청이 허용되었으며, 이의신청과 행정심판 또는 행정소송과의 관계에 대하여 논란이 있었다. 가령, 처분에 대하여 이의신청을 제기하여 기각결정이 있는 경우, ① 행정쟁송의 대상이 원처분인지 아니면 이의신청 기각결정인지, ② 행정쟁송의 제소기간의 기산점이 원처분이 있음을 안 날인지 아니면 이의신청에 대한 결과를 통보받은 날인지가 문제되었으나, 판례는 원칙적으로 이의신청 기각결정의 처분성을 부인하면서 원처분을 대상으로 원처분이 있음을 안 날부터 제소기간을 기산하였다.5) 그러나 이 경우 이의신청절차가 진행 중에 쟁송제기 기간이 도과되어 당사자는 권리구제의 기회를 상실하게 될 위험이 있었다.

(2) 행정기본법 제정 후

행정기본법 제36조는 처분에 대한 이의신청에 관하여 일반적인 규정을 마련하면서, 제4항에서 '이의신청에 대한 결과를 통지받은 날'부터 90일 이내에 행정심판 또

---

3) 행정심판법 제51조는 행정심판의 재청구를 금지하고 있는데, 만일 개별 법률에서 정한 이의신청이 실질적으로 행정심판에 해당한다면, 이의신청 이후 행정심판법에 따라 새롭게 제기된 행정심판은 부적법하게 된다.

4) 행정심판법 제4조 ② 다른 법률에서 특별행정심판이나 이 법에 따른 행정심판 절차에 대한 특례를 정한 경우에도 그 법률에서 규정하지 아니한 사항에 관하여는 이 법에서 정하는 바에 따른다.

5) 대법원 2012. 11. 15. 선고 2010두8676 판결.

는 행정소송을 제기할 수 있다고 규정함으로써 이 문제를 입법적으로 해결하였다.

3. 행정기본법의 주요 내용

행정기본법상 이의신청은 ① 처분의 당사자만 할 수 있고, ② 그 대상은 행정심판법에 따른 일반행정심판의 대상이 되는 처분이며,[6] ③ 처분을 받은 날부터 30일 이내에 해당 행정청에 제기하여야 한다($_{제1항}^{제36조}$). 또한 이의신청을 한 경우에도 그 이의신청과 관계없이 행정심판법에 따른 행정심판 또는 행정소송법에 따른 행정소송을 제기할 수 있다($_{항}^{제3}$).

행정기본법상 이의신청과 개별 법률에서 규정한 이의신청은 일반법과 특별법의 관계에 있다. 따라서 다른 법률에서 이의신청과 이에 준하는 절차에 대하여 정하고 있는 경우에도 그 법률에서 규정하지 아니한 사항에 관하여는 행정기본법 제36조에서 정하는 바에 따른다($_{항}^{제5}$).

Ⅲ. 기　능

행정심판은 행정소송과 달리 처분의 위법뿐만 아니라 부당에 대해서까지도 심사함으로써 행정에 대한 자율적인 통제기능을 수행한다. 예컨대 재량행위의 경우, 행정소송에서는 권력분립의 관점에서 일부 취소가 허용되지 않지만, 행정심판실무에서는 과징금의 액수 또는 영업정지 기간 등에서 일부 취소가 이루어지고 있다.

또한, 행정심판은 행정소송보다 시간과 비용이 절감되므로 신속한 권리구제가 이루어질 수 있고, 이로 인해 법원의 재판 부담이 경감된다.

Ⅳ. 종　류

1. 일반행정심판

일반행정심판이란 행정심판법에 의한 행정심판을 말한다. 현행 행정심판법에서

---

6) 그러나 ① 공무원 인사 관계 법령에 따른 징계 등 처분에 관한 사항, ② 국가인권위원회법 제30조에 따른 진정에 대한 국가인권위원회의 결정, ③ 노동위원회법 제2조의2에 따라 노동위원회의 의결을 거쳐 행하는 사항, ④ 형사, 행형 및 보안처분 관계 법령에 따라 행하는 사항, ⑤ 외국인의 출입국·난민인정·귀화·국적회복에 관한 사항, ⑥ 과태료 부과 및 징수에 관한 사항에 관하여는 행정기본법 제36조가 적용되지 않는다(제36조 제7항).

는 항고심판에 대해서만 규정하고 있다. 여기에는 ① 행정청의 위법 또는 부당한 처분을 취소하거나 변경하는 취소심판, ② 행정청의 처분의 효력 유무 또는 존재 여부를 확인하는 무효등확인심판, ③ 당사자의 신청에 대한 행정청의 위법 또는 부당한 거부처분이나 부작위에 대하여 일정한 처분을 하도록 하는 의무이행심판이 있다.

2. 특별행정심판

특별행정심판이란 특별법에 의한 행정심판을 말한다. 행정심판법은 행정심판제도의 통일적 운영을 가능하게 하고, 개별법에 의한 특별행정심판의 남설을 방지하기 위한 목적에서 사안의 전문성과 특수성을 살리기 위하여 특히 필요한 경우에 한하여 특별행정심판이나 행정심판법에 따른 행정심판절차에 대한 특례를 허용하고 있다. 현행법상 특별행정심판의 예로는 국가공무원 및 지방공무원법상 소청심사, 국세기본법상 심사청구·심판청구, 공익사업을 위한 토지 등의 취득 및 보상에 관한 법률상 이의신청, 공무원연금법상 심사청구,[7] 특허심판 등이 있다.

제 2 절   행정심판의 청구

행정심판은 청구인적격이 있는 자가 처분청(의무이행심판의 경우에는 청
(구인의 신청을 받은 행정청)을 피청구인으로 하여 처분 또는 부작위의 취소나 변경 등을 구하는 쟁송절차이다. 행정심판은 원칙적으로 심판청구의 기간 내에 심판청구서를 작성하여 피청구인이나 행정심판위원회에 제출하여야 한다.

Ⅰ. 청구인

1. 청구인능력과 청구인적격

행정심판의 청구인이란 처분 또는 부작위에 불복하여 행정심판을 청구하는 자를 말한다. 청구인은 원칙적으로 권리능력이 있는 자연인 또는 법인이어야 하지만, 법인이 아닌 사단 또는 재단으로서 대표자나 관리인이 정하여져 있는 경우에는 그 사

---

7) 대법원 2019. 8. 9. 선고 2019두38656 판결.

단이나 재단의 이름으로 심판청구를 할 수 있다(^{제14조}). 여러 명의 청구인이 공동으로 심판청구를 할 때에는 청구인들 중에서 3명 이하의 선정대표자를 선정할 수 있다(^{제15조}_{제1항}).

행정심판의 청구인이 될 수 있는 자격을 '청구인적격'이라고 하며, 이는 행정소송(항고소송)에서의 원고적격에 대응하는 개념이다. 처분의 상대방에 국한하지 않고 제3자라도 청구인적격을 갖추면 행정심판을 청구할 수 있다. 행정심판법은 청구인적격을 인정하기 위한 요건으로 행정소송법과 동일하게 '법률상 이익이 있는 자'를 규정하고 있다. 즉, 취소심판은 처분의 취소 또는 변경을 구할 법률상 이익이 있는 자가, 무효등확인심판은 처분의 효력 유무 또는 존재 여부의 확인을 구할 법률상 이익이 있는 자가, 의무이행심판은 처분을 신청한 자로서 행정청의 거부처분 또는 부작위에 대하여 일정한 처분을 구할 법률상 이익이 있는 자가 청구할 수 있다(^{제13조 제1항}_{내지 제3항}). 법률상 이익의 의미는 항고소송에서의 논의와 같다.

2. 청구인의 지위승계

청구인이 사망한 경우에는 상속인이나 그 밖에 법령에 따라 심판청구의 대상에 관계되는 권리나 이익을 승계한 자가, 법인인 청구인이 합병에 따라 소멸하였을 때에는 합병 후 존속하는 법인이나 합병에 따라 설립된 법인이 각각 청구인의 지위를 승계한다(^{제16조 제}_{1항, 제2항}).

심판청구의 대상과 관계되는 권리나 이익을 양수한 자는 행정심판위원회의 허가를 받아 청구인의 지위를 승계할 수 있다(^{제5항}).

3. 청구인의 대리인

청구인은 법정대리인 외에 ① 청구인의 배우자, 청구인 또는 배우자의 사촌 이내의 혈족, ② 청구인이 법인이거나 청구인능력이 있는 법인이 아닌 사단 또는 재단인 경우 그 소속 임직원, ③ 변호사, ④ 다른 법률에 따라 심판청구를 대리할 수 있는 자, ⑤ 그 밖에 행정심판위원회의 허가를 받은 자를 대리인으로 선임할 수 있다(^{제18조}_{제1항}).

이외에도 경제적 능력으로 인해 대리인을 선임할 수 없는 경우에는 행정심판위원회에 국선대리인을 선임하여 줄 것을 신청할 수 있다(^{제18조의}_{2 제1항}).

Ⅱ. 피청구인의 적격 및 경정

행정심판은 처분을 한 행정청(^{의무이행심판의 경우에는 청}
구인의 신청을 받은 행정청)을 피청구인으로 하여 청구하여야
한다. 다만, 심판청구의 대상과 관계되는 권한이 다른 행정청에 승계된 경우에는 권
한을 승계한 행정청을 피청구인으로 하여야 한다(제17조
제1항).[8]

청구인이 피청구인을 잘못 지정한 경우에는 행정심판위원회는 직권으로 또는 당
사자의 신청에 의하여 결정으로써 피청구인을 경정할 수 있다(제2
항).

Ⅲ. 행정심판의 대상

행정심판법은 "행정청의 처분 또는 부작위에 대하여는 다른 법률에 특별한 규정
이 있는 경우 외에는 이 법에 따라 행정심판을 청구할 수 있다(제3조
제1항)."고 규정함으로
써 개괄주의를 채택하고 있다. 여기서 '처분'이란 행정청이 행하는 구체적 사실에
관한 법집행으로서의 공권력의 행사 또는 그 거부, 그 밖에 이에 준하는 행정작용
을 말하며(제2조
제1호), '부작위'란 행정청이 당사자의 신청에 대하여 상당한 기간 내에 일
정한 처분을 하여야 할 법률상 의무가 있는데도 처분을 하지 아니하는 것을 말한다
(제2
호). 처분과 부작위의 의미는 항고소송에서의 논의와 동일하다.

그러나 대통령의 처분 또는 부작위에 대하여는 다른 법률에서 행정심판을 청구
할 수 있도록 정한 경우 외에는 행정심판을 청구할 수 없다(제3조
제2항).

Ⅳ. 심판청구의 기간

1. 원 칙

행정심판은 원칙적으로 처분이 있음을 알게 된 날부터 90일, 처분이 있었던 날
부터 180일 이내에 청구하여야 한다(제27조 제1항,
제3항 본문). 여기서 90일은 불변기간으로서(제4
항),
직권조사사항이다. 위 90일과 180일 중에서 어느 하나라도 먼저 도과하면 행정심판
을 청구할 수 없다. ① '처분이 있음을 알게 된 날'이란 당사자가 통지·공고 기타
의 방법에 의하여 당해 처분이 있었다는 사실을 현실적으로 알게 된 날을 의미한

---

8) 행정심판위원회는 행정심판이 청구된 후에 제1항 단서의 사유가 발생하면 직권으로 또는 당사자
의 신청에 의하여 결정으로써 피청구인을 경정한다(제17조 제5항 전문).

다.9) 한편, ② '처분이 있었던 날'이란 당해 처분이 대외적으로 표시되어 효력이 발생한 날을 말한다.10)

행정심판청구의 기간에 관한 행정심판법 규정은 무효등확인심판청구와 부작위에 대한 의무이행심판청구에는 적용하지 아니한다(제7항).

2. 예 외

(1) 90일에 대한 예외

청구인이 천재지변, 전쟁, 사변, 그 밖의 불가항력으로 인하여 처분이 있음을 알게 된 날부터 90일 이내에 심판청구를 할 수 없었을 때에는 그 사유가 소멸한 날부터 14일 이내에 행정심판을 청구할 수 있다. 다만, 국외에서 행정심판을 청구하는 경우에는 그 기간을 30일로 한다(제27조제2항). 이는 불변기간이다(제4항).

(2) 180일에 대한 예외

정당한 사유가 있는 경우에는 처분이 있었던 날부터 180일이 지난 뒤에도 행정심판을 청구할 수 있다(제3항 단서). 이는 제3자효 행정행위에 대해 제3자가 행정심판을 청구하는 경우에 의미가 있다.

(3) 오고지한 경우

행정청이 심판청구 기간을 제1항에 규정된 기간(처분이 있음을 알게 된 날부터 90일 이내)보다 긴 기간으로 잘못 알린 경우 그 잘못 알린 기간에 심판청구가 있으면 그 행정심판은 제1항에 규정된 기간에 청구된 것으로 본다(제5항).

(4) 불고지한 경우

행정청이 심판청구 기간을 알리지 아니한 경우에는 제3항에 규정된 기간(처분이 있었던 날부터 180일 이내)에 심판청구를 할 수 있다(제6항).

---

9) 판례에 따르면, 처분서가 당사자의 주소에 송달되는 등으로 사회통념상 처분이 있음을 당사자가 알 수 있는 상태에 놓여진 때에는 반증이 없는 한 그 처분이 있음을 알았다고 추정한다(대법원 1995. 11. 24. 선고 95누11535 판결).

10) 대법원 1977. 11. 22. 선고 77누195 판결.

V. 방식 및 절차

행정심판청구는 서면으로 하여야 한다(제28조). 처분에 대한 심판청구의 경우에는 심판청구서에 ① 청구인의 이름과 주소 또는 사무소(주소 또는 사무소 외의 장소에서 송달받기를 원하면 송달장소를 추가로 적어야 한다.), ② 피청구인과 행정심판위원회, ③ 심판청구의 대상이 되는 처분의 내용, ④ 처분이 있음을 알게 된 날, ⑤ 심판청구의 취지와 이유, ⑥ 피청구인의 행정심판 고지 유무와 그 내용이 포함되어야 한다(제2항).[11]

행정심판을 청구하려는 자는 심판청구서를 작성하여 피청구인이나 행정심판위원회에 제출하여야 한다. 이 경우 피청구인의 수만큼 심판청구서 부본을 함께 제출하여야 한다(제23조제1항). 행정청이 행정심판법 제58조에 따른 고지를 하지 아니하거나 잘못 고지하여 청구인이 심판청구서를 다른 행정기관에 제출한 경우에는 그 행정기관은 그 심판청구서를 지체 없이 정당한 권한이 있는 피청구인에게 보내야 한다(제2항).[12]

피청구인은 처분의 상대방이 아닌 제3자가 심판청구를 한 경우에는 지체 없이 처분의 상대방에게 그 사실을 알려야 한다. 이 경우 심판청구서 사본을 함께 송달하여야 한다(제24조제4항).

VI. 심판청구의 변경·취하

청구인은 청구의 기초에 변경이 없는 범위에서 청구의 취지나 이유를 변경할 수 있다(제29조제1항). 행정심판이 청구된 후에 피청구인이 새로운 처분을 하거나 심판청구의 대상인 처분을 변경한 경우에는 청구인은 새로운 처분이나 변경된 처분에 맞추어 청구의 취지나 이유를 변경할 수 있다(제2항).

청구인은 심판청구에 대하여 행정심판위원회의 의결이 있을 때까지 서면으로 심판청구를 취하할 수 있다(제42조제1항). 참가인은 심판청구에 대하여 행정심판위원회의 의결이 있을 때까지 서면으로 참가신청을 취하할 수 있다(제2항).

---

11) 그러나 부작위에 대한 심판청구의 경우에는 이 중에서 ①, ②, ⑤의 사항과 그 부작위의 전제가 되는 신청의 내용과 날짜를 적어야 한다(제3항).
12) 이때 심판청구의 기간을 계산할 때에는 당초의 행정기관에 심판청구서가 제출되었을 때에 행정심판이 청구된 것으로 본다(제4항).

Ⅶ. 효 과

행정심판이 청구되면 행정심판위원회는 이를 심리하고, 재결할 의무가 있다. 그러나 심판청구는 처분의 효력이나 그 집행 또는 절차의 속행에 영향을 주지 아니한다(제30조제1항). 이는 입법정책에 속하는 문제로, 행정심판의 남용을 방지하고 행정의 원활한 운영을 확보한다.

1. 집행정지

(1) 의 의

행정심판위원회는 처분, 처분의 집행 또는 절차의 속행 때문에 중대한 손해가 생기는 것을 예방할 필요성이 긴급하다고 인정할 때에는 직권으로 또는 당사자의 신청에 의하여 처분의 효력, 처분의 집행 또는 절차의 속행의 전부 또는 일부의 정지(이하 "집행정지"라 한다)를 결정할 수 있다(제30조 제2항 본문).

(2) 요 건

적극적 요건으로는 ① 집행정지의 대상인 처분의 존재,[13] ② 적법한 심판청구의 계속, ③ 중대한 손해발생을 예방할 필요성, ④ 긴급한 필요가 있다. 다만, 집행정지는 공공복리에 중대한 영향을 미칠 우려가 있을 때에는 허용되지 아니한다(제3항). 이를 집행정지의 소극적 요건이라고 한다.

(3) 절 차

집행정지 신청은 심판청구와 동시에 또는 심판청구에 대한 행정심판위원회나 소위원회의 의결이 있기 전까지, 신청의 취지와 원인을 적은 서면을 행정심판위원회에 제출하여야 한다. 다만, 심판청구서를 피청구인에게 제출한 경우로서 심판청구와 동시에 집행정지 신청을 할 때에는 심판청구서 사본과 접수증명서를 함께 제출하여야 한다(제5항).

(4) 내 용

집행정지의 대상은 처분의 효력, 처분의 집행 또는 절차의 속행이고, 그 범위는

---

13) 이미 처분의 집행이 완료되었거나 그 목적이 달성되어 소멸한 경우에는 집행정지는 불가능하다.

전부 또는 일부이다.

① 처분의 '효력정지'는 처분의 내용에 따르는 구속력·공정력·집행력 등을 정지시킴으로써 처분이 잠정적으로 존재하지 않는 상태에 놓이게 하는 것을 말하며 (주로 별도의 집행행위 없이 의사표시만으로써 완성되는 영업취소·공무원 파면처분 등), 이는 처분의 집행 또는 절차의 속행을 정지함으로써 그 목적을 달성할 수 있을 때에는 허용되지 아니한다(제30조 제2항 단서). ② 처분의 '집행정지'는 처분의 효력은 유지하면서 처분 내용의 강제적 실현을 위한 집행력을 박탈하여 그 처분의 내용을 실현하는 행위를 금지하는 것을 말한다(대집행·외국인 강제퇴거명령의 집행 등). ③ '절차의 속행정지'란 일련의 단계적 절차를 거쳐 행해지는 처분에서 처분의 효력은 유지하면서 그 처분의 후속절차의 진행을 잠정적으로 정지시키는 것을 의미한다(체납처분의 속행정지 등).

(5) 효 력

집행정지결정은 행정심판의 당사자뿐만 아니라 관계 행정청 및 제3자도 기속한다.

(6) 집행정지의 취소

행정심판위원회는 집행정지를 결정한 후에 집행정지가 공공복리에 중대한 영향을 미치거나 그 정지사유가 없어진 경우에는 직권으로 또는 당사자의 신청에 의하여 집행정지결정을 취소할 수 있다(제30조 제4항).

2. 임시처분

전술한 집행정지제도는 소극적으로 침익적 처분의 효력 등을 정지시켜 현상유지적 기능을 하는데 그친다. 그러나 행정청이 사인의 신청에 대하여 위법 또는 부당하게 처분의 발급을 거부하거나 부작위하는 경우에는 집행정지가 유효적절한 수단이 되지 못한다. 이에 2010년 개정된 행정심판법은 이를 보완하기 위하여 가명령제도로서 임시처분제도를 도입하여 제31조 제1항에서 "행정심판위원회는 처분 또는 부작위가 위법·부당하다고 상당히 의심되는 경우로서 처분 또는 부작위 때문에 당사자가 받을 우려가 있는 중대한 불이익이나 당사자에게 생길 급박한 위험을 막기 위하여 임시지위를 정하여야 할 필요가 있는 경우에는 직권으로 또는 당사자의 신청에 의하여 임시처분을 결정할 수 있다."고 규정하고 있다. 가령, 국가공무원 공개경쟁채용 1차 시험에 불합격한 자가 행정심판을 청구한 경우 일단 2차 시험에 응시할 자격을 부여하고, 1차 시험 불합격처분의 위법 여부를 판단하는 경우를 상정할 수 있다.

임시처분은 집행정지와 마찬가지로 공공복리에 중대한 영향을 미칠 우려가 있거나(제2항: 제30), 집행정지로 목적을 달성할 수 있는 경우에는 허용되지 아니한다(제31조 제3항: 임시처분의 보충).

제 3 절   행정심판의 심리

Ⅰ. 행정심판기관(행정심판위원회)

행정심판기관이란 행정심판의 청구를 수리하여 이를 심리·재결할 수 있는 권한을 가진 기관을 말하며, 비상설 합의제행정청에 해당한다.

행정심판법상 일반행정심판기관에는 ① 처분 행정청 소속 행정심판위원회, ② 중앙행정심판위원회,[14] ③ 시·도지사 소속 행정심판위원회, ④ 직근 상급행정기관 소속 행정심판위원회가 있으며, 구체적인 관할에 대해서는 행정심판법 제6조(행정심판위원회의 설치)에서 규정하고 있다. 그 밖에 개별 법률에서 설치하고 있는 특별행정심판기관의 예로는 소청심사위원회·토지수용위원회·조세심판원 등이 있다.

행정심판법은 행정심판의 객관적 공정성을 확보하기 위하여 해당 사건과 특별한 관계에 있는 위원을 그 사건의 심리·의결에서 배제시키는 제척·기피·회피제도를 두고 있다.[15]

Ⅱ. 행정심판의 당사자 및 참가인

1. 당사자

행정심판의 당사자는 청구인과 피청구인이다. 행정심판법은 헌법 제107조 제3항

---

14) 중앙행정심판위원회는 심판청구사건(이하 "사건"이라 한다) 중 「도로교통법」에 따른 자동차운전면허 행정처분에 관한 사건(소위원회가 중앙행정심판위원회에서 심리·의결하도록 결정한 사건은 제외한다)을 심리·의결하게 하기 위하여 4명의 위원으로 구성하는 소위원회를 둘 수 있다(제8조 제6항).

15) 이에 관한 행정심판법 제10조 제1항부터 제7항까지의 규정은 사건의 심리·의결에 관한 사무에 관여하는 위원 아닌 직원에게도 준용한다(제10조 제8항).

의 취지에 따라 심리절차와 관련하여 청구인과 피청구인이 대립하는 대심적 구조를
취하고 있다.

2. 참가인

행정심판의 결과에 이해관계가 있는 제3자나 행정청은 해당 심판청구에 대한 행
정심판위원회나 소위원회의 의결이 있기 전까지 그 사건에 대하여 심판참가를 할
수 있다(제20조). 여기에서 말하는 이해관계라 함은 사실상, 경제상 또는 감정상의 이
해관계가 아니라 법률상의 이해관계를 가리킨다.[16]

심판참가는 신청(제20조) 또는 행정심판위원회의 요구(제21조)에 의해 이루어지며, 참
가인은 행정심판 절차에서 당사자가 할 수 있는 심판절차상의 행위를 할 수 있다
(제22조). 그러나 참가인은 당사자가 아니므로 심판청구를 취하할 수는 없다.

Ⅲ. 심리의 내용

1. 요건심리

요건심리는 당해 심판청구가 그 제기요건을 구비하고 있는지 여부를 심리하는
것을 말한다. 이를 '형식적 심리' 또는 '본안 전 심리'라고도 한다. 가령, ① 청구인
적격, ② 대상적격, ③ 피청구인적격, ④ 심판청구의 기간 준수 여부, ⑤ 권한 있는
행정심판위원회에 청구되었는지 여부, ⑥ 심판청구서의 기재사항의 구비 등이 이에
해당한다. 심리 결과, 그 요건을 갖추지 못하여 심판청구가 적법하지 아니하면 그
심판청구를 각하한다(제43조).

2. 본안심리

행정심판청구가 적법하게 제기된 경우 청구내용인 본안에 관하여 심리한다. 이
를 실질적 심리라고도 한다. 심리 결과, 심판청구가 이유가 있다고 인정하면 인용재
결을, 이유가 없다고 인정하면 기각재결을 한다(제43조 제2항 내지 제5항).

---

16) 대법원 1997. 12. 26. 선고 96다51714 판결.

Ⅳ. 심리의 범위와 절차

1. 심리의 범위

행정심판위원회는 심판청구의 대상인 처분이나 부작위에 관하여 법률문제로서의 위법·적법의 문제뿐만 아니라 재량행위에서의 당·부당의 문제, 그리고 사실문제까지도 심리할 수 있다. 만일 필요하면 당사자가 주장하지 아니한 사실에 대하여도 심리할 수 있다(제39조, 권심리 직).

2. 심리의 절차

행정심판의 심리에는 당사자주의[17]와 처분권주의[18]가 적용되는 것이 원칙이다. 그러나 행정심판위원회는 사건을 심리하기 위하여 필요하면 직권으로 증거조사를 할 수 있다(제36조 제1항).

행정심판의 심리는 구술심리나 서면심리로 한다. 다만, 당사자가 구술심리를 신청한 경우에는 서면심리만으로 결정할 수 있다고 인정되는 경우 외에는 구술심리를 하여야 한다(제40조 제1항).

3. 심리의 병합·분리

행정심판위원회는 필요하면 관련되는 심판청구를 병합하여 심리하거나 병합된 관련 청구를 분리하여 심리할 수 있다(제37조). 이는 심리에 한하여 적용된다.

4. 처분사유의 추가·변경

행정심판 단계에서 피청구인인 처분청이 처분 당시에 제시한 처분사유 외에 다른 사유를 추가하거나 변경할 수 있는지 여부가 문제된다. 판례에 따르면, 항고소송에서 처분청은 당초 처분의 근거로 삼은 사유와 기본적 사실관계의 동일성이 인정되는 한도 내에서만 다른 사유를 추가하거나 변경할 수 있는데, 이러한 법리는 행

---

17) 청구인과 피청구인이 서로 대등한 입장에서 공격과 방어를 하고, 행정심판위원회는 중립적인 입장에서 이를 기초로 심리를 진행하는 것을 말한다.

18) 행정심판은 청구인의 심판청구에 의하여 개시되고, 청구인이 심판대상과 범위를 결정하며, 청구인은 심판청구를 취하함으로써 심판절차를 종료시킬 수 있다. 그러나 행정심판법은 심판청구의 기간을 제한하고, 청구인낙을 부인하는 등 공익적인 관점에서 처분권주의에 일정한 제한을 가하고 있다.

정심판에서도 그대로 적용된다고 한다.[19]

V. 위법·부당 판단의 기준시점

행정심판에서 위법·부당을 판단하는 기준시가 문제된다. 취소심판과 무효확인 심판의 경우, 통설과 판례는 원칙적으로 처분시를 기준으로 판단하여야 한다는 입장이다. 그러나 의무이행심판에 있어서는 ① 재결시를 기준으로 하여야 한다는 견해[20]와 ② 부작위를 대상으로 하는 의무이행심판의 경우에는 재결시를 기준으로 하여야 한다는 견해[21]가 대립하고 있다.

대법원 2001. 7. 27. 선고 99두5092 판결

행정심판에 있어서 행정처분의 위법·부당 여부는 원칙적으로 처분시를 기준으로 판단하여야 할 것이나, 재결청은 처분 당시 존재하였거나 행정청에 제출되었던 자료뿐만 아니라, 재결 당시까지 제출된 모든 자료를 종합하여 처분 당시 존재하였던 객관적 사실을 확정하고 그 사실에 기초하여 처분의 위법·부당 여부를 판단할 수 있다.

제 4 절   행정심판의 재결

I. 의   의

재결이란 행정심판의 청구에 대하여 행정심판위원회가 행하는 판단을 말한다 (제2조 제3호). 이는 행정법상의 분쟁에 대하여 행정심판위원회가 일정한 절차를 거쳐서 판단·확정하는 행위이므로 확인행위로서의 성질을 가진다. 재결은 피청구인 또는 행정심판위원회가 심판청구서를 받은 날부터 60일 이내에 하여야 한다. 다만, 부득이한 사정이 있는 경우에는 위원장이 직권으로 30일을 연장할 수 있다(제45조 제1항).

행정심판위원회는 심판청구의 대상이 되는 처분 또는 부작위 외의 사항에 대하여는 재결하지 못하며(제47조 제1항, 불 고불리의 원칙), 심판청구의 대상이 되는 처분보다 청구인에게 불리한 재결을 하지 못한다(제2항, 불이익변 경금지의 원칙).

---

19) 대법원 2014. 5. 16. 선고 2013두26118 판결.
20) 박균성(1248면).
21) 홍정선(1011면).

Ⅱ. 재결의 종류

1. 각하ㆍ기각재결

행정심판위원회는 심판청구가 적법하지 아니하면 그 심판청구를 각하하며($^{제43조\ 제1항,}_{각하재결}$), 심판청구가 이유가 없다고 인정하면 그 심판청구를 기각한다($^{제43조\ 제2항,}_{기각재결}$).

행정심판위원회는 심판청구가 이유가 있다고 인정하는 경우에도 이를 인용하는 것이 공공복리에 크게 위배된다고 인정하면 그 심판청구를 기각하는 재결을 할 수 있다. 이를 '사정재결'이라고 한다. 이 경우 행정심판위원회는 재결의 주문에서 그 처분 또는 부작위가 위법하거나 부당하다는 것을 구체적으로 밝혀야 하며($^{제44조}_{제1항}$), 청구인에 대하여 상당한 구제방법을 취하거나 상당한 구제방법을 취할 것을 피청구인에게 명할 수 있다($^{제2}_{항}$). 이는 무효등확인심판에는 적용하지 아니한다($^{제3}_{항}$).

2. 인용재결

(1) 취소ㆍ변경재결 및 변경명령재결

취소심판의 청구가 이유가 있다고 인정하면 처분을 취소 또는 다른 처분으로 변경하거나 처분을 다른 처분으로 변경할 것을 피청구인에게 명한다($^{제43조}_{제3항}$). ① 전자(취소재결ㆍ변경재결)는 형성재결,[22] ② 후자(변경명령재결)는 이행재결의 성질을 가진다.

(2) 무효등확인재결

무효등확인심판의 청구가 이유가 있다고 인정하면 처분의 효력 유무 또는 처분의 존재 여부를 확인한다($^{제43조}_{제4항}$).

(3) 의무이행재결

의무이행심판의 청구가 이유가 있다고 인정하면 지체 없이 신청에 따른 처분을 하거나 처분을 할 것을 피청구인에게 명한다($^{제43조}_{제5항}$). ① 전자(처분재결)는 형성재결, ② 후자(처분명령재결)는 이행재결의 성질을 갖는다. 여기서 '신청에 따른 처분'이란 반드시 청구인이 신청한 내용대로의 처분만을 의미하는 것으로 해석할 것은 아니다.

---

22) 취소재결이 있은 후에 처분청이 다시 원처분을 취소하더라도 이는 단지 확인적 의미를 가지는 데 불과하므로, 항고소송의 대상이 되는 행정처분이라고 할 수 없다.

Ⅲ. 재결의 효력

1. 재결의 송달과 효력 발생

행정심판위원회는 지체 없이 당사자에게 재결서의 정본을 송달하여야 한다. 이 경우 중앙행정심판위원회는 재결 결과를 소관 중앙행정기관의 장에게도 알려야 한다(제48조제1항). 재결은 청구인에게 재결서의 정본이 송달되었을 때에 그 효력이 생긴다(제2항). 행정심판위원회는 재결서의 등본을 지체 없이 참가인에게 송달하여야 한다(제3항). 처분의 상대방이 아닌 제3자가 심판청구를 한 경우 행정심판위원회는 재결서의 등본을 지체 없이 피청구인을 거쳐 처분의 상대방에게 송달하여야 한다(제4항).

행정심판의 재결은 행정행위의 성질을 가지므로 재결의 효력이 발생하면 형성력·불가쟁력·불가변력 등 행정행위로서의 효력이 발생한다.

2. 기속력

(1) 의 의

행정심판청구를 인용하는 재결은 피청구인과 그 밖의 관계 행정청을 기속한다(제49조제1항). 이러한 재결의 효력을 기속력이라고 한다. 기속력은 인용재결의 경우에만 인정된다.

(2) 반복금지의무

처분청과 관계 행정청은 인용재결이 있으면 재결의 취지에 반하는 행위를 하여서는 안 된다. 그러나 처분청이 종전과는 다른 사유로 다시 종전과 같은 내용의 처분을 하는 것은 기속력에 저촉되지 않는다. 이때 동일 사유인지 다른 사유인지는 종전 처분에 관하여 위법한 것으로 재결에서 판단된 사유와 기본적 사실관계에 있어 동일성이 인정되는 사유인지에 따라 판단되어야 한다.[23]

(3) 재처분의무

재결에 의하여 취소되거나 무효 또는 부존재로 확인되는 처분이 당사자의 신청을 거부하는 것을 내용으로 하는 경우에는 그 처분을 한 행정청은 재결의 취지에

---

23) 대법원 2005. 12. 9. 선고 2003두7705 판결.

따라 다시 이전의 신청에 대한 처분을 하여야 한다(제49조 제2항). 이는 신청에 따른 처분이 절차의 위법 또는 부당을 이유로 재결로써 취소된 경우에 준용된다(제4항). 이때 '신청에 따른 처분'이란 제3자효 행정행위를 말한다(A가 건축허가를 신청하여 건축허가 처분을 받았으나, 인근 주민인 B가 절차 위반을 이유로 건축허가 처분에 대해 취소심판을 제기하여 인용된 경우).

당사자의 신청을 거부하거나 부작위로 방치한 처분의 이행을 명하는 재결(처분명령재결)이 있으면 행정청은 지체 없이 이전의 신청에 대하여 재결의 취지에 따라 처분을 하여야 한다(제3항).

(4) 범 위

기속력이 미치는 주관적 범위는 피청구인인 행정청뿐만 아니라 그 밖의 모든 관계 행정청이다. 한편, 객관적 범위는 재결의 주문 및 그 전제가 된 요건사실의 인정과 판단, 즉 처분등의 구체적 위법사유에 관한 판단에 대하여만 미치고, 재결의 결론과 직접 관계가 없는 간접사실에 대한 판단에는 미치지 않는다.

(5) 부수적 효과

행정청은 처분의 취소 또는 무효확인 등의 재결이 있게 되면, 결과적으로 위법 또는 부당한 처분에 의하여 초래된 상태를 제거해야 할 의무를 진다(결과제거의무).

법령의 규정에 따라 공고하거나 고시한 처분이 재결로써 취소되거나 변경되면 처분을 한 행정청은 지체 없이 그 처분이 취소 또는 변경되었다는 것을 공고하거나 고시하여야 한다(제5항).

(6) 직접처분

행정심판위원회는 피청구인이 제49조 제3항[24]에도 불구하고 처분을 하지 아니하는 경우에는 당사자가 신청하면 기간을 정하여 서면으로 시정을 명하고 그 기간에 이행하지 아니하면 직접처분을 할 수 있다. 다만, 그 처분의 성질이나 그 밖의 불가피한 사유로 행정심판위원회가 직접처분을 할 수 없는 경우에는 그러하지 아니하다(제50조 제1항). 가령, 재량처분이나 정보공개처분 또는 과도한 예산의 집행이 수반되는 처분 등이 이에 해당할 수 있다. 행정심판위원회는 직접처분을 하였을 때에는 그 사실을 해당 행정청에 통보하여야 하며, 그 통보를 받은 행정청은 행정심판위원회가 한 처분을 자기가 한 처분으로 보아 관계 법령에 따라 관리·감독 등 필요한 조치를 하

---

24) 거부처분이나 부작위에 대한 처분명령재결.

여야 한다($^{제2}_{항}$).

(7) 간접강제

행정심판위원회는 피청구인이 제49조 제2항[25]($^{제49조 제4항에서 준용}_{하는 경우를 포함한다}$) 또는 제3항에 따른 처분을 하지 아니하면 청구인의 신청에 의하여 결정으로 상당한 기간을 정하고 피청구인이 그 기간 내에 이행하지 아니하는 경우에는 그 지연기간에 따라 일정한 배상을 하도록 명하거나 즉시 배상을 할 것을 명할 수 있다($^{제50조의}_{2 제1항}$).

3. 형성력

형성력이란 재결의 내용에 따라 기존의 법률관계에 변동을 가져오는 효력을 말한다. 이는 취소심판에서의 취소재결과 변경재결, 의무이행심판에서의 처분재결에서 인정된다. 재결의 형성력은 행정심판의 당사자뿐만 아니라 제3자에게도 미치므로 이를 대세적 효력이라고 한다.

4. 불가쟁력

재결은 그 자체에 고유한 위법이 있는 경우에 그에 대한 행정소송을 제기할 수 있으나($^{행정소송법 제}_{19조 단서}$), 그 제소기간이 경과하면 더 이상 그 효력을 다툴 수 없게 된다. 이를 불가쟁력이라고 한다.

5. 불가변력

재결은 쟁송절차를 거쳐 행하여진 준사법적 행위이므로, 일단 재결이 행하여진 이상 설령 그것이 위법하다고 하더라도 행정심판위원회는 스스로 재결을 취소하거나 변경할 수 없는 효력이 발생한다. 이를 불가변력이라고 한다.

Ⅳ. 재결에 대한 불복

행정심판청구에 대한 재결이 있으면 그 재결 및 같은 처분 또는 부작위에 대하여 다시 행정심판을 청구할 수 없다($^{제51}_{조}$).

---

25) 거부처분에 대한 취소재결이나 무효등확인재결.

행정심판의 재결을 거쳐 행정소송을 제기하는 경우에도 행정소송의 대상은 원칙적으로 원처분이 된다(원처분주의). 그러나 재결 자체에 고유한 위법이 있을 경우 재결이 취소소송이나 무효등확인소송의 대상이 될 수 있다(행정소송법 제19조 단서, 제38조).

행정심판위원회가 인용재결을 한 경우, 피청구인인 처분청은 이에 불복하여 행정소송을 제기할 수 없다.[26]

제 5 절   조   정

재결은 행정심판위원회에 의한 일방적이고 고권적인 판단작용이라는 점에서 당사자 간의 궁극적인 분쟁해결수단으로 기능하는데 한계가 있다. 과거에는 행정처분의 적법 여부는 당사자 간의 타협의 대상으로 볼 수 없다는 시각이 팽배하였으나, 2017년 행정심판법이 개정되면서 당사자 간의 합의가 가능한 사건의 경우 갈등을 조기에 해결할 수 있도록 조정제도를 신설하였다. 따라서 행정심판위원회는 당사자의 권리 및 권한의 범위에서 당사자의 동의를 받아 심판청구의 신속하고 공정한 해결을 위하여 조정을 할 수 있다. 다만, 그 조정이 공공복리에 적합하지 아니하거나 해당 처분의 성질에 반하는 경우에는 그러하지 아니하다(제43조의2 제1항).

행정심판위원회는 조정을 함에 있어서 심판청구된 사건의 법적·사실적 상태와 당사자 및 이해관계자의 이익 등 모든 사정을 참작하고, 조정의 이유와 취지를 설명하여야 한다(제2항). 조정은 당사자가 합의한 사항을 조정서에 기재한 후 당사자가 서명 또는 날인하고 위원회가 이를 확인함으로써 성립한다(제3항).

제 6 절   행정심판의 고지제도

행정심판법 제58조(행정심판의 고지) ① 행정청이 처분을 할 때에는 처분의 상대방에게 다음 각 호의 사항을 알려야 한다.
  1. 해당 처분에 대하여 행정심판을 청구할 수 있는지
  2. 행정심판을 청구하는 경우의 심판청구 절차 및 심판청구 기간

---

26) 대법원 1998. 5. 8. 선고 97누15432 판결.

② 행정청은 이해관계인이 요구하면 다음 각 호의 사항을 지체 없이 알려 주어야 한다. 이 경우 서면으로 알려 줄 것을 요구받으면 서면으로 알려 주어야 한다.
  1. 해당 처분이 행정심판의 대상이 되는 처분인지
  2. 행정심판의 대상이 되는 경우 소관 위원회 및 심판청구 기간

행정청이 처분을 할 때는 그 처분의 상대방이나 이해관계인에게 해당 처분에 대하여 행정심판을 청구할 수 있는지 여부와 행정심판을 청구하는 경우의 필요한 사항을 알려야 할 의무가 있다. 이를 '고지제도(불복고지)'라고 한다. 이는 처분의 상대방 등에게 행정 불복의 기회를 보장하는데 그 목적이 있다. 고지제도는 행정심판법뿐만 아니라 행정절차법($^{제26}_조$)과 공공기관의 정보공개에 관한 법률($^{제13조}_{제5항}$)에서도 규정하고 있으나, 고지의무 위반의 효과는 행정심판법에서만 규정하고 있다($^{제23조 제2항, 제27)}_{조 제5항, 제6항}$).

고지는 행정처분의 상대방 등에게 일정한 사항을 알려주는 사실행위에 불과하며, 그 자체는 아무런 법적 효과를 발생시키지 않는다. 즉, 고지는 처분이 아니므로 항고쟁송의 대상이 될 수 없다.

행정청이 처분을 함에 있어 고지의무를 이행하지 않거나 잘못된 고지를 하더라도 이로 인해 당해 처분이 위법하다고 보기는 어렵다.[27]

---

27) 대법원 2018. 2. 8. 선고 2017두66633 판결.

제 3 장   행정소송

제 1 절   개 관

Ⅰ. 의 의

행정소송이란 행정상 법률관계에 관한 분쟁에 대하여 법원이 정식의 소송절차에 의하여 행하는 재판을 말한다. 행정소송과 헌법소송은 모두 공법상의 소송이지만, 행정소송은 이 중에서 헌법재판소의 관할로 인정되는 헌법소송 사항을 제외한다. 공법과 사법이 엄격히 구별되는 대륙법계 국가에서 행정소송은 일반법원이 아닌 행정사건을 전담하는 법원에서 특별한 소송절차에 의해 심리된다(행정국가). 그러나 영미법계 국가의 경우 일반법원에서 행정사건도 함께 재판하고 있다(사법국가). 이들 국가에서는 전통적으로 보통법($^{Common}_{Law}$)에 대해 독자적인 법으로서 행정법이 성립되지 않았고, 행정권의 작용도 사인의 행위와 마찬가지로 보통법의 적용을 받았다. 우리나라는 일반법원과 다른 행정법원을 두고 있는 점에서는 대륙법계의 국가와 유사하지만, 행정사건의 최종심을 일반사건과 마찬가지로 대법원에 두고 있는 점에서는 영미법계 국가와 유사한 특징을 보인다.

행정소송은 위법한 행정작용으로 인하여 침해당한 권익을 구제하고, 위법한 행정작용을 시정함으로써 행정의 적법성을 확보하는 기능을 한다.[1]

Ⅱ. 종 류

행정소송법은 행정소송을 그 내용에 따라 ① 항고소송, ② 당사자소송, ③ 민중소송, ④ 기관소송으로 구분하고 있다($^{제3}_{조}$). 여기서 항고소송과 당사자소송은 주관적 소송, 민중소송과 기관소송은 객관적 소송의 성격을 가진다고 보는 것이 통설적 견

---

[1] 행정소송법 제1조(목적) 이 법은 행정소송절차를 통하여 행정청의 위법한 처분 그 밖에 공권력의 행사·불행사 등으로 인한 국민의 권리 또는 이익의 침해를 구제하고, 공법상의 권리관계 또는 법적용에 관한 다툼을 적정하게 해결함을 목적으로 한다.

해이다.

이 중에서 항고소송이란 행정청의 처분등이나 부작위에 대하여 제기하는 소송을 말하며(제3조), 여기에는 ① 취소소송(행정청의 위법한 처분등을 취소 또는 변경하는 소송), ② 무효등확인소송(행정청의 처분등의 효력 유무 또는 존재 여부를 확인하는 소송), ③ 부작위위법확인소송(행정청의 부작위가 위법하다는 것을 확인하는 소송)이 있다(제4조).

Ⅲ. 한 계

행정소송은 법원(사법기관)에 의한 행정사건에 대한 재판이다. 따라서 행정소송은 ① 재판작용(사법작용)으로서의 한계와 ② 권력분립에서 나오는 한계를 가진다. 즉, 행정소송은 법률상 쟁송, 즉 당사자 사이의 구체적인 권리·의무에 관한 다툼으로서, 법령의 적용에 의하여 해결될 수 있는 분쟁을 그 대상으로 하며, 통치행위 및 재량권의 일탈·남용이 아닌 부당한 재량행사에 대해서는 행정소송을 제기할 수 없다.

특히 권력분립상 한계와 관련하여, 의무이행소송과 예방적 부작위소송을 인정할 수 있을 것인가에 대하여 학설상 다툼이 있으나, 판례는 부정설의 입장이다.

① 대법원 1997. 9. 30. 선고 97누3200 판결

현행 행정소송법상 행정청으로 하여금 일정한 행정처분을 하도록 명하는 이행판결을 구하는 소송이나 법원으로 하여금 행정청이 일정한 행정처분을 행한 것과 같은 효과가 있는 행정처분을 직접 행하도록 하는 형성판결을 구하는 소송은 허용되지 아니한다.

② 대법원 2006. 5. 25. 선고 2003두11988 판결

행정소송법상 행정청이 일정한 처분을 하지 못하도록 그 부작위를 구하는 청구는 허용되지 않는 부적법한 소송이라 할 것이므로, 피고 국민건강보험공단은 이 사건 고시를 적용하여 요양급여비용을 결정하여서는 아니 된다는 내용의 원고들의 위 피고에 대한 이 사건 청구는 부적법하다 할 것이다.

제 2 절 항고소송

제 1 관 취소소송

I. 개 설

취소소송이란 행정청의 위법한 '처분등'(처분＋재결)의 취소 또는 변경을 구하는 소송을 말한다(제4조제1호). 취소소송은 항고소송의 중심을 이루고 있으며, 실무에서 가장 많이 활용되는 소송형식이다. 취소소송은 취소사유가 있는 처분등을 대상으로 제기하는 것이 일반적이지만, 무효사유가 있는 처분등에 대해서도 제기할 수 있다. 이를 '무효선언을 구하는 의미의 취소소송'이라고 하며, 이 경우에도 취소소송의 형식을 취하고 있는 이상 취소소송의 적법요건을 구비하여야 한다.[2]

다수설은 취소소송이 주관적 소송이고, 형성소송의 성질을 가진다고 보며, 처분의 위법성 일반을 취소소송의 소송물로 보고 있다.

II. 취소소송의 당사자

1. 당사자능력과 당사자적격

취소소송의 당사자는 원고와 피고이다. 취소소송에서 당사자로서 적법하게 소송을 수행하기 위해서는 당사자능력과 당사자적격이 인정되어야 한다. 이는 소송요건에 해당하므로 그 흠결이 있는 경우 소를 각하하여야 한다.

당사자능력이란 일반적으로 소송당사자가 될 수 있는 소송법상의 권리능력, 즉 자기의 이름으로 재판을 청구하거나 재판을 받을 수 있는 자격을 말하며, 자연인과 법인은 물론 비법인사단이나 재단에게도 인정되지만(민사소송법제52조), 동물의 경우 당사자능력이 인정되지 않는다.[3]

---

2) 대법원 1990. 8. 28. 선고 90누1892 판결(과세처분의 무효선언을 구하는 의미에서 취소를 구하는 소송이라도 전심절차를 거쳐야 한다).
3) 대법원 2006. 6. 2.자 2004마1148, 1149 결정(도롱뇽은 천성산 일원에 서식하고 있는 도롱뇽목 도롱뇽과에 속하는 양서류로서 자연물인 도롱뇽 또는 그를 포함한 자연 그 자체로서는 소송을 수행할 당사자능력을 인정할 수 없다고 한 원심의 판단을 수긍한 사례).

당사자적격이란 특정한 소송사건에서 당사자로서 소송을 수행하고 본안판결을 받기에 적합한 자격을 말한다.

2. 원 고

> **행정소송법** 제12조(원고적격) 취소소송은 처분 등의 취소를 구할 법률상 이익이 있는 자가 제기할 수 있다. 처분 등의 효과가 기간의 경과, 처분 등의 집행 그 밖의 사유로 인하여 소멸된 뒤에도 그 처분 등의 취소로 인하여 회복되는 법률상 이익이 있는 자의 경우에는 또한 같다.

(1) 원고적격(법률상 이익)에 관한 논의

취소소송을 제기할 원고적격이 인정되기 위해서는 처분등의 취소를 구할 '법률상 이익'이 있어야 한다. 행정처분의 직접 상대방에게 당해 처분등의 취소를 구할 수 있는 원고적격이 인정된다는 점에 대해서는 이론(異論)이 없다. 그러나 행정처분의 직접 상대방이 아닌 제3자에 대하여는 어느 범위까지 원고적격을 인정할 것인지에 관하여 학설이 대립하고 있다. 이는 행정소송의 목적 내지 기능과 관련한 논의로서, ① 권리구제설, ② 법률상 보호이익설, ③ 보호할 가치 있는 이익구제설, ④ 적법성 보장설이 주장되고 있다. 현재 통설과 판례인 '법률상 보호이익설'에 의하면, 처분등으로 권리를 침해받은 자뿐만 아니라 법률에 의하여 보호되는 이익을 침해받은 자도 그 처분등의 취소를 구할 원고적격이 있다. 이는 공권의 확대이론으로 등장한 '보호규범론'과 맥을 같이 한다.

여기에서 말하는 법률에 의하여 보호되는 이익이란 당해 처분의 근거 법규 및 관련 법규에 의하여 보호되는 개별적·직접적·구체적 이익이 있는 경우를 말하고, 공익보호의 결과로 국민 일반이 공통적으로 가지는 일반적·간접적·추상적인 이익과 같이 사실적·경제적 이해관계를 가지는데 불과한 경우에는 여기에 포함되지 않는다.[4] 오늘날에는 오로지 공익만을 위하거나 사익만을 위한 행정법규는 드물고, 대부분 공익과 사익을 모두 보호하는데 주안점이 있으므로 법률상 보호되는 이익과 공익보호에 따른 반사적 이익의 경계가 모호해지면서 양자의 구별이 상대화되고 있다. 최근에는 과거 반사적 이익의 문제로 보았던 것들이 법률에 의하여 보호되는 이익으로 해석되는 등 원고적격의 범위가 점차 확대되는 추세이다.

---

4) 대법원 2015. 7. 23. 선고 2012두19496, 19502 판결.

(2) 구체적인 판례의 모습

1) 경업자소송

통설과 판례는 신규특허나 특허사항의 변경으로 인해 기존업자 받는 불이익은 권리의 침해에 해당하므로 기존업자는 이를 다툴 원고적격이 인정된다고 본다.[5] 다만, 최근에는 강학상 허가의 경우에도 근거 법률이 특별히 경업자의 이익보호를 위해 업소 간 거리나 지역별 점포수를 제한하는 등의 규정을 두고 있는 경우에는 경업자의 원고적격을 인정하고 있다.

2) 경원자소송

경원자관계에서 인허가를 받지 못한 자는 심사의 오류 등을 주장하며 자신이 신청한 인허가에 대한 불허가처분의 취소를 구하거나 타인에 대한 인허가처분의 취소를 구할 수 있다. 그러나 명백한 법적 장애로 인하여 원고 자신의 신청이 인용될 가능성이 처음부터 배제되어 있는 경우에는 당해 처분의 취소를 구할 정당한 이익이 없다는 것이 판례이다.[6]

3) 이웃소송

대법원은 환경영향평가 대상지역 안의 주민과 근거 법규 등에서 환경상 침해를 받으리라고 예상되는 영향권의 범위가 구체적으로 규정되어 있는 경우 그 영향권 내에 거주하는 주민에 대해서는 환경상 이익의 침해 또는 침해우려가 있는 것으로 사실상 추정하여 원고적격을 인정하고 있다.[7]

---

5) 대법원 판례에 따르면, ① 공중목욕장 영업허가에 대한 기존 공중목욕업자(대법원 1963. 8. 31. 선고 63누101 판결), ② 석탄가공업 허가에 대한 기존 허가업자(대법원 1980. 7. 22. 선고 80누33, 34 판결), ③ 약사에게 한약조제권을 인정해 주는 한약조제시험 합격처분에 대한 한의사(대법원 1998. 3. 10. 선고 97누4289 판결)는 원고적격이 인정되지 않는다. 그러나 ① 자동차운송사업면허에 대한 당해 노선의 기존업자(대법원 1974. 4. 9. 선고 73누173 판결), ② 시외버스운송사업계획변경인가처분으로 노선 및 운행계통 등이 일부 중복될 경우에 그 인가처분에 대한 기존의 시외버스운송사업자(대법원 2010. 6. 10. 선고 2009두10512 판결)는 원고적격이 인정된다.

6) 대법원 2009. 12. 10. 선고 2009두8359 판결.

7) 대법원 2011. 9. 8. 선고 2009두6766 판결(납골당 설치장소에서 500m 내에 20호 이상의 인가가 밀집한 지역에 거주하는 주민들); 대법원 2010. 4. 15. 선고 2007두16127 판결(김해시장이 낙동강에 합류하는 하천수 주변의 토지에 구 산업집적활성화 및 공장설립에 관한 법률 제13조에 따라 공장설립을 승인하는 처분을 한 사안에서, 공장설립으로 수질오염 등이 발생할 우려가 있는 취수장에서 물을 공급받는 부산광역시 또는 양산시에 거주하는 주민들도 위 처분의 근거 법규 및 관련 법규에 의하여 법률상 보호되는 이익이 침해되거나 침해될 우려가 있는 주민으로서 원고적격이 인정된다고 한 사례).

대법원 2009. 9. 24. 선고 2009두2825 판결

　환경상 이익에 대한 침해 또는 침해 우려가 있는 것으로 사실상 추정되어 원고적격이 인정되는 사람에는 환경상 침해를 받으리라고 예상되는 영향권 내의 주민들을 비롯하여 그 영향권 내에서 농작물을 경작하는 등 현실적으로 환경상 이익을 향유하는 사람도 포함된다. 그러나 단지 그 영향권 내의 건물·토지를 소유하거나 환경상 이익을 일시적으로 향유하는 데 그치는 사람은 포함되지 않는다.

4) 행정주체

　처분의 상대방이 지방자치단체인 경우, 지방자치단체는 공법인으로서 독립된 법인격 주체에 해당하므로 취소소송의 원고적격이 인정될 수 있다.[8]

5) 행정기관

　행정기관은 행정주체를 위해 일정한 권한을 행사하고 그 법적 효과는 기관 자신이 아닌 행정주체에게 귀속된다는 점에서 행정주체와 차이가 있다. 즉, 행정기관은 독립된 법인격이 없으므로 취소소송의 당사자능력이 없으므로 원고적격이 인정되지 않는 것이 원칙이지만, 대법원은 예외적으로 행정기관의 당사자능력과 원고적격을 인정한다.

대법원 2013. 7. 25. 선고 2011두1214 판결

　갑이 국민권익위원회에 부패방지 및 국민권익위원회의 설치와 운영에 관한 법률(이하 '국민권익위원회법'이라 한다)에 따른 신고와 신분보장조치를 요구하였고, 국민권익위원회가 갑의 소속기관 장인 을 시·도선거관리위원회 위원장에게 '갑에 대한 중징계요구를 취소하고 향후 신고로 인한 신분상 불이익처분 및 근무조건상의 차별을 하지 말 것을 요구'하는 내용의 조치요구를 한 사안에서, 국가기관 일방의 조치요구에 불응한 상대방 국가기관에 국민권익위원회법상의 제재규정과 같은 중대한 불이익을 직접적으로 규정한 다른 법령의 사례를 찾아보기 어려운 점, 그럼에도 을이 국민권익위원회의 조치요구를 다툴 별다른 방법이 없는 점 등에 비추어 보면, 처분성이 인정되는 위 조치요구에 불복하고자 하는 을로서는 조치요구의 취소를 구하는 항고소송을 제기하는 것이 유효·적절한 수단이므로 비록 을이 국가기관이더라도 당사자능력 및 원고적격을 가진다고 보는 것이 타당하고, 을이 위 조치요구 후 갑을 파면하였다고 하더라도 조치요구가 곧바로 실효된다고 할 수 없고 을은 여전히 조치요구를 따라야 할 의무를 부담하므로 을에게는 위 조치요구의 취소를 구할 법률상 이익도 있다고 본 원심판단을 정당하다고 한 사례.

---

8) 대법원 2014. 2. 27. 선고 2012두22980 판결; 대법원 2013. 2. 28. 선고 2012두22904 판결.

6) 외국인

사증발급 거부처분을 다투는 외국인은 아직 대한민국에 입국하지 않은 상태에서 대한민국에 입국하게 해달라고 주장하는 것으로, 대한민국과의 실질적 관련성 내지 대한민국에서 법적으로 보호가치 있는 이해관계를 형성한 경우는 아니어서, 해당 처분의 취소를 구할 법률상 이익이 인정되지 않는다.[9]

3. 권리보호의 필요(협의의 소의 이익)

(1) 의 의

원고에게 취소소송을 제기할 원고적격이 인정되더라도 본안판결을 구할 정당한 이익 내지 필요가 있을 때만 소를 제기할 수 있다(소익 없으면). 이를 '권리보호의 필요' 또는 '협의의 소(訴)의 이익'이라고 한다. 만일 법적으로 무의미한 제소까지 허용할 경우 한정된 사법자원의 낭비가 초래되고, 이로 인해 피고로서도 불필요하게 응소하여야 하는바, 이러한 폐단을 막기 위하여 인정된 제도이다. 이러한 소의 이익은 소송요건 중 하나이다. 따라서 법원은 당사자의 주장에 구애됨이 없이 직권으로 조사하여 만일 그 흠결이 밝혀지면 소를 부적법 각하하여야 한다. 이는 사실심 변론 종결시는 물론 상고심에서도 존속하여야 한다.[10]

처분등의 효과가 기간의 경과, 처분등의 집행 그 밖의 사유로 인하여 소멸된 뒤에는 원칙적으로 그 처분등의 취소를 구할 소의 이익이 없다(정지 기간의 도과 등). 그러나 처분등의 기간이 경과하였거나 그 집행이 종료된 경우에도 처분등의 취소로 인하여 회복되는 법률상 이익이 있는 경우에는 소의 이익이 있다. 이때 회복되는 이익이 단지 사실상 이익이나 명예·신용 등 인격적 이익에 불과한 경우에는 이에 해당되지 않는다.[11]

---

9) 대법원 2018. 5. 15. 선고 2014두42506 판결. 이와 비교하여, 국적법상 귀화불허가처분이나 출입국관리법상 체류자격변경 불허가처분, 강제퇴거명령 등을 다투는 외국인은 대한민국에 적법하게 입국하여 상당한 기간을 체류한 사람이므로, 이미 대한민국과의 실질적 관련성 내지 대한민국에서 법적으로 보호가치 있는 이해관계를 형성한 경우이어서, 해당 처분의 취소를 구할 법률상 이익이 인정된다고 한다.

10) 대법원 1996. 2. 23. 선고 95누2685 판결(사법시험 제1차 시험 불합격 처분의 취소를 구하는 소송을 제기하였는데 원심판결이 선고된 이후 새로이 실시된 사법시험 제1차 시험에 합격한 경우, 상고심 계속 중 소의 이익이 없게 되어 부적법하게 되었다고 판시한 사례).

11) 법원실무제요 행정(63면).

(2) 구체적인 판례의 모습

대법원 판례에 의하면, ① 법령(시행규칙)에서 제재처분을 받은 전력을 장래의 제재처분의 가중사유나 전제요건으로 규정한 경우에는 제재처분에서 정한 제재기간이 경과하였다 하더라도 예외적으로 소의 이익이 인정되며,[12] ② 공무원에 대한 파면처분 등 징계처분 이후 정년이 도래한 경우, 그 처분의 취소를 통해 다시 공무원이 될 수는 없으나, 징계처분 이후의 급료나 퇴직금 청구를 구할 필요가 있거나 다른 공직에의 취임제한 등 법률상 불이익 배제를 위하여 필요한 때에는 그 취소를 구할 소의 이익이 있다.[13]

대법원 2006. 6. 22. 선고 2003두1684 전원합의체 판결

[1] [다수의견] 제재적 행정처분이 그 처분에서 정한 제재기간의 경과로 인하여 그 효과가 소멸되었으나, 부령인 시행규칙 또는 지방자치단체의 규칙(이하 이들을 규칙'이라고 한다)의 형식으로 정한 처분기준에서 제재적 행정처분(이하 '선행처분'이라고 한다)을 받은 것을 가중사유나 전제요건으로 삼아 장래의 제재적 행정처분(이하 '후행처분'이라고 한다)을 하도록 정하고 있는 경우, 제재적 행정처분의 가중사유나 전제요건에 관한 규정이 법령이 아니라 규칙의 형식으로 되어 있다고 하더라도, 그러한 규칙이 법령에 근거를 두고 있는 이상 그 법적 성질이 대외적·일반적 구속력을 갖는 법규명령인지 여부와는 상관없이,[14] 관할 행정청이나 담당공무원은 이를 준수할 의무가 있으므로 이들이 그 규칙에 정해진 바에 따라 행정작용을 할 것이 당연히 예견되고, 그 결과 행정작용의 상대방인 국민으로서는 그 규칙의 영향을 받을 수밖에 없다. 따라서 그러한 규칙이 정한 바에 따라 선행처분을 받은 상대방이 그 처분의 존재로 인하여 장래에 받을 불이익, 즉 후행처분의 위험은 구체적이고 현실적인 것이므로, 상대방에게는 선행처분의 취소소송을 통하여 그 불이익을 제거할 필요가 있다. 또한, 나중에 후행처분에 대한 취소소송에서 선행처분의 사실관계나 위법 등을 다툴 수 있는 여지가 남아 있다고 하더라도, 이러한 사정은 후행처분이 이루어지기 전에 이를 방지하기 위하여 직접 선행처분의 위법을 다투는 취소소송을 제기할 필요성을 부정할 이유가 되지 못한다. 그러한 쟁송방법을 막는 것은 여러 가지 불합리한 결과를 초래하

---

12) 대법원 2006. 6. 22. 선고 2003두1684 전원합의체 판결.

13) 대법원 2009. 1. 30. 선고 2007두13487 판결(지방의회 의원에 대한 제명의결 취소소송 계속 중 의원의 임기가 만료된 사안에서, 제명의결의 취소로 의원의 지위를 회복할 수는 없다 하더라도 제명의 결시부터 임기만료일까지의 기간에 대한 월정수당의 지급을 구할 수 있는 등 여전히 그 제명의결의 취소를 구할 법률상 이익이 있다고 본 사례).

14) 다수의견이 위와 같은 경우 선행처분의 취소를 구할 법률상 이익을 긍정하는 결론에는 찬성하지만, 그 이유에 있어서는 부령인 제재적 처분기준의 법규성을 인정하는 이론적 기초 위에서 그 법률상 이익을 긍정하는 것이 법리적으로는 더욱 합당하다는 별개의견(대법관 이강국)이 있다.

여 권리구제의 실효성을 저해할 수 있기 때문이다. 오히려 앞서 본 바와 같이 행정청으로서는 선행처분이 적법함을 전제로 후행처분을 할 것이 당연히 예견되므로, 이러한 선행처분으로 인한 불이익을 선행처분 자체에 대한 소송에서 사전에 제거할 수 있도록 해 주는 것이 상대방의 법률상 지위에 대한 불안을 해소하는 데 가장 유효적절한 수단이 된다고 할 것이고, 또한 그 소송을 통하여 선행처분의 사실관계 및 위법 여부가 조속히 확정됨으로써 이와 관련된 장래의 행정작용의 적법성을 보장함과 동시에 국민생활의 안정을 도모할 수 있다. 이상의 여러 사정과 아울러, 국민의 재판청구권을 보장한 헌법 제27조 제1항의 취지와 행정처분으로 인한 권익침해를 효과적으로 구제하려는 행정소송법의 목적 등에 비추어 행정처분의 존재로 인하여 국민의 권익이 실제로 침해되고 있는 경우는 물론이고 권익침해의 구체적·현실적 위험이 있는 경우에도 이를 구제하는 소송이 허용되어야 한다는 요청을 고려하면, 규칙이 정한 바에 따라 선행처분을 가중사유 또는 전제요건으로 하는 후행처분을 받을 우려가 현실적으로 존재하는 경우에는, 선행처분을 받은 상대방은 비록 그 처분에서 정한 제재기간이 경과하였다 하더라도 그 처분의 취소소송을 통하여 그러한 불이익을 제거할 권리보호의 필요성이 충분히 인정된다고 할 것이므로, 선행처분의 취소를 구할 법률상 이익이 있다고 보아야 한다.

[2] 환경영향평가대행업무 정지처분을 받은 환경영향평가대행업자가 업무정지처분기간 중 환경영향평가대행계약을 신규로 체결하고 그 대행업무를 한 사안에서, '환경·교통·재해 등에 관한 영향평가법 시행규칙' 제10조 [별표 2] 2. 개별기준 (11)에서 환경영향평가대행업자가 업무정지처분기간 중 신규계약에 의하여 환경영향평가대행업무를 한 경우 1차 위반시 업무정지 6월을, 2차 위반시 등록취소를 각 명하는 것으로 규정하고 있으므로, 업무정지처분기간 경과 후에도 위 시행규칙의 규정에 따른 후행처분을 받지 않기 위하여 위 업무정지처분의 취소를 구할 법률상 이익이 있다고 한 사례.

한편, 처분 이후의 사정에 의하여 이익 침해가 해소된 경우에는 소의 이익이 없다. 따라서 ③ 치과의사 국가시험의 불합격처분 이후 새로 실시된 국가시험에 합격하였거나,[15] ④ 사법시험 제1차 시험 불합격처분 후 새로 실시된 제1차 시험에 합격한 경우[16]에는 이전의 불합격처분의 취소를 구할 법률상 이익(소의 이익)이 없다. 다만, ⑤ 고등학교에서 퇴학처분을 받은 후 고등학교 졸업학력 검정고시에 합격하였다고 하더라도 그 시험의 합격으로 고등학교 학생으로서의 신분과 명예가 회복되는 것은 아니므로 여전히 퇴학처분의 취소를 구할 소의 이익이 있으며,[17] ⑥ 대학입학고사 불합격처분의 취소를 구하는 소송계속 중 당해년도의 입학시기가 지났더

15) 대법원 1993. 11. 9. 선고 93누6867 판결.
16) 대법원 2009. 9. 10. 선고 2008두2675 판결.
17) 대법원 1992. 7. 14. 선고 91누4737 판결.

라도 당해년도의 합격자로 인정되면 다음년도의 입학시기에 입학할 수도 있다고 할 것이므로 불합격처분의 적법 여부를 다툴 소의 이익이 있다.[18]

또한, ⑦ 현역병입영통지처분이 입영대상자의 입영으로 그 집행이 종료되었다고 하더라도 그 처분은 입영 이후의 법률관계에 영향을 미치고 있으므로 그 취소를 구할 소의 이익이 있으나,[19] ⑧ 현역병입영대상자로 병역처분을 받은 자가 그 취소소송 도중 모병(募兵)에 응하여 현역병으로 자진 입대한 경우에는 소의 이익이 없다.[20]

대법원 2019. 6. 27. 선고 2018두49130 판결

행정처분의 무효확인 또는 취소를 구하는 소가 제소 당시에는 소의 이익이 있어 적법하였더라도, 소송 계속 중 처분청이 다툼의 대상이 되는 행정처분을 직권으로 취소하면 그 처분은 효력을 상실하여 더 이상 존재하지 않는 것이므로, 존재하지 않는 그 처분을 대상으로 한 항고소송은 원칙적으로 소의 이익이 소멸하여 부적법하다.

다만 처분청의 직권취소에도 불구하고 완전한 원상회복이 이루어지지 않아 무효확인 또는 취소로써 회복할 수 있는 다른 권리나 이익이 남아 있거나 또는 동일한 소송 당사자 사이에서 그 행정처분과 동일한 사유로 위법한 처분이 반복될 위험성이 있어 행정처분의 위법성 확인 내지 불분명한 법률문제에 대한 해명이 필요한 경우 행정의 적법성 확보와 그에 대한 사법통제, 국민의 권리구제의 확대 등의 측면에서 예외적으로 그 처분의 취소를 구할 소의 이익을 인정할 수 있을 뿐이다.

4. 피 고

행정소송법 제13조(피고적격) ① 취소소송은 다른 법률에 특별한 규정이 없는 한 그 처분등을 행한 행정청을 피고로 한다. 다만, 처분등이 있은 뒤에 그 처분등에 관계되는 권한이 다른 행정청에 승계된 때에는 이를 승계한 행정청을 피고로 한다.
② 제1항의 규정에 의한 행정청이 없게 된 때에는 그 처분등에 관한 사무가 귀속되는 국가 또는 공공단체를 피고로 한다.

(1) 피고적격

1) 처분등을 행한 행정청

취소소송은 다른 법률에 특별한 규정이 없는 한 그 처분등을 행한 행정청을 피

---

18) 대법원 1990. 8. 28. 선고 89누8255 판결.
19) 대법원 2003. 12. 26. 선고 2003두1875 판결.
20) 대법원 1998. 9. 8. 선고 98두9165 판결.

고로 한다(제13조 제1항 본문). 행정청이란 국가 또는 공공단체와 같은 행정주체의 의사를 결정하여 외부에 표시할 수 있는 권한(처분권한)을 가진 기관을 말한다. 일반적으로 행정조직법상의 기관장이 이에 해당하지만, 예외도 존재한다.[21] 의사결정 표시기관이라는 점에서 행정조직법상의 행정청 개념과 반드시 일치하는 것은 아니다. 행정소송법은 행정청에 관한 정의규정을 두고 있지는 않으나, 제2조 제2항에서 "이 법을 적용함에 있어서 행정청에는 법령에 의하여 행정권한의 위임 또는 위탁을 받은 행정기관, 공공단체 및 그 기관 또는 사인이 포함된다."고 규정하고 있다.[22] 따라서 입법·사법기관은 물론 법령에 의하여 행정처분을 할 권한을 위임·위탁받은 공공단체와 그 기관을 포함하는 개념이며, 행정부의 기관만을 말하는 것도 아니다.[23]

결국 취소소송의 대상이 되는 처분등을 할 수 있는 자는 모두 여기서 말하는 행정청에 해당하며, 처분등을 외부적으로 그의 명의로 행한 행정청이 피고가 된다. 설령 처분을 하게 된 경위가 상급 행정청이나 다른 행정청의 지시나 통보에 의한 것이라고 하더라도 마찬가지이다. 외부적 표시기관이 아닌 내부기관에 의해 실질적으로 의사가 결정되더라도 내부기관은 피고적격이 없다.[24]

피고적격이 없는 자를 상대로 취소소송을 제기한 경우에는 소가 각하되지만,[25] 피고경정의 절차를 통해 이를 바로 잡을 수 있다.

2) 권한이 위임·위탁된 경우

행정권한의 위임이나 위탁이 있으면 위임청은 위임사항의 처리에 관한 권한을 잃고 그 사항은 수임청의 권한이 된다. 따라서 수임 행정청이 위임받은 권한에 기하여 자신의 명의로 한 처분에 대하여는 수임 행정청이 정당한 피고가 된다.

3) 권한의 대리·내부위임

권한의 대리나 내부위임의 경우에는 처분권한이 이관되는 것이 아니므로, 그 처

---

21) 지방의회 의원의 징계를 의결한 지방의회가 이에 해당한다. 그러나 이른바 '처분적 조례'에 대해 항고소송을 제기하는 경우, 그 피고는 조례를 공포한 지방자치단체의 장(교육·학예에 관한 조례는 시·도 교육감)이 된다(대법원 1996. 9. 20. 선고 95누8003 판결).

22) 행정심판법은 행정청에 대해 "행정청이란 행정에 관한 의사를 결정하여 표시하는 국가 또는 지방자치단체의 기관, 그 밖에 법령 또는 자치법규에 따라 행정권한을 가지고 있거나 위탁을 받은 공공단체나 그 기관 또는 사인(私人)을 말한다."고 정의하고 있다(제2조 제4호). 행정절차법에서도 이와 동일한 정의규정(제2조 제1호)을 두고 있다.

23) 법원실무제요 행정(67면).

24) 징계처분은 이를 외부적으로 한 징계권자가 피고가 되며, 징계위원회는 피고적격을 갖지 못한다.

25) 대법원 1991. 10. 8. 선고 91누520 판결.

분권한을 가진 원행정청의 이름으로 처분을 하여야 하고, 이 경우에는 원행정청이 피고적격을 가진다. 그러나 내부위임이나 대리권을 수여받은 것에 불과하여 원행정청 명의나 대리관계를 밝히지 않고는 자신의 명의로 처분을 할 권한이 없음에도 불구하고 행정청이 착오 등으로 권한 없이 그의 명의로 처분을 하였다면, 그 처분은 실체법상 정당한 권한이 없는 자가 한 위법한 처분이 될 것이지만, 이는 본안 판단 사항일 뿐이므로 이 경우에도 피고는 권한 없이 처분을 한 행정청이 된다.[26]

4) 다른 법률에 특별한 규정이 있는 경우

개별 법률에서 행정소송의 피고에 관하여 특별한 규정을 두고 있는 경우가 있다. 국가공무원에 대한 징계처분 또는 징계부가금 부과처분, 강임·휴직·직위해제 또는 면직처분, 그 밖에 본인의 의사에 반한 불리한 처분이나 부작위에 관한 행정소송을 제기할 때에는 대통령의 처분 또는 부작위의 경우에는 소속 장관(대통령으로 정하는 기관의 장을 포함한다)을, 중앙선거관리위원회 위원장의 처분 또는 부작위의 경우에는 중앙선거관리위원회 사무총장을 각각 피고로 한다(국가공무원법 제16조 제2항).

국회의장이 한 처분에 대한 행정소송의 피고는 사무총장(국회사무처법 제4조 제3항), 대법원장이 한 처분에 대한 행정소송의 피고는 법원행정처장(법원조직법 제70조), 헌법재판소장이 한 처분에 대한 행정소송의 피고는 헌법재판소 사무처장(헌법재판소법 제17조 제5항)이다.

(2) 피고경정

1) 의   의

피고의 경정이란 소송의 계속 중에 피고로 지정된 자를 다른 자로 변경하는 것을 말한다. 행정조직은 복잡하고 권한의 변경도 빈번하게 이루어질 뿐만 아니라 행정주체가 아닌 행정청을 피고로 보고 있어 행정소송에서 피고를 잘못 지정하는 경우가 적지 않다. 이 경우 소를 부적법한 것으로 보아 각하하게 되면, 다시 정당한 피고를 지정하여 제소하려고 하여도 제소기간의 도과 등으로 권리구제를 받을 수 없게 되는 경우가 있다. 이러한 문제를 해결하기 위하여 행정소송법은 민사소송법에 피고경정에 관한 규정을 두기 전부터 이미 피고경정제도를 마련해 두었다.

취소소송에서 규정한 피고경정에 관한 규정은 무효등확인소송, 부작위위법확인소송 및 당사자소송에도 준용된다(행정소송법 제38조, 제44조 제1항).

---

26) 대법원 1994. 8. 12. 선고 94누2763 판결.

2) 요 건

행정소송에서 피고의 경정은 사실심 변론종결시까지 허용되고, 종전 피고의 동의를 요하지 않으며, 서면 또는 구두로도 신청할 수 있다. 다만, 행정소송에서 사실심 변론종결시까지 허용되는 피고경정은 행정소송법 제14조 제1항에 따른 피고경정 (_{잘못 지정한}
_{피고경정})이며, 제14조 제6항에 따른 피고경정(_{권한청 변경에}
_{따른 피고경정})은 상고심에서도 허용된다.[27]

> **행정소송규칙** 제6조(피고경정) 법 제14조 제1항에 따른 피고경정은 사실심 변론을 종결할 때까지 할 수 있다.

3) 유 형

행정소송에서 피고경정이 허용되는 경우로는 ① 원고가 피고를 잘못 지정한 때(_{제14조}
_{제1항}), ② 취소소송이 제기된 후 처분등에 관계되는 권한이 다른 행정청에 승계되거나 처분등을 행한 행정청이 없게 된 때(_{제6}
_항), ③ 소의 변경이 있는 때이다(_{제21조}
_{제2항}).

이 중에서 ①은 소송계속 중 당사자의 의사에 따라 당사자가 교체 또는 추가되는 임의적 당사자변경의 한 형태로서, 원고의 신청에 의하여 법원의 결정으로써 허가할 수 있고, 법원은 경정허가결정의 정본을 새로운 피고에게 송달하여야 하며 (_{제2}
_항), 원고의 신청을 각하하는 결정에 대하여는 즉시항고를 할 수 있다(_{제3}
_항). 그러나 ②는 소송승계의 한 형태로서, 법원은 당사자의 신청 또는 직권에 의하여 피고를 경정한다는 점(_{제6}
_항)에서 ①과 구별된다.

4) 효 과

피고경정의 결정이 있은 때에는 새로운 피고에 대한 소송은 처음에 소를 제기한 때에 제기된 것으로 보며(_{제14조}
_{제4항}), 종전의 피고에 대한 소송은 취하된 것으로 본다(_{제5}
_항).

5. 공동소송

수인의 청구 또는 수인에 대한 청구가 처분등의 취소청구와 관련되는 청구인 경우에 한하여 그 수인은 공동소송인이 될 수 있다(_{행정소송법}
_{제15조}). 이는 관련청구의 주관적 병합에 해당한다.

---

27) 대법원 1999. 3. 6.자 98두8810 결정.

6. 소송참가

(1) 제3자의 소송참가

1) 의 의

법원은 소송의 결과에 따라 권리 또는 이익의 침해를 받을 제3자가 있는 경우에는 당사자 또는 제3자의 신청 또는 직권에 의하여 결정으로써 그 제3자를 소송에 참가시킬 수 있다(행정소송법 제16조 제1항). 이는 주로 제3자효 행정행위에 대한 취소소송에서 문제된다. 취소소송에서 처분등을 취소하는 확정판결은 제3자에 대하여도 효력이 있으므로(제29조 제1항), 당해 소송에 이해관계를 갖는 제3자는 자신의 권익보호를 위하여 소송에 직접 참가하여 이익되는 사실을 주장하고, 필요한 자료를 제출할 필요가 있다. 처분등을 취소하는 판결에 의하여 권리 또는 이익의 침해를 받은 제3자는 자기에게 책임 없는 사유로 소송에 참가하지 못함으로써 판결의 결과에 영향을 미칠 공격 또는 방어방법을 제출하지 못한 때에는 이를 이유로 확정된 종국판결에 대하여 재심의 청구를 할 수 있다(제31조 제1항).

2) 요 건

제3자의 소송참가가 인정되기 위해서는 ① 타인 간의 취소소송이 계속 중일 것(적법한 소송이 계속되어 있는 한 심급을 묻지 않고 상고심에서도 가능함), ② 소송의 결과에 따라 제3자의 권리 또는 이익의 침해를 받을 것이 요구된다. 여기서 말하는 이익이란 법률상 이익을 의미하고, 단순한 사실상 이익이나 경제상 이익은 포함되지 않는다는 것이 통설과 판례[28]이다.

3) 절 차

참가신청이 있으면 법원은 당사자의 이의가 없더라도 직권으로 그 요건의 존부를 심리하여 결정으로 허가하거나 각하하여야 하며, 직권으로 제3자를 소송에 참가시킬 필요가 있다고 인정할 때에는 결정으로 참가를 명하여야 한다. 법원이 제3자의 참가를 허가하거나 명하는 결정을 하고자 할 때에는 미리 당사자 및 제3자의 의견을 들어야 하나(제16조 제2항), 그 의견에 구속되는 것은 아니다.

참가신청을 한 제3자는 그 신청을 각하한 결정에 대하여 즉시항고할 수 있다(제3항).

---

28) 대법원 2008. 5. 29. 선고 2007두23873 판결.

(2) 행정청의 소송참가

법원은 다른 행정청을 소송에 참가시킬 필요가 있다고 인정할 때에는 당사자 또는 당해 행정청의 신청 또는 직권에 의하여 결정으로써 그 행정청을 소송에 참가시킬 수 있다(제17조 제1항). 가령, 다툼의 대상인 처분등에 관하여 피고 행정청을 지휘·감독하는 상급 행정청이나 동의·협의 등을 함으로써 처분의 근거자료를 가지고 있는 관계 행정청 등이 이에 해당한다. 참가 행정청은 피고 행정청을 피참가인으로 하여서만 참가할 수 있다.

신청에 의하든 직권에 의하든, 법원이 참가 여부의 결정을 하고자 할 때에는 당사자 및 당해 행정청의 의견을 들어야 한다(제17조 제2항). 그러나 그 의견에 기속되는 것은 아니다.

법원의 참가허부의 결정에 대하여는 당사자나 참가 행정청 모두 불복할 수 없다.

Ⅲ. 취소소송의 대상

행정소송법 제2조(정의) ① 이 법에서 사용하는 용어의 정의는 다음과 같다.
1. "처분등"이라 함은 행정청이 행하는 구체적 사실에 관한 법집행으로서의 공권력의 행사 또는 그 거부와 그 밖에 이에 준하는 행정작용(이하 "처분"이라 한다) 및 행정심판에 대한 재결을 말한다.

제19조(취소소송의 대상) 취소소송은 처분등을 대상으로 한다. 다만, 재결취소소송의 경우에는 재결 자체에 고유한 위법이 있음을 이유로 하는 경우에 한한다.

1. 개 설

취소소송의 대상은 '처분'과 '재결'이며, 소송에 대상에 관하여 개괄주의를 취하고 있다. 취소소송의 대상에 관한 행정소송법 제19조는 무효등확인소송과 부작위위법확인소송에도 준용한다(제38조 제1항, 제2항). 취소소송에 있어서 행정처분의 존부는 소송요건으로서 직권조사사항이고 자백의 대상이 될 수 없다.[29]

---

29) 대법원 1993. 7. 27. 선고 92누15499 판결.

2. 처 분

(1) 처분과 행정행위와의 관계

1) 학설의 대립

취소소송의 대상인 처분에 관하여 행정소송법은 "행정청이 행하는 구체적 사실에 관한 법집행으로서의 공권력의 행사 또는 그 거부와 그 밖에 이에 준하는 행정작용"이라고 정의하고 있다. 이는 행정절차법과 행정심판법에서 규정하고 있는 처분 개념과 동일하다. 그러나 이러한 명문의 규정에도 불구하고, 처분과 강학상 행정행위의 관계를 둘러싸고 여전히 논란이 있다.

학설은 ① 실체법적으로 행정행위의 개념을 먼저 정의한 다음 이에 해당하는 행정청의 행위에 대하여서만 쟁송법상의 처분성을 인정하려는 견해(실체법상 개념, 一元說)와 ② 쟁송법상 처분 개념을 실체적 행정행위 개념과는 별도로 정립하여야 한다는 견해(쟁송법상 개별설, 二元說)로 대립하고 있다. 즉, 일원설은 행정행위와 처분이 동일하다고 보는 반면, 이원설은 행정행위와 처분이 다르다고 본다. 특히 이원설은 행정소송법상 처분 개념 중 '그 밖에 이에 준하는 행정작용'이라는 표현에 주목하여 강학상 행정행위에 해당하지 않는 비권력적 행위라고 하더라도 국민에게 계속적으로 사실상의 지배력을 미치는 행위는 민사소송 등 다른 구제수단이 없는 경우 처분성을 인정하여 취소소송의 대상이 되어야 한다고 주장한다. 참고로 일본에서는 이를 '형식적 행정행위'라는 관념으로 이해한다.

2) 판례의 태도

대법원은 처분 개념이 명문화되기 전부터 "항고소송의 대상이 되는 행정처분은 행정청의 공법상의 행위로서 특정사항에 대하여 법규에 의한 권리의 설정 또는 의무의 부담을 명하며, 기타 법률상의 효과를 발생케 하는 등의 국민의 권리의무에 직접 관계가 있는 행위를 말한다고 해석하여야 할 것이므로 특별한 사정이 없는 한, 행정권 내부에 있어서의 행위라던가 알선, 권유, 사실상의 통지 등과 같이 상대방 또는 기타 관계자들의 법률상 지위에 직접적으로 법률적 변동을 일으키지 않는 행위 등은 항고소송의 대상이 될 수 없다고 해석하여야 할 것이다."라는 것이 기본적인 입장이며(대법원 1967. 6. 27. 선고 67누44 판결), 이러한 기조는 현재까지 유지되고 있다.[30]

다만, 판례 중에는 법률상 지위에 직접적인 법률적 변동을 일으키지 않는 행위

---

30) 대법원 2019. 2. 14. 선고 2016두41729 판결.

라도 '국민의 권리의무에 직접적으로 영향을 미치는 행위'라는 점을 고려하여 처분성을 인정한 예가 있다(건축실공 관련행위).[31] 나아가 대법원은 '실체적 권리관계에 밀접하게 관련되어 있음'을 근거로 처분성을 인정하거나(지목변경신청 관련행위),[32] '분쟁을 조기에 근본적으로 해결'할 수 있다는 점을 처분성 판단의 기준으로 삼는 등(친일반민족행위자재산조사위 원회의 재산조사개시결정)[33] 처분의 범위를 점점 확대해가는 경향을 보인다.

최근에는 "행정청의 행위가 '처분'에 해당하는지 불분명한 경우에는 그에 대한 불복방법 선택에 중대한 이해관계를 가지는 상대방의 인식가능성과 예측가능성을 중요하게 고려하여 규범적으로 판단하여야 한다."고 판시한 바 있다(대법원 2021. 1. 14. 선고 2020두50324 판결).

3) 사 견

현행 행정소송법상 처분 개념을 학문상의 행정행위 개념보다 넓게 규정하고 있으므로 이원설이 실정법규정에 더 충실한 해석론이다. 따라서 취소소송의 대상인 처분은 강학상의 행정행위를 중심으로 이해하되, 이에 해당하지 않는 행위일지라도 국민의 권리의무에 직접 영향을 미치는 공권력적 작용은 처분성을 인정하여 취소소송의 대상으로 하고(권력적 사실행위, 일반처 분, 구속적 행정계획 등), 단순한 비권력적 사실행위는 제외하는 것이 타당하다.

(2) 처분 개념의 분석

1) 행정청의 행위

행정청이란 학문적으로는 국가 또는 지방자치단체의 행정에 관한 의사를 결정하

---

31) 대법원 2010. 11. 18. 선고 2008두167 전원합의체 판결(행정청의 어떤 행위가 항고소송의 대상이 될 수 있는지의 문제는 추상적·일반적으로 결정할 수 없고, 구체적인 경우 행정처분은 행정청이 공권력의 주체로서 행하는 구체적 사실에 관한 법집행으로서 국민의 권리의무에 직접적으로 영향을 미치는 행위라는 점을 염두에 두고, 관련 법령의 내용과 취지, 그 행위의 주체·내용·형식·절차, 그 행위와 상대방 등 이해관계인이 입는 불이익과의 실질적 견련성, 그리고 법치행정의 원리와 당해 행위에 관련한 행정청 및 이해관계인의 태도 등을 참작하여 개별적으로 결정하여야 한다).

32) 대법원 2004. 4. 22. 선고 2003두9015 전원합의체 판결.

33) 대법원 2009. 10. 15. 선고 2009두6513 판결(친일반민족행위자재산조사위원회의 재산조사개시결정이 있는 경우 조사대상자는 위 위원회의 보전처분 신청을 통하여 재산권행사에 실질적인 제한을 받게 되고, 위 위원회의 자료제출요구나 출석요구 등의 조사행위에 응하여야 하는 법적 의무를 부담하게 되는 점, '친일반민족행위자 재산의 국가귀속에 관한 특별법'에서 인정된 재산조사결정에 대한 이의신청절차만으로는 조사대상자에 대한 권리구제 방법으로 충분치 아니한 점, 조사대상자로 하여금 개개의 과태료 처분에 대하여 불복하거나 조사 종료 후의 국가귀속결정에 대하여만 다툴 수 있도록 하는 것보다는 그에 앞서 재산조사개시결정에 대하여 다툼으로써 분쟁을 조기에 근본적으로 해결할 수 있는 점 등을 종합하면, 친일반민족행위자재산조사위원회의 재산조사개시결정은 조사대상자의 권리·의무에 직접 영향을 미치는 독립한 행정처분으로서 항고소송의 대상이 된다고 봄이 상당하다).

고 이를 외부에 표시할 수 있는 권한을 가진 행정기관을 말한다. 행정청은 원칙적으로 단독제 기관이지만, 합의제기관도 존재한다. 그러나 여기서의 행정청은 행정조직법적 의미가 아니라 기능적 의미의 행정청으로 보아야 한다. 따라서 행정조직법상의 행정청뿐만 아니라 입법기관[34]이나 사법(司法)기관도 처분을 하는 범위에서 행정청에 속하며, 행정권한의 위임 또는 위탁을 받은 공공단체 및 그 기관이나 사인도 여기에 포함된다.

대법원 판례에 의하면, 공법인 등 공공단체가 행하는 모든 행위가 행정소송의 대상이 되는 것은 아니고, 그중에서 법령에 의하여 국가 또는 지방자치단체의 사무를 위임받아 행하는 국민에 대한 권력적 행위만이 행정소송의 대상이 된다. 따라서 공법인과 그 임직원 간의 내부 법률문제나 법률에 근거 없이 공법인이 내규 등에서 정한 바에 따라 자체적으로 행한 행위는 취소소송의 대상이 될 수 없다.

대법원 2008. 1. 31. 선고 2005두8269 판결

한국마사회가 조교사 또는 기수의 면허를 부여하거나 취소하는 것은 경마를 독점적으로 개최할 수 있는 지위에서 우수한 능력을 갖추었다고 인정되는 사람에게 경마에서의 일정한 기능과 역할을 수행할 수 있는 자격을 부여하거나 이를 박탈하는 것에 지나지 아니하므로, 이는 국가 기타 행정기관으로부터 위탁받은 행정권한의 행사가 아니라 일반 사법상의 법률관계에서 이루어지는 단체 내부에서의 징계 내지 제재처분이다.

2) 구체적 사실에 관한 법집행행위

처분은 '구체적 사실'에 관한 법집행행위이므로, 그 자체로서 국민의 구체적인 권리의무에 직접적인 변동을 초래케 하는 것이 아닌 일반적, 추상적인 법령 또는 내부적 내규 및 내부적 사업계획에 불과한 것 등은 그 대상이 될 수 없다.[35] 또한, 처분은 대외적으로 국민에게 직접적인 법적 효과를 발생시키는 행위이다. 행정청이 한 행위의 효과가 국민의 권리의무에 직접 영향을 미치는 것이라면 비록 처분의 근거나 효과가 법규가 아닌 행정규칙에 규정되어 있다고 하더라도 취소소송의 대상이 될 수 있다.[36]

---

34) 지방의회 의원에 대한 징계의결은 그로 인해 의원의 권리에 직접 법률효과를 미치는 행정처분의 일종으로서 행정소송의 대상이 된다(대법원 1993. 11. 26. 선고 93누7341 판결).
35) 대법원 1994. 9. 10. 선고 94두33 판결.
36) 이와 같은 맥락에서 최근 대법원은 검찰총장이 검사에 대하여 하는 '경고조치'에 대해 처분성을 인정하였다(대법원 2021. 2. 10. 선고 2020두47564 판결).

대법원 2002. 7. 26. 선고 2001두3532 판결

[1] 항고소송의 대상이 되는 행정처분이라 함은 원칙적으로 행정청의 공법상 행위로서 특정 사항에 대하여 법규에 의한 권리의 설정 또는 의무의 부담을 명하거나 기타 법률상 효과를 발생하게 하는 등으로 일반 국민의 권리 의무에 직접 영향을 미치는 행위를 가리키는 것이지만, 어떠한 처분의 근거나 법적인 효과가 행정규칙에 규정되어 있다고 하더라도, 그 처분이 행정규칙의 내부적 구속력에 의하여 상대방에게 권리의 설정 또는 의무의 부담을 명하거나 기타 법적인 효과를 발생하게 하는 등으로 그 상대방의 권리 의무에 직접 영향을 미치는 행위라면, 이 경우에도 항고소송의 대상이 되는 행정처분에 해당한다.

[2] 행정규칙에 의한 '불문경고조치'가 비록 법률상의 징계처분은 아니지만 위 처분을 받지 아니하였다면 차후 다른 징계처분이나 경고를 받게 될 경우 징계감경사유로 사용될 수 있었던 표창공적의 사용가능성을 소멸시키는 효과와 1년 동안 인사기록카드에 등재됨으로써 그 동안은 장관표창이나 도지사표창 대상자에서 제외시키는 효과 등이 있다는 이유로 항고소송의 대상이 되는 행정처분에 해당한다고 한 사례.

(가) 법규명령 · 조례 · 규칙 · 고시

일반적 · 추상적 규율의 성질을 가지는 명령은 처분에 해당하지 않으나(통설, 판례), 집행행위의 개입 없이도 그 자체로서 직접 국민의 구체적인 권리의무나 법적 이익에 영향을 미치는 등의 법률상 효과를 발생하는 이른바 '처분적 명령'은 예외적으로 항고소송의 대상이 된다.

가령, ① 두밀분교를 폐교하는 조례, ② 항정신병 치료제의 요양급여에 관한 보건복지부 고시, ③ 보건복지부 고시인 약제급여 · 비급여목록 및 급여상한금액표 등이 대표적이다.[37)]

(나) 행정계획

행정계획은 법률 · 명령 · 처분 · 사실행위 등 다양한 형식을 가진다. 따라서 행정계획 중에서 그 자체로 국민의 권리의무에 직접적이고 구체적인 영향을 미치는 경우에는 처분성을 인정할 수 있다(구속적 계획 행).

예컨대, ① 구 도시계획법 제12조의 '도시계획결정', ② 구 도시 및 주거환경정비법에 따른 주택재건축정비사업조합이 수립한 '사업시행계획' 및 '관리처분계획', ③ 구 토지구획정리사업법상 환지예정지 지정이나 환지처분 등이 이에 해당한다.[38)]

---

37) 대법원 1996. 9. 20. 선고 95누8003 판결; 대법원 2003. 10. 9.자 2003무23 결정; 대법원 2006. 9. 22. 선고 2005두2506 판결.
38) 대법원 1982. 3. 9. 선고 80누105 판결; 대법원 2009. 11. 2.자 2009마596 결정; 대법원 2009.

(다) 비권력적 사실행위

행정청의 행위라도 아무런 법적 효과를 발생시키지 않는 권유·알선·행정지도 등 비권력적 사실행위는 처분이 아니다. 따라서 만일 행정지도에 불응한 것을 이유로 침익적 처분이 내려진 경우, 그 침익적 처분에 대한 취소소송에서 행정지도의 위법성을 간접적으로 주장할 수 있을 뿐이다. 그러나 '권고'의 형식으로 이루어진 행위라도 상대방에게 일정한 법률상 의무를 부담시키는 경우에는 처분에 해당한다는 점을 주의하여야 한다.[39]

(라) 단순한 관념 또는 사실의 통지

행정청이 이미 발생한 법률관계를 단순히 알리는 행위는 상대방의 법적 지위에 변동을 일으키는 것이 아니므로 처분이 아니다.

가령, ① 국가보훈처장의 서훈대상자 유족에 대한 서훈취소통보(대통령의 서훈대상자에 대한 서훈취소결정은 처분에 해당하며, 이는 통지행위에 해당하지 않음), ② 국세기본법상 국세환급금결정이나 환급거부결정, ③ 국가공무원법상 당연퇴직의 인사발령, ④ 연가보상비 부지급행위, ⑤ 국민건강보험공단이 갑 등에게 '직장가입자 자격상실 및 자격변동 안내' 통보 및 '사업장 직권탈퇴에 따른 가입자 자격상실 안내' 통보 등이 대표적이다.[40]

(마) 장부기재행위

행정사무집행의 편의를 위하여 또는 사실증명의 자료로 삼기 위하여 공적 장부에 일정한 사항을 기재하거나 기재된 사항을 변경하는 행위 또는 그 기재내용의 수정요구를 거부하는 행위 등은 모두 그 자체만으로 국민에게 구체적으로 어떤 권리를 제한하거나 의무를 명하는 등 법률적 효과를 발생시키는 것이 아니므로 항고소송의 대상이 되는 처분에 해당하지 않는다.

그러나 최근 대법원은 ① 토지대장상 지목변경신청에 대한 거부행위, ② 건축물대장의 작성신청을 거부한 행위, ③ 건축물대장 합병행위, ④ 건축물대장을 직권말

---

9. 17. 선고 2007다2428 전원합의체 판결; 대법원 1999. 8. 20. 선고 97누6889 판결.

39) 대법원 2010. 10. 14. 선고 2008두23184 판결(공정거래위원회의 '표준약관 사용권장행위'는 그 통지를 받은 해당 사업자 등에게 표준약관과 다른 약관을 사용할 경우 표준약관과 다르게 정한 주요 내용을 고객이 알기 쉽게 표시하여야 할 의무를 부과하고, 그 불이행에 대해서는 과태료에 처하도록 되어 있으므로, 이는 사업자 등의 권리·의무에 직접 영향을 미치는 행정처분으로서 항고소송의 대상이 된다).

40) 대법원 2015. 4. 23. 선고 2012두26920 판결; 대법원 1994. 12. 2. 선고 92누14250 판결; 대법원 1995. 11. 14. 선고 95누2036 판결; 대법원 1999. 7. 23. 선고 97누10857 판결; 대법원 2019. 2. 14. 선고 2016두41729 판결.

소한 행위, ⑤ 토지대장을 직권으로 말소한 행위, ⑥ 건축물대장의 용도변경신청을 거부한 행위에 대해 국민의 권리관계에 영향을 미치는 것이라는 이유로 처분성을 인정하였다.[41]

(바) 질의회신이나 진정에 대한 답변

행정 각 부처의 장 등이 일반 국민의 소관 법령의 해석에 관한 질의에 대하여 하는 회신은 법원을 구속하지 못함은 물론 그 상대방이나 기타 관계자들의 법률상의 지위에 직접적으로 변동을 가져 오게 하는 것이 아니므로 특별한 사정이 없는 한 그 자체로서 항고소송의 대상이 될 수는 없다.[42] 진정사건이나 청원에 대한 처리결과 통보 등도 마찬가지이다.

(사) 행정기관 내부행위

행정기관의 내부적 사무처리절차 또는 행정기관 상호 간의 내부적 행위는 대외적으로 국민의 권리의무에 직접 영향을 미치는 것이 아니므로 처분에 해당하지 않는다.

판례에 따르면, ① 징계위원회의 징계의결 및 그 통고, ② 병역법에 따른 군의관의 신체등위판정, ③ 경찰공무원 시험승진후보자 명부에 등재된 자를 삭제한 행위, ④ 운전면허 행정처분처리대장상 벌점의 배점, ⑤ 도지사가 군수의 국토이용계획변경결정 요청을 반려한 행위는 모두 행정기관 내부의 행위로서 직접 국민의 권리의무에 영향이 없으므로 처분이 아니다.[43]

3) 공권력의 행사

공권력의 행사는 행정청이 법에 의하여 고권적 지위에서 일방적으로 명령·강제하는 공법상 행위를 말한다. 따라서 공법상 계약이나 합동행위, 행정청의 사법(私法)상 행위는 이에 포함되지 않는다.

그러나 공권력의 행사라도 근거 법률에서 행정소송이 아닌 다른 절차에 의하여

---

41) 대법원 2004. 4. 22. 선고 2003두9015 전원합의체 판결; 대법원 2009. 2. 12. 선고 2007두17359 판결; 대법원 2009. 5. 28. 선고 2007두19775 판결; 대법원 2010. 5. 27. 선고 2008두22655 판결; 대법원 2013. 10. 24. 선고 2011두13286 판결; 대법원 2009. 1. 30. 선고 2007두7277 판결. 다만, 토지대장의 소유자명의변경신청을 거부한 행위에 대해서는 처분성을 부정하였다(대법원 2012. 1. 12. 선고 2010두12354 판결).

42) 대법원 1992. 10. 13. 선고 91누2441 판결.

43) 대법원 1983. 2. 8. 선고 81누314 판결; 대법원 1993. 8. 27. 선고 93누3356 판결; 대법원 1997. 11. 14. 선고 97누7325 판결; 대법원 1994. 8. 12. 선고 94누2190 판결; 대법원 2008. 5. 15. 선고 2008두2583 판결.

불복할 것을 예정하고 있는 경우에는 취소소송의 대상이 될 수 없다. 가령, 과태료 처분이나 통고처분, 검사 또는 사법경찰관의 구금·압수 또는 압수물의 환부에 관한 처분, 검사의 불기소처분, 고등검찰청의 항고기각결정, 검사의 공소,[44) 공탁관이나 등기관의 처분 등이 이에 해당한다.

4) 공권력 행사의 거부

(가) 거부처분

거부처분이란 행정청이 사인으로부터 공권력의 행사를 신청받고 형식적 요건의 불비를 이유로 이를 각하하거나 이유가 없다고 하여 신청된 내용의 행위를 하지 아니할 의사를 표시하는 행위를 말한다. 거부처분은 신청을 받아들이지 않았다는 점에서 부작위와 같으나, 적극적으로 거부의사를 나타냈다는 점에서 부작위와 구별된다.

대법원 판례에 따르면, "국민의 적극적 행위 신청에 대하여 행정청이 그 신청에 따른 행위를 하지 않겠다고 거부한 행위가 항고소송의 대상이 되는 행정처분에 해당하는 것이라고 하려면, ① 그 신청한 행위가 공권력의 행사 또는 이에 준하는 행정작용이어야 하고, ② 그 거부행위가 신청인의 법률관계에 어떤 변동을 일으키는 것이어야 하며, ③ 그 국민에게 그 행위발동을 요구할 법규상 또는 조리상의 신청권이 있어야 하는바, 여기에서 '신청인의 법률관계에 어떤 변동을 일으키는 것'이라는 의미는 신청인의 실체상의 권리관계에 직접적인 변동을 일으키는 것은 물론, 그렇지 않다 하더라도 신청인이 실체상의 권리자로서 권리를 행사함에 중대한 지장을 초래하는 것도 포함한다."고 판시하고 있다.[45)

(나) 신청권의 의미

대법원은 "거부처분의 처분성을 인정하기 위한 전제요건이 되는 신청권의 존부는 구체적 사건에서 신청인이 누구인가를 고려하지 않고 관계 법규의 해석에 의하여 일반 국민에게 그러한 신청권을 인정하고 있는가를 살펴 추상적으로 결정되는 것이고, 신청인이 그 신청에 따른 단순한 응답을 받을 권리를 넘어서 신청의 인용이라는 만족적 결과를 얻을 권리를 의미하는 것은 아니므로, 국민이 어떤 신청을 한 경우에 그 신청의 근거가 된 조항의 해석상 행정발동에 대한 개인의 신청권을 인정하고 있다고 보이면 그 거부행위는 항고소송의 대상이 되는 처분으로 보아야 하고, 구체적으로 그 신청이 인용될 수 있는가 하는 점은 본안에서 판단하여야 할

---

44) 대법원 2000. 3. 28. 선고 99두11264 판결.
45) 대법원 2007. 10. 11. 선고 2007두1316 판결.

사항이다."라고 판시한 바 있다.[46]

그러나 판례와 같이 신청권을 거부처분의 요건으로 삼는 경우 처분성을 판단함에 있어 법관의 자의가 개입되어 그 범위가 지나치게 축소될 여지가 있다는 점에서 비판이 가능하다. 거부행위의 처분성 여부는 신청권의 존재에 있지 아니하고 신청행위에 대한 공권력 행사 여부(공익을 위한 우월적 지위에서의 일방적 결정)에 있다고 보아야 한다.

5) 그 밖에 이에 준하는 행정작용

행정소송법상 처분의 개념을 분석해보면, ① 행정청이 행하는 구체적 사실에 관한 법집행으로서의 공권력의 행사 또는 그 거부와 ② 그 밖에 이에 준하는 행정작용으로 구분할 수 있다. 다수설인 쟁송법적 개념설(이원설)에 의하면, ①은 강학상 행정행위(실체법상 행정행위)에 해당하며, ② '그 밖에 이에 준하는 행정작용'은 학문상의 행정행위에 해당하지는 않지만, 실질적으로 국민 생활을 일방적으로 규율하거나 국민의 법적 지위에 영향을 미치는 행정작용으로서 그에 대한 적절한 불복절차가 없는 경우 처분성을 인정할 수 있다고 한다. 이처럼 행정소송법이 처분을 정의함에 있어 '그 밖에 이에 준하는 행정작용'이라는 다소 포괄적인 개념을 사용한 것은 처분의 범위를 확대함으로써 현실적으로 권리구제의 필요성이 인정되는 다양한 행정작용을 행정소송의 대상으로 삼기 위한 취지인 것은 분명하다. 문제는 그 범위를 어디까지 인정할 것인가 여부이며, 이를 둘러싸고 이원설(二元說) 내에서도 다툼이 있다.

생각건대, 우리 행정소송의 구조를 살펴보면, 권력작용에 대한 항고소송(취소소송)과 비권력작용에 대한 당사자소송으로 대별된다는 점에서 '그 밖에 이에 준하는 행정작용'의 개념요소에는 적어도 '법집행으로서의 공권력의 행사'라는 요소가 포함되는 것으로 해석하여야 할 것이다.[47]

따라서 '그 밖에 이에 준하는 행정작용'은 전형적인 행정행위에는 해당하지 않지만 법집행으로서 권력적 성질을 가지는 행정작용(권력적 사실행위·일반처분·처분적 법규명령 등)을 말하며, 공권력 행사로서의 실체성이 없는 이른바 '형식적 행정행위'는 여기서 제외하는 것이 타당

---

46) 대법원 2009. 9. 10. 선고 2007두20638 판결(금강수계 중 상수원 수질보전을 위하여 필요한 지역의 토지 등의 소유자가 국가에 그 토지 등을 매도하기 위하여 매수신청을 하였으나 유역환경청장 등이 매수거절의 결정을 한 사안에서, 위 매수거절을 항고소송의 대상이 되는 행정처분으로 보지 않는다면 토지 등의 소유자로서는 재산권의 제한에 대하여 달리 다툴 방법이 없게 되는 점 등에 비추어, 그 매수 거부행위가 공권력의 행사 또는 이에 준하는 행정작용으로서 항고소송의 대상이 되는 행정처분에 해당한다고 한 사례).

47) 김남진/김연태(942면); 류지태/박종수(718면).

하다.

3. 재 결

(1) 개 설

취소소송의 대상은 처분과 행정심판에 대한 재결이다(행정소송법 제19조, 제2조 제1항 제1호). 여기서 말하는 재결에는 행정심판법이 적용되는 형식적 의미의 행정심판뿐만 아니라 개별 법률에서 규정하는 특별행정심판이 모두 포함된다. 원처분과 이에 대한 재결은 모두 행정청의 공권력 행사로서 다 같이 취소소송의 대상이 될 수 있으나, 아무런 제한 없이 양자를 모두 소송의 대상으로 허용할 경우 판결의 저촉이나 소송경제에 반하는 등의 문제가 발생한다. 이에 현행 행정소송법 제19조 단서는 원처분뿐만 아니라 재결에 대하여도 취소소송을 제기할 수 있도록 하되, 재결에 대한 취소소송의 경우에는 원처분의 위법을 이유로 할 수 없고, 재결 자체에 고유한 위법이 있음을 이유로 하는 경우에 한하도록 하여 원칙적으로 원처분주의를 채택하고 있다.

(2) 재결 자체에 고유한 위법

재결에 대한 취소소송은 원칙적으로 재결 자체에 고유한 위법이 있음을 이유로 하는 경우에 한하는데, 재결 자체에 고유한 위법이란 원처분에는 없고 재결에만 있는 하자를 말한다. 여기에는 ① 재결 주체의 위법(권한이 없는 행정심판위원회가 재결하거나 행정심판위원회의 구성원에게 결격사유가 있는 경우 등), ② 재결의 형식이나 절차의 위법(서면에 의하지 아니한 재결이나 재결서에 포함되어야 할 사항이 누락된 경우 등), ③ 재결 내용의 위법(적법하게 제기된 행정심판을 각하하거나 위법하게 인용재결을 하여 제3자의 권리를 침해하는 경우 등)이 있다.

1) 각하재결

행정심판청구가 적법함에도 이를 부적법한 것으로 보아 각하한 경우는 청구인의 실체적 심리를 받을 권리를 침해하는 것으로서 재결 자체에 고유한 위법이 있는 경우에 해당하므로 각하재결에 대해 취소소송을 제기할 수 있다.[48]

2) 기각재결

기각재결의 경우에도 재결 자체에 고유한 위법이 있으면 재결에 대한 취소소송을 제기할 수 있다(재결에 이유모순의 위법이 있거나 행정심판법 제44조를 위반한 사정재결 등). 그러나 원처분을 유지하는 기각재결의 경우 이처럼 재결 자체에 고유한 위법이 있는 경우는 예외적이다. 따라서 재결이 아

---

48) 대법원 2001. 7. 27. 선고 99두2970 판결.

닌 원처분에 대하여 바로 취소소송을 제기하는 것이 더 일반적이고 직접적인 구제 방법이다.

3) 취소심판의 인용재결

취소심판의 인용재결에는 행정심판위원회 스스로가 직접 처분을 취소 또는 변경하는 형성재결과 처분청에 대하여 처분의 변경을 명하는 변경명령재결(이행재결)이 있다(행정심판법 제43조 제3항).

(가) 형성재결(취소·변경재결)

형성재결의 경우 재결 자체에 고유한 위법이 있으면 그 재결 외에 그에 따른 별도의 처분이 없으므로 재결 자체가 취소소송의 대상이 된다. 가령, A에 대한 폐기물처리업허가에 대하여 인근 주민 B가 취소심판을 제기하여 인용(취소)재결이 내려진 경우를 생각해볼 수 있다.[49]

만일 침익적 처분에 대해 그 취소를 구하는 행정심판에서 '일부 인용재결'(3개월 영업정지처분을 재결에서 2개월 영업정지처분으로 감경)이나 보다 경미한 처분으로 변경하는 '적극적 변경재결'(공무원에 대한 파면처분을 재결에서 해임처분으로 감경)이 내려진 경우, 무엇을 대상으로 누구를 피고로 하여 취소소송을 제기하여야 하는가? 이 경우 일부 인용재결과 변경재결은 단지 원처분을 양적·질적으로 감축(減縮)한 것에 불과하므로 일부 취소되고 남은 또는 변경된 원처분을 대상으로 하고 원처분청을 피고로 하여 소송을 제기하여야 할 것이다(판례).

대법원 1993. 8. 24. 선고 93누5673 판결

항고소송은 원칙적으로 당해 처분을 대상으로 하나, 당해 처분에 대한 재결 자체에 고유한 주체, 절차, 형식 또는 내용상의 위법이 있는 경우에 한하여 그 재결을 대상으로 할 수 있다고 해석되므로, 징계혐의자에 대한 감봉 1월의 징계처분을 견책으로 변경한 소청결정 중 그를 견책에 처한 조치는 재량권의 남용 또는 일탈로서 위법하다는 사유는 소청결정 자체에 고유한 위법을 주장하는 것으로 볼 수 없어 소청결정의 취소사유가 될 수 없다.

그러나 만일 적극적 변경재결 중에서 내용적으로 원처분을 일부 감축한 것이 아니라 이를 대체하는 새로운 처분으로 볼 수 있는 경우에는 변경재결을 대상으로 하고 행정심판위원회를 피고로 하여야 할 것이다(2개월 영업정지처분을 재결에서 이에 갈음하는 과징금 부과처분으로 변경한 경우).

---

49) 이때 취소재결 이후 처분청이 취소하더라도 이는 원처분이 취소·소멸되었음을 확인하여 알려주는 의미의 사실 또는 관념의 통지에 불과할 뿐 새로운 형성적 행위가 아니므로 처분성이 인정되지 않는다(대법원 1998. 4. 24. 선고 97누17131 판결).

(나) 이행재결(변경명령재결)

[사례 16]
A장관은 소속 일반직공무원인 甲이 '재직 중 국가공무원법 제61조 제1항을 위반하여 금품을 받았다'는 이유로 적법한 징계절차를 거쳐 2008. 4. 3. 甲에 대해 해임처분을 하였고, 甲은 2008. 4. 8. 해임처분서를 송달받았다. 이에 甲은 소청심사위원회에 이 해임처분이 위법·부당하다고 주장하며 소청심사를 청구하였다. 소청심사위원회는 2008. 7. 25. 해임을 3개월의 정직처분으로 변경하라는 처분명령재결을 하였고, 甲은 2008. 7. 30. 재결서를 송달받았다. A장관은 2008. 8. 5. 甲에 대해 정직처분을 하였다. 2008. 8. 10. 정직처분서를 송달받은 甲은 취소소송을 제기하고자 한다. 처분을 대상으로 취소소송을 제기하는 경우 어떠한 처분을 대상으로 할 것인가? 또 이 취소소송에서 어느 시점을 제소기간 준수 여부의 기준시점으로 하여야 하는가?
(제51회 사법시험)

침익적 처분에 대한 취소심판에서 변경명령재결(이행재결)이 내려짐에 따라 피청구인이 변경처분을 한 경우 취소소송의 대상이 무엇인가? 이에 대해 대법원은 행정청이 영업자에게 행정제재처분을 한 후 변경명령재결(일부 인용)에 따라 당초 처분을 영업자에게 유리하게 변경하는 처분을 한 경우, 취소소송의 대상은 '변경된 내용의 당초 처분'이라고 판시한 바 있다.

대법원 2007. 4. 27. 선고 2004두9302 판결

행정청이 식품위생법령에 따라 영업자에게 행정제재처분을 한 후 그 처분을 영업자에게 유리하게 변경하는 처분을 한 경우, 변경처분에 의하여 당초 처분은 소멸하는 것이 아니고 당초부터 유리하게 변경된 내용의 처분으로 존재하는 것이므로, 변경처분에 의하여 유리하게 변경된 내용의 행정제재가 위법하다 하여 그 취소를 구하는 경우 그 취소소송의 대상은 변경된 내용의 당초 처분이지 변경처분은 아니고, 제소기간의 준수 여부도 변경처분이 아닌 변경된 내용의 당초 처분을 기준으로 판단하여야 한다.

그러나 변경명령재결에 따른 변경처분이 원처분을 대체하는 새로운 처분이라면 변경명령재결과 변경재결에 대하여 각각 취소소송을 제기할 수 있을 것이다.[50]

4) 의무이행심판의 인용재결

(가) 형성재결(처분재결)

의무이행심판에서 처분재결은 형성재결이므로, 이로 인해 권익을 침해당한 자가 그 효력을 다투고자 하는 경우 재결 자체를 대상으로 취소소송을 제기할 수 있다.

---

50) 대법원 1993. 9. 28. 선고 92누15093 판결.

(나) 이행재결(처분명령재결)

의무이행심판에서 처분명령재결이 내려지고 그에 따라 행정청이 후속처분을 함으로써 권익을 침해받은 자는 무엇을 대상으로 취소소송을 제기할 것인지가 문제된다. 이때 ① 특정한 처분을 하도록 명하는 재결, 즉 '특정처분명령재결'에 대하여는 취소심판에서 변경명령재결과 변경처분에 관한 논의가 그대로 적용될 수 있다.

그러나 ② 재결의 취지에 따라 하자 없는 재량행사를 통해 일정한 처분을 하도록 명하는 '일정처분명령재결'의 경우, 행정청은 신청에 대해 처분을 할 의무는 있으나 반드시 신청한 내용대로 처분할 법적 의무는 없고 종국적 처분의 내용에 대해서는 재량이 있으므로, 그에 따른 후속처분을 기다렸다가 후속처분에 대해 취소소송을 제기하는 것이 보다 실효적이고 직접적인 권리구제수단이다.

(3) 행정소송법 제19조 단서를 위반한 경우

재결 자체에 고유한 위법이 본안 판단사항인지 아니면 소송요건인지 학설상 다툼이 있다. 이에 대해 판례는 소송요건으로 보아 각하하여야 한다고 판시한 것도 있고,[51] 기각하여야 한다고 판시한 것도 있다.[52]

(4) 원처분주의에 대한 예외

개별 법률에서 원처분주의에 대한 예외로서 재결주의를 취하고 있는 경우가 있다. 재결주의란 원처분에 대하여는 제소 자체가 허용되지 아니하고 재결에 대하여만 제소를 인정하되, 재결 자체의 위법뿐만 아니라 원처분의 위법도 재결취소소송에서 주장할 수 있도록 하는 제도를 말한다.

현행법에서 재결주의를 규정하고 있는 예로는, ① 감사원의 변상판정에 대한 감사원의 재심의 판정(감사원법 제36조, 제40조), ② 지방노동위원회 등의 처분에 대한 중앙노동위원회의 재심 판정(노동위원회법 제26조, 제27조 제1항), ③ 대한변호사협회 변호사징계위원회의 결정에 대한 법무부 변호사징계위원회의 결정(변호사법 제98조의4 제3항, 제100조 제1항, 제4항) 등이 있다. 다만, 재결주의가 적용되는 처분이라고 하더라도 당해 처분이 당연무효인 경우에는 그 효력은 처음부터 발생하지 않는 것이므로, 원처분무효확인의 소도 제기할 수 있다.[53]

---

51) 대법원 1989. 10. 24. 선고 89누1865 판결.
52) 대법원 1994. 1. 25. 선고 93누16901 판결.
53) 대법원 2001. 5. 8. 선고 2001두1468 판결.

Ⅳ. 행정심판과의 관계

> **행정소송법** 제18조(행정심판과의 관계) ① 취소소송은 법령의 규정에 의하여 당해 처분에 대한 행정심판을 제기할 수 있는 경우에도 이를 거치지 아니하고 제기할 수 있다. 다만, 다른 법률에 당해 처분에 대한 행정심판의 재결을 거치지 아니하면 취소소송을 제기할 수 없다는 규정이 있는 때에는 그러하지 아니하다.

1. 임의적 전치주의(원칙)

취소소송은 법령의 규정에 의하여 당해 처분에 대한 행정심판을 제기할 수 있는 경우에도 이를 거치지 아니하고 제기할 수 있다(행정소송법제18조 제1항). 여기서 말하는 행정심판에는 행정심판법상 행정심판뿐만 아니라 특별행정심판도 포함된다.

2. 필요적 전치주의(예외)

(1) 의 의

행정소송법 제18조 제1항 본문은 임의적 행정심판 전치주의를 원칙으로 하면서도 그 단서에서 "다만, 다른 법률에 당해 처분에 대한 행정심판의 재결을 거치지 아니하면 취소소송을 제기할 수 없다는 규정이 있는 때에는 그러하지 아니하다."고 규정하여 예외적으로 필요적 전치주의가 적용될 수 있음을 밝히고 있다. 이 경우 행정심판을 청구하기만 하면 되는 것이 아니라 원칙적으로 재결까지 거칠 것을 요한다는 점에서 '필요적 재결 전치주의'라고도 한다.[54] 다른 법률에서 필요적 전치주의를 규정하고 있는 경우로는 ① 공무원에 대한 징계 기타 불이익처분(국가공무원법 제16조 제1항, 교육공무원법 제53조 제1항, 지방공무원법 제20조의2), ② 운전면허취소처분 등 도로교통법에 의한 각종 처분(도로교통법 제142조) 등이 있다.

(2) 요 건

① 필요적 전치주의는 행정청에게 반성할 기회를 주어 스스로 위법·부당한 처분을 시정할 수 있도록 하기 위한 것이므로 행정심판 청구는 적법한 것이어야 한다.

② 필요적 전치주의가 적용되는 사건에서는 행정심판 재결의 존재가 소송요건이므로 원칙적으로 재결 이후에 취소소송을 제기하여야 한다. 그러나 소송요건의 충족 여부는 변론종결시를 기준으로 하는 것이므로, 소송계속 중 재결이 있게 되면

---

54) 법원실무제요 행정(172면).

그 하자는 치유된다는 것이 판례의 입장이다.[55]

③ 행정심판의 청구인과 취소소송의 원고 및 행정심판의 대상인 처분과 취소소송의 대상인 처분은 원칙적으로 동일하여야 한다.

대법원 1988. 2. 23. 선고 87누704 판결

동일한 행정처분에 의하여 여러 사람이 동일한 의무를 부담하는 경우 그중 한 사람이 적법한 행정심판을 제기하여 행정처분청으로 하여금 그 행정처분을 시정할 수 있는 기회를 가지게 한 이상 나머지 사람은 행정심판을 거치지 아니하더라도 행정소송을 제기할 수 있다.

(3) 적용범위

1) 재결이나 재결에 따른 처분

행정심판의 재결에 대한 취소소송에서는 다시 행정심판을 청구할 필요가 없을 뿐만 아니라 청구할 수도 없다(행정심판법 제51조). 또한 재결에 따른 처분에 대해 취소소송을 제기하는 경우에도 다시 행정심판절차를 거칠 필요가 없다.[56]

2) 취소소송 이외의 행정소송

개별법상 필요적 전치를 요하는 처분이라도 그 처분에 대해 취소소송과 부작위위법확인소송을 제기하는 경우에만 행정심판의 재결을 거치면 되고(행정소송법 제38조 제2항, 제18조 제1항 단서), 무효등확인소송을 제기하는 경우에는 행정심판의 재결을 거칠 필요가 없다(제38조 제1항).

행정심판은 항고쟁송이기 때문에 당사자소송에는 성질상 필요적 전치주의가 적용되지 않는다(제44조 제1항).

(4) 필요적 전치주의의 완화

필요적 전치주의의 경우에도 ① 행정심판의 재결을 기다릴 필요가 없는 경우(행정소송법 제18조 제2항)와 ② 행정심판을 제기할 필요가 없는 경우(제3항)가 있다

행정소송법 제18조(행정심판과의 관계) ② 제1항 단서의 경우에도 다음 각 호의 1에 해당하는 사유가 있는 때에는 행정심판의 재결을 거치지 아니하고 취소소송을 제기할 수 있다.
 1. 행정심판청구가 있은 날로부터 60일이 지나도 재결이 없는 때[57]

---

55) 대법원 1987. 4. 28. 선고 86누29 판결.
56) 법원실무제요 행정(175면).
57) 원칙적으로 취소소송을 제기한 날에 충족되어야 하지만, 소송요건은 변론종결시까지 충족되면 되는 것이므로 그때까지 60일 경과라는 요건이 충족되면 필요적 전치주의에 대한 흠이 치유되는 것으

2. 처분의 집행 또는 절차의 속행으로 생길 중대한 손해를 예방하여야 할 긴급한 필요가 있
   는 때
3. 법령의 규정에 의한 행정심판기관이 의결 또는 재결을 하지 못할 사유가 있는 때
4. 그 밖의 정당한 사유가 있는 때
③ 제1항 단서의 경우에 다음 각 호의 1에 해당하는 사유가 있는 때에는 행정심판을 제기함
이 없이 취소소송을 제기할 수 있다.
1. 동종사건에 관하여 이미 행정심판의 기각재결이 있은 때
2. 서로 내용상 관련되는 처분 또는 같은 목적을 위하여 단계적으로 진행되는 처분 중 어느
   하나가 이미 행정심판의 재결을 거친 때
3. 행정청이 사실심의 변론종결 후 소송의 대상인 처분을 변경하여 당해 변경된 처분에 관
   하여 소를 제기하는 때
4. 처분을 행한 행정청[58]이 행정심판을 거칠 필요가 없다고 잘못 알린 때

V. 제소기간

행정소송법 제20조(제소기간) ① 취소소송은 처분등이 있음을 안 날부터 90일 이내에 제기하
여야 한다. 다만, 제18조 제1항 단서에 규정한 경우와 그 밖에 행정심판청구를 할 수 있는 경
우 또는 행정청이 행정심판청구를 할 수 있다고 잘못 알린 경우에 행정심판청구가 있은 때의
기간은 재결서의 정본을 송달받은 날부터 기산한다.
② 취소소송은 처분등이 있은 날부터 1년(제1항 단서의 경우는 재결이 있은 날부터 1년)을 경
과하면 이를 제기하지 못한다. 다만, 정당한 사유가 있는 때에는 그러하지 아니하다.
③ 제1항의 규정에 의한 기간은 불변기간으로 한다.

1. 개 설

취소소송은 처분등이 있음을 안 날부터 90일, 처분등이 있은 날부터 1년 이내에
제기하여야 한다. 다만, 행정심판 청구를 한 경우에는 재결서의 정본을 송달받은 날
부터 90일, 재결이 있은 날부터 1년 이내에 제기하여야 한다. 이때 90일과 1년의
두 기간 중 어느 하나의 기간이라도 경과하게 되면 부적법한 소가 된다.

2. 행정심판 청구를 하지 않은 경우

(1) 처분이 있음을 안 날부터 90일

취소소송은 처분이 있음을 안 날부터 90일 이내에 제기하여야 한다(제20조 제1항 본문). 이

로 본다. 법원실무제요 행정(182면).
58) 처분청이 아닌 재결청이 잘못 고지한 경우에도 유추적용할 수 있다는 것이 판례이다(대법원
1996. 8. 23. 선고 96누4671 판결).

기간은 불변기간이므로($^{제3}_{항}$), 당사자가 책임질 수 없는 사유[59]로 기간을 준수할 수 없었던 경우에는 추후보완이 허용되어 그 사유가 없어진 날부터 2주 이내($_{당사자에 대}^{금 사유가 없어질}$ $_{하여는 30일}$)에 취소소송을 제기할 수 있다($^{제8조 제2항, 민사소}_{송법 제173조 제1항}$).

이때 '처분이 있음을 안 날'이란 "통지, 공고 기타의 방법에 의하여 당해 처분이 있었다는 사실을 현실적으로 안 날을 의미하고 구체적으로 그 행정처분의 위법 여부를 판단한 날을 가리키는 것은 아니다."는 것이 판례이다.[60] 처분을 기재한 서류가 당사자의 주소에 송달되는 등으로 사회통념상 처분이 있음을 당사자가 알 수 있는 상태에 놓여진 때에는 반증이 없는 한 그 처분이 있음을 알았다고 추정할 수 있다.[61]

대법원 2007. 6. 14. 선고 2004두619 판결

통상 고시 또는 공고에 의하여 행정처분을 하는 경우에는 그 처분의 상대방이 불특정 다수인이고 그 처분의 효력이 불특정 다수인에게 일률적으로 적용되는 것이므로, 그 행정처분에 이해관계를 갖는 자가 고시 또는 공고가 있었다는 사실을 현실적으로 알았는지 여부에 관계없이 고시가 효력을 발생하는 날 행정처분이 있음을 알았다고 보아야 한다.

(2) 처분이 있은 날부터 1년

취소소송은 처분이 있은 날부터 1년을 경과하면 이를 제기하지 못한다. 다만, 정당한 사유[62]가 있는 때에는 그러하지 아니하다($^{제20조}_{제2항}$). 즉, 1년은 불변기간이 아니다.

여기서 '처분이 있은 날'이란 처분의 효력이 발생한 날을 말한다. 따라서 처분이 단순히 행정기관 내부적으로 결정된 것만으로는 부족하고 외부에 표시되어야 하며, 상대방 있는 처분의 경우에는 상대방에게 도달됨을 요한다. 이때 '도달'이란 상대방이 현실적으로 그 내용을 인식할 필요는 없고, '상대방이 알 수 있는 상태' 또는 '양지할 수 있는 상태'이면 충분하다. 따라서 처분서가 본인에게 직접 전달되지 않더라

---

59) 여기서 '당사자가 책임질 수 없는 사유'란 당사자가 그 소송행위를 하기 위하여 일반적으로 하여야 할 주의를 다하였음에도 불구하고 그 기간을 준수할 수 없었던 사유를 말한다(대법원 2001. 5. 8. 선고 2000두6916 판결).

60) 대법원 1991. 6. 28. 선고 90누6521 판결.

61) 대법원 2002. 8. 27. 선고 2002두3850 판결.

62) 대법원 1991. 6. 28. 선고 90누6521 판결(행정소송법 제20조 제2항 소정의 "정당한 사유"란 불확정 개념으로서 그 존부는 사안에 따라 개별적, 구체적으로 판단하여야 하나 민사소송법 제160조의 "당사자가 그 책임을 질 수 없는 사유"나 행정심판법 제18조 제2항 소정의 "천재, 지변, 전쟁, 사변 그 밖에 불가항력적인 사유"보다는 넓은 개념이라고 풀이되므로, 제소기간 도과의 원인 등 여러 사정을 종합하여 지연된 제소를 허용하는 것이 사회통념상 상당하다고 할 수 있는가에 의하여 판단하여야 한다).

도 우편함에 투입되거나, 동거친족·가족·고용원 등에게 교부되어 본인의 세력범위 내 또는 생활지배권의 범위 내에 들어간 경우에는 도달되었다고 보아야 한다.

수령인은 반드시 성년일 필요는 없고, 사리를 변별할 지능이 있으면 된다.

3. 행정심판 청구를 한 경우

(1) 제소기간

행정심판을 청구한 경우에는 재결서의 정본을 송달받은 날부터 90일 이내에 취소소송을 제기하여야 한다($^{제20조 제}_{1항 단서}$). 이 기간은 불변기간이다($^{제3}_{항}$). 이 경우에도 재결이 있은 날부터 1년을 경과하면 취소소송을 제기하지 못한다. 다만 정당한 사유가 있는 때에는 그러하지 아니하다($^{제2}_{항}$).

이는 (적법한) 행정심판을 청구하여 재결이 있은 후 원처분에 대하여 취소소송을 제기하는 경우에 적용되며, 만일 이때 재결을 대상으로 취소소송을 제기하는 때에는 재결이 있음을 안 날부터 90일, 재결이 있은 날부터 1년 이내에 취소소송을 제기하여야 할 것이다.

(2) 요 건

행정소송법 제20조 제1항 단서($^{행정심판 청구}_{가 있은 때}$)에서 말하는 '행정심판 청구'란 적법한 행정심판 청구를 말한다. 만일 행정심판 청구가 위법하여 각하되었다면 행정심판 청구가 없었던 것과 마찬가지이므로, 이러한 경우 원처분에 대한 취소소송의 제소기간은 재결서의 정본을 송달받은 날($^{재결이 있}_{은}$)이 아닌 '원처분이 있음을 안 날' 및 '원처분이 있은 날'로부터 각각 기산하여야 한다.[63]

대법원 2011. 11. 24. 선고 2011두18786 판결

행정소송법 제18조 제1항, 제20조 제1항, 구 행정심판법($^{2010. 1. 25. 법률 제9968호}_{로 전부 개정되기 전의 것}$) 제18조 제1항을 종합해 보면, 행정처분이 있음을 알고 처분에 대하여 곧바로 취소소송을 제기하는 방법을 선택한 때에는 처분이 있음을 안 날부터 90일 이내에 취소소송을 제기하여야 하고, 행정심판을 청구하는 방법을 선택한 때에는 처분이 있음을 안 날부터 90일 이내에 행정심판을 청구하고 행정심판의 재결서를 송달받은 날부터 90일 이내에 취소소송을 제기하여야 한다. 따라서 처분이 있음을 안 날부터 90일 이내에 행정심판을 청구하

---

63) 만일 각하재결 자체에 고유한 위법이 있음을 이유로 재결에 대해 취소소송을 제기하는 경우에는 '재결이 있음을 안 날' 및 '재결이 있은 날'이 각각 기산점이 된다(제20조 제1항 본문, 제2항).

지도 않고 취소소송을 제기하지도 않은 경우에는 그 후 제기된 취소소송은 제소기간을 경과한 것으로서 부적법하고, 처분이 있음을 안 날부터 90일을 넘겨 청구한 부적법한 행정심판청구에 대한 재결이 있은 후 재결서를 송달받은 날부터 90일 이내에 원래의 처분에 대하여 취소소송을 제기하였다고 하여 취소소송이 다시 제소기간을 준수한 것으로 되는 것은 아니다.

(3) 적용범위

행정심판을 청구한 경우란, ① 필요적 전치사건, ② 임의적 전치사건, ③ 법령상 행정심판청구가 금지되어 있지만, 행정청이 행정심판청구를 할 수 있다고 잘못 알린 경우에 행정심판청구를 한 경우를 모두 포함한다.

이 중 ③의 경우와 관련하여, 이미 제소기간이 지나 불가쟁력이 발생하여 불복 청구를 할 수 없었던 경우라면 그 후에 행정청이 행정심판청구를 할 수 있다고 잘 못 알렸다고 하더라도 그 때문에 처분 상대방이 적법한 제소기간 내에 취소소송을 제기할 수 있는 기회를 상실하게 된 것은 아니므로 이러한 경우에 잘못된 안내에 따라 청구된 행정심판 재결서 정본을 송달받은 날부터 다시 취소소송의 제소기간이 기산되는 것은 아니다.[64]

여기서 말하는 행정심판은 행정심판법에 따른 일반행정심판과 행정심판법 제4조에 의한 특별행정심판을 말한다.[65]

VI. 관할법원

1. 재판관할

재판관할이란 각 법원 상호 간에 재판권의 분장관계를 정해 놓은 것을 말한다. 행정사건의 1심을 행정법원이 관할하도록 한 것은 전속관할에 해당하므로, 민사소송법상 합의관할이나 변론관할은 허용되지 않는다(민사소송법 제31조).

취소소송의 제1심 관할법원은 피고의 소재지를 관할하는 행정법원으로 한다(행정소송법 제9조 제1항). 다만, ① 중앙행정기관, 중앙행정기관의 부속기관과 합의제행정기관 또는 그 장, ② 국가의 사무를 위임 또는 위탁받은 공공단체 또는 그 장을 피고로 하여 취소소송을 제기하는 경우에는 대법원 소재지를 관할하는 행정법원에 제기할 수 있

---

64) 대법원 2012. 9. 27. 선고 2011두27247 판결.
65) 대법원 2014. 4. 24. 선고 2013두10809 판결.

다($^{제2}_{항}$).

국가의 사무를 위임 또는 위탁받은 공공단체 또는 그 장에 대하여 그 지사나 지역본부 등 종된 사무소의 업무와 관련이 있는 소를 제기하는 경우에는 그 종된 사무소의 소재지를 관할하는 행정법원에 제기할 수 있다($^{행정소송규칙}_{제5조 제1항}$).

토지의 수용 기타 부동산 또는 특정의 장소에 관계되는 처분등에 대한 취소소송은 그 부동산 또는 장소의 소재지를 관할하는 행정법원에 이를 제기할 수 있다($^{제9조}_{제3항}$).

행정법원이 설치되지 않은 지역에 있어서의 행정법원의 권한에 속하는 사건은 행정법원이 설치될 때까지 해당 지방법원 본원 및 춘천지방법원 강릉지원이 관할한다($^{법원조직법 부칙<제4765}_{호, 1994. 7. 27> 제2조}$).

2. 사건의 이송

법원은 소송의 전부 또는 일부에 대하여 관할권이 없다고 인정하는 경우에는 결정으로 이를 관할법원에 이송한다($^{행정소송법 제8조 제2항,}_{민사소송법 제34조 제1항}$). 이 규정은 원고의 고의 또는 중대한 과실 없이 행정소송이 심급을 달리하는 법원에 잘못 제기된 경우에도 적용한다($^{행정소송}_{법 제7조}$).

Ⅶ. 취소소송 제기의 효과

취소소송이 제기되면 소송계속의 효과가 발생한다. 따라서 중복제소가 금지되고, 소송참가의 기회가 생기며, 관련청구소송의 이송·병합이 인정된다. 그러나 취소소송이 제기되더라도 처분등의 효력이나 그 집행 또는 절차의 속행은 정지되지 않는다($^{행정소송법 제}_{23조 제1항}$).

1. 관련청구소송의 이송

행정소송법 제10조(관련청구소송의 이송 및 병합) ① 취소소송과 다음 각 호의 1에 해당하는 소송(이하 "관련청구소송"이라 한다)이 각각 다른 법원에 계속되고 있는 경우에 관련청구소송이 계속된 법원이 상당하다고 인정하는 때에는 당사자의 신청 또는 직권에 의하여 이를 취소소송이 계속된 법원으로 이송할 수 있다.
1. 당해 처분등과 관련되는 손해배상·부당이득반환·원상회복 등 청구소송
2. 당해 처분등과 관련되는 취소소송

(1) 의 의

취소소송과 관련청구소송이 각각 다른 법원에 계속되고 있는 경우에 관련청구소송을 취소소송이 계속된 법원으로 이송할 수 있다. 이는 소송경제의 도모, 심리의 중복 및 재판의 모순·저촉을 막기 위해 주된 청구인 취소소송이 계속된 법원으로 관련청구소송을 이송하여 취소소송과 변론병합을 통해 한꺼번에 처리하도록 하는 데 그 목적이 있다.

취소소송에서 관련청구소송의 이송에 관한 규정은 무효등확인소송, 부작위위법확인소송 및 당사자소송에도 준용된다(행정소송법 제38조, 제44조 제2항).

(2) 관련청구소송의 범위

관련청구소송이란 ① 당해 처분등과 관련되는 손해배상·부당이득반환·원상회복 등 청구소송과 ② 당해 처분등과 관련되는 취소소송을 말한다(제10조 제1항).

①의 경우로는 취소소송과 국가배상청구소송, 과세처분에 대한 취소소송과 부당이득반환청구소송 등이 있으며, ②의 경우로는 수인이 각각 별도로 제기한 동일처분 등의 취소를 구하는 소송, 원처분취소소송과 재결취소소송 등이 있다.

(3) 요 건

관련청구소송의 이송을 위해서는 ① 취소소송과 관련청구소송이 서로 다른 법원에 계속 중일 것, ② 관련청구소송이 계속된 법원이 관련청구소송을 취소소송이 계속된 법원에 이송함이 상당하다고 인정할 것, ③ 당사자의 신청 또는 법원의 직권에 의한 결정이 있을 것이 요구된다.

(4) 효 과

이송결정이 확정된 때에는 소송은 처음부터 이송받은 법원에 계속된 것으로 본다(민사소송법 제40조 제1항). 따라서 제소기간 준수 여부는 처음 소장을 접수한 때를 기준으로 판단한다.

2. 관련청구소송의 병합

행정소송법 제10조(관련청구소송의 이송 및 병합) ② 취소소송에는 사실심의 변론종결시까지 관련청구소송을 병합하거나 피고 외의 자를 상대로 한 관련청구소송을 취소소송이 계속된 법원에 병합하여 제기할 수 있다.

(1) 의 의

취소소송에는 사실심의 변론종결시까지 관련청구소송을 병합하거나(객관적 병합), 피고 외의 자를 상대로 한 관련청구소송을 취소소송이 계속된 법원에 병합하여 제기할 수 있다(주관적 병합). 이는 소송경제와 관련사건의 판결의 모순·저촉을 피하기 위해 하나의 절차 내에서 여러 개의 청구를 한꺼번에 심리·재판하는 절차이다. 취소소송에서 관련청구소송의 병합에 관한 규정은 무효등확인소송, 부작위위법확인소송 및 당사자소송에도 준용된다(^{행정소송법 제38}_{조, 제44조 제2항}).

(2) 요 건

관련청구의 병합 요건으로는 ① 각 청구가 관련청구일 것, ② 주된 청구인 취소소송에 관련청구소송을 병합할 것, ③ 각 청구가 적법요건(^{전치절차, 제소기}_{간, 당사자적격 등})을 갖출 것이 필요하다. 소송계속 중에 관련청구의 병합으로 취소소송을 제기한 경우에도 병합 제기된 때를 기준으로 제소기간을 계산한다.[66]

관련청구소송의 병합은 사실심 변론종결 전까지만 가능하며, 원시적 병합이든 후발적 병합이든 불문한다.

3. 소의 변경

(1) 개 설

소(訴)는 당사자·청구·법원으로 구성된다. 소의 변경이란 원고가 소송의 계속 중에 소송의 대상인 청구의 전부 또는 일부를 변경하는 것을 말하며, 청구의 변경이라고도 한다. 청구 그 자체가 아닌 청구를 이유 있게 하기 위한 공격방어방법의 변경은 이에 해당하지 않는다. 소의 변경은 당초의 소에 의하여 개시된 소송절차가 유지되며, 그때까지의 소송자료가 새로운 소송에 승계된다는 소송경제적 관점에서 의미가 있다. 소의 변경의 유형에는 ① 종래의 청구를 새로운 청구로 대체하는 교환적 변경과 ② 종래의 청구를 유지하면서 새로운 청구를 추가하는 추가적 변경이 있다.

---

66) 대법원 2012. 12. 13. 선고 2010두20782, 20799 판결.

(2) 행정소송법상 소의 종류의 변경

1) 의 의

법원은 취소소송을 당해 처분등에 관계되는 사무가 귀속하는 국가 또는 공공단체에 대한 당사자소송 또는 취소소송 외의 항고소송으로 변경하는 것이 상당하다고 인정할 때에는 청구의 기초에 변경이 없는 한 사실심의 변론종결시까지 원고의 신청에 의하여 결정으로써 소의 변경을 허가할 수 있다($^{행정소송법 제}_{21조 제1항}$).

2) 유 형

행정소송법상 인정되는 소의 종류의 변경에는 ① 항고소송과 당사자소송 간의 변경 및 ② 항고소송 내에서 취소소송, 무효등확인소송, 부작위위법확인소송 간의 변경이 있다($^{제21조 제1항, 제}_{37조, 제42조}$).

3) 요 건

소의 종류의 변경이 인정되기 위해서는 ① 취소소송이 사실심에 계속 중이고 변론종결 전일 것($^{소가 부적법하더라도 각}_{하되기 전이면 가능함}$), ② 청구의 기초에 변경이 없을 것, ③ 소의 변경이 상당하다고 인정될 것, ④ 신소가 적법할 것이 요구된다($^{전치절차, 제소기}_{간, 대상적격 등}$).

4) 절 차

소의 종류의 변경은 법원의 허가결정이 있어야 한다($^{행정소송법 제}_{21조 제1항}$). 만일 소의 변경을 허가하면 피고를 달리하게 될 때에는 법원은 허가결정에 앞서 새로이 피고로 될 자의 의견을 들어야 한다($^{제2}_{항}$).

5) 효 과

소의 변경을 허가하는 결정이 있으면 신소는 구소를 제기한 때에 제기된 것으로 보며($^{제소시점의 소급, 제21}_{조 제4항, 제14조 제4항}$), 구소는 취하된 것으로 본다($^{제21조 제4항,}_{제14조 제5항}$). 또한 피고가 변경되는 경우 종전의 피고는 당연히 탈퇴하고, 새로운 피고가 당사자가 된다.

6) 불 복

허가결정에 대하여는 신·구소의 피고 모두 즉시항고할 수 있다($^{제21조}_{제3항}$).

(3) 행정소송법상 처분변경으로 인한 소의 변경

1) 의 의

법원은 행정청이 소송의 대상인 처분을 소가 제기된 후 변경한 때에는 원고의 신청에 의하여 결정으로써 청구의 취지 또는 원인의 변경을 허가할 수 있다(행정소송법 제22조 제1항 제). 예컨대, 파면처분에 대한 취소소송의 계속 중에 행정청이 해임처분으로 변경한 경우 원고가 파면처분 취소소송을 해임처분 취소소송으로 변경하는 것을 말한다. 이는 취소소송뿐만 아니라 무효등확인소송 및 당사자소송에서도 인정된다(제38조 제1항, 제44조 제1항).

2) 요 건

처분변경으로 인한 소의 변경을 하기 위해서는 ① 당해 소송의 대상인 처분이 변경될 것[67]과 ② 원고가 처분의 변경이 있음을 안 날로부터 60일 이내에 소의 변경을 신청할 것이 필요하다(제22조 제2항). 이외에도 소변경의 일반적 요건으로서 ③ 구소가 사실심에 계속되어 있어야 하고, 변경되는 신소도 적법하여야 한다.

행정심판 전치주의가 적용되어 종전처분에 대하여 행정심판을 거쳤으면 변경된 처분에 대하여 따로 행정심판을 거칠 필요가 없다(제3항).

3) 절 차

소의 종류의 변경과 동일하게 법원의 허가결정이 필요하다. 피고의 변경과 관련한 의견청취 및 정본의 송달 등을 제외한 나머지는 소의 종류의 변경과 같다.

4) 효 과

소의 변경을 허가하는 결정이 있으면 신소가 제기되고 구소는 취하된 것으로 본다(교환적 변경). 만일 처분변경으로 인해 종전처분과 변경된 처분이 병존하는 경우에는 추가적 변경의 형태로 소의 변경이 이루어질 수 있다.

5) 불 복

법원의 허가결정에 대해서는 독립하여 불복할 수 없다(소의 종류의 변경과 차이).

(4) 민사소송법상 소의 변경

행정소송의 원고는 행정소송법 제8조 제2항에 의해 준용되는 민사소송법 제262조에 따라 청구의 기초가 바뀌지 아니하는 한도 안에서 변론을 종결할 때(변론 없이 한 판결의 경우에는 판결을 섬)까지 청구의 취지 또는 원인을 변경할 수 있다. 원고가 취소소송을 제기한 후에 소송의 대상인 처분을 변경하거나 청구취지를 확장하는 경우(처분의 일부 취소를 구하다가 전부 취소를 구하는 것)가 이에 해당한다.

---

67) 이때 처분의 변경은 처분청(상급감독청 포함)의 직권 또는 행정심판을 통한 재결에 의하여 종전의 처분이 소극적 또는 적극적으로 변경된 경우를 말한다.

이 경우 원칙적으로 행정소송법상의 제소시점에 관한 특례가 적용되지 않으므로, 소의 변경이 있는 때(소변경신청서를 법원에 제출한 때)를 기준으로 새로운 소에 대한 제소기간의 준수 여부를 판단하여야 한다.

(5) 행정소송과 민사소송 사이의 소의 변경

대법원은 원고가 고의 또는 중대한 과실 없이 행정소송으로 제기해야 할 사건을 민사소송으로 잘못 제기한 경우 수소법원이 그 행정소송에 대한 관할을 가지고 있지 않다면 관할 법원에 이송 후 소변경을 해야 한다는 법리를 설시하여 왔다.[68] 이에 따라 사건이 행정법원으로 이송된 후 취소소송으로 소변경이 이루어진 경우 취소소송에 대한 제소기간의 준수 여부는 원칙적으로 처음에 소를 제기한 때를 기준으로 해야 한다는 입장이다.[69]

대법원 2022. 11. 17. 선고 2021두44425 판결

원고가 행정소송법상 항고소송으로 제기해야 할 사건을 민사소송으로 잘못 제기한 경우에 수소법원이 그 항고소송에 대한 관할을 가지고 있지 아니하여 관할법원에 이송하는 결정을 하였고, 그 이송결정이 확정된 후 원고가 항고소송으로 소 변경을 하였다면, 그 항고소송에 대한 제소기간의 준수 여부는 원칙적으로 처음에 소를 제기한 때를 기준으로 판단하여야 한다.

한편, 대법원은 공법상 당사자소송에 대하여도 청구의 기초가 바뀌지 아니하는 한도 안에서 민사소송으로 소 변경이 가능하다고 해석한다(대법원 2023. 6. 29. 선고 2022두44262 판결).

4. 가구제

(1) 집행정지

1) 의 의

취소소송이 제기된 경우에 처분등이나 그 집행 또는 절차의 속행으로 인하여 생길 회복하기 어려운 손해를 예방하기 위하여 긴급한 필요가 있다고 인정할 때에는 본안이 계속되고 있는 법원은 당사자의 신청 또는 직권에 의하여 처분등의 효력이나 그 집행 또는 절차의 속행의 전부 또는 일부의 정지(이하 "집행정지"라 한다)를 결정할 수 있다

---

68) 대법원 1999. 11. 26. 선고 97다42250 판결; 대법원 1996. 2. 15. 선고 94다31235 전원합의체 판결; 대법원 1997. 5. 30. 선고 95다28960 판결.
69) 대법원 2022. 11. 17. 선고 2021두44425 판결.

$\binom{제23조 제}{2항 본문}$. 이는 무효등확인소송의 경우에 준용되지만, 부작위위법확인소송에는 준용되지 않는다$\binom{제38조 제1}{항, 제2항}$.

2) 요 건

집행정지의 적극적 요건으로는 ① 집행정지의 대상인 처분등의 존재,[70] ② 적법한 본안소송의 계속, ③ 회복하기 어려운 손해예방의 필요성, ④ 긴급한 필요가 있다. 집행정지의 결정을 신청함에 있어서는 그 이유에 대한 소명이 있어야 한다$\binom{제23조}{제4항}$. 따라서 적극적 요건에 대한 주장·소명책임은 신청인에게 있다.

집행정지는 공공복리에 중대한 영향을 미칠 우려가 있을 때에는 허용되지 아니한다$\binom{제23조}{제3항}$. 나아가 본안청구가 이유 없음이 명백한 경우에도 집행정지를 인정되지 않는다. 이러한 소극적 요건에 대한 입증책임은 행정청에게 있다.

대법원 1992. 8. 7.자 92두30 결정

행정처분의 집행정지나 효력정지결정을 하기 위하여는 행정소송법 제23조 제2항에 따라 회복하기 어려운 손해를 예방하기 위하여 긴급한 필요가 있어야 하고, 여기서 말하는 "회복하기 어려운 손해"라 함은 특별한 사정이 없는 한 금전으로 보상할 수 없는 손해라 할 것이며 이는 금전보상이 불능한 경우뿐만 아니라 금전보상으로는 사회관념상 행정처분을 받은 당사자가 참고 견딜 수 없거나 또는 참고 견디기가 현저히 곤란한 경우의 유형, 무형의 손해를 일컫는다.

3) 절 차

집행정지는 본안소송이 계속되고 있는 법원이 당사자의 신청 또는 직권으로 할 수 있다$\binom{제23조}{제2항}$. 항소심과 상고심도 가능하다. 집행정지의 결정을 신청함에 있어서는 그 이유에 대한 소명이 있어야 한다$\binom{제4}{항}$.

4) 내 용

집행정지의 대상은 처분의 효력, 처분의 집행 또는 절차의 속행이고, 그 범위는 전부 또는 일부이다. 그 의미에 대하여는 행정심판법상 집행정지와 동일하다. 다만, 처분의 효력정지는 처분등의 집행 또는 절차의 속행을 정지함으로써 목적을 달성할 수 있는 경우에는 허용되지 아니한다$\binom{제23조 제}{2항 단서}$.

---

70) 다만 거부처분은 그 효력을 정지하여도 거부처분이 없었던 신청 당시의 상태로 돌아가는데 그치므로 신청인의 법적 지위에 아무런 변동이 없다. 따라서 거부처분에 대한 집행정지 신청은 신청의 이익이 없어 부적법하다는 것이 통설과 판례의 태도이다.

5) 효 력

집행정지(효력정지)결정이 고지되면 행정청의 별도 절차 없이 그 종기 때까지 잠정적으로 행정처분이 없었던 것과 같은 상태로 된다(형성력). 그러나 집행정지결정은 판결이 아니므로 기판력이 발생하지 않는다.

집행정지의 결정은 제3자에 대하여도 효력이 있으며($\frac{제29조}{제2항}$), 그 사건에 관하여 당사자인 행정청과 그 밖의 관계 행정청을 기속한다($\frac{제23조}{제6항}$). 이에 위반하는 행정처분은 무효이다.

집행정지결정에서 효력발생시기를 별도로 정하지 않은 때에는 결정이 고지된 때부터 장래를 향하여 그 효력이 발생하며, 소급효를 갖지 않는다.[71]

> **행정소송규칙 제10조(집행정지의 종기)** 법원이 법 제23조 제2항에 따른 집행정지를 결정하는 경우 그 종기는 본안판결 선고일부터 30일 이내의 범위에서 정한다. 다만, 법원은 당사자의 의사, 회복하기 어려운 손해의 내용 및 그 성질, 본안 청구의 승소가능성 등을 고려하여 달리 정할 수 있다.

6) 불 복

집행정지의 결정 또는 기각의 결정에 대하여는 즉시항고 할 수 있다. 이 경우 집행정지의 결정에 대한 즉시항고에는 결정의 집행을 정지하는 효력이 없다($\frac{제23조}{제5항}$).

7) 집행정지의 취소

집행정지의 결정이 확정된 후 집행정지가 공공복리에 중대한 영향을 미치거나 그 정지사유가 없어진 때에는 당사자의 신청 또는 직권에 의하여 결정으로써 집행정지의 결정을 취소할 수 있다($\frac{제24조}{제1항}$).

(2) 가처분

1) 의 의

가처분이란 금전 이외의 계쟁물에 관한 청구권의 집행을 보전하거나 다툼이 있는 권리관계에 대하여 임시의 지위를 정하기 위하여 하는 가구제제도이다($\frac{민사집행법}{제300조}$). 행정소송에서는 급부 또는 수익적 처분의 신청에 대한 부작위·거부처분 등에 대하여 중요한 의미를 가진다.

---

71) 법원실무제요 행정(309면).

2) 항고소송에서 가처분의 인정 여부

전술한 집행정지는 단지 소극적으로 처분등의 효력이나 그 집행 또는 절차의 속행을 정지시키는데 불과하므로 그 한계가 있다. 그러나 행정소송법에는 가처분에 관한 명시적 규정이 없으므로, 민사집행법이 정하고 있는 가처분제도가 항고소송에서도 인정될 수 있는지가 문제된다.

이에 대하여 학설은 ① 행정소송법 제23조 제2항은 공익과의 관련성 때문에 집행정지만을 인정하고 가처분을 배제하는 특별규정이라는 점을 이유로 민사집행법상 가처분이 준용될 수 없다고 보는 부정설과 ② 행정소송법 제8조 제2항에 따라 민사집행법상 가처분에 관한 규정이 준용될 수 있다고 보는 긍정설, ③ 집행정지로는 가구제의 목적을 달성할 수 없는 경우에 한하여 민사집행법상 가처분이 준용될 수 있다고 보는 제한적 긍정설로 대립하고 있다. 판례는 부정설의 입장이다.

대법원 1992. 7. 6.자 92마54 결정

[1] 민사소송법상의 보전처분은 민사판결절차에 의하여 보호받을 수 있는 권리에 관한 것이므로, 민사소송법상의 가처분으로써 행정청의 어떠한 행정행위의 금지를 구하는 것은 허용될 수 없다 할 것이다.

[2] 채권자가, 채무자와 제3채무자(국가)를 상대로 채무자의 공유수면매립면허권에 관하여, "채무자는 이에 대한 일체의 처분행위를 하여서는 아니 되며, 제3채무자는 위 면허권에 관하여 채무자의 신청에 따라 명의개서 기타 일체의 변경절차를 하여서는 아니된다."는 요지의 내용을 신청취지로 하여 가처분신청을 한 데 대하여, 원심이, 채무자에 대한 신청부분은 인용하면서도, 제3채무자에 대한 부분에 대하여는, 위 신청취지를 채무자가 면허권을 타에 양도할 경우 면허관청으로 하여금 그 양도에 따른 인가를 금지하도록 명해 달라는 뜻으로 풀이한 후, 이 부분 신청은 허용될 수 없다고 한 조치를 수긍한 사례.

3) 검 토

항고소송에서 가구제로서 가처분이 허용되기 위해서는 먼저 본안소송으로 의무이행소송 또는 예방적 부작위소송이 인정되어야 할 것이다. 따라서 항고소송에서 가처분을 인정하는 것은 현행 행정소송법의 체계와 맞지 않는다.

Ⅷ. 취소소송의 심리

행정소송에도 '처분권주의'와 '변론주의'(소송요건에 관한 사항은 변론주의가 적용되지 않는 직권조사사항임)를 포함하여 변론 및 그 준비, 증거에 관한 민사소송법상 여러 원칙들이 적용된다. 다만, 행정소송법은 행정소송의 공익성을 고려하여 행정심판기록의 제출명령($^{제25}_{조}$)과 직권심리($^{제26}_{조}$)에 관하여 특별히 규정하고 있다.

1. 심리의 대상

취소소송은 원고가 소장의 기재를 통해 특정한 소송물을 대상으로 심리가 진행된다. 무엇이 취소소송의 소송물인가를 둘러싸고 다양한 학설이 주장되고 있으나, 통설과 판례는 소송물을 '처분의 위법성 일반'이라고 본다.[72]

2. 심리의 내용

취소소송의 심리에는 ① 취소소송이 소송요건을 갖추어 적법한지 여부를 심리하는 요건심리와 ② 청구의 인용 여부에 관한 본안심리가 있다.

(1) 요건심리

요건심리의 대상이 되는 소송요건은 처분등의 존재 및 행정소송사항일 것, 당사자능력, 당사자적격 및 소의 이익, 재판권 및 관할, 제소기간, 전심절차 등이다. 소송요건의 구비 여부에 대한 기준시점은 사실심 변론종결시이다(제소기간의 준수 여부는 제소시점을 기준으로 한다). 소송요건은 상고심에서도 존속하여야 한다.[73] 소송요건의 구비 여부는 법원의 직권조사사항이다.

(2) 본안심리

본안심리와 관련하여 처분의 위법성 판단의 기준시점이 문제된다. 이에 대해 통설과 판례는 처분시의 사실관계와 법령을 기준으로 처분의 위법 여부를 판단하여야 한다는 처분시설의 입장이다.

그러나 제재처분의 대상이 되는 제재사유(행위)에 대한 위법 판단은 법령등에 특별한 규정이 있는 경우를 제외하고는 법령등을 위반한 행위 당시의 법령등에 따른다. 다만, 행위 후 법령등이 유리하게 개정된 경우에는 해당 법령등에 특별한 규정이 없다면 변경된 법령등을 적용한다(행정기본법 제14조 제3항).

---

72) 대법원 1996. 4. 26. 선고 95누5820 판결.
73) 대법원 2007. 4. 12. 선고 2004두7924 판결; 대법원 1996. 2. 23. 선고 95누2685 판결.

3. 심리의 범위

행정소송에서도 민사소송과 마찬가지로 소의 제기 및 종료, 심판의 대상이 당사자에 의하여 결정되는 처분권주의가 원칙적으로 적용되므로(행정소송법 제8조 제2항, 민사소송법 제203조), 법원은 원고의 청구취지, 즉 청구범위·액수 등을 초과하여 판결할 수 없다.[74]

법원은 법률문제와 사실문제에 관하여 심리할 수 있고, 재량행위에 대해서도 재량권의 일탈 또는 남용 여부를 심리할 수 있다(행정소송법 제27조).

4. 심리의 진행

(1) 주장책임

당사자는 자신에게 유리한 주요사실을 변론에서 주장하지 않으면 그 사실이 존재하지 않는 것으로 취급되어 불이익 또는 패소의 위험을 받게 된다. 이를 주장책임이라고 한다. 판례에 따르면, 행정소송에 있어서 특단의 사정이 있는 경우를 제외하면 당해 행정처분의 적법성에 관하여는 당해 처분청이 이를 주장·입증하여야 할 것이나 행정처분의 위법을 들어 그 취소를 청구함에 있어서는 직권조사사항을 제외하고는 그 취소를 구하는 자가 위법사유에 해당하는 구체적인 사실을 먼저 주장하여야 한다.[75]

(2) 직권심리

행정소송법 제26조(직권심리) 법원은 필요하다고 인정할 때에는 직권으로 증거조사를 할 수 있고, 당사자가 주장하지 아니한 사실에 대하여도 판단할 수 있다.

행정소송에 있어서도 원칙적으로 변론주의가 적용되므로, 전술한 주장책임의 문제가 발생하지만, 행정소송법 제26조는 직권심리를 규정하여 주장책임에 대한 예외를 인정하고 있다(제26조 후단). 판례에 따르면, 법원이 아무런 제한 없이 당사자가 주장하지 아니한 사실을 판단할 수 있는 것은 아니고, 일건 기록에 현출되어 있는 사항에 관하여서만 직권으로 증거조사를 하고 이를 기초로 하여 판단할 수 있다고 한다.[76]

---

74) 대법원 1995. 4. 28. 선고 95누627 판결(행정소송에 있어서도 당사자의 신청의 범위를 넘어서 심리하거나 재판하지 못한다).

75) 대법원 2000. 3. 23. 선고 98두2768 판결.

76) 대법원 1994. 10. 11. 선고 94누4820 판결.

(3) 증명책임

1) 본   안

소송상 일정한 사실의 존부가 증명되지 않은 경우 이러한 사실이 존재하지 않는 것으로 다루어져 불이익 또는 패소의 위험을 받게 된다. 이를 증명책임(입증책임)이라고 한다. 판례에 따르면, 대체로 침해적 처분에서 권리근거규정의 요건사실이라고 할 처분의 적법사유에 대한 증명책임은 피고(행정청)에게, 사회복지행정 분야의 급부신청에 대한 거부처분에 있어서의 처분요건에 관한 증명책임은 이를 주장하는 자에게 각 있으며, 권리장애사유 또는 소멸사유에 대한 증명책임은 이를 주장하는 자에게 있다고 한다(법률요건분류설).[77]

2) 소송요건사실

소송요건은 직권조사사항이지만, 그 존부가 불명일 때에는 부적법한 소로서 각하되기 때문에 원고의 불이익으로 판단되므로 결국 이에 대한 증명책임은 원고에게 있다고 할 것이다.

(4) 직권증거조사

행정소송법 제26조 전단은 "법원은 필요하다고 인정할 때에는 직권으로 증거조사를 할 수 있고"라고 규정하여 직권증거조사를 통해 변론주의를 보충하고 있다. 실제 소송에서 직권증거조사의 범위를 구체적으로 정하는 것은 어려운 문제이지만, 적어도 소송제도와 공공복리에 관한 소송요건사실에 대하여는 법원이 적극적으로 직권증거조사를 하여야 할 의무가 있다고 한다.[78]

(5) 행정심판기록의 제출명령

법원은 당사자의 신청이 있는 때에는 결정으로써 재결을 행한 행정청에 대하여 행정심판에 관한 기록의 제출을 명할 수 있다(행정소송법 제25조 제1항). 이 경우 제출명령을 받은 행정청은 지체 없이 당해 행정심판에 관한 기록을 법원에 제출하여야 한다(제2항). 행정심판기록 제출명령의 대상이 되는 것은 당해 행정소송의 대상인 처분에 관한 행정심판기록에 한한다.

---

77) 법원실무제요 행정(342면).
78) 상게서(348면).

5. 처분사유의 추가 · 변경

[사례 17]
A고등학교 교장인 甲은 소속 교사인 乙의 행실이 못마땅하고, 그 소속 단체인 교사 연구회에 대하여도 반감을 가지고 있던 중에 乙이 신청한 A학교시설의 개방 및 그 이용을 거부하였다. 그러자 평소 甲의 학교운영에 불만을 품고 있던 乙은 학교장 甲의 업무추진비 세부항목별 집행 내역 및 그에 관한 증빙서류에 대하여 정보공개를 청구하였다. 이에 甲은 청구된 정보의 내용 중에는 개인의 사생활의 비밀 또는 자유를 침해할 우려가 있는 정보가 포함되어 있다는 것을 이유로 乙의 청구에 대하여 비공개 결정하였다.
甲의 비공개결정에 대하여 乙이 취소소송을 제기하여 다투고 있던 중, 甲은 위 사유 이외에 학교장의 업무추진비에 관한 정보 중에는 법인 · 단체의 경영상의 비밀이 포함되어 있다는 것을 비공개결정 사유로 추가하려고 한다. 그 허용 여부에 대하여 검토하시오.
[2009년 5급 공채(일반행정)]

(1) 의 의

행정청은 개별적 사안에서 구체적 사실관계를 확정하고, 법령을 적용하여 처분을 한다. 따라서 모든 처분에는 행정청이 처분시에 인정한 근거 사실과 적용한 근거 법규가 존재하고, 이를 합하여 '처분사유(이유)'라고 한다. 행정청은 처분을 할 때에는 원칙적으로 당사자에게 그 근거와 이유를 제시하여야 한다(행정절차법 제23조 제1항). 그런데 행정청이 처분 당시에 사실인정을 그르치거나 근거 법규의 해석 · 적용을 잘못한 경우, 취소소송의 심리과정에서 처분의 적법성을 뒷받침하기 위해 처분시에는 처분의 근거로 고려하지 않았던 사실상 또는 법률상 근거를 새로운 처분사유로 주장할 수 있는지가 문제된다. 이것이 처분사유의 추가 · 변경의 문제이다. 이는 궁극적으로 분쟁의 일회적 해결이라는 소송경제의 요청과 원고의 방어권 및 행정의 절차적 보장 사이의 충돌문제이다.

(2) 구별개념

처분사유의 추가 · 변경은 취소소송의 계속 중에 처분 당시에 객관적으로 존재하였지만 처분사유로 제시되지 아니하였던 새로운 사유(사실및법적근거)를 내세워 처분의 적법성을 주장할 수 있는가의 문제이다. 이와 달리 처분이유의 사후제시는 절차상 흠의 치유에 관한 문제로서, 처분 당시의 흠을 사후적으로 보완하는 것이다.

(3) 허용 여부

종래 학설은 ① 처분사유의 추가 · 변경이 자유롭게 허용된다고 보는 긍정설, ②

행정청은 새로운 처분사유를 추가 또는 변경할 수 없다고 보는 부정설, ③ 기속행위, 재량행위, 제재처분, 거부행위 등 행위의 유형 및 취소소송, 의무이행소송 등 소송의 유형에 따라 달리 보아야 한다는 개별적 결정설, ④ 원래의 처분사유와 기본적 사실관계가 동일한 범위 내에서만 처분사유의 추가·변경이 허용된다고 보는 제한적 긍정설로 대립하였으며.[79] 통설과 판례는 제한적 긍정설의 입장이다.

2023년 8월 31일자로 제정·시행된 행정소송규칙 제9조는 "행정청은 사실심 변론을 종결할 때까지 당초의 처분사유와 기본적 사실관계가 동일한 범위 내에서 처분사유를 추가 또는 변경할 수 있다."고 규정하여 제한적 긍정설을 명문화하였다.

(4) 범위(한계)

1) 판단 기준(기본적 사실관계의 동일성)

처분청은 당초 처분의 근거로 삼은 사유와 기본적 사실관계가 동일성이 있다고 인정되는 한도 내에서만 다른 사유를 추가하거나 변경할 수 있고, 여기서 기본적 사실관계의 동일성 유무는 처분사유를 법률적으로 평가하기 이전의 구체적인 사실에 착안하여 그 기초인 사회적 사실관계가 기본적인 점에서 동일한지 여부에 따라 결정된다. 이는 행정처분의 상대방의 방어권을 보장함으로써 실질적 법치주의를 구현하고 행정처분의 상대방에 대한 신뢰를 보호하고자 함에 그 취지가 있고, 추가 또는 변경된 사유가 당초의 처분시 그 사유를 명기하지 않았을 뿐 처분시에 이미 존재하고 있었고 당사자도 그 사실을 알고 있었다 하여 당초의 처분사유와 동일성이 있는 것이라 할 수 없다.[80]

2) 처분의 근거 법령의 추가·변경

처분청이 처분 당시에 적시한 구체적 사실을 변경하지 아니하는 범위 내에서 단지 그 처분의 근거 법령만을 추가·변경하거나 당초의 처분사유를 구체적으로 표시하는 것에 불과한 경우에는 새로운 처분사유를 추가하거나 변경하는 것이라고 볼 수 없다.[81] 그러나 처분의 근거 법령을 변경하는 것이 종전 처분과 동일성을 인정할 수 없는 별개의 처분을 하는 것과 다름없는 경우에는 허용될 수 없다.[82]

---

79) 하명호(697면).
80) 대법원 2003. 12. 11. 선고 2001두8827 판결.
81) 대법원 2008. 2. 28. 선고 2007두13791, 13807 판결.
82) 대법원 2011. 5. 26. 선고 2010두28106 판결(행정청이 점용허가를 받지 않고 도로를 점용한 사람에 대하여 도로법 제94조에 의한 변상금 부과처분을 하였다가, 처분에 대한 취소소송이 제기된 후 해당 도로가 도로법 적용을 받는 도로에 해당하지 않을 경우를 대비하여 처분의 근거 법령을 구 국유

354 제 6 편 행정쟁송

3) 처분사유의 근거가 되는 기초사실 · 평가요소의 추가

처분사유 자체가 아니라 그 근거가 되는 기초사실이나 평가요소에 지나지 않는 사정은 추가로 주장할 수 있다.[83]

(5) 개별적 판례의 검토

① 대법원 1996. 9. 6. 선고 96누7427 판결

주류면허 지정조건 중 제6호 무자료 주류판매 및 위장거래 항목을 근거로 한 면허취소처분에 대한 항고소송에서, 지정조건 제2호 무면허판매업자에 대한 주류판매를 새로이 그 취소사유로 주장하는 것은 기본적 사실관계가 다른 사유를 내세우는 것으로서 허용될 수 없다고 한 사례.

② 대법원 2001. 9. 28. 선고 2000두8684 판결

토지형질변경 불허가처분의 당초의 처분사유인 국립공원에 인접한 미개발지의 합리적인 이용대책 수립시까지 그 허가를 유보한다는 사유와 그 처분의 취소소송에서 추가하여 주장한 처분사유인 국립공원 주변의 환경 · 풍치 · 미관 등을 크게 손상시킬 우려가 있으므로 공공목적상 원형유지의 필요가 있는 곳으로서 형질변경허가 금지 대상이라는 사유는 기본적 사실관계에 있어서 동일성이 인정된다고 한 사례.

③ 대법원 2004. 11. 26. 선고 2004두4482 판결

주택신축을 위한 산림형질변경허가신청에 대하여 행정청이 거부처분을 하면서 당초 거부처분의 근거로 삼은 준농림지역에서의 행위제한이라는 사유와 나중에 거부처분의 근거로 추가한 자연경관 및 생태계의 교란, 국토 및 자연의 유지와 환경보전 등 중대한 공익상의 필요라는 사유는 기본적 사실관계에 있어서 동일성이 인정된다고 한 사례.

6. 행정소송규칙에서 정한 절차상 특례

대법원규칙으로 제정된 행정소송규칙은 행정소송절차와 관련하여, ① 명령 · 규

재산법 제51조와 그 시행령 등으로 변경하여 주장한 사안에서, 위와 같이 근거 법령을 변경하는 것은 종전 도로법 제94조에 의한 변상금 부과처분과 동일성을 인정할 수 없는 별개의 처분을 하는 것과 다름 없어 허용될 수 없으므로, 이와 달리 판단한 원심판결에 법리오해의 위법이 있다고 한 사례).

83) 대법원 2018. 12. 13. 선고 2016두31616 판결(외국인 갑이 법무부장관에게 귀화신청을 하였으나 법무부장관이 심사를 거쳐 '품행 미단정'을 불허사유로 국적법상의 요건을 갖추지 못하였다며 신청을 받아들이지 않는 처분을 하였는데, 법무부장관이 갑을 '품행 미단정'이라고 판단한 이유에 대하여 제1심 변론절차에서 자동차관리법위반죄로 기소유예를 받은 전력 등을 고려하였다고 주장하였다가 원심 변론절차에서 불법 체류한 전력이 있다는 추가적인 사정까지 고려하였다고 주장한 사안에서, 법무부장관이 원심에서 추가로 제시한 불법 체류 전력 등의 제반 사정은 처분사유의 근거가 되는 기초 사실 내지 평가요소에 지나지 않으므로, 추가로 주장할 수 있다고 한 사례).

칙의 위헌·위법이 쟁점이 되는 사건에서 피고 행정청과 명령·규칙의 소관 행정청이 다른 경우 소관 행정청에 관련 소송이 계속 중인 사실을 통지하도록 하는 내용(제7조), ② 답변서에 관하여 그 기재 사항을 명시하고 소장 부본 송달일로부터 30일 이내에 제출하도록 하는 내용(제8조), ③ 공공기관의 정보공개에 관한 법률 제20조 제2항이 정한 비공개 열람·심사에 관한 절차를 규정하는 내용(제11조), ④ 행정청이 법원에 개인정보 등이 포함된 문서를 제출하는 경우 비공개처리에 관한 사항(제12조), ⑤ 재판당사자가 아닌 성희롱·성폭력 피해자, 학교폭력 사건의 피해학생 또는 그 보호자에게 행정소송에서 의견 진술할 기회를 부여하는 내용(제13조) 등을 담고 있다.

IX. 취소소송의 판결

1. 판결의 종류

판결이란 법원이 소송의 목적인 구체적 쟁송을 해결하기 위하여 원칙적으로 변론을 거쳐서 그에 대한 법적 판단을 선언하는 행위를 말한다.

(1) 각하판결

각하판결은 소송요건을 결하고 있는 소에 대하여 본안심리를 하지 않고 부적법 각하하는 소송판결을 말한다.

(2) 기각판결

본안심리 결과 원고의 청구가 이유 없다고 하여 배척하는 내용의 판결이다.

(3) 사정판결

1) 의   의

원고의 청구가 이유 있다고 인정하는 경우에도 처분등을 취소하는 것이 현저히 공공복리에 적합하지 아니하다고 인정하는 때에는 법원은 원고의 청구를 기각할 수 있다(행정소송법 제28조 제1항 전문). 이를 사정판결이라고 한다. 사정판결은 위법한 처분등을 그대로 유지하는 기각판결의 일종이므로 법치행정의 원칙과 개인의 권리구제라는 헌법 이념과 상충될 소지가 크다. 따라서 사정판결의 경우 법원은 그 판결의 주문에서 그 처분등이 위법함을 명시하여야 한다(제28조 제1항 후문). 그러므로 사정판결로 원고의 청구가 기각되더라도 처분등의 위법성에 대하여는 기판력이 발생한다. 사정판결의 정당성의 근거는 기성사실의 존중이다.

2) 요 건

사정판결이 인정되기 위해서는 ① 취소소송일 것, ② 원고의 청구가 이유 있으나 처분등을 취소하는 것이 현저히 공공복리에 적합하지 않을 것이 요구된다. 판례에 따르면 사정판결을 하여야 할 공익성의 판단 기준시는 변론종결시이다. 이러한 판례의 입장을 반영하여 행정소송규칙 제14조는 "법원이 법 제28조 제1항에 따른 판결을 할 때 그 처분등을 취소하는 것이 현저히 공공복리에 적합하지 아니한지 여부는 사실심 변론을 종결할 때를 기준으로 판단한다."고 규정하고 있다.

3) 심 리

사정판결을 할 사정이 있음에 관한 주장·증명책임은 피고인 행정청에게 있다. 그러나 당사자의 주장이 없는 경우에도 법원이 직권으로 사정판결을 할 수 있다.

법원이 사정판결을 함에 있어서는 미리 원고가 그로 인하여 입게 될 손해의 정도와 배상방법 그 밖의 사정을 조사하여야 한다(제28조 제2항).

4) 구제방법

원고의 취소청구가 사정판결로 인해 기각된 경우에는 소송비용은 피고의 부담으로 한다(제32조).

원고는 피고인 행정청이 속하는 국가 또는 공공단체를 상대로 손해배상, 제해시설의 설치 그 밖에 적당한 구제방법의 청구를 당해 취소소송 등이 계속된 법원에 병합하여 제기할 수 있다(제28조 제3항).

5) 불 복

사정판결에 대해서는 원고와 피고 모두 상소할 수 있다.

6) 적용범위

무효등확인소송·부작위위법확인소송·당사자소송에서는 사정판결을 할 수 없다(제38조 제1항, 제2항, 제44조 제1항).

(4) 취소·변경판결

1) 취소·변경의 의미

처분등의 취소 또는 변경을 구하는 원고의 청구가 이유 있다고 인정하여 그 전부 또는 일부를 인용하는 판결을 말한다. 행정소송법 제4조 제1호는 취소소송에 대해 "행정청의 위법한 처분등을 취소 또는 변경하는 소송"으로 정의하고 있는바, 여기서 '변경'은 적극적 변경이 아니라 소극적 변경인 '일부 취소'를 의미한다는 것이 다수설과 판례이다. 따라서 법원으로 하여금 행정청이 일정한 행정처분을 행한 것과 같은 효과가 있는 행정처분을 직접 행하도록 하는 형성판결을 구하는 소송은 허용되지 아니한다.[84]

2) 일부 취소의 문제

대법원은 "외형상 하나의 행정처분이라 하더라도 가분성이 있거나 그 처분대상의 일부가 특정될 수 있다면 그 일부만의 취소도 가능하고 그 일부의 취소는 당해 취소부분에 관하여 효력이 생긴다."는 입장이다.

대법원 2000. 12. 12. 선고 99두12243 판결

외형상 하나의 행정처분이라 하더라도 가분성이 있거나 그 처분대상의 일부가 특정될 수 있다면 일부만의 취소도 가능하고 그 일부의 취소는 당해 취소부분에 관하여만 효력이 생기는 것인바, 공정거래위원회가 사업자에 대하여 행한 법위반사실공표명령은 비록 하나의 조항으로 이루어진 것이라고 하여도 그 대상이 된 사업자의 광고행위와 표시행위로 인한 각 법위반사실은 별개로 특정될 수 있어 위 각 법위반사실에 대한 독립적인 공표명령이 경합된 것으로 보아야 할 것이므로, 이 중 표시행위에 대한 법위반사실이 인정되지 아니하는 경우에 그 부분에 대한 공표명령의 효력만을 취소할 수 있을 뿐, 공표명령 전부를 취소할 수 있는 것은 아니다.

대법원 판례에 의하면, ① 과세처분이나 개발부담금부과처분 등[85]과 같이 금전부과처분이 기속행위인 경우에 제출된 자료에 의하여 적법하게 부과될 정당한 금액을 산정할 수 있을 때에는 부과처분 전체를 취소할 것이 아니라 정당한 부과금액을 초과하는 부분만 일부 취소하여야 하며, ② 과징금납부명령이나 영업정지처분과 같이 행정청에 재량이 인정되는 처분이 위법한 경우에는 처분 전부를 취소하여야 하

---

84) 대법원 1997. 9. 30. 선고 97누3200 판결.
85) 대법원 2001. 6. 12. 선고 99두8930 판결; 대법원 2004. 7. 22. 선고 2002두868 판결; 대법원 2011. 12. 22. 선고 2010두16189 판결; 서울고등법원 1993. 10. 13. 선고 92구32014 판결.

고, 법원이 적정하다고 인정하는 부분만의 일부 취소는 허용되지 않는다. 재량처분에 대하여 법원으로서는 재량권의 일탈·남용 여부만 판단할 수 있기 때문이다. 이러한 법리는 과징금이 법정 최고한도를 초과하는 경우라고 하더라도 동일하게 적용된다(전부 취소).

2. 판결의 효력

(1) 자박력(구속력·불가변력)

행정소송에서도 판결이 일단 선고되면 선고법원 자신도 이에 구속되어 그 판결을 스스로 취소하거나 변경할 수 없다. 이를 판결의 자박력 또는 구속력이라고 한다.

(2) 불가쟁력(형식적 확정력)

판결에 대한 상소기간이 도과하거나 그 밖의 사유로 상소할 수 없는 때에는 더이상 판결에 대하여 다툴 수 없게 된다. 이를 판결의 형식적 확정력이라고 한다(다만 재심사유가 있는 경우에는 형식적 확정력이 배제될 수 있음).

(3) 기판력(실질적 확정력)

1) 의 의

취소소송의 판결이 확정되면, 확정된 판단내용은 당사자와 법원을 구속하여 이후 동일한 사항이 소송상 문제가 되었을 때 당사자는 그에 반하는 주장을 할 수 없고, 법원도 이에 모순·저촉되는 판단을 할 수 없다. 이러한 확정판결의 내용적 효력을 기판력이라고 한다. 기판력은 소송절차의 반복과 모순된 재판의 방지라는 법적 안정성의 요청에 따라 일반적으로 인정되고 있다.

대법원 2001. 1. 16. 선고 2000다41349 판결

기판력이라 함은 기판력 있는 전소판결의 소송물과 동일한 후소를 허용하지 않는 것임은 물론, 후소의 소송물이 전소의 소송물과 동일하지 않다고 하더라도 전소의 소송물에 관한 판단이 후소의 선결문제가 되거나 모순관계에 있을 때에는 후소에서 전소판결의 판단과 다른 주장을 하는 것을 허용하지 않는 작용을 하는 것이다.

2) 범 위

(가) 주관적 범위

기판력은 당사자 및 당사자와 동일시할 수 있는 그 승계인에게 미치고, 제3자에게는 미치지 않는 것이 원칙이다. 그러나 취소소송은 편의상 권리주체가 아닌 처분청을 피고로 하기 때문에 그 판결의 기판력은 당해 처분의 효력이 귀속하는 국가 또는 공공단체에도 미친다.

(나) 객관적 범위

기판력은 확정판결의 주문에 포함된 소송물에 관한 판단에만 발생한다. 통설과 판례는 취소소송의 소송물을 '처분의 위법성 일반'으로 보는바, 이에 따르면 처분이 위법하다는 것 또는 처분이 적법하다는 것에 대하여만 기판력이 미치고, 판결 이유 중에 적시된 사실인정·선결적 법률관계·항변·개개의 구체적인 위법사유에 관한 판단 등에는 기판력이 미치지 않는다.

(다) 시간적 범위

기판력은 사실심 변론종결시를 기준으로 발생한다. 따라서 당사자가 사실심의 변론종결시를 기준으로 그때까지 제출하지 않은 공격방어방법은 그 뒤 다시 동일한 소송을 제기하여 이를 주장할 수 없다.[86]

(4) 형성력

행정소송법 제29조(취소판결 등의 효력) ① 처분등을 취소하는 확정판결은 제3자에 대하여도 효력이 있다.
② 제1항의 규정은 제23조의 규정에 의한 집행정지의 결정 또는 제24조의 규정에 의한 그 집행정지결정의 취소결정에 준용한다.

1) 의 의

판결의 형성력이란 판결의 내용에 따라 기존의 법률관계를 발생·변경·소멸시키는 힘을 말한다. 취소판결이 확정되면 취소된 처분이나 재결의 효력은 처분청의 별도의 행위를 기다릴 것 없이 처분시에 소급하여 소멸되고, 그로써 그 처분이나 재결을 근거로 하여 형성된 기존의 법률관계에 변동을 가져오게 된다. 이는 처분등을 취소하는 청구인용 판결의 경우에만 발생한다. 청구인용 판결이 선고된 것만으로는 부족하고 그 판결이 확정되어야 한다.[87]

대법원 1999. 2. 5. 선고 98도4239 판결
피고인이 행정청으로부터 자동차 운전면허취소처분을 받았으나 나중에 그 행정처분 자체가 행정쟁송절차에 의하여 취소되었다면, 위 운전면허취소처분은 그 처분시에 소급

---

86) 대법원 1992. 2. 25. 선고 91누6108 판결.
87) 대법원 1969. 1. 28. 선고 68다1466 판결.

하여 효력을 잃게 되고, 피고인은 위 운전면허취소처분에 복종할 의무가 원래부터 없었음이 후에 확정되었다고 봄이 타당할 것이고, 행정행위에 공정력의 효력이 인정된다고 하여 행정소송에 의하여 적법하게 취소된 운전면허취소처분이 단지 장래에 향하여서만 효력을 잃게 된다고 볼 수는 없다.

2) 근 거

취소판결의 형성력은 행정소송의 제도적 목적으로부터 당연히 도출되며, 취소판결의 제3자효를 규정한 행정소송법 제29조 제1항도 간접적인 근거가 된다.

3) 형성력의 주관적 범위(제3자효)

처분등을 취소하는 확정판결은 제3자에 대하여도 효력이 있다($^{제29조}_{제1항}$). 이를 취소판결의 '제3자효' 또는 '대세효'라고 한다. 여기서 제3자란 이해관계 있는 모든 제3자를 말하며,[88] 특히 제3자효 행정행위에 대한 취소소송에서 의미가 있다. 제3자의 예로는, 체납처분절차로서 공매처분에 대해 체납자가 취소소송을 제기하여 취소판결이 확정된 경우 경락인, 경업자소송에서 기존업자(특허업)가 신규면허처분에 대해 취소소송을 제기하여 확정된 경우 신규업자 등이 이에 해당한다. 이러한 제3자를 보호하기 위한 방편으로 행정소송법은 ① 제3자의 소송참가($^{제16}_{조}$)와 ② 재심청구제도($^{제31}_{조}$)를 마련하고 있다.

(5) 기속력

행정소송법 제30조(취소판결 등의 기속력) ① 처분등을 취소하는 확정판결은 그 사건에 관하여 당사자인 행정청과 그 밖의 관계 행정청을 기속한다.
② 판결에 의하여 취소되는 처분이 당사자의 신청을 거부하는 것을 내용으로 하는 경우에는 그 처분을 행한 행정청은 판결의 취지에 따라 다시 이전의 신청에 대한 처분을 하여야 한다.
③ 제2항의 규정은 신청에 따른 처분이 절차의 위법을 이유로 취소되는 경우에 준용한다.

1) 의 의

처분등을 취소 또는 변경하는 판결이 확정되면 소송당사자인 행정청과 관계 행정청은 그 내용에 따라 행동하여야 할 실체법적 의무를 지게 되는바, 이를 기속력이라고 한다. 이는 청구인용 판결에서만 인정된다. 이는 취소판결의 효력을 보장하기 위해 행정소송법이 특별히 인정한 효력으로 보는 것이 통설적 견해이다.

---

88) 법원실무제요 행정(392면).

2) 내 용

(가) 반복금지효

취소소송에서 청구인용 판결이 확정되면 행정청(피고 행정청뿐만 아니라 모든 관계 행정청)은 동일한 사실관계 아래에서 동일 당사자에게 동일한 내용의 처분등을 반복하여서는 안 된다. 이 경우 처분의 사실관계가 같은지는 기본적 사실관계에서 동일성이 인정되는지에 따라 판단된다.

처분의 취소사유가 행정처분의 절차나 형식상 하자인 경우 행정청이 적법한 절차나 형식을 갖추어 다시 같은 내용의 처분을 하는 것은 새로운 처분으로서 기속력에 반하지 않는다.

대법원 2005. 12. 9. 선고 2003두7705 판결

재결의 기속력은 재결의 주문 및 그 전제가 된 요건사실의 인정과 판단, 즉 처분 등의 구체적 위법사유에 관한 판단에만 미친다고 할 것이고, 종전 처분이 재결에 의하여 취소되었다 하더라도 종전 처분시와는 다른 사유를 들어서 처분을 하는 것은 기속력에 저촉되지 않는다고 할 것이며, 여기에서 동일 사유인지 다른 사유인지는 종전 처분에 관하여 위법한 것으로 재결에서 판단된 사유와 기본적 사실관계에 있어 동일성이 인정되는 사유인지 여부에 따라 판단되어야 한다.

(나) 거부처분취소에 따른 재처분의무

판결에 의하여 취소되는 처분이 당사자의 신청을 거부하는 것을 내용으로 하는 경우에는 그 처분을 행한 행정청은 판결의 취지에 따라 다시 이전의 신청에 대한 처분을 하여야 한다(제30조 제2항). 그러나 이때 반드시 원고의 청구를 인용하여야 하는 것은 아니다.[89]

(다) 절차 위법을 이유로 취소된 경우의 재처분의무

신청에 따른 처분이 절차의 위법을 이유로 취소되는 경우에는 그 처분을 행한

---

89) 판례에 따르면, 처분의 적법 여부는 그 처분이 행하여진 때의 법령과 사실을 기준으로 판단하는 것이므로(처분시설) 확정판결의 당사자인 처분 행정청은 종전 처분 후에 발생한 새로운 사유를 내세워 다시 거부처분을 할 수 있고, 그러한 처분도 제30조 제2항에서 규정한 재처분에 해당한다(예컨대, 거부처분 후에 법령이 개정·시행된 경우 개정된 법령 및 허가기준을 새로운 사유로 들어 다시 이전의 신청에 대한 거부처분을 하는 것은 확정판결의 기속력에 반하지 않는다). 이때 새로운 사유인지는 종전 처분에 관하여 위법한 것으로 판결에서 판단된 사유와 기본적 사실관계의 동일성이 인정되는 사유인지에 따라 판단되어야 하며, 추가 또는 변경된 사유가 처분 당시에 그 사유를 명기하지 않았을 뿐 이미 존재하고 있었고 당사자도 그 사실을 알고 있었다고 하여 당초 처분사유와 동일성이 있는 것이라고 할 수는 없다(대법원 2011. 10. 27. 선고 2011두14401 판결).

362 제 6 편 행정쟁송

행정청은 판결의 취지에 따라 다시 이전의 신청에 대한 처분을 하여야 한다($\frac{제30조, 제3}{항, 제2항}$). 이는 제3자효 행정행위에 의하여 권익을 침해받았다고 주장하는 제3자가 제기한 취소소송에서 당해 처분이 절차상 위법을 이유로 취소된 경우에 적용된다. 적법한 절차를 준수하여 다시 같은 내용의 처분을 하는 때에도 새로운 처분으로서 기속력에 반하지 않는다.

(라) 결과제거의무(원상회복의무)

처분에 대한 취소판결이 확정되면 행정청은 그 처분으로 초래된 위법상태를 제거하여 원상회복할 의무를 진다.

3) 범 위

(가) 주관적 범위

기속력은 그 사건에 관하여 당사자인 행정청과 그 밖의 관계 행정청에게 미친다($\frac{제30조}{제1항}$). 여기서 관계 행정청이란 취소된 처분을 전제로 하여 이와 관련된 처분이나 부수적 행위를 할 수 있는 모든 행정청을 포함한다.

(나) 객관적 범위

기속력은 주로 판결의 실효성 확보를 위하여 인정되는 효력으로서 판결의 주문뿐만 아니라 그 전제가 되는 처분등의 구체적 위법사유에 관한 이유 중의 판단에 대하여도 인정된다($\frac{대법원 2001. 3. 23.}{선고 99두5238 판결}$). 그러나 판결의 결론과 직접 관계가 없는 방론이나 간접사실에 관한 판단에는 미치지 않는다.

(다) 시간적 범위

기속력의 시간적 범위는 처분의 위법성 판단의 기준시점에 관한 문제이다. 처분의 위법 여부는 원칙적으로 처분 당시의 사실과 법령을 기준으로 판단하므로, 판결의 기속력은 처분 당시에 존재하였던 사유에만 미친다. 따라서 행정청은 처분 후에 발생한 새로운 사유를 들어 다시 종전과 같은 내용의 처분을 하더라도 기속력에 반하지 않는다.

4) 위반의 효과

기속력에 반하는 처분은 위법하며, 그 흠이 중대하고 명백하여 당연무효이다($\frac{대법원 1990. 12. 11.}{선고 90누3560 판결}$).

(6) 집행력(간접강제)

> **행정소송법** 제34조(거부처분취소판결의 간접강제) ① 행정청이 제30조 제2항의 규정에 의한 처분을 하지 아니하는 때에는 제1심 수소법원은 당사자의 신청에 의하여 결정으로써 상당한 기간을 정하고 행정청이 그 기간 내에 이행하지 아니하는 때에는 그 지연기간에 따라 일정한 배상을 할 것을 명하거나 즉시 손해배상을 할 것을 명할 수 있다.
> ② 제33조와 민사집행법 제262조의 규정은 제1항의 경우에 준용한다.

집행력이란 확정판결에 의하여 강제집행을 할 수 있는 효력을 말한다. 이는 확정된 이행판결에만 인정된다. 즉, 확인판결이나 형성판결은 그 확정에 의하여 기속력과 기판력 또는 형성력이 발생하여 그 판결을 구하는 목적이 달성되므로, 원칙적으로 강제집행의 문제가 발생하지 않는다.

그러나 거부처분 취소판결이 확정된 경우에는 그것만으로 처분이 행하여진 상태가 되는 것이 아니므로, 처분청으로 하여금 판결의 취지에 따른 재처분을 하도록 하고 이를 이행하지 않을 경우 판결의 실효성을 확보하기 위하여 강제로 집행할 수 있는 수단이 필요하다. 이에 행정소송법은 거부처분 취소판결이 확정된 경우, 그 처분을 행한 행정청으로 하여금 기속력에 따라 판결의 취지에 따른 처분을 할 의무를 부과하는 한편, 부대체적 작위의무에 대한 강제집행 방법인 간접강제를 규정하여 이를 통해 집행력을 확보하고 있다. 간접강제에 관한 규정은 부작위위법확인소송에도 준용된다(제38조 제2항).

3. 판결의 선고

(1) 절   차

취소소송에서의 판결의 형식, 선고 등의 절차는 행정소송법에 특별한 규정이 없으므로 민사소송법의 규정이 준용된다.

(2) 명령·규칙의 위헌판결 등 공고

행정소송에 대한 대법원 판결에 의하여 명령·규칙이 헌법 또는 법률에 위반된다는 것이 확정된 경우에는 대법원은 지체 없이 그 사유를 행정안전부장관에게 통보하여야 한다(행정소송법 제6조 제1항). 이때 통보를 받은 행정안전부장관은 지체 없이 이를 관보에 게재하여야 한다(제2항).

이외에도 행정소송규칙 제2조는 대법원은 재판의 전제가 된 명령·규칙이 헌법 또는 법률에 위배된다는 판결이 확정되면 그 취지를 명령·규칙의 소관 행정청에 통보하도록 규정하고 있다.

(3) 종국판결의 부수적 재판(가집행선고·소송비용)

행정처분의 취소 또는 변경을 구하는 취소소송은 확정되어야 집행력이 생기므로 가집행선고를 할 수 없다.

소송비용의 범위 및 그 재판에 관하여는 행정소송법에 특별한 규정이 없는 한 민사소송법의 규정에 따른다. 다만, 행정소송법은 ① 취소청구가 사정판결에 의하여 기각되거나 ② 행정청이 처분등을 취소 또는 변경함으로 인하여 청구가 각하 또는 기각된 경우에는 소송비용을 피고가 부담하도록 하는 특례를 규정하고 있다 ($^{제32}_{조}$).

4. 판결에 대한 불복

(1) 항소·상고

제1심 법원($^{행정법원·지방}_{법원 본원·지방}$)의 종국판결에 대하여는 고등법원에 항소할 수 있고($^{민사소송법 제}_{390조 제1항}$), 고등법원이 항소심 또는 제1심으로 한 종국판결에 대하여는 대법원에 상고할 수 있다($^{민사소송법 제}_{422조 제1항}$).

(2) 재 심

취소소송에도 민사소송법에 의한 재심이 일반적으로 인정된다. 이외에도 행정소송법은 자기에게 책임 없는 사유로 소송에 참가하지 못하여 판결 결과에 영향을 미칠 공격방어방법을 제출하지 못한 제3자의 권익을 보호하기 위하여 확정된 종국판결에 대한 제3자의 재심청구를 인정하고 있다($^{제31조}_{제1항}$). 제3자는 확정판결이 있음을 안 날로부터 30일 이내, 판결이 확정될 날로부터 1년 이내에 재심청구를 제기하여야 하며($^{제2}_{항}$), 이는 불변기간이다($^{제3}_{항}$).

5. 취소소송과 화해·조정

다수설은 취소소송의 공익적 성격을 고려하여 재판상 화해는 허용될 수 없다는 입장이다. 또한, 행정소송법 제8조 제2항은 행정소송에 관하여 민사조정법을 준용하지 않으므로 조정도 허용되지 않는다고 해석된다. 그러나 실무에서는 일정한 사건의 경우 재판부가 피고에게 해당 처분을 적절하다고 인정되는 처분으로 변경할 것을 권고하고, 원고에게는 변경처분이 이루어지면 소를 취하할 것을 권고하는 '사실상 화해' 또는 '조정권고'가 소송지휘권 차원에서 활용되고 있다.

이에 행정소송규칙 제15조는 제도의 통일적인 운영을 위해 이에 관한 근거 규정을 마련하였다. 이는 취소소송뿐만 아니라 무효등확인소송과 부작위위법확인소송에도 준용된다(행정소송규칙 제18조, 당사자소송
에는 재판상 화해가 활용되고 있음).

> **행정소송규칙 제15조(조정권고)** ① 재판장은 신속하고 공정한 분쟁 해결과 국민의 권익 구제를 위하여 필요하다고 인정하는 경우에는 소송계속 중인 사건에 대하여 직권으로 소의 취하, 처분등의 취소 또는 변경, 그 밖에 다툼을 적정하게 해결하기 위해 필요한 사항을 서면으로 권고할 수 있다.
> ② 재판장은 제1항의 권고를 할 때에는 권고의 이유나 필요성 등을 기재할 수 있다.
> ③ 재판장은 제1항의 권고를 위하여 필요한 경우에는 당사자, 이해관계인, 그 밖의 참고인을 심문할 수 있다.

제 2 관   무효등확인소송

Ⅰ. 개 설

1. 의 의

무효등확인소송이란 행정청의 처분등의 효력 유무 또는 존재 여부의 확인을 구하는 소송을 말한다(행정소송법
제4조 제2호). 여기에는 처분이나 재결의 무효확인소송·유효확인소송·존재확인소송·부존재확인소송·실효확인소송이 포함된다. 무효 또는 부존재인 처분은 처음부터 당연히 법률상 효력이 없거나 부존재하나, 처분이 외형상 존재함으로써 행정청이 유효한 처분으로 오인하여 집행할 우려가 있다. 따라서 무효 또는 부존재인 처분등의 상대방이나 이해관계인은 그 무효 또는 부존재를 공적으로 선언받을 필요가 있는바, 여기에 무효등확인소송의 존재 의의가 있다.

2. 성 질

행정소송법은 무효등확인소송을 항고소송의 일종으로 규정하면서, 취소소송에 관한 대부분의 규정을 준용하고 있다(제4조, 제38
조 제1항). 다만, ① 예외적 행정심판 전치주의(제18
조), ② 제소기간(제20
조), ③ 재량처분의 취소(제27
조), ④ 사정판결(제28
조), ⑤ 소송비용의 부담(제32조), ⑥ 거부처분취소판결의 간접강제(제34조)에 관한 규정은 준용되지 않는다.

3. 소송물

무효등확인소송의 소송물은 처분등의 유효·무효, 존재·부존재이고, 청구취지만으로 소송물의 동일성이 특정된다. 당사자가 청구원인에서 무효사유로 내세운 개개의 주장은 공격방어방법에 불과하다(대법원 1992. 2. 25. 선고 91누6108 판결).

4. 취소소송과의 관계

(1) 병합형태

동일한 행정처분에 대한 무효확인과 취소청구는 서로 양립할 수 없는 청구로서 주위적·예비적 청구로서만 병합이 가능하고 선택적 청구로서의 병합이나 단순 병합은 허용되지 아니한다(대법원 1999. 8. 20. 선고 97누6889 판결).

(2) 제소기간

동일한 행정처분에 대하여 무효확인의 소를 제기하였다가 그 후 그 처분의 취소를 구하는 소를 추가적으로 병합한 경우, 주된 청구인 무효확인의 소가 적법한 제소기간 내에 제기되었다면 추가로 병합된 취소청구의 소도 적법하게 제기된 것으로 보아야 한다(대법원 2005. 12. 23. 선고 2005두3554 판결).

(3) 무효확인소송을 제기하였으나 취소사유에 불과한 경우

이 경우 취소소송의 제기에 필요한 소송요건을 구비하였다고 보일 때에는 무효가 아니면 취소라도 구하는 취지인지를 석명하여, 처분의 취소를 구하지 않음이 명백하지 않은 이상, 취소소송으로 소를 변경하도록 한 후 취소판결을 하여야 한다.

(4) 취소소송을 제기하였으나 무효사유에 해당하는 경우

처분에 대한 취소소송을 제기하였으나 그 처분에 무효사유에 해당하는 흠이 있으면, 처분을 취소하는 원고 전부승소 판결을 하여야 한다(무효를 선언하는 의미의 취소소송). 이 경우 취소소송의 소송요건을 갖추어야 한다.[90]

---

90) 대법원 1990. 8. 28. 선고 90누1892 판결(과세처분의 무효선언을 구하는 의미에서 취소를 구하는 소송이라도 전심절차를 거쳐야 한다).

Ⅱ. 소의 이익

무효등확인소송은 처분등의 효력 유무 또는 존재 여부의 확인을 구할 법률상 이익이 있는 자가 제기할 수 있다($\frac{제35}{조}$). 판례에 따르면, 행정처분의 근거 법률에 의하여 보호되는 직접적이고 구체적인 이익이 있는 경우에는 행정소송법 제35조에 규정된 무효확인을 구할 법률상 이익이 있다고 보아야 하고, 이와 별도로 무효확인소송의 보충성이 요구되는 것은 아니라는 입장이다.

대법원 2008. 6. 12. 선고 2008두3685 판결

국세청이 국세체납을 이유로 토지를 압류한 후 공매처분한 경우, 그 소유권자는 국가 또는 매수인을 상대로 부당이득반환청구의 소나 소유권이전등기말소청구의 소를 제기하여 직접 위법상태를 제거할 수 있는지 여부에 관계없이 압류처분 및 매각처분에 대한 무효확인을 구할 수 있다고 한 사례

Ⅲ. 입증책임

행정처분의 당연무효를 주장하여 무효확인을 구하는 행정소송에서는 원고에게 행정처분이 무효인 사유를 주장·증명할 책임이 있고, 이는 무효 확인을 구하는 뜻에서 행정처분의 취소를 구하는 소송에 있어서도 마찬가지이다($\frac{대법원\ 2023.\ 6.\ 29.\ 선}{고\ 2020두46073\ 판결}$).

Ⅳ. 준용규정

취소소송의 소의 변경에 관한 행정소송법 제21조의 규정은 무효등확인소송을 취소소송 또는 당사자소송으로 변경하는 경우에 준용한다($\frac{제37}{조}$). 이때 제소기간의 준수 여부는 변경 전 소 제기 당시를 기준으로 판단한다($\frac{제21조\ 제4항,}{제14조\ 제4항}$). 그 외 준용되는 취소소송의 조문은 제38조 제1항에서 규정하고 있다.

제 3 관 부작위위법확인소송

I. 개 설

1. 의 의

부작위위법확인소송이란 행정청의 부작위가 위법하다는 것을 확인하는 소송이다($^{행정소송법}_{제4조 제3호}$). 즉, 행정청이 당사자의 신청에 대하여 상당한 기간 내에 신청을 인용하는 적극적 처분 또는 각하하거나 기각하는 등의 소극적 처분을 하여야 할 법률상 응답의무가 있음에도 불구하고 이를 하지 아니하는 경우, 그 부작위가 위법하다는 것을 확인함으로써 행정청의 응답을 신속하게 하도록 하여 부작위 또는 무응답이라고 하는 소극적 위법상태를 제거하는 것을 목적으로 하는 소송이다. 만일 부작위위법확인판결이 내려졌음에도 행정청이 아무런 처분을 하지 않는 경우, 제1심 수소법원은 당사자의 신청에 의하여 결정으로써 상당한 기간을 정하고 행정청이 그 기간 내에 이행(처분)하지 아니하는 때에는 그 지연기간에 따라 일정한 배상을 할 것을 명하거나 즉시 손해배상을 할 것을 명할 수 있다($^{제38조 제2}_{항, 제34조}$).

2. 성 질

행정소송법도 부작위위법확인소송을 항고소송의 유형으로 규정하면서, 취소소송에 관한 대부분의 규정을 준용하고 있다($^{제4조, 제38}_{조 제2항}$). 다만, 그중에서 처분이 있음을 전제로 하는 규정, 즉 ① 처분변경으로 인한 소의 변경($^{제22}_{조}$), ② 집행정지($^{제23}_{조}$), ③ 집행정지의 취소($^{제24}_{조}$), ④ 사정판결($^{제28}_{조}$), ⑤ 소송비용의 부담($^{제32}_{조}$)에 관한 규정은 준용되지 않는다.

II. 소의 이익

부작위위법확인소송은 처분의 신청을 한 자로서 부작위의 위법의 확인을 구할 법률상 이익이 있는 자만이 제기할 수 있다($^{제36}_{조}$).

만일 부작위위법확인소송의 변론종결시까지 행정청의 처분으로 부작위 상태가 해소된 경우 또는 부작위가 위법하다는 확인을 받는다고 하더라도 종국적으로 침해되거나 방해받은 권리와 이익을 보호·구제받는 것이 불가능하게 된 경우에는 (협의의) 소의 이익을 상실하게 된다.

Ⅲ. 부작위위법확인소송의 대상

1. 부작위의 의의

부작위위법확인소송의 대상은 행정청의 '부작위'이다. 여기서 부작위라 함은 "행정청이 당사자의 신청에 대하여 상당한 기간 내에 일정한 처분을 하여야 할 법률상 의무가 있음에도 불구하고 이를 하지 아니하는 것을 말한다(제2조 제1항 제2호).

2. 부작위의 요건

부작위가 성립하기 위해서는 ① 당사자가 행정청에 대하여 '처분등'을 신청하여야 하고, ② 신청인에게 법규상·조리상 신청권이 존재해야 하며, ③ 행정청이 일정한 처분을 하여야 할 상당한 기간이 지나도 아무런 처분을 하지 아니하여야 한다(무효인 처분이나 거부처분에 대해서는 부작위위법확인소송을 제기할 수 없음).

Ⅳ. 심리 및 판결

1. 심리의 범위

의무이행소송과 달리 부작위위법확인소송에서는 부작위의 위법을 확인하는데 그치며, 신청이 실체법상 요건을 갖추고 있는지 여부는 심리의 범위에 포함되지 않는다고 보는 것이 통설적 견해이다(절차적 심리설).

2. 위법판단의 기준시

부작위위법확인소송은 기왕의 처분을 다투는 것이 아니라 부작위의 위법을 확인하는 것이며, 부작위가 위법하다는 판결이 확정되면 행정청은 그 판결에 따라 처분을 하여야 한다(제38조 제2항, 제30조 제2항). 따라서 그 판단의 대상은 사실심 변론종결 당시 처분의무의 존재라 할 것이므로, 사실심 변론종결시를 기준으로 부작위의 위법 여부를 판단하여야 한다.

3. 입증책임

부작위위법확인소송에서 원고가 처분을 신청하였다는 것과 상당한 기간이 경과하였다는 것에 대하여 원고가 증명책임을 진다. 반면, 상당기간이 경과한 경우에 이를 정당화할 특단의 사정이 있었다는 점에 대하여는 행정청이 증명하여야 한다.

4. 소송비용

법원은 부작위위법확인소송 계속 중 행정청이 당사자의 신청에 대하여 상당한 기간이 지난 후 처분등을 함에 따라 소를 각하하는 경우에는 소송비용의 전부 또는 일부를 피고가 부담하게 할 수 있다(행정소송규칙 제17조).

Ⅴ. 준용규정

취소소송의 소의 변경에 관한 행정소송법 제21조의 규정은 부작위위법확인소송을 취소소송 또는 당사자소송으로 변경하는 경우에 준용한다(제37조).[91] 이때 제소기간의 준수 여부는 변경 전 소 제기 당시를 기준으로 판단한다(제21조 제4항, 제14조 제4항). 그 외 준용되는 취소소송의 조문은 제38조 제2항에서 규정하고 있다.

제 3 절   당사자소송

행정소송법 제3조(행정소송의 종류) 행정소송은 다음의 네가지로 구분한다.
2. 당사자소송: 행정청의 처분등을 원인으로 하는 법률관계에 관한 소송 그 밖에 공법상의 법률관계에 관한 소송으로서 그 법률관계의 한쪽 당사자를 피고로 하는 소송

---

91) 소의 변경은 원고가 처음부터 거부처분을 부작위로 오인하고 부작위위법확인소송을 제기한 경우뿐만 아니라 부작위위법확인소송의 심리 중에 행정청이 거부처분을 한 경우에도 가능하다(대법원 2021. 12. 16. 선고 2019두45944 판결).

Ⅰ. 개 설

1. 의 의

당사자소송이란 행정청의 처분등을 원인으로 하는 법률관계에 관한 소송 그 밖에 공법상의 법률관계에 관한 소송으로서 그 법률관계의 한쪽 당사자를 피고로 하는 소송이다(행정소송법 제3조 제2호). 당사자소송은 처분등이나 부작위 이외의 공법상 법률관계 일반을 대상으로 하며, 민사소송과 마찬가지로 확인소송·이행소송 등 다양한 형태의 소송유형이 존재한다.

2. 다른 소송과의 구분

(1) 당사자소송과 항고소송

당사자소송에서는 행정청의 처분등을 원인으로 하더라도 처분등의 효력 자체가 소송의 대상이 아니라 그로 인한 법률관계 자체가 소송의 대상이 되고, 처분등을 행한 행정청이 아닌 그 법률관계의 권리주체인 한쪽 당사자를 피고로 하는 점에서 항고소송과 다르다.[92]

(2) 당사자소송과 민사소송

당사자소송은 행정법원의 전속관할에 속하며, 행정소송법 규정이 적용된다는 점에서 민사소송과 구분할 실익이 있다. 일반적으로 당사자소송은 공법상 법률관계를 대상으로 한다는 점에서 사법관계를 대상으로 하는 민사소송과 구분된다.

판례는 대체로 소송물을 기준으로 그것이 공법상의 권리이면 행정사건이고 사법상의 권리이면 민사사건이라는 입장이다(공무원지위확인은 행정사건, 소유권확인이나 부당이득반환청구는 민사사건). 그러나 다수설은 소송물의 전제가 되는 법률관계를 기준으로 행정사건과 민사사건을 구분하고 있다(소유권확인소송이라도 행정처분의 무효 등을 원인으로 할 때는 행정사건, 매매계약의 무효를 원인으로 할 때는 민사사건).

---

92) 공무원 해임처분이 무효인 경우 그 처분 자체를 소송의 대상으로 하여 해임처분 무효확인을 구하는 소송은 항고소송이지만, 그 해임처분이 무효임을 전제로 당사자가 여전히 공무원의 지위에 있다는 법률관계의 확인을 구하는 소송은 당사자소송이다.

3. 당사자소송의 활성화 논의

당사자소송은 1985년 개정 행정소송법에서 처음으로 규정되었다. 그러나 소송실무에서 특정 사건이 민사사건인지 행정사건인지, 또 행정사건 중에서 항고소송을 제기하여야 하는지 아니면 당사자소송을 제기하여야 하는지를 판별하는 것은 어려운 문제이다. 이에 최근 제정된 행정소송규칙은 그동안 재판실무를 통해 정립된 당사자소송의 예시를 규정하고 있다.

> **행정소송규칙** 제19조(당사자소송의 대상) 당사자소송은 다음 각 호의 소송을 포함한다.
> 1. 다음 각 목의 손실보상금에 관한 소송
>   가. 「공익사업을 위한 토지 등의 취득 및 보상에 관한 법률」 제78조 제1항 및 제6항에 따른 이주정착금, 주거이전비 등에 관한 소송
>   나. 「공익사업을 위한 토지 등의 취득 및 보상에 관한 법률」 제85조 제2항에 따른 보상금의 증감(增減)에 관한 소송
>   다. 「하천편입토지 보상 등에 관한 특별조치법」 제2조에 따른 보상금에 관한 소송
> 2. 그 존부 또는 범위가 구체적으로 확정된 공법상 법률관계 그 자체에 관한 다음 각 목의 소송
>   가. 납세의무 존부의 확인
>   나. 「부가가치세법」 제59조에 따른 환급청구
>   다. 「석탄산업법」 제39조의3 제1항 및 같은 법 시행령 제41조 제4항 제5호에 따른 재해위로금 지급청구
>   라. 「5·18민주화운동 관련자 보상 등에 관한 법률」 제5조, 제6조 및 제7조에 따른 관련자 또는 유족의 보상금 등 지급청구
>   마. 공무원의 보수·퇴직금·연금 등 지급청구
>   바. 공법상 신분·지위의 확인
> 3. 처분에 이르는 절차적 요건의 존부나 효력 유무에 관한 다음 각 목의 소송
>   가. 「도시 및 주거환경정비법」 제35조 제5항에 따른 인가 이전 조합설립변경에 대한 총회결의의 효력 등을 다투는 소송
>   나. 「도시 및 주거환경정비법」 제50조 제1항에 따른 인가 이전 사업시행계획에 대한 총회결의의 효력 등을 다투는 소송
>   다. 「도시 및 주거환경정비법」 제74조 제1항에 따른 인가 이전 관리처분계획에 대한 총회결의의 효력 등을 다투는 소송
> 4. 공법상 계약에 따른 권리·의무의 확인 또는 이행청구 소송

Ⅱ. 종 류

1. 형식적 당사자소송

형식적 당사자소송이란 처분이나 재결을 원인으로 하는 법률관계에 관한 소송으

로서 그 원인이 되는 처분등에 불복하여 소송을 제기할 때 처분청을 피고로 하는 것이 아니라 그 법률관계의 한쪽 당사자를 피고로 하는 소송을 말한다.

　　예를 들어 토지수용에 있어서 토지소유자 또는 사업시행자는 토지수용위원회의 재결 중 보상액에 대해서만 불복이 있는 경우 상대방 당사자를 피고로 하여 보상금의 증액 또는 감액청구소송을 제기할 수 있다(공익사업을 위한 토지 등의 취득 및). 이와 같이 실질적으로는 행정청이 한 처분등의 효력을 다투는 소송이지만 처분등을 직접 대상으로 하지 않고 처분등의 결과로서 형성된 법률관계를 대상으로, 그리고 항고소송과 같이 처분청을 피고로 하지 않고 실질적 이해관계를 가진 법률관계의 한쪽 당사자를 피고로 하여 제기하는 소송을 형식적 당사자소송이라고 한다. 이러한 소송은 일반적으로 인정되지 않고, 개별법에서 특별한 규정이 있는 경우에만 허용된다는 것이 다수설적 견해이다.

2. 실질적 당사자소송

(1) 의　의

　　실질적 당사자소송이란 공법상의 법률관계에 관한 소송으로서 그 법률관계의 한쪽 당사자를 피고로 하는 소송을 말한다. 따라서 대립하는 당사자 간의 공법상 권리 또는 법률관계 그 자체가 소송물이 된다. 여기에는 ① 처분이나 재결을 원인으로 하는 법률관계에 관한 소송(형식적 당사자소송에)과 ② 그 밖의 공법상 법률관계에 관한 소송이 있다. 일반적으로 당사자소송이라고 하면 실질적 당사자소송을 의미한다.

(2) 유　형

1) 처분등을 원인으로 하는 법률관계에 관한 소송

　　과세처분의 무효를 전제로 한 조세채무부존재확인소송과 같이 처분으로 형성된 법률관계 그 자체를 다투는 소송이 이에 해당한다는 점에 대해서는 다툼이 없다. 그러나 처분을 기초로 하면서도 처분으로 형성된 법률관계 그 자체가 아닌 다른 법률관계를 다투는 소송(가령 처분의 무효로 인한 부당이득반환청구소, 처분의 위법으로 인한 손해배상청구소송 등)이 당사자소송에 속하는지에 관하여는 다툼이 있다.

2) 그 밖의 공법상 법률관계에 관한 소송

　　그 밖의 공법상 법률관계에 관한 소송으로는 ① 공법상 신분이나 지위의 확인에 관한 소송(공무원, 국·공립학교 학생, 지방의회 의원, 국가유공자 등의 신분이나 지위의 확인을 구하는 소송), ② 공법상 금전지급청구에 관한 소송,93) ③ 공법상 계약에 관한 소송, ④ 처분에 이르는 절차적 요건의 존부 또는 효력 유무에 관한 소송(주택재건축정비사업조합을 상대로 관리처분계획안에 대한 조합 총회결의의 효력 등을 다투는 소송) 등이 이에 해당한다.

대법원 1992. 12. 24. 선고 92누3335 판결

　[1] 광주민주화운동관련자보상등에관한법률 제15조 본문의 규정에서 말하는 광주민주화운동관련자보상심의위원회의 결정을 거치는 것은 보상금 지급에 관한 소송을 제기하기 위한 전치요건에 불과하다고 할 것이므로 위 보상심의위원회의 결정은 취소소송의 대상이 되는 행정처분이라고 할 수 없다.

　[2] 같은 법에 의거하여 관련자 및 유족들이 갖게 되는 보상 등에 관한 권리는 헌법 제23조 제3항에 따른 재산권침해에 대한 손실보상청구나 국가배상법에 따른 손해배상청구와는 그 성질을 달리하는 것으로서 법률이 특별히 인정하고 있는 공법상의 권리라고 하여야 할 것이므로 그에 관한 소송은 행정소송법 제3조 제2호 소정의 당사자소송에 의하여야 할 것이며 보상금 등의 지급에 관한 법률관계의 주체는 대한민국이다.

　그러나 이 경우에도 처분에 의해 신분이나 지위가 변동되거나 구체적인 급부청구권이 발생하는 경우에는 항고소송을 통해 처분의 효력을 다투어야 하며, 공법상 계약과 관련된 분쟁이라도 다툼의 대상이 되는 행위가 처분의 성격을 가지는 경우에는 항고소송의 대상이 된다.

대법원 1996. 12. 6. 선고 96누6417 판결

　구 공무원연금법(1995. 12. 29. 법률 제5117호로 개정되기 전의 것) 제26조 제1항, 제80조 제1항, 공무원연금법시행령 제19조의2의 각 규정을 종합하면, 같은 법 소정의 급여는 급여를 받을 권리를 가진 자가 당해 공무원이 소속하였던 기관장의 확인을 얻어 신청하는 바에 따라 공무원연금관리공단이 그 지급결정을 함으로써 그 구체적인 권리가 발생하는 것이므로, 공무원연금관리공단의 급여에 관한 결정은 국민의 권리에 직접 영향을 미치는 것이어서 행정처분에 해당하고, 공무원연금관리공단의 급여결정에 불복하는 자는 공무원연금급여재심위원회의 심사결정을 거쳐 공무원연금관리공단의 급여결정을 대상으로 행정소송을 제기하여야 한다.

---

93) 판례에 의하면, ① 광주민주화운동관련자보상등에관한법률에 기한 보상금, ② 공무원의 연가보상비, ③ 퇴직연금 결정 후 공무원연금법령의 개정 등으로 퇴직연금 중 일부 금액의 지급이 정지된 경우 미지급 퇴직연금, ④ 지방소방공무원이 소속 지방자치단체를 상대로 한 초과근무수당, ⑤ 명예퇴직한 법관의 미지급 명예퇴직수당액 등의 지급을 구하는 소송이 이에 해당한다.

Ⅲ. 당사자소송의 소송요건

1. 소의 이익

민사소송상의 당사자능력을 갖는 자만이 당사자소송의 원고가 될 수 있으며, 일반 민사소송의 원고적격에 관한 규정이 그대로 준용된다(행정소송법 제8조 제2항). 당사자소송에서의 소의 이익은 민사소송에서와 같다.[94]

2. 피고적격

당사자소송은 항고소송과 달리 행정청을 피고로 하는 것이 아니고 권리·의무의 귀속주체인 국가·공공단체 그 밖의 권리주체를 피고로 한다(제39조). 국가를 당사자 또는 참가인으로 하는 소송에서는 법무부장관이 국가를 대표한다(국가를 당사자로 하는 소송에 관한 법률 제2조). 형식적 당사자소송의 피고적격에 대하여는 개별 법률에서 정하고 있다.

3. 재판관할

취소소송의 재판관할에 관한 행정소송법 제9조의 규정은 당사자소송의 경우에 준용되므로 피고의 소재지를 관할하는 행정법원에 원칙적으로 재판관할이 인정된다. 그러나 당사자소송은 항고소송과는 달리 국가·공공단체 기타 권리주체를 피고로 하는 것으로, 국가나 공공단체가 피고인 경우에는 해당 소송과 구체적인 관계가 있는 관계 행정청의 소재지를 피고의 소재지로 본다(제40조).

4. 제소기간

당사자소송은 법령에서 특별히 제소기간을 제한하고 있지 않는 이상 제소기간의 제한을 받지 않는다. 만일 당사자소송에 관하여 법령에 제소기간이 정하여져 있는 때에는 그 기간은 불변기간으로 한다(제41조).

---

94) 지방자치단체와 채용계약에 의하여 채용된 계약직 공무원이 그 계약기간 만료 이전에 채용계약해지 등의 불이익을 받은 후 그 계약기간이 만료된 경우, 채용계약해지의 의사표시에 대해 무효확인을 구할 소의 이익이 없다(대법원 2002. 11. 26. 선고 2002두1496 판결).

Ⅳ. 준용규정

행정소송법 제21조(소의 변경)의 규정은 당사자소송을 항고소송으로 변경하는 경우에 준용한다(제42조). 그 외 준용되는 취소소송의 조문은 제44조에서 규정하고 있다.

한편, 당사자소송은 실질적으로 민사소송과 유사한 성격을 가지므로 재판상 화해의 대상이 될 수 있다는 것이 다수설적 견해이다. 실무에서도 행정상 손실보상이나 보상금증감에 관한 소송에서 활용하고 있다.[95] 또한, 당사자소송에는 집행정지에 관한 규정이 준용되지 않는 대신 민사집행법상 가처분 규정이 준용된다(대법원 2015. 8. 21. 자 2015무26 결정).

제 4 절   객관적 소송

Ⅰ. 개 설

객관적 소송이란 개인의 권익구제보다는 공익적 견지에서 행정의 적법성을 보장하기 위한 소송이다.

객관적 소송에는 민중소송과 기관소송이 있으며, 민중소송 및 기관소송은 법률이 정한 경우에 법률에 정한 자에 한하여 제기할 수 있다(행정소송법 제45조).

Ⅱ. 종 류

1. 민중소송

민중소송이란 국가 또는 공공단체의 기관이 법률에 위반되는 행위를 한 때에 직접 자기의 법률상 이익과 관계없이 그 시정을 구하기 위하여 제기하는 소송을 말한다(행정소송법 제3조 제3호).

민중소송은 행정법규의 적정한 집행을 보장하기 위하여 원고적격의 요건을 완화하여 일반인에게 제소권을 인정하는 예외적인 행정소송이다. 그러나 일반인이 제소할 수 있다고 해서 그 범위가 무제한적인 것이 아니며, 또한 모든 위법사항에 대하

---

95) 법원실무제요 행정(368면).

여 제소가 인정되는 것도 아니다. 즉, 어느 범위의 일반인이 어떤 위법사항에 대하여 시정을 소구할 수 있는지는 입법정책의 문제로서, 이는 개별 법률에 의해 결정될 것이다.

현행법상 인정되는 민중소송의 예로는 ① 국민투표법이 인정한 국민투표무효의 소송($_조^{제92}$), ② 공직선거법이 정한 선거소송($_조^{제222}$) 및 당선소송($_조^{제223}$),$^{96)}$ ③ 지방자치법이 정한 주민소송($_조^{제22}$) 등이 있다.

2. 기관소송

(1) 의 의

행정소송법상 기관소송이란 국가 또는 공공단체의 기관 상호 간에 있어서의 권한의 존부 또는 그 행사에 관한 다툼이 있을 때에 이에 대하여 제기하는 소송을 말하며, 헌법재판소법 제2조의 규정에 의하여 헌법재판소의 관장사항으로 되는 소송은 제외한다($_{제3조 제4호}^{행정소송법}$). 기관이라 함은 법인 기타 단체의 의사를 결정하거나 그 실행에 참여하는 지위에 있어 그 행위가 법인의 행위로 되는 자를 말한다.

기관소송이란 한마디로 과거에는 소송의 대상이 아니었던 행정조직 내부관계의 소송을 말한다($_{는 공공단체 상호 간의 관계를 포함한다}^{이때 내부관계에는 국가와 공공단체 또}$). 본래 행정기관 사이의 주관쟁의(主管爭議), 기타 권한에 관한 쟁의는 해당 기관 공통의 상급기관이 있을 때에는 그 상급기관에 의하여 행정적으로 해결되어야 하고, 법원의 권한에 속하지 않는 것이 원칙이다. 그러나 기관쟁의를 해결할 적당한 기관이 없거나 특별히 공정한 제3자의 판단을 구하는 것이 적절한 경우에 법률은 법원에의 제소를 인정하고 있다.$^{97)}$

한국의 기관소송은 1984년 행정소송법이 전부 개정되면서 일본의 기관소송제도를 도입한 것으로, 법률이 정한 경우에 법률에 정한 자에 한하여 제기할 수 있다($_조^{제45}$). 이를 '기관소송 법정주의'라고 한다.

(2) 기관소송의 성격

우리나라 행정소송법상 기관소송은 이익의 분쟁이 아닌 권한의 분쟁에 해당하며, 여기서 권한이라 함은 헌법·법률 또는 법규명령에 의하여 부여된 법률상 유효

---

96) 당선무효소송는 선거무효소송과 달리 선거인은 제소할 수 없고, 후보자를 추천한 정당과 후보자만이 제기할 수 있으므로 주관적 소송으로 보아야 한다는 견해도 있다. 정형근(788면).
97) 법원실무제요 행정(20면).

한 행위를 할 수 있는 범위를 말한다. 이러한 권한은 헌법, 법률, 명령이라고 하는 '객관적인 법'으로부터 직접 발생하며 법과 마찬가지로 일반성과 항구성을 가지기 때문에 객관적 법적 상태를 의미한다. 따라서 기관소송은 권리 또는 이익의 침해를 전제로 하지 않고 바로 법규에 대한 위법 여부를 다투게 되는 객관적 소송의 성격을 가진다.

(3) 기관소송의 범위

기관소송의 범위와 관련하여, 학설은 ① 행정소송법 제3조 제4호를 문리해석하여 동일한 법주체 내부의 기관 간의 다툼만을 의미한다고 보는 견해(협의설)와 ② 상이한 법주체의 기관 간의 다툼도 포함된다고 보는 견해(광의설)로 대립하고 있다.

(4) 기관소송의 예

현행법상 인정되는 기관소송으로는 ① 지방의회의 재의결에 대한 지방자치단체의 장의 소송($^{지방자치법 제120}_{조, 제192조}$), ② 교육·학예에 관한 시·도의회의 재의결에 대한 교육감의 소송($^{지방교육자치에 관}_{한 법률 제28조}$), ③ 주무부장관이나 상급 지방자치단체의 장의 감독처분인 취소·정지처분에 대한 이의소송($^{지방자치법 제188조,}_{자치사무에 한함}$),[98] ④ 주무부장관이나 상급 지방자치단체의 장의 위임사무에 대한 감독처분인 직무이행명령에 대한 이의소송($^{지방자치법}_{제189조}$)이 있다.

Ⅲ. 준용규정

민중소송 또는 기관소송으로서 ① 처분등의 취소를 구하는 소송에는 그 성질에 반하지 아니하는 한 취소소송에 관한 규정을, ② 처분등의 효력 유무 또는 존재 여부나 부작위의 위법의 확인을 구하는 소송에는 그 성질에 반하지 아니하는 한 각각 무효등확인소송 또는 부작위위법확인소송에 관한 규정을 준용한다($^{제46조 제}_{1항, 제2항}$). ③ 이외의 소송에는 그 성질에 반하지 아니하는 한 당사자소송에 관한 규정을 준용한다($^{제3}_{항}$).

---

98) 이에 대해서는 동일한 법인격 내부의 소송이 아니라는 이유로 기관소송이 아닌 항고소송으로 보아야 한다는 견해(협의설)가 있다.

사례해설

[사례 1]

헌법재판소는 통치행위 개념을 인정하면서도 대통령의 긴급재정경제명령은 국민의 기본권 침해와 직접 관련되기 때문에 헌법소원의 대상이 된다고 보았다(^{헌법재판소 1996. 2. 29. 자 93헌마 186 결정}). 한편, 통치행위 개념을 인정하지 않는 부정설에 의하더라도 긴급재정경제명령은 법률대위명령으로 행정소송(항고소송)의 대상이 되는 처분에 해당하지 않기 때문에 이에 대해 행정소송을 제기할 수는 없으며, 만일 위헌성이 인정된다면 국가배상을 청구할 수 있을 것이다.

[사례 2]

설문에서 甲에 대한 운전면허취소는 甲의 신뢰의 이익과 그 법적 안정성을 빼앗는 것이 되어 위법하다(^{실권의 법리, 대법원 1987. 9. 8. 선고 87누373 판결}).

[사례 3]

제재사유의 승계문제로, 판례에 따르면 석유판매업 등록은 대물적 허가이고, 사업정지처분은 대물적 처분의 성격을 가지므로, 甲의 위반행위를 이유로 乙에게 사업정지처분(제재처분)을 할 수 있다(^{대법원 2003. 10. 23. 선고 2003두8005 판결}). 현재 석유 및 석유대체연료 사업법은 명문규정을 두고 있다(^{제10조 제7항, 제8조}).

[사례 4]

오늘날 법치행정의 원리와 사법심사가 배제되는 특별권력관계는 인정될 수 없다. 따라서 이송처분이 행정소송의 대상이 되는 행정처분에 해당함이 명백하고, 다른 소송요건을 충족한다면 甲은 乙의 이송처분에 대해 행정소송(항고소송)을 제기할 수 있다(^{대법원 1992. 8. 7. 자 92두30 결정}).

[사례 5]

(1) '제재금산정방법 및 부과기준'의 법적 성질을 법규명령을 보는 견해(형식설)에 따르면, 乙에게 한 800만원 제재금 부과처분은 위법하다. 그러나 위 기준을 행정규칙으로 보는 견해(실질설)에 의하더라도 자기구속의 법리에 의해 위법할 수 있다.

(2) 만일 '제재금산정방법 및 부과기준'이 대통령령에 규정되어 있는 경우 판례는 법규명령설의 입장이나(대법원 1997. 12. 26. 선고 97누15418 판결), 청소년보호법상 과징금 처분기준에 대해 최고한도액으로 보았다. 설문에서 乙에 대한 800만원 제재금 부과처분은 기준금액(500만원)을 초과하였으므로 위법하다.

[사례 6]

설문에서 乙이 甲에게 "제세 및 공과금 이외의 영업소득의 20%를 시에 납부하여 도로정비 목적으로 사용하도록 한다."는 내용의 조건은 부관 중 부담에 해당하며, 내용상 부당결부금지원칙에 위배될 소지가 크다. 따라서 통설과 판례에 따르면 乙은 위 부담에 대하여 독립하여 항고소송을 제기할 수 있다.

[사례 7]

(1) ① 공매처분의 하자가 중대·명백하여 무효인 경우 이에 근거하여 이루어진 乙의 소유권 취득은 인정될 수 없으므로(乙의 소유권이 전등기는 무효), 민사법원은 甲의 승소판결을 할 수 있다. ② 그러나 공매처분의 하자가 취소사유라면, 이미 제소기간이 도과하여 불가쟁력이 발생하였고, 민사법원은 이를 취소할 권한이 없으므로 공매처분은 확정적으로 유효하게 되므로 甲은 패소하게 된다.

(2) 판례에 따르면 국가배상청구소송은 민사소송의 대상이며, 민사소송에서 행정처분(공매처분)의 위법성이 선결문제인 경우, 통설과 판례는 민사법원이 처분의 위법성을 심사할 수 있다고 본다.

[사례 8]

직위해제처분과 면직처분은 후자가 전자의 처분을 전제로 한 것이기는 하나 각각 단계적으로 별개의 법률효과를 발생하는 행정처분이어서 선행 직위해제처분의 위법사유가 면직처분에는 승계되지 아니한다 할 것이므로 선행된 직위해제 처분의 위법사유를 들어 면직처분의 효력을 다툴 수는 없다(대법원 1984. 9. 11. 선고 84누191 판결). 그러나 이에 대해서는 선행처분의 불가쟁력이나 구속력이 그로 인하여 불이익을 입게 되는 자에게 수인한도를 넘는 가혹함을 가져온다는 점에서 비판의 여지가 있다.

[사례 9]

도시계획(변경)결정은 행정처분에 해당한다. 따라서 ① 도시계획변경결정이 위법한 경우 X는 취소소송을 제기할 수 있으나, 사정판결이 내려질 가능성이 크다. 이 경우 X는 국가배상을 청구할 수 있다. ② 도시계획변경결정이 적법하고 도시계획변경결정으로 입은 X의 손해가 특별한 희생에 해당한다면, 손실보상을 청구할 수 있으나, 행정계획의 속성에 비추어볼 때 현실적으로 인정되기는 어렵다. 또한, 종전 도시계획결정의 유지·존속을 요구할 수 있는 계획보장청구권도 인정되기 어렵다.

[사례 10]

판례는 내인가(확약)의 행정행위(처분)이 아니라는 입장이다. 그러나 설문에서 행정청이 甲에게 한 내인가취소는 (본)인가신청을 거부하는 처분으로 볼 수 있으므로, 거부처분에 대해 행정심판($\binom{취소심판·의}{무이행심판}$)이나 행정소송(취소소송)을 제기할 수 있다($\binom{대법원}{1991. 6.}$ 28. 선고 90 누4402 판결).

[사례 11]

甲에 대한 교도소장의 소변채취요구는 권력적 사실행위로서 행정소송의 대상이 되는지 명확하지 않고, 그 대상이 된다고 하여도 당해 침해행위는 즉시 종료되어 그 침해행위에 대한 소의 이익이 부정될 것이므로, 헌법소원을 청구하여야 할 것이다. 비록 甲이 출소하여 소변채취의 침해행위가 종료되었다고 하더라도, 마약류 수형자에 대한 정기적인 소변채취는 현재 및 앞으로 계속하여 반복적으로 행하여질 것이므로, 헌법적으로 그 해명이 중대한 의미를 가지고 있어 심판청구의 이익을 인정할 수 있다($\binom{헌법재판소 2006. 7. 27.}{자 2005헌마277 결정}$).

[사례 12]

甲에 대한 3개월 영업정지처분의 실질적인 사유는 甲이 乙시장의 권고, 즉 행정지도에 불응한 것이며, 이는 행정절차법 제48조 제2항을 위반한 것으로 위법하다. 따라서 영업정지처분에 대한 항고소송에서 이에 대한 위법성을 주장할 수 있다. 다만, 乙시장의 '권고'는 행정행위(처분)가 아니므로 항고소송을 제기할 수 없다.

[사례 13]

국가배상청구권의 요건 중 설문에서 경찰관 B의 부작위가 위법한지가 문제된다. 경찰관 직무집행법상 주취자에 대한 보호조치($\binom{제4조}{제1항}$)는 경찰관의 재량권 행사에 속하지만, 영하 15도의 추운 날씨에서 주취자를 방치하는 것은 위법하다고 평가할 수 있으므로($\binom{재량권의 영}{으로의 수축}$), D는 국가배상을 청구할 수 있다.

[사례 14]

낙석위험이 많은 지역에서 경고판과 철조망을 설치한 것만으로 영조물인 산악도로의 설치·관리상 하자가 없다고 보기 어렵다. 이때 A시장이 도로의 관리청이 되며(도로법 제23조), 도로관리비용은 해당 도로의 관리청이 소속된 지방자치단체인 A시가 부담하므로(제85조 제1항), B는 국가배상법 제5조에 따라 A시를 상대로 하여 손해배상을 청구할 수 있다.

[사례 15]

자연공원법상 국립공원 내 사유지에 대한 사용·수익을 제한하는 공원지정은 공용제한에 해당한다. 재산권에 대한 제한정도가 특별한 희생에 해당함에도 보상규정이 없는 경우 학설은 다툼이 있으나, 헌법재판소는 보상규정이 없는 제한은 위헌이지만, 재산권자는 보상입법을 기다려 그에 따른 권리행사를 할 수 있다는 입장이다.

[사례 16]

취소소송의 대상은 변경된 원처분, 즉 2008. 4. 3.자 3개월 정직처분이며, 제소기간의 기준시점은 처분명령재결서를 송달받은 2008. 7. 30.이다.

[사례 17]

甲이 제시한 당초 비공개사유와 추가된 비공개사유는 기본적 사실관계가 다르므로 처분사유의 추가·변경은 허용되지 않는다.

판례색인

사항색인

ㅅ

저자 약력

이 광 윤

성균관대학교 법과대학 법학과 졸업
성균관대학교 대학원 법학과 법학석사
파리 제XII대학 법학박사
성균관대학교 법과대학 조교수, 부교수, 교수
성균관대학교 비교법연구소장, 법과대학장 역임
한국공법학회 학술장려상 수상
파리 제XII대학 초빙교수(교수 1등급 3호봉)
워싱턴 대학 법학전문대학원 객원연구원
휴스턴 대학 법학전문대학원 객원연구원
토론토 대학 법학전문대학원 객원연구원
파리 제Ⅰ대학 초빙교수(교수 1등급 3호봉)
사법시험·행정고시·입법고시·외무고시·변리사시험 등 시험위원
유럽헌법학회 회장, 한국환경법학회 회장, 한국행정법학회 회장 역임
현재 성균관대학교 법학전문대학원 명예교수

김 철 우

성균관대학교 법과대학 법학과 졸업(2004~2009)
성균관대학교 대학원 법학과 법학석사
성균관대학교 대학원 법학과 법학박사
제49회 사법시험 합격(2007)
40기 사법연수원 수료
군법무관
경인 법무법인 변호사
법무법인(유한) 충정 변호사
세명대학교 사회과학대학 법학과 부교수
현재 인천지방법원 상근조정위원(변호사)

기초행정법

2025년 1월 10일 초판 인쇄
2025년 1월 15일 초판 1쇄 발행

저 자 이 광 윤 · 김 철 우
발행인 배   효   선

발행처 도서
출판 **法 文 社**

주 소 10881 경기도 파주시 회동길 37-29
등 록 1957년 12월 12일 제2-76호(윤)
전 화 031-955-6500~6 팩 스 031-955-6525
E-mail (영업) bms@bobmunsa.co.kr
(편집) edit66@bobmunsa.co.kr
홈페이지 http://www.bobmunsa.co.kr
조 판 법 문 사 전 산 실

정가 28,000원   ISBN 978-89-18-91573-9